Frei Betto

Américo Freire e Evanize Sydow

Frei Betto: biografia

Prefácio
Fidel Castro

1ª edição

CIVILIZAÇÃO BRASILEIRA

Rio de Janeiro
2016

DESIGN DE CAPA
COPA (Rodrigo Moreira e Steffania Paola)

FOTO DE CAPA
Flávio Canalonga/Folhapress

DIAGRAMAÇÃO DE MIOLO
Kátia Regina Silva | Babilonia Cultura Editorial

Todos os esforços foram feitos para localizar os fotógrafos das imagens reproduzidas neste livro. A editora compromete-se a dar os devidos créditos numa próxima edição, caso os autores as reconheçam e possam provar sua autoria. Nossa intenção é divulgar o material iconográfico de maneira a ilustrar as ideias aqui publicadas, sem qualquer intuito de violar direitos de terceiros.

CIP-BRASIL. CATALOGAÇÃO NA FONTE
SINDICATO NACIONAL DOS EDITORES DE LIVROS, RJ

Freire, Américo
F935f Frei Betto: biografia / Américo Freire, Evanize Martins Sydow – 1ª ed. – Rio de Janeiro: Civilização Brasileira, 2016.

23 cm.

ISBN 978-85-200-1300-7

1. Betto, Frei, 1944-. 2. Dominicanos – Brasil – Biografia. I. Título.

16-36855 CDD: 922.2
CDU: 929:27-789.33

Texto revisado segundo o novo Acordo Ortográfico da Língua Portuguesa.

Direitos desta edição adquiridos pela
EDITORA CIVILIZAÇÃO BRASILEIRA
Um selo da
EDITORA JOSÉ OLYMPIO LTDA.
Rua Argentina, 171 — Rio de Janeiro, RJ — 20921-380 — Tel.: (21) 2585-2000

Impresso no Brasil
2016

Aos inconformados de ontem e de hoje; aos nossos familiares e amigos pela infinita paciência nesses anos em que fomos acometidos pela "febre" biográfica.

Sumário

Prefácio

Fidel Castro Ruz

Em meio a esses dias bastante atarefados, lembro que Frei Betto me trouxe a solicitação de redigir breves palavras para esta obra biográfica.

Penso que se podem escrever muitas coisas admiráveis sobre ele. Não posso, no entanto, admitir que eu me omita.

Conheço-o há mais de 35 anos, desde quando visitei Manágua em 19 de julho de 1980, por ocasião do primeiro aniversário da Revolução Sandinista. As ruas vibravam ao som dos cantos sobre o herói e líder da luta contra a tirania somozista: "Carlos Fonseca, comandante vencedor da morte, amante da pátria vermelha e negra, toda a Nicarágua clama a ti: Presente!" Aquilo se repetia incessantemente por meio da voz clara e musical dos nicaraguenses.[1]

Diante de Daniel Ortega e dos demais dirigentes do movimento revolucionário, desfilavam os militares encabeçados pelo comandante Edén Pastora, que, sem dúvida, apreciava as cerimônias castrenses e marchava, de cabeça erguida, à frente daquela vigorosa milícia. Ali estava Rosario Murillo[2], que, em pleno apogeu da luta revolucionária, acompanhou Daniel em sua audaciosa viagem à cidade de Matagalpa, berço do poeta Ruben Darío.

Naquela comemoração tive a honra de conhecer Frei Betto, radiante e feliz com aquela revolução em pleno coração da América Central, nas pegadas do heroico general de Homens Livres, Augusto César Sandino, assassinado pelas intervenções ianques.[3]

Desde então constatei tratar-se de uma pessoa de vasta cultura, amplos conhecimentos e profundas convicções.

Motivado desde muito jovem pela fé cristã, engajou-se na luta revolucionária, pela qual sofreu encarceramento duas vezes. A primeira, antes de completar vinte anos e, mais tarde, entre 1969 e 1973.

Viveu em uma favela, onde se solidarizou com os mais pobres. Consagrou-se à conscientização e mobilização populares, e o contato com o povo o confirmou na causa que abraçou por toda a sua vida.

Em 1992, durante o Período Especial[4] – etapa difícil para o nosso país –, organizou, com outros amigos brasileiros, o Voo da Solidariedade a Cuba.[5]

Contribuiu, com suas opiniões e experiências, na preparação da visita do papa João Paulo II a Cuba, e participou como convidado nesse evento. Do papa Francisco, que recentemente nos visitou, conhecíamos seu empenho pela paz e sua decidida luta pelo bem-estar de todos os povos. Presenteei-o com o livro *Fidel e a religião*, escrito por Frei Betto, que me havia comentado sobre o caráter progressista e as ideias do novo chefe da Igreja Católica.

Frei Betto impregna-se de alto sentido de lealdade e amizade. Defende com veemência Cuba e a Revolução, sem deixar de sustentar pontos discrepantes ou diferentes dos nossos. Procuramos analisá-los e discuti-los de modo construtivo entre revolucionários e verdadeiros amigos, como o comprova o diálogo mantido entre nós dois, publicado por ele com o título *Fidel e a religião*.

Assumiu, como sua, a causa dos Cinco Heróis cubanos, e a defendeu nas mais diversas tribunas internacionais.[6]

Homem simples, de fala pausada, com a modéstia e a humildade que enaltece a sua condição de religioso, se identificou com os valores genuínos de nossa Revolução, que, segundo afirma, são também os da confissão cristã que ele professa: justiça, igualdade, compromisso com os pobres e os discriminados.

Contudo, ninguém suponha que não debatemos bastante. Betto defende teorias científicas nas quais acredita firmemente, baseadas no *big bang*. Foi das primeiras pessoas que me falou deste fenômeno singular. A mim, que havia cursado o ensino fundamental no Colégio Dolores, em Santiago de Cuba, dirigido por jesuítas bem preparados e exigentes, me haviam ensinado a existência de planetas que giram ao redor do Sol, e a distância de cada um deles em relação à Terra na imensa galáxia na qual estamos inseridos.

Naquela época predominava a economia imperialista emanada do colonialismo. Os mapas da África, de grande parte do Oriente Médio, do Sul e do Sudeste da Ásia, Oceania, Austrália, Canadá e Dinamarca, o Caribe e as Malvinas apareciam com as cores típicas de cada um dos países anglo-saxões europeus e opressores. E também de alguns outros, como França, Itália, Bélgica e Espanha, todos mais ou menos desenvolvidos, há menos de um século, no rumo das sociedades consumistas.

Para Betto, versado também em temas científicos, a evolução da matéria estaria acompanhada de um elevado índice de radiações, algumas visíveis, outras obscuras, cujas consequências, ao longo de bilhões de anos, não se atrevem a prever um número incalculável de cientistas de mais de quinhentos centros de observação espacial.

Ignoro se Frei Betto recorda, hoje, daquela nossa troca de ideias. Guardo na memória as lembranças do encontro no qual me entrevistou, em meu gabinete, ao longo de inúmeras horas. Ali, curiosamente, de vez em quando eu observava uma foto de Ernest Hemingway junto a um gigantesco peixe-agulha – o dobro do tamanho do autor de *O velho e o mar* – que este me presenteara.

Eu me sentia envergonhado de minha ignorância, pois não estudara o tema profundamente. Perguntou-me por que havia cursado Direito. Suponho que a falta de orientação profissional me induziu a esse erro. O hábito de debater todos os assuntos fez com que muitos insistissem que eu seria advogado. E ao me perguntarem que carreira pensava abraçar, eu respondia mecanicamente: "Advogado."

Matriculei-me em Direito, porém decidido a estudar uma matéria temida por todos os alunos do primeiro ano – Economia Política. Um exigente professor, que não dava trégua a ninguém, muitas vezes aplicava exame oral nos alunos. Como líder da classe naquele ano e ocupado com outras tarefas, deixei para a segunda etapa do curso a leitura de "Economia Política", um calhamaço de mil páginas mimeografadas impressas em letras borradas, pois não havia livros-textos. Li várias vezes aquela apostila complexa e compareci ao exame oral. Fiquei muito surpreso quando, depois de demorado exame, o professor me deu nota de "Excelente".

Era exatamente o que me interessava: a política. Como enfrentar o fenômeno da superprodução; as crises econômicas; o desemprego; a fome; e a injustiça social. Por isso me matriculei em outro curso, o de Ciências Sociais. Fiel a esse projeto, a partir do terceiro ano de faculdade me dediquei a estudar mais de trinta matérias relacionadas a esses temas. Pareceu-me o objetivo a perseguir como ferramenta da política revolucionária, que era, de fato, a ideia que se gestava em minha mente.

Após assumir os compromissos políticos de apoiar Pedro Albizu Campos, líder do partido independentista porto-riquenho, e também o povo da República Dominicana em sua luta contra Leônidas Trujillo – quando adquiri as primeiras experiências em luta armada –, me dediquei aos estudos. Em 1959 visitei Harvard e, ali, comprei *O capital*, de Karl Marx, em inglês, embora houvesse à venda uma edição em espanhol. Imagine a ideia de estudar Marx em inglês, um autor difícil de compreender mesmo em espanhol!

Era essa a febre política que conservo ainda hoje.

Não posso concluir essas linhas sem reiterar que, em minha opinião, vivemos um momento decisivo para a nossa espécie. É como se nós, seres humanos, fôssemos incapazes de entender que a nossa espécie já atingiu o limite de seus graves erros desde que surgiu, há menos de um milhão de anos, em vários tipos de seres humanos, entre os quais o *Homo sapiens*, o Neandertal e talvez outros, já capazes de refletir, embora ainda não haja provas definitivas. Por outro lado, as informações sobre as chamadas "civilizações" datam de apenas 4.500 anos, o que descobri ao final do curso universitário ao ler os lendários poemas atribuídos a um poeta grego chamado Homero.

Aliás, o próprio Frei Betto me contou que a cidade de Jericó tem mais de 10 mil anos. Ele conhece bastante o que se pesquisou sobre aquela cidade e descreveu, como se acabasse de visitá-la, até as cores e a arquitetura das casas.

Nos últimos cem anos, duas poderosas potências, a URSS[7] e a República Popular da China, partiram das ideias marxistas-leninistas na busca de liberdade e justiça social pela única via possível: a revolução social! Ambas adquiriram, com o passar dos anos, poder suficiente para enfrentar o poderoso império baseado na opressão e no saque. Só um espírito realmente aventureiro e irresponsável pode levar os Estados Unidos a uma guerra com qualquer uma delas, independentemente do que ocorreu com o Estado socialista multinacional da URSS na última década do século XX.

Entre Rússia e China, que fraternalmente apoiaram a Revolução Cubana, se desenvolvem excelentes relações.

Hoje Betto recebe o Título Especial de doutor *honoris causa*, em Filosofia, na Aula Magna da Universidade de Havana. Quando Frei Betto retornar a Cuba terá que estar bem preparado para debater com o seu ignorante amigo.

12 de outubro de 2015
13h15

1

"Se alguém pode fazer de mim um cristão, é Frei Betto"

Duzentas mil pessoas ficaram desabrigadas com a passagem do furacão Kate em Cuba no dia 19 de novembro de 1985. O aeroporto internacional foi fechado, o comércio parou, escolas e fábricas ficaram vazias, plantações foram devastadas, e as ruas estavam embaixo d'água. Boa parte do país ficou sem eletricidade e telefone. Pelas rádios e tevês, o governo pedia que ninguém saísse de casa.[8] Foram atingidos também Panamá, Golfo do México, Jamaica e Flórida, totalizando 300 milhões de dólares em estragos.

Por meio de anúncios em seus veículos de comunicação, o governo de Cuba tratou de avisar à população que, devido aos danos causados pelo Kate, o processo de impressão do livro *Fidel e a religião: conversas com Frei Betto* tivera de ser escalonado. Antes, os cubanos estavam avisados de que o livro teria lançamento simultâneo em todo o país. Mas mesmo com todo o esforço intensificado dos trabalhadores das gráficas, não foi possível imprimir exemplares suficientes para toda a ilha. Afinal, a primeira edição da obra ultrapassou os 360 mil exemplares e só não foi maior porque o furacão atrapalhou. De modo que as livrarias da cidade de Havana receberam seus exemplares no dia 2 de dezembro; Pinar del Rio, Matanzas e Isla de la Juventud, no dia 4; Villa Clara, Cienfuegos, Sancti Spiritus, Ciego de Avila e Camagüey, na sexta 6; e, finalmente, Santiago de Cuba, Las Tunas, Holguín, Granma e Guantánamo, em 9 de dezembro. Na capital os livros se esgotaram em duas horas.

Fidel e a religião é um dos maiores best-sellers da história editorial cubana. Obra de Frei Betto, foi uma sensação sem igual no país acostumado à ampla leitura. Entre as inúmeras entrevistas dadas por Fidel Castro, nunca se havia tocado no tema religião. Representou uma surpresa para os cubanos e o mundo que Fidel afirmasse a necessidade de união entre cristãos e comunistas. Outra grande novidade da entrevista foi mostrar que para ser marxista não é necessário deixar de ser cristão.

O lançamento aconteceu durante o II Encontro de Intelectuais pela Soberania dos Povos da América Latina, no Palácio das Convenções, em Havana, com uma mesa de alto nível. Presidida por Fidel, estavam lá o nicaraguense Ernesto Cardenal, o colombiano Gabriel García Márquez, o cubano Armando Hart e, naturalmente, Betto, que fez uma conferência sobre a Teologia da Libertação. Fidel entregou de presente a Cardenal exemplares para que levasse à Nicarágua. Ernesto disse que os livros seriam pagos posteriormente, e Fidel respondeu: "Cuba não está tão pobre que necessite desse pagamento nem a Nicarágua tão rica para que possa fazê-lo." O poeta concordou com o comandante.

Nas mais de 23 horas de conversa com Frei Betto, Fidel criticou o sectarismo de muitos marxistas que eram anticristãos, elogiou os religiosos que apoiaram a Revolução na Nicarágua e expressou seu grande interesse pela Teologia da Libertação. O presidente cubano apresentou uma irmã de caridade como o exemplo de um bom comunista e disse que o Sermão da Montanha poderia ter sido escrito por Karl Marx. No prólogo da obra, Armando Hart, ministro da Cultura de Cuba, definiu-a com uma palavra que não é própria de um ateu: "um milagre".

Muitas pessoas em Cuba deixaram de ir ao trabalho para conseguir comprar um exemplar, porque os estoques se esgotavam logo que chegavam às livrarias. Quem deixava para adquirir no final do dia já não encontrava o livro disponível. Chegou ao ponto de o Ministério da Cultura proibir a venda de mais de um exemplar por pessoa, para impedir que se criasse um mercado clandestino. A polícia teve que ir a algumas livrarias porque o público amotinado quebrava vitrines. Quem estava nas filas para comprar dizia coisas como "sou religiosa e estou certa que nele Fidel disse coisas de grande valor", "encontraremos no livro materiais muito esclarecedores" ou "será uma fonte singular de ensino para o povo". Hoje, a tiragem cubana da obra – traduzida em 32 países e 20 idiomas – passa de 1,3 milhão de exemplares.

A ideia de fazer o livro surgiu em um jantar de Frei Betto com Fidel Castro em Cuba no dia 12 de fevereiro de 1985, um dia antes de Betto voltar ao Brasil. Fidel chamou-o por telefone às 22h30. Às 23h30, o dominicano, acompanhado de Armando Hart e Manuel Piñeiro, o Barba Roja, fundador do Partido Comunista e um dos principais assessores de Fidel, chegaram à casa do secretário do Conselho de Estado, Chomy Miyar, local onde foi marcada a conversa. Quando o comandante chegou já era 0h40.

Falaram sobre os problemas da economia do Terceiro Mundo e da América Latina, e sobre a situação da Igreja em Cuba e fora da ilha. Também trataram especificamente da situação do Brasil com Tancredo Neves e do papel de Luiz Inácio Lula da Silva, seu carisma e sua vinculação com as massas, e a necessidade de que ele visitasse Cuba junto com Frei Betto.

Uma das propostas desse encontro de 12 de fevereiro foi a realização, em setembro daquele ano, de uma reunião em solo cubano com um pequeno e selecionado grupo de laicos, sacerdotes, bispos, católicos e de outras Igrejas, inclusive da Igreja cubana, historicamente afastada do governo desde a Revolução. Seria um evento sobre a conjuntura da Igreja na América Latina. Do Brasil iriam cinco bispos, teólogos e outras personalidades. No encontro discutiriam a situação da Igreja, a partir do ponto de vista de ser ela um apoio para as reivindicações sociais, ajuda aos explorados e marginalizados. Queriam fomentar uma Igreja mais militante.

Durante o jantar, Betto encontrou espaço para apresentar a Fidel a ideia da entrevista que viraria livro. "Exultante com a brecha, agarrei o pássaro no ar: 'Gostaria de fazer uma entrevista com o senhor, para ser publicada em livro destinado ao público jovem do Brasil.' 'Estou disposto a concedê-la. Quando você poderia retornar?' 'Talvez em maio; seria possível?' 'É uma boa época', concordou Fidel."[9] De acordo com os registros que Chomy fez da conversa, a ideia era fazer um livro que também incluísse textos do religioso brasileiro sobre marxismo e cristianismo, além de materiais nos quais o comandante cubano se referia aos cristãos de países como Chile, Jamaica e Nicarágua. Nesse encontro, que acabou às seis da manhã, Fidel também sugeriu que o livro *Batismo de sangue: os dominicanos e a morte de Carlos Marighella* fosse traduzido e publicado em Cuba.

O primeiro aniversário da Revolução Sandinista fora celebrado na Nicarágua com a presença de Fidel Castro, responsável pelo principal discurso da cerimônia realizada na manhã de 19 de julho de 1980. Frei Betto fora convidado, junto com Lula, futuro presidente do Brasil, para participar da celebração. Um dos mais entusiasmados com a presença de Betto por lá era Miguel d'Escoto, padre que se juntou à Frente Sandinista de Libertação Nacional e ocupava o cargo de ministro das Relações Exteriores. Os convidados ficaram hospedados no Hotel Intercontinental. D'Escoto contou a Betto que, naquela noite, haveria uma reunião na casa do vice-presidente da Nicarágua, Sergio Ramirez, com alguns convidados especiais, como Ernesto Cardenal e autoridades. Perguntou se Betto gostaria de ir também. Diante da resposta positiva, d'Escoto tratou de pedir que Betto e Lula ficassem preparados, pois mandaria um carro pegá-los à noite.

Por razões de segurança, d'Escoto não disse a Betto que Fidel Castro estaria presente à reunião. Lá, os convidados encontraram o presidente cubano, que cumprimentava a todos. Poucos, no entanto, tinham acesso para conversar de fato com ele. D'Escoto, amigo de Fidel, comentou com o presidente que ali se encontrava um religioso brasileiro de destaque, progressista, ex-preso político, escritor e teólogo da libertação que ele considerava importante o comandante conhecer. Perguntou se Fidel gostaria de vê-lo, e o comandante concordou. Pouco tempo depois, d'Escoto chegou de volta à biblioteca onde se encontrava o líder cubano com Betto e um dos principais líderes sindicais do Brasil. A conversa foi longa: de duas às seis da manhã, em razão dos hábitos notívagos do presidente.

Duas perguntas de Betto a Fidel naquela madrugada iriam marcar para sempre a trajetória dos dois e também a história da Igreja e do Estado em Cuba. A primeira: "Por que o Estado e o Partido Comunista cubanos são confessionais?", ao que Fidel esbravejou: "Como confessionais?". Betto respondeu: "Sim, comandante, tanto a afirmação quanto a negação da existência de Deus são manifestações confessionais, contrárias à laicidade que a modernidade imprime às instituições políticas." A segunda questão girava em torno da relação Revolução/Igreja Católica e, para se explicar melhor, o brasileiro apresentou algumas hipóteses: "A Revolução persegue a Igreja. Eis uma boa política favorável ao imperialismo, interessado em comprovar a incompatibilidade entre socialismo e cristianismo"; "A Revolução é indiferente à Igreja. Também de agrado do governo dos Estados Unidos, pois faz da Igreja em Cuba reduto de contrarrevolucionários e descontentes com o regime"; "A Revolução, como ente político, dialoga com a Igreja e procura inseri-la no processo de construção do socialismo."[10]

Admitindo que não enxergava a questão por esse ponto de vista e que a Revolução poderia estar equivocada com a Igreja Católica, o líder cubano perguntou a Betto se ele poderia colaborar na recuperação desse diálogo. Betto aceitou e passou a visitar frequentemente Cuba, realizando um amplo trabalho pastoral com a aprovação dos bispos, que culminaria com a publicação do livro de entrevistas com Fidel.

Acompanhado dos pais, Antonio Carlos Vieira Christo e Maria Stella Libanio Christo, em maio de 1985 Betto retornou a Cuba pela primeira vez após a viagem de fevereiro daquele ano. Hospedaram-se na Casa de Protocolo, número 62, local destinado a receber chefes de Estado e personalidades que visitavam Cuba. A convite de Fidel, no dia 10 de maio,

Betto e seus pais participaram da recepção oficial à delegação do presidente da Argélia junto com o jornalista brasileiro Joelmir Beting, que fora chamado por sugestão de Betto, já que Fidel estava interessado na economia brasileira. Antonio Carlos e Stella participaram de outros encontros com Fidel e seus assessores ao longo da viagem e tornaram-se amigos. Antonio Carlos nunca havia saído do Brasil, tamanho o pavor que tinha de entrar em um avião. Abriu exceção para ir a Cuba.

De 13 a 29 de maio, Fidel e Betto tiveram dez encontros, que sempre atravessavam a madrugada – e depois foram pessoalmente traduzidos para o português pelo dominicano. Nas conversas entre Betto, Fidel e outras autoridades cubanas, era consenso a importância do livro, já que pela primeira vez o comandante daria uma entrevista especificamente sobre o tema religião. Fidel estava claramente entusiasmado pela figura do frade brasileiro e pelo que este se propunha fazer pelas relações entre Estado e Igreja no país. Não passava um dia sequer sem que o chamasse ou mandasse algum recado ao frei sobre o livro. Chomy registrou um a um esses encontros em uma espécie de diário.

Antes de voltarem ao Brasil, Stella e Antonio Carlos ofereceram um almoço para Fidel e seus assessores. Betto e a mãe prepararam diferentes pratos da cozinha brasileira, regados a cachaça, que os irmãos Castro – Fidel e Raúl – passaram a apreciar muito, especialmente aquela que é um mito entre as melhores: Havana. Naquele jantar, porém, degustaram a popular Velho Barreiro. O jantar só acabou à 1h20. Os pais de Betto voltaram para o Brasil encantados com a ilha, seu povo e seu presidente, e com a receptividade dada a seu filho religioso.

2

Christo + Libanio

Maria Stella Gomes Libanio e Antonio Carlos Vieira Christo se conheceram quando começou a Revolução de 1930,[11] movimento armado deflagrado em 3 de outubro daquele ano sob a liderança dos estados de Rio Grande do Sul, Minas Gerais e Paraíba.

Ele foi trabalhar na Secretaria de Segurança Pública de Minas Gerais. Stella viu o rapaz fardado e se encantou.

Antonio Carlos era filho de Antonio Francisco Vieira Christo e Eufrozina Augusta Campos Christo. Ambos figuram entre os primeiros moradores de Belo Horizonte.

Antonio Francisco era coronel, e tinha o sobrenome Christo porque o homem que o criou era um maçom conhecido em Juiz de Fora por seus atos bondosos. À época, Cristo era escrito com "ch". O apelido pegou e virou sobrenome do filho. Antonio Francisco ligou-se a Arthur Bernardes muito cedo, e no quadriênio de 7 de setembro de 1910 a 7 de setembro de 1914 os dois já atuavam juntos no governo de Minas: o primeiro como ajudante de ordens, e o segundo como secretário das Finanças. Antonio Francisco acompanhou Arthur Bernardes em praticamente toda a sua trajetória política, tanto no governo do estado, de 1918 a 1922, como uma espécie de oficial militar, quanto na Presidência da República, entre 1922 e 1926. Bernardes chegou a nomeá-lo cônsul na França, mas o convite foi recusado por Antonio Francisco por não considerar a diplomacia seu campo de trabalho, ainda que fosse extremamente culto e falasse fluentemente o francês. Tanto que, quando da visita ao Brasil do rei da Bélgica, Alberto I, em 1920, serviu de intérprete para o visitante.

Eufrozina nasceu em 1886, em Ouro Preto, e morreu em 1967. Jovem, andava em liteira, carregada por quatro empregados. Ia assim para as festas de Ouro Preto. Era de classe alta. Casou-se com Antonio Francisco, um homem com traços negros, mas jamais deixou de guardar um viés racista. Mais tarde, na frente do neto Carlos Alberto, ao assistir à cantora

Elizeth Cardoso na televisão, chegou a dizer: "Ah, mas que negra boa para cozinha e fica aí cantando."

Eufrozina e Antonio Francisco casaram-se em Ouro Preto e seguiram para Belo Horizonte no início dos anos 1900. Tiveram 16 filhos. Desses, sobreviveram seis mulheres e cinco homens. O primeiro dos homens chamava-se Antonio Carlos e faleceu aos cinco anos de idade, 48 horas depois de ser picado no pescoço por um escorpião. Morreu pouco antes do parto do quarto menino. Esse, que nasceu a 19 de março de 1913, recebeu então o mesmo nome do irmão falecido: Antonio Carlos, pai de Frei Betto. Os demais irmãos assinavam o sobrenome Campos Christo. Somente ele ficou Vieira Christo, para diferenciar do primeiro Antonio Carlos.

A família do pai de Betto era formada por militares, entre eles seus avós e tios. Um dos irmãos de Antonio Carlos, José Carlos Campos Christo, chegou a general de Exército. Em 1930, comandou o 12º Batalhão de Infantaria de Minas Gerais.[12] Em 1932, no contexto da Revolução Constitucionalista que opôs São Paulo e Minas Gerais, José Carlos participou do movimento e entrou na lista de opositores e perseguidos por Getúlio Vargas. Foi preso na rua, no Rio, banido do país e enviado para Portugal de navio. Atuava muito próximo ao general Euclides Figueiredo, pai de João Batista Figueiredo, que viria a se tornar presidente da República em 1979. Na viagem para Portugal, José Carlos fez amizade com o comandante do navio e este, que tinha ordens expressas para deixá-lo em terras portuguesas, propôs levá-lo até o final da viagem pelo Mediterrâneo, até o Líbano, e só na volta deixá-lo em solo português. Assim foi. Um ano depois José Carlos voltou ao Brasil e recuperou a patente.

Na família de Maria Stella predominavam médicos e farmacêuticos. O pai, Ismael Libanio, era dono da mais importante farmácia de Belo Horizonte. Casou-se com Maria Guilhermina dos Santos Gomes e tiveram dez filhos. A quinta filha, Maria Stella Gomes Libanio, mãe de Frei Betto, nasceu em 1917 em Belo Horizonte.

Depois de casado, Ismael foi morar numa colônia de alemães em Pouso Alegre e lá montou sua primeira farmácia, chamada Colônia Inconfidentes. Ali, cuidava dos filhos das famílias alemãs. Algum tempo depois, seguiu para Belo Horizonte, onde montou uma das primeiras e mais conhecidas farmácias da cidade, a Farmácia Americana, na rua da Bahia.

Curiosamente, ali, na Americana, na década de 1920, trabalhava um recém-formado farmacêutico que havia estudado em Ouro Preto e chamava a atenção do dono do estabelecimento por ser muito tranquilo ao preparar as fórmulas e ter sede pela leitura. Tratava-se de Carlos Drummond de Andrade, que viria a ser um dos maiores poetas da língua portuguesa.

O avô materno de Frei Betto mantinha um laboratório no porão do sobrado onde o neto nasceu: rua Tomé de Souza, número 1.018. Lá, Ismael fabricava soro glicosado e isotônico. Comercializava o famoso fortificante Guaratônica e o xarope Alcatrol. Produzia o *vinho reconstituinte*, um energético muito vendido para a comunidade belo-horizontina.

Stella estudou quatro anos no Grupo Escolar Barão do Rio Branco – onde também estudaram Antonio Carlos e os oito filhos que o casal viria a ter. O pai dela consultou o secretário de Educação para saber em que colégio deveria matricular a menina quando chegou o momento de mudar de nível. Foi-lhe indicado o Sacré Coeur de Marie, de religiosas francesas – embora as freiras que estavam em Belo Horizonte naquele momento fossem portuguesas, transferidas do Porto. Ali Stella fez todo o curso de normalista, além dos três anos de aplicação.

Stella e Antonio Carlos se encontravam na praça e nos fundos da casa, porque os pais e irmãos dela não conheciam o rapaz, e sabiam que os dois queriam namorar. Ela tentava tapear o pai, que era rigoroso. O namoro foi escondido durante algum tempo, mas Antonio Carlos não aguentou e avisou: "Eu não namoro mais na esquina, não." Foi assim que, pouco tempo depois, ele bateu à porta da casa dos Libanio. A mãe da moça o atendeu e ele disse que queria conversar com ela. As famílias Christo e Libanio já se conheciam, porque eram tradicionais, e Belo Horizonte era uma cidade onde as pessoas sabiam quem era quem. Mas foi nessa ocasião que Antonio Carlos enfrentou os pais de Stella e disse que queria namorar a filha deles.

Mesmo sem saber, Ismael já havia conhecido Antonio Carlos. Ainda criança, ele fora à farmácia de Ismael e pedira para falar no telefone de manivela. Vendo que o menino não alcançaria o aparelho, Ismael colocou um banquinho para Antonio Carlos subir. Jamais imaginara que o garoto casaria com sua filha. Era a lembrança mais remota que Antonio Carlos guardava do doutor Ismael.

O namorico foi bem até os primeiros meses de 1931, quando Stella e Antonio Carlos se separaram. Retomaram o relacionamento em 1933, quando o rapaz passou a frequentar a casa dos Libanio.

Estudante de Direito, Antonio Carlos sonhava fazer concurso para o Itamaraty, do qual desistiu após conversar com um embaixador, genro de Arthur Bernardes, que o alertou: "Sua namorada é religiosa? Se é, você não deve entrar, não siga a carreira diplomática, é um troca-troca de marido e mulher no exterior, tem muita viagem..."

Antonio Carlos e Stella se formaram no mesmo ano: 1935. Depois de formada, ela passou dois anos dando aula no Colégio Sacré Coeur de Marie. Mas não tinha vocação para o magistério: "Não tinha a menor paciência de dar aulas para criança levada", concluiu anos mais tarde.

Nessa época, a moça também já integrava a Ação Católica, da qual tempos depois se tornou dirigente. No Brasil, a Ação Católica foi criada em 1935 por dom Sebastião Leme, arcebispo do Rio de Janeiro, para mobilizar leigos católicos em torno da atuação da Igreja Católica junto à sociedade. A instituição tinha como um de seus objetivos retomar os "espaços perdidos nas diferentes camadas sociais", buscando a recuperação de sua hegemonia.[13] Stella fazia a ponte entre a Igreja e a comunidade na qual convivia. Desde muito cedo, e também por estar na Ação Católica, lia autores como Jacques Maritain e Emmanuel Mounier, o que contribuiu para a sua forte formação humanística.

Com a formatura marcada para uma tarde de 1935, Antonio Carlos avisou à namorada: "À tarde será a minha formatura; você vai, e à noite passo na sua casa." Stella concordou. Depois do evento, ela chegou em casa com fome, foi à cozinha e perguntou para a cozinheira se tinha pastel. Pegou o pastel que acabara de ser frito e seguiu até a janela da cozinha, quando sua mãe a chamou para dizer que Antonio Carlos estava lá, falando com o doutor Ismael. Ela estranhou. "Ué, mas ainda é cedo." A mãe explicou: "Ele veio pedir licença para seu pai deixar você ficar noiva." Ela ficou atônita: "O quê? Ficar noiva, sem me falar nada?" Mas gostou da surpresa, e a notícia foi comemorada na família. Naquela mesma noite, a moça esteve na casa dos pais dele para oficializarem o noivado.

O noivado durou seis anos. Antonio Carlos era muito novo, tinha 22 anos, e trabalhava no jornal *Correio Mineiro*. Decidiu se candidatar a vereador por Belo Horizonte. O pai de Stella também se candidatou. Um tio dela, Heitor, chamou a sobrinha e disse: "Fala para o Antonio Carlos desistir, porque ele é muito menino." Ela disse que não diria nada: "Deixa ele entrar." Conclusão: Ismael foi derrotado e Antonio Carlos, pela oposição, foi eleito o vereador mais jovem de Belo Horizonte.

Uma vez eleito, Antonio Carlos trabalhava durante o dia como jornalista, e as sessões legislativas eram à noite, fazendo com que o casal pouco se encontrasse. Até que um dia, em novembro de 1937, o rapaz chegou à Câmara, viu soldados na porta e perguntou o que estava acontecendo. "O senhor não sabe?", respondeu o soldado. "O Getúlio fechou todas as Casas Legislativas, deu o golpe."

A 10 de novembro de 1937, Vargas instaurou a ditadura do Estado Novo, fechou o Congresso, interveio nos estados e outorgou uma nova Constituição ao país, que foi anunciada pelo rádio na noite daquele mesmo dia, dando autoridade suprema ao presidente. Era o início do regime ditatorial do Estado Novo, de inspiração fascista, que contou com a adesão da grande maioria dos governadores e dos parlamentares em recesso.

Sabendo que, com a ditadura de Getúlio, sua vida profissional ficaria difícil em Belo Horizonte, Antonio Carlos resolveu ir para o Rio. Por isso o noivado foi tão longo. Stella e Antonio Carlos se comunicavam por meio de longas cartas escritas dia sim dia não.

No Rio, Antonio Carlos trabalhava no escritório de advocacia de Dario de Almeida Magalhães, um dos mais importantes da capital federal. Trabalhou igualmente nos *Diários Associados* e como advogado do Conselho Regional de Engenharia e Agronomia, entre outras ocupações. Trabalhou também em Niterói. Assim, foi fazendo um pé-de-meia para o casamento. Após os seis anos de noivado, em uma das idas a Belo Horizonte, marcou o casamento com Stella.

O casamento aconteceu a 29 de dezembro de 1941, celebrado pelo arcebispo metropolitano de Belo Horizonte, dom Antônio dos Santos Cabral, e tendo Dario de Almeida Magalhães como um dos padrinhos. Foi um acontecimento na cidade. Logo depois da cerimônia o casal embarcou para o Rio em voo da Panair do Brasil. Stella, bonita e feliz: usava *tailleur* bege, chapelão de palha e bolsa vermelha.

Antonio Carlos já havia alugado um apartamento na rua Faro, no Jardim Botânico, mas o local não estava preparado para receber os recém-casados. Stella sonhava em encontrar a casa toda arrumada, porém os móveis estavam amontoados no meio da sala. Os presentes do casamento chegaram e Antonio Carlos juntou tudo. Estava sozinho no Rio e não tinha o menor jeito para arrumar o novo lar. Por isso, quando os dois chegaram ao Rio, buscaram um hotel para dormir. Tiveram dificuldade, afinal era véspera do *réveillon*. Acabaram encontrando vaga em um na estrada das Paineiras. No dia seguinte foram ao apartamento alugado para Stella conhecer. Ela havia trazido uma empregada de Belo Horizonte, Virgínia, para ajudá-la. Stella já cozinhava, mas não era uma grande cozinheira naquela época. O apartamento tinha uma varanda, de onde a moça avistava a beleza da lagoa Rodrigo de Freitas. Os vizinhos do apartamento ao lado eram alemães que, com o calor do Rio, andavam nus pela casa, de modo que o casal Libanio Christo evitava chegar à varanda.

Nesse apartamento Antonio Carlos e Stella moraram dois anos. De lá foram viver num apartamento na rua Eduardo Guinle, em Botafogo, esquina com a rua São Clemente, em frente ao palacete tipicamente francês de Celina Guinle Paula Machado, viúva do empresário Lineu de Paula Machado. Celina e Lineu eram pais de Heloísa Guinle Paula Machado, conhecida como Isá, que se casou com Nelson Libanio, primo de Stella. Foi Isá quem ajudou o casal mineiro no Rio. A vida de Stella e Antonio Carlos não foi fácil na capital carioca: houve dias, durante a Segunda Guerra, em que não havia comida na mesa e Stella ficava horas nas filas para conseguir comprar o pouco que conseguia, a preços exorbitantes, muitas vezes inacessíveis ao casal. Era Isá quem mandava mantimentos para eles.

Stella e Antonio Carlos tiveram uma escadinha de filhos: Luiz Fernando, em 1942; Carlos Alberto, em 1944; Maria Cecília, em 1947; Maria Thereza, em 1948; Rodrigo, em 1951; Breno, em 1953; Leonardo, em 1957; e Antonio Carlos, em 1961. Todos nasceram em Minas. Era exigência de Stella, porque, à época, ela considerava que ser mineiro tinha muito valor no Rio. "O mineiro era muito considerado no Rio de Janeiro", dizia. Ela e o marido tinham nascido em Minas e queriam que os filhos seguissem isso, mesmo morando no Rio de Janeiro. Stella só foi a Belo Horizonte dar à luz o primogênito, Luiz Fernando, na véspera do nascimento. O que importava era que ele nasceria em Minas. E assim foi também com Carlos Alberto, que fez sua primeira viagem de avião aos dois meses, ao voltar de Belo Horizonte para o Rio, e com Maria Cecília, já na época em que o casal se preparava para voltar para a capital mineira.

No Rio, Stella tinha uma excelente babá, Ercília, contratada quando Luiz Fernando nasceu. Todos os dias pela manhã ela levava os dois meninos, Nando e Betto, para passear nos jardins da casa de dona Celina de Paula Machado, porque eles eram muito amigos e faziam questão da presença dos garotos. Ercília trabalhou para Stella por mais de dez anos. Ter babá, aliás, era uma tradição da elite carioca; em Minas, pouquíssimas eram as famílias que as tinham. Assim, do apartamento, os meninos iam para a casa vizinha e passavam a manhã toda brincando naquele imenso jardim, que mais parecia um parque.

Na casa também morava o banqueiro e irmão de Celina, Guilherme Guinle. Nando, com seus três ou quatro anos, conversava com ele como se fosse um coleguinha de escola. Dona Celina adorava os meninos. Na Páscoa, preparava ovos de chocolate e os escondia nos jardins para eles acharem. As duas crianças eram a alegria da casa nas manhãs. Depois que os Libanio Christo voltaram para Belo Horizonte, dona Celina abriu os jardins para outras crianças da vizinhança.

Passados alguns anos, estando Nando e Betto hospedados na casa, como Isá lhes tivesse dito que poderiam comer o que quisessem nas duas cozinhas existentes, cujos freezers eram recheados de guloseimas, os meninos encontraram uma caixa em um deles, abriram-na e encantaram-se com um bolo que parecia ser delicioso. Comeram quase o bolo todo, o que não seria um problema não fosse o fato de o doce ter vindo de Paris especialmente para um jantar que Isá daria no dia seguinte. Passados muitos outros anos, assim relatou Frei Betto o episódio, em um artigo para *O Globo*:

> O Vera Cruz, trem que ligava Belo Horizonte ao Rio, todo fim de ano trazia Nando e eu à acolhida do casal, na rua Guilhermina Guinle. A casa em que vivia, em estilo moderno, tinha dois pavimentos. No térreo, áreas sociais e, acima, suítes e quartos. Entre a sala de jantar e o jardim, retalhado pela piscina, um alpendre forrado de plantas. Era o melhor lugar da casa. Ali, refestelado em cadeiras de vime, dei minhas primeiras tragadas. Não resisti à tentação das cigarreiras de prata abarrotadas de cigarros Kent.
>
> Nando e eu, na noite de Natal, íamos à missa do galo na matriz de São João Batista, na Voluntários da Pátria. [...]
>
> Missa do galo sem comunhão era aniversário sem bolo. Confessávamos ao padre os escrúpulos, o despertar do sexo, pequenas mentiras, birras que ficavam na conta de brigas. Três pai-nossos, três ave-marias e pronto!, estávamos reconciliados com Deus, malgrado o débito com o purgatório.
>
> Mandava a Igreja que se fizesse jejum pelo menos três horas antes de se aproximar da mesa eucarística. Exceto água. Jejum na adolescência era um suplício, sobretudo naquela casa equipada com três geladeiras repletas de fiambres, queijos, compotas, sorvetes, doces e geleias. Quem sabe o sacrifício não valesse mil anos de indulgência!
>
> Para bons quitutes, Nando tem faro pantagruélico. Enamorou-se de uma torta coberta de chocolate que desfrutava lugar de destaque na geladeira da copa. Fomos à missa com a torta a aguçar-nos imaginação e apetite. O rito era em latim e o padre celebrava de costas à assembleia; fora a beleza dos cânticos, nada nos distraía da expectativa do maná que nos

aguardava em casa. Se a comunhão trazia o céu à Terra, a torta com certeza nos remeteria da Terra ao céu. [...]

Passava de uma da madrugada quando fomos abrir os presentes. Isá, já recolhida, gritou do quarto: "Não deitem sem lanchar." Nando retirou da geladeira nossa maçã do Paraíso e, solene, pousou-a sobre a mesa da copa. O Menino Jesus já havia nascido, o galo cantado, os sinos repicado e as ceias sido devoradas. Restava apenas saciar o nosso abissal apetite juvenil.

Cortou-se a primeira fatia: um creme. Várias camadas multicores, um bolo assorvetado entremeado de frutas cristalizadas e encharcado em licores. Veio a segunda: agora sim, o paladar, apaziguado, apreciava melhor. Não era uma simples torta. Era o manjar que os reis magos ofertaram no presépio. A cobertura crocante de chocolate derretia na boca e o olfato impregnava-se desse perfume de baunilha que nos remete à calda espessa e quente. Chocolate cheira a aconchego; agasalha-nos por dentro. A massa leve evolava-se na língua que, atenta, atinava com o licor, as nozes, os pistaches, as tâmaras e as cerejas. Não falávamos. No silêncio da madrugada, a curva do doce encolhia-se, fatia a fatia. Há que ser educado! Éramos hóspedes e convinha deixar um pedaço, o bastante para o casal anfitrião provar à sobremesa. Fomos dormir o sono dos eleitos.

Acordou-nos um grito. O sol ia alto, mas tínhamos ainda os olhos pesados. Clamor de perplexidade e desolação. Era Isá. Foi a única vez que a ouvimos estarrecida. Não vimos; enfiamos a cabeça nos lençóis.

A torta era a sobremesa que o casal levaria ao almoço de família no palacete da São Clemente. Viera de Paris, encomendada do Maxim's, aos cuidados da Air France. O glutão do Papai Noel passara e não resistira...[14]

Stella aproveitou muito a natureza do Rio com os dois pequenos. Pegava um bonde em Botafogo e seguia com os meninos até Copacabana, para ali eles brincarem nas areias da praia, bem em frente ao Copacabana Palace.

Em 1944, dona Celina participou, junto com seus irmãos, da fundação da Editora Agir e convidou o intelectual católico Alceu Amoroso Lima, que fazia parte da Ação Católica, para ser responsável por sua linha editorial.[15] Além disso, havia contribuído para a construção da Pontifícia Universidade Católica do Rio de Janeiro e atuava diretamente em obras sociais do cardeal do Rio, dom Jaime Câmara. De modo que estava ligada à ação social da Igreja. E quando Stella estava grávida de Carlos Alberto, dona Celina chamou a vizinha mineira para que ela assistisse à palestra de um dominicano, frei Pedro Secondi, em sua casa. Stella foi e ficou encantada com o que ouviu do religioso sobre o verdadeiro papel da Igreja. A apresentação foi tão marcante que, ao sair da casa de Celina, ela atravessou a rua, entrou na igreja de Santo Inácio, rezou e pediu a Nosso Senhor que desse a ela um filho dominicano. "Ah, se eu soubesse o que passaria depois, não sei se teria pedido com tanta fé", comentou décadas depois, certamente se referindo ao sofrimento que foi para ela o período em que Betto viveu como preso político.

Carlos Alberto nasceu numa manhã de inverno, em 25 de agosto de 1944, na casa de seus avós maternos, pelas mãos de uma parteira, dona Cocota Neves, sogra do famoso oftalmologista Hilton Rocha, que também fez o parto de outros cinco filhos de Stella e Antonio Carlos. Dois meses depois, o casal voltou para o Rio. Ficaram na cidade mais três anos.

Àquela altura, porém, a situação de Antonio Carlos no Rio havia-se tornado delicada. Os problemas começaram após ser lançado o Manifesto dos Mineiros, documento datado de 24 de outubro de 1943 e considerado a primeira manifestação pública de setores liberais contra o Estado Novo. Um dos mais jovens da lista de 92 signatários, Antonio Carlos, como muitos outros, a partir de então sofreu perseguições, a ponto de o dono do escritório de advocacia onde trabalhava ter que o demitir, mesmo contra a vontade: "Meu filho, eu sinto muito. Quero muito bem a você, que é ótimo advogado, mas acontece que o governo quer que eu o dispense. Vou continuar pagando o seu salário, porque gosto muito de você." Antonio Carlos não aceitou continuar recebendo o soldo, o que deixou o chefe admirado, pois afinal sua situação era periclitante. Foi Antonio Francisco quem passou a ajudar no sustento do filho que não conseguia trabalho.

O Manifesto dos Mineiros, subscrito por intelectuais, políticos e especialmente advogados, teve entre seus signatários o ex-presidente da Câmara dos Deputados, Pedro Aleixo, o ex-presidente Arthur Bernardes e o ex-ministro da Agricultura Odilon Braga. Muitos dos que o assinaram "foram duramente atingidos por sanções em sua vida profissional", sendo "demitidos ou aposentados aqueles que trabalhavam em empresas públicas e, nos casos de empresas particulares, o governo recorreu à pressão sobre os proprietários, em geral com êxito. O *Manifesto* teve como temas principais a defesa dos princípios da República e a condenação da centralização do Executivo; a denúncia do fascismo e todas as iniciativas políticas autoritárias; e um liberalismo político aliado à 'democratização da economia'".[16]

Antonio Carlos era antigetulista fervoroso, e por isso mesmo acompanhou a organização da UDN – União Democrática Nacional –, frente antigetulista fundada em 7 de abril de 1945 que se transformaria em partido político e exultaria em outubro com a queda do Estado Novo, embora nas eleições de dezembro não conseguisse eleger seu candidato à presidência, o brigadeiro Eduardo Gomes. Fiel às suas posições, nas eleições presidenciais de 1950, comentava Antonio Carlos com o filho Betto, à época com seis anos de idade, que queria que Eduardo Gomes, novamente candidato udenista, fosse eleito. Para seu desespero, porém, Vargas ganhou.

Antes disso, na véspera do nascimento de Maria Cecília, em 1947, Stella foi a Belo Horizonte para o parto, sabendo que voltaria definitivamente com o marido para a capital mineira, já que este fora convidado para trabalhar com o recém-eleito governador Milton Campos. O próprio Antonio Carlos acompanhara a posse de Campos em Minas e, ao voltar para o Rio, avisara à esposa: "Stella, pode se preparar, vamos voltar para Belo Horizonte."

Milton Campos, também signatário do Manifesto dos Mineiros, foi, portanto, importante no reerguimento da família Christo. Convidou José Carlos – o irmão de Antonio Carlos – para ser seu chefe de Polícia, o equivalente ao secretário de Segurança dos dias atuais. Antonio Carlos, por sua vez, voltou do Rio para assessorar Campos, até que foi chamado para trabalhar no Departamento Jurídico do Estado, onde ficou por muitos anos, emitindo pareceres. Já no governo de Magalhães Pinto (1961–1966), nomeado juiz da Justiça Militar, também passou a escrever artigos aos domingos para o jornal *Estado de Minas*. Apreciava muito a carreira de jornalista, mas não conseguiu segui-la, pois era o Direito que lhe dava melhores condições financeiras para criar os filhos.

3

Padre Odorico, nº 162

Quando os Libanio Christo voltaram para Belo Horizonte, foram morar na casa do doutor Ismael. Logo depois, mudaram-se para uma casa pequena, na rua Fernandes Tourinho, na Savassi, local aprazível, praticamente no fim da cidade, onde havia muitos morros em volta. O tempo passou, e o casal conseguiu comprar em um leilão a casa onde viveria por 33 anos, na rua Padre Odorico, número 162, esquina com a Major Lopes.

Quando os irmãos mais novos de Betto nasceram, o pai teve que ampliar a casa, com um piso superior para acomodar o escritório e a biblioteca. Na época da reforma, os Libanio Christo voltaram a morar na casa do dr. Ismael. Alguns anos depois, no início da adolescência, Maria Thereza viria a se tornar muito amiga de uma vizinha na rua Major Lopes – Dilma Vana Rousseff.

Os quatro primeiros irmãos – Nando, Betto, Cecília e Thereza – dormiam no mesmo quarto. Betto e Nando, de um lado, Thereza e Cecília, de outro. Eram solidários entre si. Durante a visita de uma tia de Stella, Alice, à casa da rua Padre Odorico, Cecília, numa brincadeira de criança, soltou um palavrão, algo como "merda". A mãe, que não era rígida, quis fazer bonito na frente da tia e, para mostrar que os filhos eram bem-educados, pegou um vidro de pimenta e passou na boca da pequena Cecília, trancando-a no quarto. Pouco tempo depois, a menina ouviu alguém batendo à porta e chamando seu nome. Era Betto, com um copo d'água com açúcar para oferecer à irmã que estava de castigo. Cecília tinha cinco anos, e Betto, oito.

Dos quatro primeiros, Nando era o mais levado, da mesma forma que Rodrigo era o maior arteiro dos quatro últimos. Nando gostava de entregar leite na madrugada, escondido dos pais. A carroça do leiteiro passava por volta de cinco da manhã. Ele amarrava um barbante no dedão do pé e deixava do lado de fora da janela. Ao passar pela casa dos Libanio Christo, o leiteiro puxava o barbante para chamar o menino, que pulava a janela e seguia na carroça. Quando Nando tinha sete anos de idade, a família passou por um drama que envolveu todos os que estavam próximos. O primogênito contraiu dos pombos que criava uma doença virótica conhecida como encefalite letárgica. Sem tratamento específico, a enfermidade faz com que a pessoa fique num estado semelhante ao do coma, e Nando foi desenganado por 16 médicos. Quem tratou do garoto foi a jovem pediatra Berenice Sofal, em quem Stella depositou toda a confiança. Diversos médicos procurados em Belo Horizonte não quiseram dar nenhum diagnóstico, nem tampouco tratar de Nando. Berenice, que cuidou dos oito filhos de Antonio Carlos e Stella, chegou ao diagnóstico e o tratou, sem que ele ficasse com sequelas. Mas a própria médica desconfiava que a medicina não conseguiria resolver aquela situação tão complicada. Stella, de outro lado, iniciou uma corrente de orações na família, e o menino, que também se utilizou da água benta de Nossa Senhora de Lourdes, contrariando todas as expectativas da medicina, se recuperou sem nenhum resquício da doença.

Cecília era mais ligada às coisas da casa. Ajudava a mãe e, aos dez anos, já cuidava do irmão Leonardo. Mas também gostava das brincadeiras com os irmãos mais velhos. Corria com o carrinho de rolimã, por exemplo, sem nenhuma cerimônia e com habilidade. Já Thereza era mais rebelde e estava ligada ao mundo externo. Cecília passava a própria roupa e as dos irmãos mais velhos para ir ao colégio.

Quando Tonico, o filho mais novo do casal, nasceu, em 1961, Stella tinha 45 anos. Os irmãos só foram saber que a família ganharia mais um membro cerca de dois meses antes do nascimento. As roupas eram mais largas, e não havia a percepção de que a mãe estava grávida. No nascimento do filho anterior, Leo, quatro anos depois de Breno, a chegada de mais uma criança já havia provocado um susto – Stella tinha 40 anos, idade avançada para se ter filhos à época. Com a certeza de que esperava uma menina, que se chamaria Miriam, para a qual arrumou um guarda-roupa cheio de vestidinhos e camisolas, a mãe recebeu o menino Leonardo com surpresa e alegria.

Tonico era uma criança muito tranquila, que acompanhava Cecília e seu namorado, Henrique, apelidado de Dotte, nas saídas de carro. Era essa a condição do pai para que Cecília pudesse sair para namorar: se o irmãozinho estivesse junto, para fazer companhia.

Aos dez anos, por ser a filha mulher mais velha, Cecília já cozinhava e ajudava a mãe a cuidar dos mais novos. Foi ela também quem herdou a receita do Miss Guynt, antes feita por sua avó, tia e mãe em todos os Natais. A receita foi trazida pelos ingleses que moravam em Nova Lima, próximo a Belo Horizonte, onde exploravam o ouro da Mina do Morro Velho. Miss Guynt, no jeitinho mineiro, miúdo de falar, virou Missiguinte. O bolo é o preferido de Betto. Quanto mais tempo ficam curtidas as 34 finíssimas camadas, melhor é o sabor. E as fatias servidas aos irmãos Libanio Christo ainda na casa das tias eram bem fininhas, como pede a iguaria. Mas Rodrigo, o sexto filho, não se contentava. Tentava comprar a fatia de Breno, um pouco mais novo que ele, que se recusava a vender. Certa vez, quando a tia se distraiu, Rodrigo abriu a cristaleira, cortou um pedaço grande e correu para o galinheiro. Breno correu atrás. Sentado à porta, Rodrigo passou a degustar seu pedaço bem servido de Miss Guynt, mas se recusou a dar uma lasquinha para o irmão. Comeu de bocada. Rodrigo era, junto com Nando, o irmão mais levado. Aprontava o que podia e conseguia.

Domingo era, religiosamente, dia de missa para Stella e seus filhos. Nos domingos de Páscoa e no Natal as meninas estreavam na missa seus vestidos novos, feitos e bordados especialmente pela mãe. Já Antonio Carlos não participava desse ambiente religioso. Após intensa religiosidade na infância e na juventude, quando chegou a ser congregado mariano, tornara-se agnóstico. Dizia que para se entender com Deus não precisava de intermediário e que em sua casa não entrava homem de saia, referindo-se aos padres. A única exceção permitida era Agnaldo Leal, padre sergipano que fomentou a criação da Escola de Serviço Social da Pontifícia Universidade Católica de Minas Gerais, trazido a Belo Horizonte pelo arcebispo dom Cabral, de quem se tornou assessor. Era grande amigo de Antonio Carlos. Mas este gostava de lembrar: "Recebo o homem, nunca o padre."

Na juventude o pai de Frei Betto foi congregado mariano, e sua aversão a religiosos só veio tempos depois, quando também entrou na chefia da Polícia de Minas Gerais e passou a ter conhecimento de delitos cometidos por padres, fazendo com que passasse a ter horror a clérigos.

Betto frequentou o Jardim de Infância Bueno Brandão em Belo Horizonte, no turno da tarde. Quem o buscava era a babá Ercília, uma "neta de escravos de pernas grossas e nodosas como tronco de goiabeira, e que jamais sorria".[17] Ercília era cozinheira de mão cheia. O menino adorava os pratos que ela preparava, especialmente frango com quiabo.

Nando era companheiro para muitas aventuras durante a infância, ainda que os dois tivessem gostos muito diferentes. Betto adorava festas;

Nando, não. Nando sempre gostou de bichos, todos eles, a ponto de ter um enorme pombal em casa. Betto, não. Nando tem habilidade manual para montar e desmontar coisas. Já Betto, não. Além disso, ambos sempre tiveram temperamentos diferentes. Nando era travesso, e Betto, mais sossegado. Era com ele que Betto frequentava a roda de meninos que paravam para ouvir as histórias de seu Romo, um vizinho que fazia os garotos viajarem por histórias de mula sem cabeça que os faziam sonhar com o dia em que, incrivelmente, encontrariam a criatura, até então vista apenas pelo curioso ancião. Os dois também integraram os escoteiros – Betto como lobinho, por conta da pouca idade. Foram cinco anos de experiência que despertaram no menino o senso de atuação em grupo, de coletividade. Destacado lobinho, Betto desfilava na frente da tropa, abria o desfile de Sete de Setembro. Muito mais tarde veio a descobrir que o escotismo era uma escola para despertar vocações militares.

No jardim de infância, a professora Celeste incentivava Betto e seus amigos a brincarem de roda, mas ele resistia. Seu pai Antonio Carlos dizia que brincadeiras eram coisa de menina. Betto fugia, choroso, para trás das árvores, a fim de se esconder da professora e não ter que brincar. Ela respeitava. Betto observava de longe seus colegas de sala Celsinho, o melhor amigo, Raquel, a linda menina que ganhava toda a sua admiração, Marinalva e Renato. Um belo dia, foi convencido por dona Celeste a, junto com Celsinho, representar a briga do cravo com a rosa. Assim Betto debutou como ator.

Ao deixar o Jardim de Infância Bueno Brandão, Betto foi para o Grupo Escolar Barão do Rio Branco, onde seus pais haviam estudado. Como todos os garotos, usava camisa branca e calça curta azul-marinho. A diretora era dona Filomena, e a professora, dona Derci Passos.

Depois, ainda, Betto foi para o Colégio Marista Dom Silvério, frequentado em boa parte pela elite belo-horizontina, e aí estudou com Tancredo Augusto, filho de Tancredo Neves, amizade que anos mais tarde viria a se fortalecer, a ponto de Betto ser chamado para acompanhar a família no difícil momento da morte do presidente eleito, em 1985.

Por causa de Betto, seu primo Arthur Vianna Neto, que tinha o apelido de Conde, foi expulso do Grupo Escolar Barão do Rio Branco. Ele viu pela janela Betto pegando a sua bicicleta e começou a gritar, ao que a professora pediu que se calasse. Arthur, então, xingou a professora também, o que o levou à diretoria. Estava tão irritado com o primo que nem a diretora escapou. E assim Arthur foi expulso do colégio. Mas eles queriam mesmo era permanecer juntos – mesmo que os desentendimentos entre o pai de Betto e o pai de Arthur, Ivan Vianna, fossem grandes: enquanto o primeiro era udenista ferrenho, o segundo era PSD até o último fio de cabelo. Um era Magalhães Pinto, e o outro, Juscelino Kubitschek. Assim, os dois estavam sempre discutindo, até que uma das brigas foi deveras acalorada. Ao assistir àquilo, os dois meninos desceram a escadaria da casa onde estavam abraçados, chorando e jurando que seriam amigos independentemente dos pais.

A alfabetização teve grande importância para Betto desde cedo. O garoto via o irmão mais velho lendo e passou a venerá-lo por isso. Também queria ler e escrever para descobrir o mundo das letras, palavras, frases. Para isso contou com a efetiva colaboração do pai, que fazia o percurso até a escola perguntando as sílabas ao filho e tirando-as do bolso esquerdo do paletó, uma a uma, pregadas em pedaços de cartolina. O menino olhava, pensava, soletrava e respondia, correndo atrás do pai.

Bem cedo Carlos Alberto passou a ser chamado de Beto. A turma do bairro tinha outros dois Betos. Naquela época, as crianças gravavam o nome nas calçadas recobertas de cimento fresco. Para se diferenciar dos outros dois, Carlos Alberto acrescentou um "t" ao apelido. Pegou. A partir dali, aos 11 anos, adotou o "t" duplo, ao assinar com carvão também nos muros dos vizinhos. Foi assim que passou a ser Betto, com dois "t".

Betto e seu primo Arthur eram amigos inseparáveis. Os dois se fantasiavam como o personagem Zorro para entrar na casa dos amigos à noite. Como naquela época em Belo Horizonte as portas não ficavam fechadas, eles aproveitavam, pulavam os muros, buscavam uma porta aberta e saíam, assustando as vítimas. O prazer não estava exatamente em assustar as pessoas, mas em conseguir entrar na casa como o personagem do filme.

Betto e Arthur têm uma diferença de idade de apenas 11 meses. Um dia, resolveram fingir que eram gêmeos. Pediram à mãe de Arthur, irmã de Stella, para fazer duas camisas bem floridas e iguais. Vestiram e saíram pela cidade, divertindo-se como iguais.

Com 15 anos, a dupla resolveu fazer dublagens de artistas como Elvis Presley e Maurice Chevalier. Treinaram por meses para se apresentar na TV Itacolomi, no conhecido programa de Sérgio Luiz. Na hora da apresentação, Betto deu sinais de sua posterior aversão às câmeras de TV e declinou. Arthur entrou sozinho e fez dublagem durante um mês. Mas o sonho da música não acabou por aí. Os dois resolveram gravar um disco. O conteúdo acordado para o disco seria uma piada e três músicas cantadas pela dupla.

Foram procurar a True Form, de Álvaro Resende, uma das primeiras gravadoras de Belo Horizonte, e lá gravaram uma única unidade, com a qual saíam para mostrar a todo mundo.

Alfabetizado, Betto sentia-se livre para voar. Sua primeira coleção de livros foi o *Tesouro da juventude*, com 18 volumes, que tinha temas como Poesias, Belas Ações, Nossa Terra, Por quês, Novo Mundo, Velho Mundo, Coisas que Devemos Saber e Homens e Mulheres Célebres.

Dona Stella incentivava o filho a sempre buscar ajuda com o dicionário. No início, era ela quem tirava as dúvidas do garoto sobre o significado de algumas palavras. Ao se habituar a devorar dicionários, assim como o pai, Betto tornou-se um apaixonado pelo mundo das palavras. E assim passou a deliciar-se com as obras de Monteiro Lobato e Machado de Assis.

Quando Betto tinha sete anos, dona Stella resolveu que o filho deveria fazer a Primeira Comunhão. O menino, então, passou a frequentar o catecismo na igreja do Carmo, que tinha à frente frei Inocêncio, carmelita holandês. Para atrair as crianças para as aulas de catecismo, o religioso permitia que, depois das lições, a garotada fosse ao salão paroquial assistir ao seriado *Flash Gordon*. Betto não perdia uma aula. Mas não demorou muito para que a mãe percebesse que ele sabia mais das aventuras do herói da ficção científica do que de religião, e o transferisse para o Colégio Sacré-Coeur de Marie.

Orientado pela mãe, Betto orava diariamente ao levantar e ao deitar. Ao fazer a Primeira Comunhão, também passou a comungar, como aprendeu com a madre Ascensão, a superiora do Sacré-Coeur, e a usar o escapulário de Nossa Senhora do Carmo. Nessa época, as palavras de *mère* Ascensão sobre o diabo batiam tão forte em sua imaginação que ele ficou obcecado com o medo de ir para o inferno quando morresse. Dona Stella procurava acalmar o filho, garantindo que o amor de Deus se sobrepunha às tentações do diabo. O pai, por outro lado, anticlerical ferrenho, avisava à pobre criança atormentada: "Se o diabo existe, meu filho, ele veste batina."[18]

Ao contrário de Antonio Carlos, Stella era uma mulher religiosa, e a formação de Betto nesse sentido nos primeiros anos de vida se deve a ela, ainda que a maneira de pensar do pai tenha se sobreposto até o início da adolescência de Betto.

Um dia antes de Betto completar 10 anos de idade, o presidente Getúlio Vargas suicidou-se com um tiro de revólver no coração. Nos dias que antecederam a comemoração do aniversário do garoto, o clima era de ansiedade no país – e também na casa dos Libanio Christo. Antonio Carlos estava em polvorosa com o que acontecia: avidamente, acompanhava todas as notícias sobre a tentativa de assassinato do deputado Carlos Lacerda. O pai de Betto permanecia atento quase 24 horas aos noticiários do rádio naqueles dias de agosto acerca da pressão dos ministros militares para que Vargas deixasse o poder. Chegou a atravessar as noites acompanhando toda a ebulição pela qual o país passava.

De fato, em agosto de 1954 o Brasil atravessava uma crise histórica, agravada violentamente por um atentado no Rio de Janeiro contra o jornalista Carlos Lacerda, inimigo de Vargas, no qual morreu o major-aviador Rubens Florentino Vaz, que lhe dava proteção durante a campanha para deputado federal. O fato foi atribuído ao governo de Vargas, e um membro da guarda pessoal do presidente foi acusado de ser o mandante do crime. Não havia provas do envolvimento direto de Vargas no episódio, mas mesmo assim grande parte da oficialidade militar pressionou para que ele renunciasse ou fosse deposto. Isolado politicamente, Vargas chegou à atitude extrema do suicídio.

Foi às quatro da manhã do dia 24 de agosto que Antonio Carlos ouviu pelo *Repórter Esso* que a situação esquentara de vez. O pai de Betto comemorou efusivamente o fato de Vargas, pressionado até não poder mais pelos militares, licenciar-se por um período, ainda que se tivesse recusado a renunciar ao cargo. Antonio Carlos ficou tão feliz que convidou a família inteira para comemorar o aniversário de 10 anos do filho e também a saída temporária do presidente, com a qual sonhava havia anos. Com a notícia da morte de Vargas, porém, Antonio Carlos ficou mudo e constrangido. O aniversário de Betto acabou sendo uma festa triste.[19]

Aos 10 anos, Betto pensava em ingressar no Colégio Militar, dirigido por seu tio José Carlos, mas foi reprovado em Geografia.[20] Assim, aos 11 anos, Betto foi matriculado no Colégio Marista Dom Silvério, escola particular, elitista e religiosa, onde fez o ginásio entre 1955 e 1959. Lá começou a ficar com horror do catolicismo, porque os maristas insistiam em dar aula de religião aos alunos todos os dias, fazê-los rezar o terço em pé no início da aula, além de os obrigar a ir à missa com roupa de gala. Betto não gostava de nada daquela tradição católica conservadora. Mas ali também ele recebeu de um professor de português, irmão Boaventura Maria, um apoio importante para seguir carreira nas letras. As redações do garoto, conhecidas à época como composições, chamaram a atenção de Boaventura, que na saída de uma das aulas chamou Betto de lado e disse: "Carlos, você só não será escritor se não quiser."[21]

Mas Betto não era aluno aplicado. Preferia passar horas com a turma de rua a prender-se em casa aos livros.[22]

No Colégio Dom Silvério conheceu Hildebrando Pontes Neto e Ricardo Gontijo, este filho do dono do tradicional Hotel Gontijo, de Belo Horizonte. Tornaram-se grandes amigos, e o Hotel Gontijo passou a ser o seu quartel-general, onde faziam reuniões e comiam bem. Betto depois levaria os dois, e mais Arthur, para sua Turma do Serve Bem – nome do primeiro supermercado de Belo Horizonte, em cuja calçada a turma de amigos de Betto fazia ponto.

Após terminar o ginásio, Betto entrou para o Colégio de Aplicação, uma escola da elite social de Belo Horizonte. Lá ele teve Maria José de Queiroz como exímia professora de francês. Mulher jovem, morena, bonita e vistosa, ela obrigava os alunos a falar o idioma nas aulas. Betto apreciava a beleza da professora. Sentia-se bem, depois de quatro anos de colégio frequentado apenas por homens, podendo conviver na mesma sala com garotas e com uma professora de tamanha formosura.

Certa vez, dona Maria José incumbiu os alunos de preparar um trabalho aprofundado sobre um autor de sua escolha. Betto preferiu o escritor romântico Alfred de Musset. O pai e as enciclopédias o ajudaram. Quando chegou sua vez de apresentar o que havia pesquisado, começou a falar, confiante: "Alfred de Musset nasceu em Paris em 1810, onde também veio a falecer em 1857. Escreveu *As noites...*"[23] Maria José fulminou-o com os olhos e mandou que se calasse. "Quero que fale em francês!"[24]

Mesmo se fosse capaz de apresentar o que estudara em francês, depois daquela situação de medo absoluto, ele jamais falaria na língua de Voltaire. Lia o exemplar de bolso da Bíblia de Jerusalém em francês, estimulado por frei Chico, mas diante daquela mulher bonita e imponente não seria capaz de discorrer sobre Musset no idioma: "Não falo francês",[25] disse à professora. Ela colocou-o na parede: "O senhor é mesmo ignorante. Não sei como conseguiu chegar ao colegial sem saber um pingo de francês."[26] Ele também se exaltou: "Duvido que alguém aqui na classe possa dar a lição em francês." Ela, então, subiu nas tamancas: "Não meça seus colegas por sua incompetência. Olívio, passe à frente."

Betto sabia que seu colega Olívio Tavares de Araújo dominava o francês. Aliás, o garoto, aos 15 anos, falava também o inglês. Era um erudito, filho de pais comunistas, que depois lançou seu primeiro livro aos 19 anos, *Imitação, realidade e mimese*, sobre arte contemporânea.

Dona Maria José também sabia que Olívio falaria francês facilmente para mostrar a Betto que ele perdera o desafio. Eis que Olívio surgiu à frente da turma e afirmou: "Também não sou capaz de falar em francês."[27]

O gesto de solidariedade fez com que Betto jamais se esquecesse daquela passagem. E deixou a professora ainda mais raivosa. Tanto que, na semana seguinte ao ocorrido, ao entrar na sala e perceber que os alunos haviam se separado entre meninos na parte de trás e meninas na metade da frente, ela foi se queixar com a diretora do colégio, Alaíde Lisboa de Oliveira, irmã da poeta Henriqueta Lisboa, que mandou chamar Betto até a sala da direção. "Criou-se uma situação delicada, e preciso de sua compreensão. A professora Maria José decidiu só entrar em classe quando você não estiver. Estamos em setembro, faltam dois meses para se encerrar o ano letivo. A esta altura, não posso substituí-la, nem dispensar você da cadeira de francês. Portanto..."[28]

Betto, assim, foi expulso do Colégio de Aplicação. Tempos depois, Maria José de Queiroz tornou-se importante escritora – e atualmente é membro da Academia Mineira de Letras.

Em seguida à expulsão, Betto foi para outra boa escola, o Colégio Municipal da Lagoinha. Já frequentando a Ação Católica à época, queria começar a trabalhar na periferia, mas o pai não deixava. Chegou em casa com a desculpa de que mudaria de colégio, pois não passaria em francês. Mas queria mudar para trabalhar com a Juventude Estudantil Católica (JEC). A diretora do Aplicação, dona Alaíde, foi quem conseguiu lugar para o garoto no Colégio Municipal.

Assim, Betto começou a estudar à noite e a conviver com colegas de classe social diferente da sua. Eram filhos de ferroviários e operários que passaram a frequentar a casa dos Libanio Christo. A mãe percebeu que ali começava uma nova fase da vida de Betto.

Dançarino e penetra

Ainda no Colégio de Aplicação, Betto conheceu Christina Fonseca, uma amizade que perdura ao longo das décadas. Christina foi apresentada por sua prima Maria Silvia, que era apaixonada pelo jovem. Ao conhecer Betto, Christina também se encantou. E isso também se estendeu por longos anos. Mas não era uma paixão correspondida. Algum tempo depois, Betto estava mesmo envolvido com Maristela, uma de suas primeiras namoradas, amicíssima de Christina. Eram apaixonados um pelo outro, mas o relacionamento acabou quando Betto chegou com a notícia de que entraria para o convento. Maristela entrou em crise. Não conseguia entender como um rapaz tão apaixonado largaria tudo para se tornar religioso. Ele sublimou aquela energia e seguiu o seu objetivo.

Antes de Maristela, Betto havia tido um namorico com Maria Beatriz, a Bia, cuja amizade também mantém até os dias atuais. Ela, que morava no interior de São Paulo, passava as férias de fim de ano em Belo Horizonte. Uma prima morava na capital mineira e conhecia a turma de Betto. Foi assim que Bia conheceu o rapaz, com quem mantinha longas conversas sobre a vida, o sentido das coisas, Deus, o olhar humano com relação aos outros e o sentido de justiça; tudo no grau de maturidade que a adolescência lhes permitia. Ela não se esqueceu de uma pergunta que o garoto fez e que a deixou intrigada naquelas conversas que aconteciam perto das quadras do Minas Tênis Clube: "O que é mais importante: ser ou existir?" Ela tinha 12 anos; ele, 17.

Maria Cecília, a irmã mais velha de Betto, conheceu o namorado, Dotte, no Minas Tênis Clube. À época, ela namorava um grande amigo de Betto, Camilo, que morreu num acidente de carro na esquina da casa do avô materno dela. Dotte, também amigo de Camilo, foi visitar Cecília no momento do falecimento para prestar solidariedade. Alguns meses depois eles se aproximaram e iniciaram um namoro. Cecília tinha 15 anos, e Dotte, 19. Tanto Camilo quanto Dotte eram da Turma do Serve Bem, para a qual Betto levou alguns de seus amigos mais próximos.

O Serve Bem se localizava na região da Savassi. O grupo escolheu como ponto de encontro a porta do Cine Pathé, que ficava ao lado do supermercado. Por isso, foi chamado de Turma do Serve Bem. O filho do dono do mercado, Rogério, fazia parte da trupe, junto com Aída, Julinho Soares, Cipriano, Bisnaga, Paulo, Márcio, Fernando, Antônio, Jamelão e tantos outros. Era um grupo formado por jovens da mesma faixa etária e classe social. O Serve Bem – que chegou a ter mais de cem integrantes – tinha um número muito maior de homens do que de mulheres, e o grande prazer de todos era tomar milk-shake. Dos Libanio Christo faziam parte do grupo Betto, Maria Cecília e Maria Thereza.

A diversão principal do pessoal do Serve Bem era entrar de penetra em todas as festas que queriam e ainda garantir a segurança nos eventos.

Afinal, o grupo, grande e unido, não permitia que outros penetras entrassem nas mesmas festas. Eles se metiam em muitas brigas com os grupos rivais, originários de diferentes partes da cidade, como a Turma do Mexe-Mexe, que ficava no Centro da cidade. Com o pessoal do Serve Bem, Betto tomava banho nas diferentes casas onde conseguiam entrar durante as festas. Experimentava sabonetes, xampus, sais, toalhas felpudas de vários tipos.

Nesses eventos, Betto dava shows dançando rock. Ele fazia a festa nas chamadas "horas dançantes". Trançava as mãos em cima do joelho, jogava a parceira de dança nas costas, e depois passava por entre as suas pernas. Coisa de dançarino profissional. As moças enlouqueciam com ele, que também não perdia as oportunidades amorosas.

Além de frequentar festas para as quais não era convidado, Betto nadou assiduamente, por anos, na piscina do Palácio da Liberdade, como se fosse filho de algum governador ou de outro figurão. Sem cerimônia. Entrava pela porta lateral e, como um gato, aparecia do nada.

Nos carnavais, o pessoal do Serve Bem se reunia num bloco criado por eles – Os Legionários. Vestiam-se como tais, com quepe de legionário, calça azul-marinho, polaina branca, camisa branca de cetim com a gola, os bolsos e o punho azuis. Assim iam para o Minas Tênis Clube.

Especialmente os rapazes do grupo não deixavam escapar oportunidades de aprontar. No Cine Pathé, na Savassi, tinham a mania de trocar os letreiros com os nomes dos filmes. Essas trocas eram feitas nas madrugadas de sábado para domingo, e no dia seguinte pela manhã eles ficavam esperando as beatas irem para a missa para observar a reação delas ao verem os nomes extravagantes. Também chegaram a soltar um urubu durante a exibição de um filme da Condor Filmes, em que a ave saía batendo as asas na abertura. Quem teve a coragem de soltar o urubu no cinema foi Jojoca, um dos vários meninos conhecidos pelos seus apelidos: Banana, Minhoca, Bolinha, Fuiu. O gerente, Odilon, vendo que não podia com tamanhos bagunceiros, resolveu trazê-los para perto. Chamou os meninos para ajudá-lo a cuidar do cinema e, em troca, deixava-os entrar e assistir sem pagar.

Uma ocasião cerca de 15 deles estavam sentados nos degraus em frente ao Cine Pathé, e devido ao barulho alto da conversa alguns vizinhos chamaram a polícia, que chegou num pequeno camburão azul, onde caberiam apenas seis ou sete pessoas. Os policiais quiseram levar alguns presos, mas eles diziam que ou iam todos ou não ia ninguém. Todos tiveram que ir para a delegacia. Alguns deles trocaram seus nomes e assim, diante do delegado e do escrivão, apresentaram-se, de forma fantasiosa, personalidades como Edson Arantes do Nascimento, nome do rei Pelé, Eugenio Pacelli, que era o papa Pio XII, e assim por diante.

Para penetrar numa boa festa, Betto chegou a pegar um cubo de gelo num caminhão parado em frente à entrada da casa, segurando-o com a camisa que pediu emprestada ao amigo Ricardo Gontijo. Encarou o porteiro com aquele cubo de gelo nas costas e entrou até a cozinha, como se fosse um dos entregadores. Pronto. Estava na festa. Era o que queria. A partir daí, o trabalho passou a ser conseguir um convite lá dentro e passar por cima do muro ao amigo Ricardo, que aguardava do lado de fora. Convites reais, mesmo, nem pensar. Tinham que penetrar.

Logo que a turma se organizou, foi criado um jornalzinho para fazer circular notícias, o "Pererê". As reuniões para montar o boletim eram feitas na casa de Clóvis Ferreira, conhecido como Banana, vizinho dos Libanio Christo na rua Padre Odorico, e de Murilo, o namorado de Thereza, para a tristeza do pai da garota, que tinha horror ao rapaz.

Betto passou a acompanhar uma movimentação entre os vizinhos Mauro Lambert e Rodrigo Dolabella, que viviam de cochichos de um lado e de outro. Quis saber do que se tratava e insistiu tanto que Rodrigo contou que estavam tratando da Juventude Estudantil Católica, "um movimento secreto de estudantes".[29]

Betto quis saber como ele também poderia entrar nessa "atividade clandestina". Era isso o que mais lhe atraía ali. Rodrigo e Mauro se comprometeram a conversar com frei Chico, o padre dominicano assessor da JEC em Belo Horizonte, para saber se ele aceitaria que Betto também entrasse para o movimento. Betto, então, acompanhou os dois colegas ao prédio do antigo Cine São Luís, na rua Espírito Santo, no Centro da cidade.

Foi com Laércio Campos, que monitorava os meninos mais novos na JEC, que Betto passou a tratar da sua entrada para o movimento. Disse que havia sido lobinho e escoteiro na Associação Adalberto Gobira. Também declarou que era filho de um anticlerical que tinha um pé atrás com a Igreja. Laércio explicou que, como membro da JEC, Betto "deveria abraçar a proposta de Jesus contida nos Evangelhos".[30] Além disso, deveria frequentar reuniões aos domingos pela manhã, vigílias uma vez por mês e formar um núcleo da JEC na escola onde estudava.

Betto ficou ansioso para participar da primeira vigília daquele movimento secreto para o qual estava entrando. Ao chegar ao convento dos dominicanos, localizado no alto da rua do Ouro, foi recebido por frei Marcolino, vestido com uma túnica branca sobre a qual havia um escapulário preto. Cerca de cinquenta jovens já estavam no local e não havia nenhuma mulher. Por volta das 21h, frei Chico chegou para dar as boas-vindas aos meninos e apresentar frei Mateus Rocha, o provincial dos dominicanos no Brasil à época. Betto observava, interessado, as palavras daquele homem de boina e que não parava de fumar.

Por volta da meia-noite a vigília acabou, e os meninos saíram juntos pela rua do Ouro. Betto, ao lado dos colegas Hugo Amaral e Walter Evangelista Faria, foi comer um caol – prato feito de arroz, ovo, linguiça, acompanhado de cachaça –, que os boêmios da capital mineira costumavam degustar nas madrugadas.

Ele não imaginava, mas, a partir dali, com a entrada para a JEC, sua vida tomaria um rumo sem volta: o de tornar público o testemunho cristão.

4

Da militância na JEC ao ingresso na Ordem dos Pregadores

Em 1965, Betto entrou em um convento dominicano para não mais sair. Depois de um ano de noviciado em Belo Horizonte – para ele, um tempo "fascinante e duro" –, partiu para São Paulo convicto do que queria. Antes de ingressar na nova vida, teve um encontro reservado com o superior da Ordem, frei Alexandre Oscar Lustosa. Na ocasião, disse com todas as letras, e com a certeza de um jovem de 21 anos: "Para mim, vejo a vida religiosa como um meio para fazer a revolução no Brasil." O assentimento do provincial, que Betto atribuiu a uma concordância real ou a uma estratégia pedagógica, surtiu efeito: o pacto foi selado.[31]

Aos 13 anos, em meio às festas e estripulias com os irmãos e as turmas de rua, Betto estabelecera os primeiros contatos com a Juventude Estudantil Católica (JEC), um dos organismos especializados da Ação Católica Brasileira (ACB), responsável por promover a evangelização entre os jovens estudantes secundaristas. Além da JEC, a ACB era constituída pela Juventude Agrária Católica (JAC), a Juventude Independente Católica (JIC), a Juventude Operária Católica (JOC) e a Juventude Universitária Católica (JUC). Todas essas entidades compunham o que era chamado de Juventude Masculina Católica. Havia também a Juventude Estudantil Católica Feminina (JECF).

Criada pela hierarquia da Igreja Católica como instrumento para a coordenação e organização do trabalho dos leigos na obra evangelizadora no Brasil, a Ação Católica pôde contar, ao longo de sua história, com o apoio e a liderança de duas figuras-chave que terminaram por cumprir papel fundamental na formação de Betto e de sua geração – Alceu Amoroso Lima, presidente da entidade entre 1935 e 1945, e dom Hélder Câmara, assessor eclesiástico a partir de 1947 e um dos principais estimuladores da organização. Como será visto, não foram poucos os cruzamentos de vida entre Betto, dr. Alceu e dom Hélder.

Pelas normas da Ação Católica, Betto deveria esperar dois anos para ingressar na JEC. Talvez por empatia, ele pôde mergulhar de cabeça no trabalho da entidade, assim como o também precoce Henriquinho, como era então chamado Henrique de Souza Filho, que contava com um bom passaporte de entrada: era irmão de Herbert de Souza, vulgo Betinho, então importante liderança da JUC. Bem mais tarde, nas décadas de 1960 e 1970, Henriquinho, já como Henfil, se tornaria um dos mais importantes chargistas brasileiros. Entre outras coisas que fizeram juntos, Betto e Henriquinho publicaram seus escritos e desenhos em *O Resmungo* – jornal mimeografado da JEC de Belo Horizonte.[32]

Betto teve uma ascensão meteórica na JEC e no movimento estudantil. Ao que parece, sentia-se à vontade em cumprir uma pesada agenda de compromissos das duas entidades às quais estava vinculado, a JEC e a União Metropolitana de Estudantes Secundaristas (Umes), ao mesmo tempo que não se via tolhido na sua rotina de adolescente atrevido e algo folgazão. Para melhor entender a adaptação de Betto a tudo isso, será útil levar em conta algumas condições gerais que podem ter servido de base para que jovens como ele se identificassem com o programa da JEC e com o trabalho de evangelização e politização.

O APRENDIZ

A partir dos 13 anos Betto passou a transitar entre dois mundos bem diferentes e, para ele, cada vez mais distantes. Pela manhã, cumpria, sem maior entusiasmo e interesse, as tarefas escolares no Colégio Marista Dom Silvério, sentindo-se pouco estimulado a conviver com a linha tradicionalista e elitista da instituição. Nas aulas de religião, em particular, o tom predominante era o da interdição. Nas preleções, relembra ele em *Alfabetto: autobiografia escolar*,

> nos incutiam cautela diante da mulher, pavor diante do diabo, horror ao próprio corpo, medo do inferno, sem que ali se abrisse espaço para os dons do Espírito e a superabundância da graça divina. [...] Toda doutrina ali ensinada parecia caber numa caixa de preservativos. [...] Faltavam àqueles religiosos estudos teológicos mais sólidos e, sobretudo, bíblicos. Formavam-se para serem apenas professores e não apóstolos.

Na JEC, a partir de 1959, Betto descobriu outro jeito de ser cristão e descortinou um novo mundo. Tornou-se frequentador assíduo da sede da entidade como também dos papos que aconteciam à porta da igreja São José, ao fim da tarde, entre os jovens jecistas e os universitários da JUC. À noite, mergulhava em discussões e atividades atinentes ao movimento estudantil, entre as quais a formação de alianças com militantes comunistas com vistas a disputar com os conservadores o controle da União Colegial de Minas Gerais (UCMG), o principal órgão dos secundaristas mineiros.

A respeito dessa disputa, há um episódio marcante e pitoresco na trajetória de líder estudantil de Betto. Deu-se em Lavras, interior de Minas Gerais, durante a realização do Congresso da UCMG, que tinha como objetivo a eleição da nova diretoria da entidade. Betto foi encarregado pelos seus colegas da Umes, então dominada pela esquerda cristã e pelos comunistas, de apresentar as teses da entidade, em especial a de defesa da escola pública. No amplo auditório da Escola de Agronomia, havia uma franca maioria de partidários das teses da diretoria da UCMG, favoráveis à manutenção de privilégios para as escolas particulares. Portanto, uma estrondosa vaia estava a caminho.

Relata ele em *Alfabetto*:

> Iniciei o discurso em voz baixa – técnica eficaz para prender a atenção o público –, elogiando líderes udenistas como Carlos Lacerda e Milton Campos. O padre e seus asseclas quedaram-se perplexos. Não convinha vaiar um orador que citava seus ídolos. Logo, introduzi frases e conceitos, deixando a plateia em dúvida se eram de minha autoria ou dos referidos políticos, sempre em defesa do ensino público. Terminei aplaudido.

Tudo aquilo representou, porém, uma vitória fugaz, uma vez que a UCMG, depois do Congresso, permaneceria em mãos dos conservadores.

Para Betto e seus companheiros jecistas, o principal ponto de referência era o Convento da Serra, um sobrado de três andares de telhado colonial localizado na rua do Ouro, número 1.900, ao pé da Serra do Curral. Ali moravam alguns frades que, nas décadas de 1950 e 1960, vieram a cumprir um papel decisivo na história da Ordem no Brasil, assim como na formação de várias gerações de jovens cristãos. Naquele lugar, realizava-se a preparação dos noviços para a vida sacerdotal, e foi ali que, pelas mãos de frei Mateus Rocha, nasceu a JEC em Belo Horizonte.

Em entrevistas e em *Alfabetto* um de seus livros de memórias, Betto menciona o clima de liberdade que pairava naquele ambiente e a calorosa recepção que recebeu dos frades dominicanos em seus primeiros passos na JEC, em particular dos frades Chico, Marcelo Linhares e Mateus Rocha, este último já na condição de provincial da Ordem.

Frei Chico nascera em 1929 no interior do Ceará. Chamava-se Áureo Pereira de Araújo. Fizera seus estudos religiosos no Seminário de Fortaleza, e em 1952 transferira-se para o Convento das Perdizes para integrar a Ordem dos Pregadores. Na ocasião, ao tomar o hábito da Ordem, recebera o nome de Francisco, ainda que muitos só o chamassem de Chico. No ano seguinte, seguira para o célebre Convento de Saint Maximin, na França, com vistas a completar seus estudos de teologia. Com ele estudaram alguns dos mais importantes quadros intelectuais da Ordem no Brasil, como os frades Bernardo Catão, Luiz Gorgulho e Carlos Josaphat, entre outros. Em 1956, frei Mateus Rocha, recém-eleito provincial da Ordem, convidou Chico para substituí-lo no trabalho de assistente da JEC em Belo Horizonte. Por conta disso, frei Chico retornou ao Brasil para se fixar no Convento da Serra.[33]

Coube a frei Chico receber Betto e outros jovens que ingressavam na JEC. Em pouco tempo, o frade de 30 anos cativou os jovens "jecistas" com seu desprendimento e entusiasmo. Para Betto, o encontro com frei Chico foi marcante e decisivo para sua vida de jovem militante cristão. "Os frades Chico e Mateus Rocha promoveram uma revolução copernicana em nossas cabeças. Deslocavam o senso de pecado pessoal para o social, aposentavam o Deus moralista, juiz implacável, e introduziram o Deus amoroso, misericordioso, e o Jesus solidário aos pobres", relata ele em seu livro de memórias.

Frei Marcelo Linhares também foi assistente da JEC e, como frei Chico, possuía um espírito irreverente e bem-humorado. A seu respeito, Betto, em tom de brincadeira, levanta a hipótese de ter sido o verdadeiro inspirador do Baixinho – um personagem da série de quadrinhos humorística criada por Henriquinho, depois Henfil, intitulada *Os fradinhos*, que fez grande sucesso na imprensa brasileira dos anos 1960 e 1970. As histórias costumavam girar em torno das relações e dos embates entre o Cumprido, que era a expressão de uma alma bondosa e crente, e o Baixinho, debochado, iconoclasta, irreverente e sádico.

Os frades Chico e Marcelo promoviam as vigílias de sábado no convento, assim como as reuniões de núcleos na sede da JEC. Nessas reuniões, adotava-se o método aplicado em toda a Ação Católica – "*Ver, julgar e agir.* O *ver*: analisar o que se passava na escola, as conjunturas da cidade, do país, do mundo. Em seguida, o *julgar*: à luz da palavra de Deus, quais os desafios que a realidade apresentava. Por fim, o *agir*: o que fazer, como, quando e onde."[34]

Nas preleções e nas reuniões de trabalho, os militantes jecistas eram estimulados a estar junto dos seus colegas, a propor atividades e a se envolver com as questões que os rodeavam. Deveriam ser, antes de tudo, o "fermento na massa". Betto assim o fez. Tão logo ingressou na JEC, tratou de criar um núcleo da entidade em seu colégio, contando para isso com seus dois amigos do peito – Ricardo Gontijo e Hildebrando Pontes –, além de ajudar a dinamizar o grêmio estudantil por meio da realização de festas, palestras etc. Outra iniciativa importante nesse mesmo sentido, só que fora do ambiente escolar, foi o envolvimento em um projeto de alfabetização para moradores do Barreiro, bairro localizado na periferia de Belo Horizonte, levado adiante pelas JEC masculina e feminina. Aos poucos, aqueles jovens de classe média começavam a tomar contato com as duras condições de vida e trabalho do povo brasileiro.

Para além daquele sem-número de tarefas, um jecista deveria ler, estudar, aplicar-se, enfim, preparar-se devidamente para cumprir sua missão evangelizadora e política. Para isso, todos contavam com a influência intelectual de seus assistentes, assim como de frei Mateus Rocha.

Frei Mateus é figura central na história da Ordem Dominicana no Brasil. Nascido em 1923 em Minas Gerais, ingressou na Ordem de São Domingos em 1945, depois de breve passagem pelos Lazaristas. Fez seus estudos de teologia em Saint Maximin, tendo sido ordenado padre ainda na França, em 1951. Segundo Eliseu Lopes, ex-dominicano e seu amigo da vida toda,

> do tempo passado na França [...], o que mais marcou frei Mateus foram os meses passados em Paris, antes de regressar ao Brasil. Pôde conviver com dois grandes mestres: Congar e Chenu, não só escritores consagrados e teólogos de renome mundial, mas apóstolos da renovação, Congar junto à juventude, e Chenu no meio operário. O contato com eles deixou-lhe uma impressão profunda e definitiva.[35]

Nos anos 1950, o catolicismo francês estava em ebulição e contava com uma constelação de teólogos e movimentos que procuravam dar um novo sentido à ação evangelizadora da Igreja Católica. Michael Löwy, estudioso das relações entre religião e política, em seu livro *Guerra dos deuses*, examina as proposições de alguns desses autores que, segundo ele, contribuíram para dar uma feição própria a uma vertente radical do catolicismo brasileiro, da qual frei Mateus veio a fazer parte ao lado de outros sacerdotes de sua geração.

Segundo Löwy, o padre dominicano Lebret foi um desses inspiradores. Desde meados da década de 1940, Lebret passou a manter contato sistemático com círculos católicos brasileiros com vistas a divulgar as bases do movimento Economia e Humanismo, cuja finalidade era a construção de uma civilização fraterna que superasse o capitalismo e o comunismo. Embora rejeitasse o comunismo, Lebret incorporava alguns preceitos do marxismo quando punha em xeque a ordem econômica capitalista, vista como injusta e contraditória. Em razão disso, registra Löwy, seus escritos terminaram por contribuir para libertar os intelectuais e os estudantes católicos do medo do comunismo.

Algumas das principais proposições de Lebret estão expostas em *Princípios para a ação*, pequeno livro que, traduzido no Brasil em 1952, serviu de norte para a atuação tanto da JEC como da JUC. Nele, o autor estimula a intervenção direta dos cristãos na realidade social. Diz Lebret: "Devemos acolher antes de tudo em nosso coração a miséria do povo. [...] Muita gente tem dó dele, algumas pessoas o auxiliam, mas ninguém se preocupa com as causas profundas dessa miséria." E continua: "Colocar em nosso coração e sobre nossos ombros a miséria do povo; não com a atitude de um estranho, mas como uma criatura entre outras criaturas, com outras criaturas; arrastando-as para a luta comum, atirando-as ao combate pela própria salvação, ajudando-as a se elevarem na realização de um grande esforço." E conclui: "O contrário da miséria: não a abundância, mas o valor. O principal não é produzir riquezas, mas valorizar o homem, a humanidade, o universo."

Emmanuel Mounier foi outro filósofo francês bastante lido por intelectuais e estudantes brasileiros nas décadas de 1950 e 1960. No dizer de Löwy, o que impressionou os leitores católicos brasileiros de Mounier foi, antes de tudo, "a sua crítica radical ao capitalismo como sistema fundado sobre o anonimato do mercado, a negação da personalidade e o 'imperialismo do dinheiro'; uma crítica ética e religiosa que leva à busca de uma alternativa, o socialismo personalista, que reconhece que tem 'muito a tomar do marxismo'".

Betto costuma registrar a influência do pensamento de Mounier em frei Mateus, a quem considerava "rigorosamente um personalista, no sentido que Mounier deu ao termo". E exemplifica: "Para ele, cada pessoa transparecia como valor absoluto. Dotado de poderes mnemônicos, jamais esquecia o nome ouvido uma única vez. Prosador, nele a difícil arte de 'perder' tempo com os amigos influía com naturalidade, sem o ranço conspiratório dos padres sobrecarregados de deveres e vazios de amor."[36]

Em 1952, frei Mateus retornou de armas e bagagem para o Brasil. Depois de rápida passagem por São Paulo, integrou-se na comunidade reunida no Convento da Serra. Ali fundou a JEC e ajudou a forjar uma nova geração de jovens cristãos impregnada pela sua presença e pela ideia de revolução. Herbert de Souza, o Betinho, irmão mais velho de Henriquinho, estava entre eles. Em texto de relembranças sobre esses tempos, Betinho registra, sobre frei Mateus:

> tinha um pacto com o absoluto e conseguia transmitir a ideia do absoluto com tal simplicidade que contagiava de forma incrível até o mais simples dos mortais. [...] Por que aquele frei nos tomava pela mão e nos levava tão longe? [...] Naquele mundo onde os pais estranhavam os filhos, onde as mães rezavam o terço e escondiam o amor, onde a felicidade se encontrava por trás das montanhas e o amor era um pecado só possível na ordem do casamento, esse frei corria na frente gritando contra a mediocridade, e falava uma palavra que Minas só pronunciou, até agora, ao contrário: revolução.[37]

Em 1956, aos 33 anos, frei Mateus foi eleito para assumir a direção dos dominicanos brasileiros. Dois foram os principais eixos de sua atuação como provincial. Um deles foi consolidar a presença da Província no país, dotando-a de meios para formar seus próprios quadros e cumprir seu papel evangelizador. Para tanto, pôde contar com uma nova geração de professores formada nos conventos franceses da Ordem. O segundo eixo foi avançar no trabalho pastoral junto aos jovens e à juventude. À época, o principal propósito da Província era a formação de uma elite intelectual capaz de levar adiante seu projeto histórico renovador e comprometido com as transformações sociais. Algum tempo depois, no começo dos anos 1960, ainda sob a influência de frei Mateus, a Província iria radicalizar suas posições, ingressando com entusiasmo na então chamada Revolução Brasileira.

Em fins dos anos 1950, o Brasil já absorvera o trauma do suicídio de Getúlio Vargas. Havia entusiasmo e confiança no ar; eram tempos de crescimento econômico e "desenvolvimentismo"; eram os anos JK – de Juscelino Kubitschek na presidência da República (1956–1961). Político hábil, JK era mestre em contornar problemas, vender o futuro e alavancar a confiança dos brasileiros. Para o pai de Betto, Antonio Carlos Vieira Christo, adepto histórico da União Democrática Nacional (UDN), JK era por excelência um demagogo.

JK foi sucedido na presidência por Jânio Quadros – candidato da UDN eleito em 1960. Pela primeira vez na história da República Democrática, o partido antivarguista chegava ao poder, para alívio e satisfação de uma frente político-social composta, entre outros setores, por um número expressivo de empresários, militares, religiosos conservadores e diversos segmentos das classes médias urbanas. Jânio, no entanto, não esquentou lugar: renunciou à chefia de Estado no dia 25 de agosto de 1961, sete anos e um dia após o suicídio de Vargas. Assistiu-se então à tentativa de golpe liderada pelos ministros militares contra a posse de João Goulart – vice-presidente eleito e figura-chave do Partido Trabalhista Brasileiro (PTB), de centro-esquerda. A onda golpista não se sustentou, dada a reação de amplos segmentos políticos e sociais comandados pelo líder trabalhista gaúcho Leonel Brizola, e, para romper o impasse, as forças políticas chegaram a uma solução de compromisso – João Goulart assumiria a presidência sob o regime parlamentarista.

Em Belo Horizonte, o 25 de agosto daquele ano também foi agitado e marcado por manifestações políticas. Na Praça Sete, tradicional cenário de comícios e passeatas da capital mineira, encarapitado no obelisco, a plenos pulmões, Betto incitava os estudantes a resistir ao golpe e lutar pela manutenção da ordem legal, o que significava a permanência de Jânio Quadros no poder. Em pouco tempo a praça foi tomada pela cavalaria do Exército, que despejou um bom número de bombas de gás lacrimogêneo com o propósito de "limpar a área". Ao fim e ao cabo, relata o dominicano em *Alfabetto*, "a praça cobriu-se de uma nuvem branca que provocava ardência nos olhos. Era a primeira vez que eu enfrentava a repressão. Pasta escolar à mão, enfiei-me no meio da correria e escapei do cerco militar, rumo ao Colégio Municipal".

A participação de Betto naquele ato não foi algo inconsequente ou fortuito. Ao contrário. Ele estava ali como dirigente estudantil para cumprir uma missão política, afinal era o vice-presidente eleito da Umes e um destacado militante jecista. Com 17 anos, completados naquele mesmo dia, Betto desde algum tempo abandonara o perfil do jovem adolescente da elite mineira que estudava em um colégio tradicional católico e precocemente ingressara na JEC. Agora, um pouco mais maduro, estudava à noite em um colégio público municipal, movimentando-se com desenvoltura entre os círculos estudantis católicos de esquerda que, com o tempo, vinham radicalizando suas posições e exercendo crescente influência na JUC e na União Nacional dos Estudantes (UNE).

Leitor de Marx e admirador confesso da Revolução Cubana, assim como muitos de sua geração, Betto acompanhou com vivo interesse as articulações levadas adiante por líderes da JUC com vistas a criar um partido político que, fora da órbita e do controle da hierarquia da Igreja Católica, deveria reunir cristãos e marxistas em torno de um projeto de transformações sociais no país. Em 1962, essas articulações deram origem à Ação Popular (AP). Como membro da direção regional da JEC, Betto viu-se impedido de se filiar ao novo partido. Naquele mesmo ano, sua vida sofreria uma nova reviravolta: fora convidado pela direção da Ação Católica para compor a equipe nacional da JEC, então sediada no Rio de Janeiro.

O ANDARILHO

Betto viveu nova temporada na Cidade Maravilhosa entre os 17 e os 20 anos de idade. Fora do ambiente familiar, completaria sua formação como dirigente e militante jecista vindo a participar diretamente de uma época extremamente rica e importante da história da Ação Católica e da JEC, ou seja, os anos compreendidos entre 1962 e 1964. Em 1965 arrumou as malas e voltou para Belo Horizonte – mais especificamente para o Convento da Serra, com vistas a ingressar na vida religiosa.

No Rio de Janeiro, morou em um apartamento no Edifício Paulo Afonso, localizado na esquina da rua das Laranjeiras com Pereira da Silva, no bairro das Laranjeiras. Na república de três quartos, cada qual com três beliches, conviveu com um sem-número de dirigentes da JEC e da JUC, assim como com membros do Movimento de Educação de Base e do secretariado nacional da Ação Católica, entre os quais Osmar Fávero e Luiz Eduardo Wanderley. De vez em quando, Betinho e outros dirigentes da AP também por lá pernoitavam. Aos domingos, ao fim da tarde, depois da missa do estudante ministrada pelo padre Mirabeau Lopes, muitos jecistas se encontravam para bater papo e trocar ideias nas escadarias da Igreja da Glória.

No dia a dia, após assistir à missa no Convento do Cenáculo, localizado nos arredores da "república", Betto reunia-se com os outros membros da Equipe Nacional da JEC na sede do Secretariado Nacional da Ação Católica, situada na rua Miguel Lemos, em Copacabana. Depois do trabalho, quando era possível, partia para a sede da UNE, então instalada na praia do Flamengo, para travar contato com militantes e intelectuais de esquerda. À noite, estudava regularmente em um colégio particular de pouca expressão – o Educandário Rui Barbosa – localizado nas proximidades do Largo do Machado. Após concluir o ensino secundário, matriculou-se no curso de jornalismo da Faculdade Nacional de Filosofia (FNFi) da Universidade do Brasil. Frequentava ainda serenatas noturnas em Copacabana, jantares no tradicional restaurante Lamas, além de exercitar seus dotes de dançarino nos bailes da Escola Naval.

Dos tempos de ensino médio, Betto registra sua admiração pelo professor de História, o escritor Geraldo França de Lima, e pelo método de ensino heterodoxo por ele empregado, que passava ao largo de maiores controles. Em seu modo de ver, Geraldo França de Lima foi o único de seus professores que estimulava os alunos a pesquisar. Já em relação à vida universitária, menciona o nome de alguns poucos professores, entre os quais Alceu Amoroso Lima, com quem cultivaria uma longa amizade.

Seis membros compunham a equipe nacional da JEC em 1962. Eram eles Joaquim Bastos, dirigente e responsável pelas regiões Norte e Centro-Leste; José Inácio Parente e Vicente Trevas, responsáveis pelo Nordeste; Betto, responsável pela região Centro-Oeste (Goiás e Minas Gerais); Roberto Inuí, pela região Sul I (São Paulo e Paraná); e Arlindo Gómez de Souza, pela Sul II (Rio Grande do Sul e Paraná). O assistente nacional da equipe era o padre Eduardo Koaik, mais tarde bispo de Piracicaba.[38]

Dois eram os principais campos de atuação da equipe nacional da JEC. Um deles era de cunho preferencialmente gerencial e voltava-se para o acompanhamento e articulação das atividades dos núcleos regionais, assim como para a organização e promoção de eventos de cunho nacional. Na órbita das atribuições da equipe nacional figurava, entre outras, a de preparar e conduzir a realização do IV Conselho Nacional da JEC, que reuniu delegados das equipes regionais de todo o país no Rio de Janeiro entre os dias 3 e 11 de julho de 1962.

Os Conselhos Nacionais eram vistos e tratados como momentos-chave no trabalho da JEC. Para os dias de evento, eram programadas atividades que tinham como um de seus principais objetivos debater e divulgar as diretrizes gerais que deveriam pautar o movimento nos anos seguintes. Também era hora de reforçar os laços de trabalho e amizade entre as equipes nacional e regionais, assim como de promover a mobilização dos líderes jecistas em seus núcleos. Por ocasião do IV Congresso, esse script foi seguido à risca, posto que foram realizadas palestras sobre temas amplos relativos ao novo momento vivido pela Igreja sob a égide do papa João XXIII e a respeito do papel da JEC na Igreja; discussões em grupos de trabalho de articulação entre as equipes nacional e regionais; além de atividades de recreação, entre as quais um passeio marítimo pelas águas da baía de Guanabara.

Outra dimensão do trabalho da equipe nacional era eminentemente política, o que, por certo, não deixava de se misturar com as atividades gerenciais de rotina. Um aspecto importante desse trabalho era assegurar e manter uma relação de confiança com o conjunto da direção da Ação Católica, em especial com seu assistente geral, dom Cândido Padin. A esse respeito, José Roberto Soeiro, então membro da equipe nacional, registra que as relações com dom Padin transcorreram sem maiores atropelos.

No âmbito das atribuições de cunho político da equipe nacional estava ainda a de levar adiante um conjunto de iniciativas a fim de garantir uma presença mais efetiva da JEC no movimento estudantil secundarista, tanto em entidades locais, em particular na Associação Metropolitana de Estudantes Secundaristas (Ames) da Guanabara, como em nível nacional, na União Brasileira de Estudantes Secundaristas (Ubes). Para a realização desse trabalho, fora criado o Grupo de Trabalho de Política Estudantil, que no ano de 1963 era dirigido pelos jecistas Waldemar Bastos Cunha e Paulo Luiz Vieira. Logo em seguida, ambos iriam assumir posições de destaque em entidades estudantis e na AP.

O período passado no Rio de Janeiro foi de intensa formação política e espiritual para Betto, tendo-lhe oferecido a oportunidade de conviver de perto com importantes figuras do catolicismo brasileiro, tais como dom Hélder Câmara, dom Cândido Padin, Alceu Amoroso Lima e Cândido Mendes, entre muitos outros. Primeiro compondo a equipe nacional da JEC, e logo depois como membro do secretariado nacional da Ação Católica, Betto percorreu o país de ponta a ponta, organizando e dirigindo eventos, participando de um sem-número de reuniões acerca dos rumos do movimento estudantil etc. No exercício contínuo dessas atividades, ainda muito jovem, Betto começou assim a desenvolver habilidades que iriam marcar sua personalidade e sua trajetória profissional, entre as quais uma disciplina rígida aliada à desenvoltura no trato e na interlocução com personalidades de distintas posições sociais e de poder, o que lhe dava autoridade moral e capacidade para o desenvolvimento do trabalho de articulação e mediação política. A essas habilidades também se podem associar a facilidade e a liberdade de deslocamento, como um "andarilho" a correr o mundo em seu trabalho de militante cristão.

Outra experiência também marcante foi seu envolvimento em um projeto de educação popular que se desenvolvia aos sábados junto aos operários da Fábrica Nacional de Motores, então localizada em Petrópolis, no estado do Rio de Janeiro. Betto morava no mesmo apartamento de Osmar Fávero e Luiz Eduardo Wanderley, dois importantes quadros do Movimento de Educação de Base – uma articulação em nível nacional que coordenava e produzia programas de rádio educativos voltados para a formação da população rural com o objetivo de promover uma educação transformadora e concretizar uma pedagogia pautada na participação popular. Através de seus dois companheiros, Betto tomou contato com os princípios que orientavam a atuação da entidade, em particular com os fundamentos e procedimentos do chamado método Paulo Freire. Criado e desenvolvido pelo educador pernambucano, o método revolucionava a maneira como era realizada a alfabetização dos adultos no país, rompendo com os fundamentos e as práticas rotineiras de uma educação que deixava de levar em conta o contexto sociopolítico e a experiência dos alunos. Para Freire, o caminho a ser adotado era exatamente o inverso, e a metodologia deveria ser baseada no diálogo de saberes e de culturas.

Como ponto de partida para o projeto de educação popular, os membros da JEC masculina e feminina costumavam utilizar imagens da própria fábrica para suscitar debates sobre o significado de alguns conceitos gerais, tais como "natureza" e "cultura", além de transmitir noções marxistas – "mais-valia", "meios de produção", "alienação" – que pudessem servir de substrato ao que era chamado de "conscientização política". "Saíamos dali", lemos em *Alfabetto*, "convencidos de ter arrancado os trabalhadores de sua secular alienação, abrindo-lhes o horizonte de um novo tempo de que eles seriam sujeitos históricos."

Em março-abril de 1964, um golpe civil-militar derrubou o governo reformista de João Goulart. Logo em seguida, estabeleceu-se um regime ditatorial que contava com apoio significativo do empresariado urbano, dos grandes proprietários rurais, de amplos segmentos das classes médias, assim como da maioria dos jornais e da direção de entidades da sociedade civil, como a Ordem dos Advogados do Brasil (OAB).

Sob liderança militar e de inspiração conservadora, o novo regime tinha como inimigos preferenciais os trabalhistas do antigo governo, os comunistas e demais forças de esquerda, inclusive a cristã. No começo de abril, o regime de exceção se configurou com maior clareza quando editou um ato institucional que, entre outras medidas, abriu caminho para violações sucessivas da ordem legal estabelecida pela Constituição de 1946. Era o início dos chamados "anos de chumbo", que iriam se prolongar por duas décadas.

Como era de esperar, abriu-se um novo momento nas relações do Estado com a Igreja Católica brasileira. Um dos problemas a ser enfrentado para o encaminhamento dessas relações era o seguinte: quem representava a posição oficial da Igreja? A divisão da instituição era flagrante. De um lado, segundo o registro de Luiz Aberto Gomes de Souza, "estavam os movimentos da Ação Católica especializada, comprometidos com o testemunho evangélico na transformação da sociedade". Do outro, "vieram as Marchas da Família, com Deus, pela Liberdade. Em São Paulo, a 19 de março de 1964, quinhentas mil pessoas desfilaram preparando o golpe, entre as quais um bom número de cristãos e cristãs [...]. Logo depois, em 2 de abril, no Rio, vitorioso o golpe, realizou-se a Marcha da Vitória, com apoio do cardeal Jayme de Barros Câmara".[39]

Em 27 de maio daquele ano, a direção da Conferência Nacional dos Bispos do Brasil (CNBB) emitiu um comunicado explicitando finalmente a posição oficial da Igreja diante do novo momento político. Nele a Igreja rendia graças a Deus pela ação das Forças Armadas, "que acudiram em tempo e evitaram que se consumasse a implantação do regime bolchevista em nosso país. [...] agradecemos aos militares, que, com grave risco de suas vidas, se levantaram em nome dos supremos interesses da nação, e gratos somos a quantos concorreram para a libertarem do abismo iminente". A respeito dessa tomada de posição, duas são as conclusões lógicas.

A primeira: nas disputas existentes no interior da instituição, as forças conservadoras levaram a melhor. Como se verá a seguir, as consequências dessa nova correlação de forças na Igreja se fez sentir diretamente na forma como passaria a ser conduzida a Ação Católica especializada. Outra conclusão sobre os termos do comunicado: a Igreja mostrava-se disposta a compor e a negociar com o governo. Em que termos? A se levar em conta o clima de indefinições da época, nenhum dos dois lados tinha muita certeza de como isso seria encaminhado. Na prática, o que terminou por prevalecer foi um clima de muita tensão nessas relações, que anos mais tarde desembocaria num quadro de conflito aberto.

A implantação de um regime ditatorial abriu um ciclo de repressão explícita às várias vertentes da Igreja militante no país. Foram inúmeros os episódios de agressão, tais como a invasão de conventos, ameaças frequentes a bispos e outras autoridades da Igreja, além da prisão e expulsão de sacerdotes do país.

Bastante integrada ao projeto de mudanças estruturais no país, a Ordem dos Pregadores foi duramente atingida. Dois dos conventos da Ordem foram invadidos – em Belo Horizonte e em Juiz de Fora[40] – e duas de suas principais lideranças tiveram de sair de cena: os frades Carlos Josaphat e Mateus Rocha.

Nascido em 1922 em Abaeté, Minas Gerais, Carlos Josaphat ordenou-se sacerdote, como missionário lazarista, em 1945. Em 1953, ingressou na Ordem dos Pregadores e partiu para a França com vistas a completar seus estudos teológicos. Ao voltar ao Brasil, estabeleceu-se no Convento das Perdizes, em São Paulo, dividindo-se entre a direção dos estudos da Ordem e a entusiasmada pregação referente às mudanças por que passava a Igreja nos tempos do Concílio Vaticano II. Foi nessa época, em 1962, que lançou um livro de forte impacto nos meios religiosos, intitulado *Evangelho e revolução social*, no qual defendia a dimensão social do cristianismo. "Atualmente no tempo que vivemos", escreveu ele, "o movimento de renovação social leva necessariamente à preocupação social. [...] Tal atitude significa uma luta (sem ódio, mas eficaz) contra as injustiças no plano social (nacional e internacional), mesmo que tais injustiças gozem de legalidade (que será aparente e farisaica)."

Outra iniciativa importante de frei Carlos Josaphat foi a criação do jornal *Brasil Urgente*, semanário de combate identificado com os movimentos sociais que visava a promover a mobilização política e social em torno de um projeto de cunho revolucionário. Segundo as palavras do próprio Josaphat, "o ponto de partida [do *Brasil Urgente*], e até um pouco o critério de partida, era meu livro *Evangelho e revolução social*. Não 'reforma social', mas reforma radical e, portanto, revolução. As grandes linhas eram essas". O jornal foi lançado em maio de 1963, com uma tiragem inicial de 100 mil exemplares, e enfureceu o jornalismo familiar conservador e outras forças das elites paulistas. Não por acaso, foi fechado em abril de 1964. Antes disso, a Ordem já havia enviado frei Carlos para fora do país, sob o argumento de que deveria realizar seus estudos de doutorado. Com humor típico, ele assim comentou o ocorrido:

> É nesse sentido que fui para a Europa livremente, porque recebi essa intimação diretamente da Ordem Dominicana, e eu aceitei como religioso. Portanto, fui para a Europa, desse ponto de vista, livre e forçadamente ao mesmo tempo. Às vezes, procuro uma forma mais delicada de dizer que fui convidado a me retirar, forçadamente livre, docemente constrangido.[41]

Frei Mateus, em 1962, deixara o provincialato da Ordem para, ao lado de Darcy Ribeiro, então reitor da Universidade de Brasília (UnB), conceber e dirigir o Instituto Teológico, de caráter ecumênico, que deveria se tornar um centro de reflexão teológica na nova capital do país. Nas palavras do próprio frei Mateus, "através do Instituto Teológico [...], a Província entraria numa universidade do Estado (caso único na América Latina) e teria influência no próprio centro de decisões do país. O futuro estava mais do que garantido".[42]

Com a vitória dos golpistas, em abril de 1964, a Universidade de Brasília foi invadida, e o prédio do Instituto de Teologia, destruído. Segundo o depoimento de Darcy Ribeiro sobre o ocorrido, "o ódio que suscitava era tamanho que, além de denunciar e anular o convênio da Universidade com a Ordem Dominicana, incendiaram o próprio edifício do Instituto de Teologia, que era, aliás, uma das mais belas obras de Oscar Niemeyer".[43] Como consequência, Darcy Ribeiro teve seus direitos políticos cassados por dez anos, e frei Mateus foi afastado da UnB e processado. Pouco tempo depois, frei Mateus saiu de Brasília para morar em um sítio nas proximidades de Abadiânia, no interior goiano. De lá continuou a manter contato com seus confrades dominicanos. Na década de 1980 foi reconduzido por duas vezes à condição de provincial da Ordem, vindo a falecer em 1985.

O Movimento de Educação de Base foi outro alvo preferencial do novo regime e das direitas civis e religiosas. Muitos militantes foram presos, e várias de suas estações de rádio foram fechadas. Em poucos anos a experiência sucumbiria aos novos tempos ditatoriais. Processo semelhante ocorreu na JEC, na JUC e demais movimentos da Ação Católica especializada. Nesses dois casos, houve clara convergência de interesses entre os novos donos do poder e amplos segmentos da alta hierarquia da Igreja Católica. Para adequar-se à realidade política que então se impunha, em 1964 a CNBB elegeu um novo presidente – dom Agnelo Rossi, arcebispo e depois cardeal de São Paulo – e nomeou para dirigir a importante Comissão de Apostolado dos Leigos dom Vicente Scherer, arcebispo de Porto Alegre. Ambos, figuras-chave da ala conservadora da instituição.

O ano de 1964 foi decisivo para Betto. Nos primeiros dias de abril, participava de um congresso de estudantes em Belém quando tomou conhecimento do golpe e da implantação de um regime em bases ditatoriais. Surpreendido com a falta de resistência popular ao levante militar, tratou em primeiro lugar de buscar refúgio junto a religiosos paraenses. Passados alguns dias, tentou sem sucesso retornar para o Rio de Janeiro – sua passagem, emitida pelo governo anterior, havia sido cancelada. Depois de ludibriar a atendente, conseguiu seguir viagem para Recife com vistas a entrar em contato com dom Hélder Câmara, que, na ocasião, estava prestes a assumir a Arquidiocese de Recife. Bem-sucedido na empreitada, retornou ao Rio de Janeiro no dia 11 de abril, na companhia segura de dom Cândido Padin, ainda assistente nacional da Ação Católica.

Em maio, como membro do secretariado da Ação Católica, Betto pôde assistir à reunião histórica da CNBB que resultou na divulgação do comunicado de apoio à ação golpista, que depôs João Goulart. Segundo conta:

> Houve acalorada discussão entre progressistas e conservadores. De um lado, dom Hélder Câmara, bispo auxiliar do Rio, apoiado por dom Carlos Carmelo Mota, arcebispo de São Paulo e presidente da CNBB, criticaram os militares por desrespeito à Constituição e à ordem democrática. De outro, dom Vicente Scherer, arcebispo de Porto Alegre, e dom Geraldo Sigaud, arcebispo de Diamantina (MG), exigiam *Te Deum* por ter a Virgem de Aparecida escutado os clamores do povo e livrado o Brasil da ameaça comunista. Venceu esta segunda posição.[44]

No Rio de Janeiro, ex-capital do país, a situação política permanecia delicada para os militantes da Ação Católica, e o cerco se fechava. No dia 17 de abril, Carlos Lacerda, governador da Guanabara e um dos líderes civis do golpe, emitiu nota oficial denunciando os órgãos da Ação Católica como locais onde se dava o "reagrupamento comunista". A perseguição política se intensificou, atingindo assistentes eclesiásticos e um sem-número de militantes da organização.

Verificando que a ação repressiva ameaçava sair do controle, alguns setores da imprensa começaram a colocar em questão a onda de violência política que se alastrava pelo país. Foi o caso, por exemplo, do *Correio da Manhã*, que, em editorial do dia 19 de maio, fez o seguinte alerta às autoridades:

A história mostra o quanto é funesta, para governos fortes, a iniciativa de combater a Igreja. Não se pode admitir que, sob pretexto de suprimir o comunismo, a "questão religiosa" seja reaberta entre nós e que pretenda apresentar o clero brasileiro como minado de elementos subversivos. Já é demais, pois isto mostra a mentira e a estupidez dos responsáveis pelo terrorismo que se constata atualmente no país.

Dias antes, Alceu Amoroso Lima, em sua coluna no *Jornal do Brasil*, protestara com veemência contra as arbitrariedades do novo regime. Em artigo intitulado "Terrorismo cultural", publicado a 7 de maio, soltara o verbo contra a onda de cassações de mandatos, a suspensão de direitos políticos, a demissão e prisão de intelectuais e estudantes.

Quando são demitidos dos seus cargos homens de reputação mundial no plano da educação, como Anísio Teixeira, no plano da sociologia, como Josué de Castro, no plano da economia, como Celso Furtado, simplesmente por pensarem de modo diferente da nova ideologia dominante, estamos no plano do terrorismo cultural. [...] Quando a Polícia de um estado da União baixa instruções para o "saneamento" do país e dita o seguinte: "Advertimos [sic] especialmente [*sic*] os órgãos da Ação Católica [*sic*] para que se afastem e até se abstenham de atividades incompatíveis não somente com seu programa, como – e é o que interessa ao governo – com interesses permanentes da nação e gerais da população" – tal como Mussolini tentou fazer com a Ação Católica italiana, e a Igreja do Brasil já estivesse sob a tutela de um Estado totalitário, estamos no plano do terrorismo cultural.

Tendo em vista o rumo dos acontecimentos, é possível afirmar que a reação de segmentos da imprensa não surtiu maiores efeitos. Tanto é que, duas semanas depois, na madrugada de 5 para 6 de julho, no âmbito de uma operação levada a efeito pelo Centro de Informações da Marinha (Cenimar) para capturar militantes da Ação Popular, o apartamento da Ação Católica na rua das Laranjeiras foi invadido. Resultado: todos os moradores, inclusive Betto, foram detidos e encaminhados para o Arsenal de Marinha.

Na ocasião, Betto foi confundido com seu xará – Betinho, um dos principais dirigentes da AP. Após o interrogatório, Betto e os demais presos foram encaminhados para a Ilha das Cobras e lá permaneceram por dois dias. A intervenção de altas autoridades da Igreja conseguiu que eles fossem transferidos e colocados em prisão domiciliar. Quinze dias depois, foram finalmente liberados.[45]

Passado o susto, Betto retomou suas atividades profissionais e de estudante universitário. Em agosto, acompanhado de dom Cândido Padin, viajou para o Rio Grande do Sul para participar da reunião das equipes regionais da Ação Católica. No encontro, discutiu com os dirigentes regionais o tema da "problemática do engajamento". Na ocasião integrava o secretariado nacional da AC como coordenador das equipes nacionais dos movimentos de juventude e coordenador dos secretariados regionais e diocesanos. Na universidade, ao retomar seus estudos na Faculdade Nacional de Filosofia, foi recebido como herói, ou seja, como alguém que tinha sofrido na pele a violência da repressão.

Ao longo do segundo semestre, Betto viveria o que chamou "de terrível crise vocacional". Crescia a dúvida sobre se deveria ou não se tornar padre, o que para ele significava ingressar na Ordem dos Pregadores. Uma forma de dirimir essas dúvidas foi fazer testes vocacionais, então em voga, na Pontifícia Universidade Católica do Rio de Janeiro (PUC-Rio). Com os resultados na mão, a psicóloga foi categórica: "Você tem pendores para a diplomacia, a advocacia e o jornalismo, mas não para o sacerdócio, pois é muito sociável para envergar uma batina", relata ele em *Alfabetto*.

Dois fatores foram particularmente favoráveis para fazer com que Betto, por fim, optasse por ingressar na Ordem dos Dominicanos. Um deles foi perceber que vários dos seus contemporâneos da Ação Católica faziam o mesmo. Na militância, todos eles haviam aprendido que era possível conciliar a vida religiosa com a opção revolucionária. Exemplos não faltavam... Outro fator, de cunho eminentemente subjetivo, era o prazer e a tranquilidade que Betto sentia ao rezar e entrar em contato com Deus. Resolvido, largou a Ação Católica, trancou a matrícula na universidade e partiu para a vida nova.

Em janeiro de 1965, já na terra natal, Betto teve de encarar mais um teste de fogo: avisar ao pai, Antonio Carlos, que decidira entrar para a Ordem Dominicana para tornar-se sacerdote. A reação do pai foi proporcional ao seu desgosto: "Meu pai não interferiu na minha decisão. Já desconfiava e não me disse, e chorou de um modo que nunca ninguém o viu chorar, nem antes, nem depois, porque na verdade ele não enterrou nenhum filho, mas, nesse dia, ele me enterrou e disse: 'Nunca mais fale comigo'". Muito tempo depois, as relações entre os dois foram restabelecidas.

Em 31 de janeiro de 1965, Betto chegou ao Convento da Serra para dar início a uma nova experiência de vida.

Alvorada

O noviciado é a primeira etapa na formação de um frade dominicano, e o ritual de iniciação consiste na entrega do hábito branco da Ordem ao noviço. Trata-se da "vestição" ou "tomada de hábito". Durante um ano, o noviço deve aprender a viver sob os ditames da Ordem e conforme o ritmo ordenado da vida comunitária do convento. Nos termos da Ordem dos Pregadores,

> trata-se de um momento especial de experiência pessoal do noviço, no confronto consigo mesmo e com Deus; aprendizado no qual o noviço adquire hábitos de estudo, de autodomínio, de oração e de convivência fraterna; assimilação dos valores evangélicos, segundo o ideal de São Domingos, os quais permitirão ao noviço discernir e criticar diversos projetos de vida; experimentação dele e da Ordem no discernimento da sua vocação; e um tempo em que ele toma consciência de sua vocação e da vida dominicana.

A turma de 1965 era formada por 12 noviços, boa parte deles originária da JEC, como Ivo Lesbaupin (Rio de Janeiro), Oswaldo Rezende (São Paulo), Luiz Felipe Ratton e Magno José Vilella (Minas Gerais), além de Betto, naturalmente. O dia a dia dos noviços seguia rígida rotina: missa na primeira hora da manhã; aulas com o padre-mestre, frei Henrique Marques Silva, sobre a história da Igreja e da Ordem e sobre espiritualidade; estudos silenciosos na biblioteca. À tarde, trabalhos gerais – varrer, limpar o convento, arrumar a cozinha. A função de Betto era cuidar da horta. "Lidar com a terra inundava-me de paz e, na hora da colheita, de alegria. Sentia indisfarçável orgulho ao ver a comunidade alimentada por alfaces e abóboras que plantara", relata ele em *Alfabetto*. À noite, depois da sopa, uma hora rápida de conversa e retorno à cela.

Um belo dia, em meados daquele ano, o convento recebeu a visita da Polícia Federal com o intuito de fazer uma vistoria nas dependências do prédio. O objetivo da operação era resguardar a segurança do presidente da República, que, em visita oficial a Belo Horizonte, iria pernoitar na residência do governador, no Palácio das Mangabeiras, situado nas proximidades do convento. Uma vez que o cortejo oficial passaria necessariamente pela rua do Ouro, bem ao lado do convento, os noviços tiveram a ideia de colocar suas capas pretas nas janelas do sobrado, em franca represália às suspeitas do regime. Frei Oswaldo Rezende, um dos participantes do protesto, assim relata o desfecho da história:

> E assim, o Castelo Branco passou e seguramente alguém deve ter perguntado "o que é isso?". E ele respondeu: "São os dominicanos." Ele nos conhecia bem. Certa vez, em entrevista coletiva à imprensa em que foi inquirido sobre as razões pelas quais interveio na Universidade de Brasília, Castelo Branco respondeu o seguinte: "Fiz isso porque o presidente João Goulart queria fazer uma universidade marxista com um biombo dominicano."

Betto, Ratton, Oswaldo e Ivo formaram uma pequena turma no noviciado. Mais tarde, como estudantes em São Paulo, no Convento das Perdizes, reforçariam esses laços de amizade e o compromisso com a política. "Oswaldo era o intelectual do grupo. Por ter sido seminarista em São Paulo e por ler muito, ele tinha uma bagagem intelectual maior que a nossa", relata Ivo. Segundo ele, Oswaldo e Betto eram os mais atirados, isto é, os que mais se mostravam dispostos a pressionar o prior do convento, frei Estevão Cardoso de Avelar, no sentido de garantir maior liberdade de ação aos noviços. Depois de várias tratativas, a demanda obteve algum resultado: o passeio semanal das quintas-feiras passou a ser realizado pelos próprios noviços, sem a devida companhia do padre-mestre.

O noviciado foi também um momento de angústia, insegurança e dúvidas. "Eu tive uma forte depressão durante o noviciado", relata Ivo em suas memórias sobre aqueles tempos. "Você fica isolado de todos por muito tempo e fica na sua cabeça a obrigação de ser santo. E bate aquela culpa de querer ser santo e não ser. Passei seis meses assim."

Para Betto, adveio o receio de ter perdido a fé.

> O Deus que despertara em mim a vocação religiosa, e me fizera abandonar a faculdade e a militância estudantil para entrar num convento, de repente silenciara. Na obscuridade da noite que se fez em meu espírito, lutei, como Jacó, com o anjo, "até surgir a aurora" (Gênesis 32, 25–30). Todas as minhas certezas se volatilizaram, meu mapa converteu a geografia num

hermético labirinto, minhas crenças professaram a negação de toda fé. [...] Foram sete meses de profunda angústia. Como um mosaico que se desfaz, restaram-me fragmentos de fé e muitas, muitas dúvidas que me conduziram à descrença.[46]

Decidido a abandonar o convento, Betto procurou o padre-mestre, que o aconselhou a conversar com seu confessor – frei Marinho Penido Burnier.

> Frei Martinho segurou firme o meu braço. Tinha nos olhos uma expressão de desafio:
>
> – Betto, se você estivesse caminhando à noite por uma floresta e, de repente, a pilha de sua lanterna acabasse, o que faria? Continuaria andando ou esperaria amanhecer?
>
> – O mais sensato seria esperar amanhecer.
>
> – Então, espere. – Deu-me para ler as obras completas de Santa Teresa de Ávila.
>
> – Leia-a como quem bebe um bom vinho, degustando cada gole e deixando a sua vida impregnar-se.[47]

Para Betto, a leitura da obra de Santa Teresa de Ávila representaria o encontro ou o reencontro consigo mesmo, ao mesmo tempo que lhe abriria as portas para a vivência de uma nova espiritualidade. O próprio Betto é explícito nesse sentido:

> A leitura de Teresa retirou, aos poucos, as escamas que me cobriam os olhos. Ou melhor, o coração. O Deus da militância, dos tratados teológicos, dos sermões eclesiásticos, aquele Deus que se distanciara de mim, que ficara do lado de fora do claustro, entretido com infindáveis reuniões destinadas a, primeiro, arrancar o Brasil do subdesenvolvimento e, depois, libertá-lo da ditadura militar, aos poucos reaparecia em minha vida. Vinha, porém, de outro jeito, com outra face. Trazido pelas mãos de Teresa [...]. Já não estava lá em cima; estava *aqui dentro.* [...] Em plena vida, eu renascia.[48]

Reconvertido, Betto reuniu os fragmentos e construiu um novo mosaico de fé. Firmou-se no convento e seguiu em frente.

5

O DEVER DE TODO REVOLUCIONÁRIO É FAZER A REVOLUÇÃO

"Eles estão prontos para serem perseguidos e torturados. Estes homens são frades. Vivem e estudam no Convento dos Dominicanos, em São Paulo. Pregando o amor e usando o Evangelho, eles fazem REVOLUÇÃO NA IGREJA."

Após passar 15 dias entre os frades dominicanos no Convento das Perdizes, em São Paulo, foi com esse destaque que o repórter Narciso Kalili apresentou aos leitores da revista *Realidade* o dia a dia daqueles religiosos que atraíam olhares diversos em sua direção e "de que todos falavam tanto".

Era outubro de 1966, e o convento recebia visitas de figuras interessantes, como o publicitário socialista Carlito Maia, que lá foi pela primeira vez para proferir uma palestra sobre televisão para os jovens frades; o psicoterapeuta Paulo Gaudêncio; os compositores Geraldo Vandré e Caetano Veloso. Também frequentava o convento e a igreja a família de Sérgio Buarque de Holanda, especialmente sua mulher, Maria Amélia, que depois se tornou muito próxima de Betto, a ponto de dizer que "ele é um pouco meu filho". Ana de Hollanda, uma das filhas do casal, teve seu casamento celebrado por um dominicano, e tal escolha levou o padre da paróquia localizada no bairro nobre do Morumbi a temer que a cerimônia pudesse incluir discursos comunistas.

Essa aproximação de olhares diversos sobre aquele reduto religioso chamava a atenção para os jovens dominicanos. A matéria publicada na *Realidade* teve tanta repercussão que deixou o estudante de 17 anos e membro da JEC Francisco Rodrigues de Alencar Filho – o atual deputado federal Chico Alencar – impressionado com o relato sobre a Ordem dos Dominicanos e sua linha progressista. Marcou-o especialmente o depoimento de Frei Betto a Narciso Kalili:

> A Igreja tem uma sensibilidade para a verdade, a justiça, o amor, que lhe possibilita criticar formas concretas de estruturação social, na medida em

> que estão cheias de imposturas, injustiças, desamor e, consequentemente, contra a dignidade humana e a palavra de Deus. E a Igreja não só tem o direito como o dever de atuar, apontando os erros, assim como o Cristo não contemporizou com os fariseus, acusando-lhes a falsidade, a hipocrisia, a mentira que acobertavam a pretexto de seguir à risca as determinações da lei.

Foi assim que Chico Alencar também se interessou em estreitar os laços com os dominicanos. Junto com uma turma que incluía outros jovens, boêmios e estudantes engajados, ele saía do Rio e passava dias no Convento das Perdizes. Em uma dessas ocasiões, numa Semana Santa, quem estava no convento era Geraldo Vandré, encenando a peça *A Paixão segundo Cristino*, que, por meio da história de um sofrido pescador nordestino, misturava a realidade brasileira com a paixão e morte de Jesus Cristo. Tanta gente foi à estreia que não havia lugar nem nas escadas. Os frades dominicanos deram a assessoria litúrgica para o compositor, e a peça permaneceu sendo apresentada na paróquia de São Domingos por vários anos.

Em sua reportagem na *Realidade*, Kalili apresentava a rotina dos religiosos: acordavam às 7h, tomavam banho e em seguida o café da manhã, com leite, café, pão e margarina e, se estivessem baratas, banana e laranja. Na sequência, 15 minutos de orações, estudos até as 11h30, serviço no coro da igreja de São Domingos, depois a missa e o almoço às 12h30. A sesta vinha às 13h30, e às 14h30 eles já estavam em aula. À noite, às 19h15, era servido o jantar. Às 20h, eles rezavam por cerca de meia hora. O repórter também relatava como eram humildes as chamadas celas, ou quartos, onde os rapazes viviam, e como mantinham o convento.

Kalili narrava um dia de atividades simples, como era a vida de um jovem que havia optado por entrar na Ordem dos Pregadores, suas visões acerca de política e religião, sem nada que fosse especialmente controverso. O quadro se alterava quando o repórter tratava da chegada dos primeiros padres dominicanos ao Brasil e de sua participação ativa no processo de transformação social do país, e especialmente quando criticava a situação imposta com o golpe militar de 1964. Talvez tenha sido esse o motivo de tamanha repercussão do texto.

> Depois da realização do Congresso da UNE, em agosto último, em Belo Horizonte, durante o qual eles e os frades franciscanos receberam em seus

> conventos os estudantes, correu um rumor de que o Presidente da República já teria pronto um decreto suspendendo a Ordem (dos dominicanos) no Brasil e expulsando os padres do território nacional. Mas eles continuam dando entrevistas em que criticam duramente tudo o que consideram errado, continuam influenciando espetáculos artísticos e fazendo do magistério uma arma de conscientização política. Sempre seguindo o Evangelho. E é por tudo o que eles fazem e dizem – mais em consequência do que dizem – que as freiras de um convento em São Paulo, não muito longe da igreja de São Domingos, pedem a Deus, antes das orações: – Senhor! Fazei com que nossos irmãos dominicanos se convertam ao cristianismo.

Depois que os frades dominicanos e franciscanos hospedaram universitários em conventos e paróquias durante o XXVIII Congresso Nacional dos Estudantes, a polícia tentou enquadrá-los na Lei de Segurança Nacional. Antes, os militares haviam avisado que as famílias que abrigassem estudantes de fora para o Congresso seriam responsabilizadas, e com isso muitas delas não quiseram receber os jovens. Sem ter onde ficar, os estudantes encontraram abrigo nos espaços abertos pelos religiosos. Na cripta da igreja de São Francisco os universitários também realizavam reuniões sobre o Congresso.

Revista *Realidade*

Betto chegou a São Paulo em março de 1966, aos 21 anos de idade. Era um dos 26 estudantes do Convento dos Dominicanos, a maioria proveniente de Minas Gerais. Ao todo, o espaço abrigava sessenta frades, entre padres e estudantes. O jovem mineiro ficou encantado com a efervescência cultural daquela metrópole e da organização do movimento estudantil ali, naquele momento. Estudava Filosofia na Escola de Teologia e Filosofia dos Frades Dominicanos e ingressou no curso de Antropologia na Universidade de São Paulo. Frei Chico era o prior do convento. Estavam lá também os colegas de Belo Horizonte: freis Oswaldo Rezende, Fernando de Brito – na época ainda chamado frei Timóteo –, Ivo Lesbaupin, Luiz Felipe Ratton e Magno José Vilella. Frei Bernardo Catão, regente de estudos da Escola de Teologia e Filosofia, introduziu mudanças nos currículos de Filosofia, por exemplo, em que os clássicos gregos foram substituídos por pensadores que tratavam da cultura do século XX, e de Teologia, fazendo com que os textos bíblicos fossem adequados à história, do ponto de vista social, cultural e econômico.[49] O padre-mestre, responsável diretamente pelos estudantes, era frei Estevão Cardoso de Avelar, e os rapazes tinham aula de latim com Flavio Di Giorgi, intelectual incomum.

Frei Oswaldo era o mais ligado à figura acadêmica do grupo; fora seminarista no interior de São Paulo e estudara Teologia, de modo que já possuía conhecimentos teológicos quando entrou no noviciado. Dos que chegaram a São Paulo, foi o primeiro a entrar na Filosofia da USP. Entusiasmado com a filósofa Marilena Chaui, levou-a ao convento para falar aos outros frades nas Perdizes. Quando decidiu seguir seus estudos de Filosofia na USP – e não mais na Escola dos Dominicanos –, houve uma certa resistência por parte do provincial frei Alexandre Oscar Lustosa, um historiador que ouvira do encarregado dos estudos da Ordem não concordar com o pedido porque abriria caminho para todos irem para a universidade. Mas frei Lustosa acabou por concordar e deu o aval para que Oswaldo se encaminhasse para a USP. Essa ida teria importância na relação entre os dominicanos e a Ação Libertadora Nacional (ALN) – organização revolucionária surgida em 1967, que adotou a guerrilha como arma contra o regime militar –, porque foi a partir da presença de Oswaldo na USP que Carlos Marighella, o líder máximo da ALN, se aproximou dos dominicanos. Além disso, naquele caldeirão de política e cultura, com as leituras de autores marxistas, descortinou-se diante dos rapazes o cenário revolucionário que os envolveria definitivamente.

A época também coincidiu com a decisão de alguns dominicanos – Betto, Fernando, Ivo, Oswaldo, Ratton – de morar fora do convento, num apartamento localizado na região central de São Paulo, na rua Rego Freitas, 530, no mesmo prédio que abrigava o Sindicato dos Bancários de São Paulo.

Em 1967 chegou ao Convento das Perdizes outra figura conhecida de Betto por sua militância na JEC: frei Tito. No ano seguinte, Tito se tornaria presidente do Diretório Acadêmico do Instituto de Filosofia e Teologia. Na USP, estudavam, além de Oswaldo, Ratton, Ivo, Romano, Magno, Tito e Betto.

A tradição dos dominicanos é de trabalhar para se sustentar. Betto, então, precisava de um emprego. Pouco antes conhecera o grupo de jornalistas que criou a revista *Realidade*, muitos advindos do *Brasil Urgente*, de frei Carlos Josaphat, jornal extinto por conta de sua linha progressista. Como havia estudado jornalismo durante um ano no Rio de Janeiro, Betto conseguiu entrar para o time. A revista tinha uma proposta de jornalismo literário, abordando temas polêmicos e dando liberdade aos seus colaboradores nas chamadas matérias de vivência. Era o sonho de todo repórter à época. E foi nesse celeiro de grandes ideias e troca de experiências que Betto debutou no jornalismo. A redação da revista mensal funcionava, de fato, na rua Germaine Bouchard, bem próxima ao endereço do convento, na qual moravam o psicanalista e escritor Roberto Freire, apelidado de Bigode, repórter da revista; o jornalista Sérgio de Souza, editor de texto; e Lana Novikow, que depois se tornou esposa de Sérgio. Betto e Lana eram os mais jovens na redação da *Realidade*, cerca de dez anos mais moços que os demais. O chefe de redação era Paulo Patarra. Roberto, Sérgio e Paulo tornaram-se grandes amigos de Betto. As reuniões de pauta muitas vezes aconteciam à noite na casa de Roberto ou Sérgio, de modo que eles se encontravam quase todos os dias.

Os sermões do prior frei Chico nas missas de domingo, às 11h30, na igreja de São Domingos, eram concorridos, assim como tempos antes haviam sido os de frei Carlos Josaphat, que comentava as encíclicas de João XXIII. Depois veio frei Chico. Muitas pessoas iam à igreja apenas para ouvir suas palavras. Eram sermões progressistas, distantes da formação rígida e repressiva encontrada em outros grupos religiosos, e por isso mesmo atraíam os jovens.

Foi num desses sermões que, em plena Guerra do Vietnã e com a ditadura militar no Brasil, frei Chico fez uma campanha de greve de fome pela paz. Chico propunha a greve para o dia 1º de setembro de 1967. Para tanto, preparou uma carta que convocava as pessoas a lutarem pela paz, o que foi noticiado na capa da revista *O Cruzeiro*[50] sob o título "Frei Chico faz greve contra a guerra". Dizia a carta:

> PAX. Daqui ouvimos a explosão. O grito. A morte do homem, nosso irmão, que tomba, vítima da violência. É a guerra. Aquela última ocorrida no Oriente Médio. Aquela outra, sem fim, no Vietnã. Ouvimos também o clamor daqueles homens que tombam, mortos pela fome, pela velhice prematura. São os que habitam o mundo subdesenvolvido. Os que se salvariam com metade do orçamento bélico. Resolvemos protestar. Resolvemos tentar uma ação em conjunto; como ponto de partida: uma greve. Sim, uma greve contra a guerra. Escolhemos o dia 1º de setembro de 1967 como primeiro marco. O primeiro encontro do gesto comum. E o convidamos. Pedimos seu apoio. Sua sugestão. Sua mobilização e a dos seus

> amigos numa assembleia permanente contra as guerras. Dê notícia de seu apoio no endereço mencionado. Diga o que você poderá fazer e o que mais crê que possamos fazer. Nossa intenção última é despertar a consciência do homem. De cada homem, de todos os homens, para que findemos com as guerras, indo às suas causas. Aguardamos sua palavra. Seu gesto e o dos seus amigos. Até sempre!

A atitude de Chico foi recebida pelos militares como ofensa grave, e no dia 2 de agosto de 1967 ele foi preso por 24 horas. Foi solto depois que os frades, devidamente paramentados com seus hábitos brancos, foram para a frente do Deops protestar e pedir a soltura do prior. Era esse o clima do Convento das Perdizes, que tanto atraía figuras contrárias ao regime militar, que encontravam naquele espaço um recanto para discussões e protestos. Por outro lado, os que defendiam a ditadura e eram contrários ao envolvimento dos dominicanos no cenário político do país chegaram a pichar as paredes da igreja de São Domingos com frases como "Abaixo os padres comunistas!". O local ficou tão visado pela polícia que os encontros dos religiosos com outros integrantes da ALN deixaram de acontecer próximo ao convento para evitar riscos. Os dominicanos, portanto, eram *personae non gratae* perante o regime militar, que tratou de buscar desmoralizar a Ordem no país.

Em setembro de 1967, na edição especial de *Realidade* sobre a juventude brasileira, Betto, assinando-se Alberto Libânio, foi responsável pela reportagem "Eu vivi numa república de estudantes". Para tanto passou um mês em Minas na República dos Aimorés ou, como era mais conhecida, República dos Mal-Amados, a fim de saber – a partir de reuniões de centros acadêmicos, conversas de bar, participações em festas – o que os jovens pensavam sobre religião, política e sexo. Voltou de Belo Horizonte e passou três dias escrevendo a matéria. O resultado foi um texto em linguagem direta que já trazia sua marca de concisão analítica. Betto tratou de fazer perfis de diferentes personagens que conheceu no meio estudantil e de apresentar o cenário que os jovens encontravam no ambiente universitário.

> Ao chegar na Faculdade, encontro Maria Lúcia. Ela está de minissaia; é comum também as garotas irem à aula de calça comprida. Maria Lúcia puxa conversa sobre o que ela chama de "TFM" – a Tradicional Família Mineira. Diz que é uma "situação em falência".

— E aceitam sua minissaia?

— Claro que não. Aqui a gente ainda não pode sair como quer. As pessoas me olham como se eu estivesse nua.

Pela roupa, os estudantes revelam pertencer, em sua grande maioria, à classe média. Lembro das estatísticas: apenas 5,8% dos universitários brasileiros são filhos de operários.

Teatro Oficina, a tentação

Logo após escrever a matéria sobre o jovem universitário para *Realidade*, Betto conheceu a cenógrafa Dulce Maia de Souza – irmã do publicitário Carlito Maia –, que trabalhava no Teatro Oficina. Ela o levou para o teatro. Ao mesmo tempo, Betto conheceu a atriz Ittala Nandi e o diretor José Celso Martinez Corrêa, numa livraria próxima ao Teatro Oficina. O grupo de Zé Celso começava os preparativos para a montagem da peça *O rei da vela*, do modernista Oswald de Andrade, vista como obra de caráter irreverente que mudou a linguagem do teatro no Brasil. Apesar de escrita nos anos 1930, só foi apresentada em 1967, com sucesso de público.

Zé Celso convidou Betto para ser seu assistente de direção em *O rei da vela* e, assim, o dominicano teve uma das experiências que mais mexeram com a sua cabeça, a ponto de ele pensar em deixar a Igreja para se dedicar à arte. Zé Celso pediu a Betto que fizesse um estudo sobre a industrialização do Brasil, a formação da burguesia e a aculturação, para informar os atores e deixá-los a par do contexto da peça.[51] Betto descobriu que o teatro era outro sacerdócio e que precisaria escolher. Muitas horas por dia eram dedicadas à peça que estava sendo montada. Betto não tinha mais espaço para tantas atividades: trabalhava na *Realidade*, ia à faculdade, dedicava-se às atividades do convento, era assistente de direção de Zé Celso no teatro e ainda tinha suas tarefas como militante político.

Ao entrar em *O rei da vela*, Betto causou certo *frisson* entre as atrizes. Liana Duval, que interpretava Joana dos Divãs, se apaixonou por ele, talvez impulsionada pelo mistério que envolvia o frade dominicano. Segundo Zé Celso, "o que houve entre eles ninguém nunca vai saber. Ela já se foi e talvez nem ele até hoje saiba. Só sei que esse amor libido gerou uma monja budista, atuando no Brasil e no Japão, praticante do Johrei".

Em 2000, em entrevista para a revista *IstoÉ Gente*, a atriz falou da paixão pelo frade: "Betto foi uma pessoa única na minha vida. Foi uma paixão platônica, um amor lindo, que se dependesse de mim teria se concretizado e sido maravilhoso. Se ele quisesse, seria uma festa. Mas ele não podia e eu era 20 anos mais velha".[52] Liana faleceu em 2011.

Ittala Nandi, que fazia o papel de Heloísa de Lesbos, tornou-se grande amiga do religioso. Pouco depois de estrear na peça, a atriz ganhou uma bolsa de estudos na França. Ficou em cartaz de agosto a outubro, quando embarcou para a Europa e foi substituída por Dina Sfat. À época, Ittala escreveu o rascunho de um romance, que foi publicado 47 anos depois, com texto de orelha de Frei Betto. Chama-se *O sonho de Vesta*. Ittala já havia escrito cerca de cinquenta páginas do livro, que estavam com Betto para que este desse sua opinião sobre os originais. Esse rascunho – com o título provisório *Anti, a mulher sem Deus* – foi escondido pelo religioso antes que os militares o confiscassem quando passaram a persegui-lo. Muito tempo depois, ele devolveu os originais para a atriz, que pôde finalizar a obra. A amizade entre os dois seguiu vida afora. Ele é o padrinho do filho dela, Giuliano.

Zé Celso percebeu em Betto uma inteligência necessária para a peça que estava montando. Para ele, o dominicano era, antes de tudo, um grande ator, e essa característica ficou-lhe evidente no laboratório que fizeram em torno da primeira cena do espetáculo.

> Betto, com a eloquência da tradicional família mineira, sua bela voz, com palavras muito claras no improviso, consoantes fortes, ancorando as vogais, revelou todo o autoritarismo da personagem do Banqueiro. Quanto mais o oprimido pedia compaixão na quitação de suas inúmeras dívidas, usando de todos os argumentos capazes de derreter o mais duro coração – problemas com os filhos, fome, enfim, miséria absoluta –, mais crescia a eloquência pisando em cima.

Zé Celso se impressionava com o paradoxo do religioso humanista travestido de tamanha violência. "Betto, com suas palavras cruéis que iam humilhando a vítima com a corda no pescoço, cada vez mais enviando raios de eletricidade de seus olhos brilhando de prazer, no sadismo da violência do texto que ele mesmo criava, e mais, encontrava a todos nós."

O rei da vela foi uma revolução, como Zé Celso costuma dizer. A montagem transformou o teatro brasileiro. A intensidade emocional era tamanha entre todos os que participaram da montagem que ela "virou de ponta-cabeça a cuia do enfeitiçamento da Casa-Grande sobre a Senzala".

Enquanto Betto estava no Oficina, naquela empreitada inovadora para o universo dos religiosos, encantado pela vida no teatro, frei Fernando trabalhava na Livraria Duas Cidades, local que também era vigiado, tendo em vista a presença frequente de estudantes. Ele também travou contato com os amigos artistas de Betto. Além de Fernando, outros dois frades estavam ali na mira dos militares: frei Benevenuto de Santa Cruz, diretor da livraria, e frei Maurício (João Antonio Caldas Valença), que trabalhava no local.

Os dominicanos da ALN

Em 1966, o militante comunista Carlos Marighella pediu para sair da Comissão Executiva do Partido Comunista Brasileiro (PCB), alegando que os contrastes entre as posições políticas e ideológicas dele e do partido eram muito grandes, e a situação estava insustentável. Marighella criticava, na carta que escreveu à Executiva, a falta de mobilidade e de atuação direta entre os camponeses.

> O centro de gravidade do trabalho executivo repousa em fazer reuniões, redigir notas políticas e elaborar informes. Não há assim a ação planejada, a atividade não gira em torno da luta. Nos momentos excepcionais, o Partido inevitavelmente estará sem condutos para mover-se, não ouvirá a voz do comando, como já aconteceu em face da renúncia de Jânio e da deposição de Goulart.
>
> Solicitando demissão da atual Executiva – como o faço aqui –, desejo tornar público que minha disposição é lutar revolucionariamente junto com as massas e jamais ficar à espera das regras do jogo político burocrático e convencional que impera na liderança.[53]

No final de 1967, Marighella rompeu definitivamente com o PCB e criou o Agrupamento Comunista de São Paulo, que precedeu a Ação Libertadora Nacional. Ao criar o Agrupamento, Marighella pontuava que o objetivo era a ação revolucionária, a preparação e o desencadeamento da guerrilha. "Uma organização de vanguarda para agir, para praticar a ação revolucionária constante e diária, e não para permanecer em discussões e reuniões intermináveis."[54]

No documento em que descrevia as bases do Agrupamento, Marighella ressaltava que os membros que integrariam a organização eram homens e mulheres decididos a fazer a revolução, proativos, livres do espírito burocrático, que não ficavam de braços cruzados esperando por ordens. "Os princípios pelos quais se rege esta organização são três: o primeiro, o dever de todo revolucionário é fazer a revolução; o segundo, pedimos licença para praticar atos revolucionários; e o terceiro, só temos compromissos com a revolução."[55]

Antes de se desligar do PCB, no mês de agosto de 1967, Marighella foi a Cuba participar da I Conferência da Organização Latino-Americana de Solidariedade (Olas), onde foram feitas críticas à "política defendida pelos partidos comunistas e que indicou a luta guerrilheira como estratégia adequada para a maior parte dos países latino-americanos".[56] Porém, antes de ir para Havana, cercou-se dos dominicanos. Há versões diferentes sobre como se deu essa aproximação.

Uma dessas versões, abordada no livro de memórias *Recordações de um tempo sem memória*, de 2013, trata de um encontro clandestino de Marighella com frei Chico em 1966. Na ocasião, o futuro líder da ALN teria dito que o religioso tinha papel relevante na luta contra a ditadura, e que deveria continuar denunciando torturas e prisões de militantes que estavam lutando contra o regime.[57] Para frei Oswaldo, o contato com Marighella fora feito por José Luiz del Roio, que propôs ao religioso que os dominicanos conhecessem alguns intelectuais e um professor em especial. E assim foi que Oswaldo e Betto foram levados por Del Roio ao encontro de Marighella, em local distante do convento. Já Betto lembra-se desse encontro de outra forma. Ele registra que Marighella, apresentado como professor Menezes, foi a uma sala do convento encontrar-se com eles, levado pelo estudante da USP conhecido de Oswaldo. Betto não sabia que Menezes era Marighella. Soube quando, ao ir embora, o professor deixou com eles escritos assinados pelo líder revolucionário.

No depoimento que prestou no Deops no dia 4 de dezembro de 1969, porém, Betto deu outros detalhes desse primeiro encontro com Marighella. De acordo com o documento, Betto foi procurado no convento por um amigo de frei Oswaldo, João Antonio Abi-Eçab, que o convidou, junto com Oswaldo, a se encontrar com um amigo seu "de grande experiência política". Depois de alguns dias, João Antonio foi apanhar os dois frades em um Volks, dentro do qual se encontrava um homem apresentado como Menezes. Eles seguiram para a sapataria do pai de João Antonio, localizada nas cercanias da avenida Liberdade, na região central de São Paulo, onde Menezes teve sua identidade revelada como Carlos Marighella ao entregar aos religiosos um embrulho com escritos assinados. Marighella contou então que fizera parte do Partido Comunista; falou sobre o grupo que estava montando; e sondou quais eram as ideias dos dominicanos e a posição da Igreja diante da situação do país.

Oswaldo conta que Marighella fez uma nova reunião com os religiosos ao voltar de Cuba, e nela ficou acertada a parceria destes com a ALN. O papel dos religiosos era esconder militantes no convento ou em casas de amigos, guardar materiais, armas e dinheiro de expropriações bancárias, fazer o levantamento de possíveis locais para viabilizar a guerrilha rural, imprimir documentos e ajudar na saída de militantes perseguidos do país – tarefa que viria a ser executada direta e especificamente por Betto.

Já atuante na organização, Betto foi apresentado por Dulce Maia, num encontro no restaurante Gigetto, a Onofre Pinto, militar que aderiu à luta armada, importante dirigente da Vanguarda Popular Revolucionária (VPR), e que desapareceu em 1974. Muito próxima da arquiteta Lina Bo Bardi, que também era engajada politicamente, Dulce organizou, em 1968, uma reunião com lideranças como Marighella, Lamarca, Onofre e alguns arquitetos na casa de Lina, para discutir o cenário político.

Oswaldo era o interlocutor entre Marighella e os frades. Ivo e Giorgio, por sua vez, saíam para conseguir contribuições para a luta armada. Ivo também atuava como motorista, transportando militantes que estavam sendo perseguidos e os próprios confrades, como Oswaldo, para se encontrarem com Marighella. O Convento das Perdizes abria as portas não apenas para a ALN, mas para integrantes das demais organizações, como a VPR e a Polop. Quando precisavam fugir, se estavam baleados ou em qualquer outra situação, os revolucionários sabiam que podiam buscar refúgio naquele lugar.

Folha da Tarde, um celeiro para a ALN

Logo depois do primeiro contato com Marighella, Betto foi admitido como repórter na *Folha da Tarde*, sendo designado para os setores estudantil e de cultura. O convite partiu do jornalista Jorge Miranda Jordão, que por sua vez vinha da *Ultima Hora*. Jorge namorava Tereza Cesário Alvim, também jornalista e militante política, que lhe sugerira voltarem a fazer o jornal *Brasil Urgente*. Assim, Jorge e Tereza foram ao Convento das Perdizes, onde conheceram Betto, Fernando e toda a turma de frades. Mas

Otávio Frias de Oliveira chamou Miranda Jordão para conversar: "Eu quero um jornal de esquerda em dois meses." Jorge já estava encaminhando a retomada do *Brasil Urgente* e conversou com os envolvidos no projeto. Decidiram então que ele deveria assumir a *Folha da Tarde*. Ao formar a equipe, Jorge optou por chamar Betto para repórter de cultura, levando em conta a sua ligação com o meio artístico e a experiência no Teatro Oficina. Logo em seguida, Betto foi alçado a chefe de reportagem. Até aqui, Miranda Jordão não tinha nenhuma ideia da ligação de Betto com o movimento revolucionário. Luiz Roberto Clauset era o editor do jornal e Vicente Wissembach, que vinha do *Brasil Urgente*, dividia com Betto a chefia de reportagem.

A repórter Rose Nogueira, uma das três mulheres da redação – as outras duas eram as fotógrafas Makiko Yshi e Tânia Quaresma –, admirava a capacidade do frade de sintetizar informações como um arquivo vivo: "Ele sabia tanto dos assuntos que o meu trabalho como repórter era complementar a pauta que ele me entregava. Com isso eu passei a considerar a pauta a poesia do jornalismo. É o cara que sonha, que pensa a matéria. Quando recebia a pauta dele, pensava: 'Como é que eu vou fazer uma coisa melhor do que essa pauta?'" Outro repórter da *Folha*, Cláudio Vergueiro, costumava dizer: "É difícil pegar esse padre, porque a gente chega na matéria às vezes sabendo mais do que a matéria." E assim Betto foi reconhecido também como um bom professor de jornalismo. Foi dele, por exemplo, a ideia de fazer uma matéria de ficção na qual Hebe Camargo entrevistava a rainha Elizabeth II – que visitou o Brasil em 1968 – e fazia perguntas cômicas sobre temas como a minissaia.

Betto tornou-se confidente de Rose Nogueira. Ela se apaixonou por Clauset e trocava ideias com o religioso sobre o romance com o editor. Ele era um entusiasta do relacionamento do casal. Mandava bilhetes e estimulava os dois a assumirem o namoro na redação. Foi o que Rose e Clauset fizeram. No ano seguinte, iriam casar-se. Betto foi quem escreveu o sermão para ser lido na cerimônia na Igreja dos Dominicanos em Perdizes, em 29 de março de 1969. Abordava no texto a transcendência do amor. Mas Betto mesmo não pôde participar do casamento, porque já estava na clandestinidade.

Na redação, lembra o cartunista Chico Caruso, que também integrava a equipe da *Folha da Tarde*, Betto era um intelectual. "Era discreto, silencioso, difícil achar que ele era o chefe de reportagem."

No jornal, Betto fez contatos com várias lideranças estudantis importantes, como Catarina Meloni, Luís Travassos e José Dirceu, que eram fontes de informação para suas reportagens. Aproveitando a experiência no Oficina, acabou se tornando crítico teatral, chegando a integrar a Associação Paulista de Críticos de Teatro. Também fez campanha contra os cortes feitos pela censura na Feira Paulista de Opinião, produzida pelo Teatro de Arena e dirigida por Augusto Boal, com a participação de importantes dramaturgos. Com liminar do juiz Américo Lourenço Lacombe, que dava apoio à ALN, a Feira foi liberada. A Feira marcou o momento em que a classe artística buscou se unir para acabar com a censura.[58]

Ao ser promovido a chefe de reportagem, Betto também passou a cooptar companheiros de redação para a ALN. E o primeiro deles foi seu próprio chefe, Miranda Jordão. Betto era o elo entre Marighella e Jordão. Com isso, a *Folha da Tarde* noticiava versões mais ligadas à esquerda. No caso das manifestações estudantis, por exemplo, o *Jornal da Tarde*, periódico do grupo Mesquita, publicava a versão da polícia. A *Folha da Tarde*, por sua vez, privilegiava o ponto de vista dos estudantes. Quando, em outubro de 1968, aconteceu o Congresso da UNE em Ibiúna, que acabou com a prisão de mais de setecentos estudantes, Betto e o comando da UNE haviam acertado que, em caso de a polícia descobrir que o evento aconteceria, ele mandaria um carro da *Folha* para avisá-los. Foi o que aconteceu, apesar de o aviso não ter conseguido chegar a tempo de fazer com que os estudantes e várias lideranças saíssem do local.

Clauset e Rose Nogueira também passaram a ajudar no apoio à organização. O casal, a pedido de Betto, disponibilizou seu apartamento para a realização de reuniões com Marighella, que chegou a dormir no local algumas noites. Rose e Clauset não participavam das conversas. Trancavam-se no quarto enquanto as reuniões aconteciam na sala da casa. Quando Marighella ficava para dormir, o casal aproveitava para jogar conversa fora com ele até tarde da noite.

Algum tempo depois, Ricardo Gontijo, o amigo de infância de Betto, também entrou para a redação da *Folha* como copidesque, e passou a ajudar na hospedagem de militantes em perigo. Com Miranda Jordão não foi diferente. Ele, que tinha casa em São Paulo e no Rio, algumas vezes também recebeu Marighella e Toledo – Joaquim Câmara Ferreira, o segundo homem da ALN –, e tornou-se motorista do líder da ALN quando almoçavam e jantavam juntos.

Tânia Quaresma, mesmo sem entrar para a ALN, apoiou a luta revolucionária. Chegou muito nova ao jornal, com 17 anos, como fotógrafa, e pouco tempo depois resolveu sair para cobrir os Jogos Olímpicos na Cidade do México. Pediu demissão e seguiu com uma carta de recomendação de Betto. O dominicano também havia deixado com Tânia alguns contatos naquele país. Um deles era o do deputado cassado pelos militares, Francisco Julião, que morava na cidade de Cuernavaca. Do México, Tânia seguiu para Cuba, onde fez treinamento de guerrilha. Após alguns meses, pouco tempo depois de decretado o AI-5 – em 13 de dezembro de 1968 –, quando voltou ao Brasil, trouxe para uma pessoa de São Paulo encomenda de militantes brasileiros que se encontravam em Cuba. O volume era o coturno russo que a fotógrafa usou na volta, com uma sola falsa muito grossa e repleta de dólares que seriam usados para ajudar alguns militantes a saírem do país.

Ao chegar em São Paulo, Tânia tinha a orientação de encontrar o receptor do dinheiro no Bar Redondo, próximo à rua Rego Freitas. Quando chegou ao local, encontrou o destinatário do coturno: Frei Betto.

No mês seguinte à sua entrada na *Folha*, em dezembro de 1967, Betto foi acometido por uma séria hepatite, que o deixou de cama por três meses. Nesse período Oswaldo seguiu em contato com Marighella, tratando do plano do líder da ALN de desencadear a guerrilha rural na região do Brasil central, a ser mantida pela guerrilha urbana. Frei Oswaldo levou frei Catão para falar com Marighella no apartamento do corretor Antônio Flavio Médici de Camargo, localizado na rua São Vicente de Paula, na capital paulista. Catão advertiu Oswaldo do risco que representava para os dominicanos aquela ligação política. Marighella estava interessado no convento da Ordem dos Pregadores localizado em Conceição do Araguaia, no Pará, como possível base de apoio ao plano de guerrilha rural.

Betto voltou às atividades na *Folha* em abril de 1968. Em maio, seguiu para a Bolívia, para cobrir o casamento do cantor Roberto Carlos. Aproveitando a viagem, entrevistou o ativista político do Partido Obrero Revolucionário Guillermo Lora Escobar, para uma reportagem sobre mineração, fez entrevistas para levantar os passos de Che Guevara para se inserir na Bolívia, e uma entrevista com o presidente do país, general René Barrientos.

Em julho, Oswaldo comunicou a Betto que Marighella queria organizar uma expedição de dominicanos a Conceição do Araguaia para fazerem um levantamento estratégico da área. Ainda um pouco debilitado, Betto não participou. Integraram o levantamento os freis Ratton, Ivo, Fernando, Magno, Oswaldo e Tito. Foram cerca de vinte dias pesquisando nas cidades ao longo da estrada Belém-Brasília sobre infraestrutura, comércios, indústrias, cartórios, agências bancárias, além do perfil da população, acessos às cidades e segurança. A expedição percorreu Gurupi, Porto Nacional, Carolina, no sul do Maranhão, Conceição do Araguaia e Marabá, no sul do Pará.[59]

Por volta de setembro de 1968, frei Magno, que tinha contato com Toledo, disse a Betto que este queria encontrá-lo. O encontro foi marcado em frente ao Cemitério da Consolação, e Toledo levou para Betto o jornal *O Guerrilheiro*, para obter do dominicano sua opinião técnica sobre a publicação. Betto pontuou que um jornal clandestino lhe parecia ineficiente, tendo em vista a dificuldade de organização da redação e da distribuição. Toledo disse a Betto que também pensava em organizar uma rádio clandestina móvel.

Para Marighella, os dominicanos tinham um papel estratégico para armar a guerrilha como um todo no Brasil, e em especial a rural, com o uso do convento de Conceição do Araguaia. O líder da ALN defendia a compartimentação dos papéis na organização. Aos frades caberiam atividades de apoio e logística. Por isso, os religiosos não deveriam ter contato com o Grupo Armado da ALN, por exemplo, para evitar que, se estes fossem pegos – e estes eram os mais expostos aos inimigos –, os demais também fossem atingidos.

Desde o início, os frades trataram de conseguir que seus superiores soubessem do envolvimento político com a ALN para evitar problemas. Frei Edson Braga de Souza, prior dos dominicanos, foi apresentado a Marighella pelos freis Oswaldo, Fernando e Maurício no Colégio Rainha da Paz.[60] Foi um encontro rápido, mas que deixou nele a impressão de ser o líder da ALN uma pessoa serena. Nessa reunião, Marighella falou muito sobre Betto e sobre o homem novo que o Evangelho propunha. Ele dizia: "Nós queremos esse homem novo de que tanto fala o Betto." Apreensivo por encontrar um homem tão procurado, Edson foi porque os frades insistiram para que participasse, uma vez que queriam que o prior desse respaldo à atuação deles.

O cenário político era crítico em 1968. O estudante Edson Luís de Lima Souto, de 16 anos, foi morto pela Polícia Militar em 28 de março durante um conflito com estudantes no restaurante universitário Calabouço, no Rio de Janeiro, provocando greves em faculdades de todo o país, além de manifestações em massa do movimento estudantil. Uma das principais consequências da morte de Edson Luís – e de outras mortes que vieram a ocorrer, além da prisão de estudantes – foi a organização da Passeata dos Cem Mil, que aconteceu no dia 26 de junho, na Cinelândia, na capital carioca, com a participação de artistas, intelectuais, membros da Igreja, professores, operários, mães e milhares de estudantes. A reação do governo foi considerada o maior golpe da ditadura: o Ato Institucional 5, editado em 13 de dezembro, que intensificou brutalmente a repressão no país. Com ele, o presidente ficava autorizado a cassar parlamentares, suspender os direitos políticos dos cidadãos e a garantia de *habeas corpus*, confiscar bens considerados ilícitos e a decretar o recesso do Congresso Nacional.

Naquele 1968, no mês de outubro, também se realizou o XXX Congresso da União Nacional dos Estudantes na cidade de Ibiúna, interior de São Paulo. O congresso aconteceu de forma clandestina porque as reuniões da UNE estavam proibidas. Os frades dominicanos foram envolvidos na organização do encontro. A pedido de frei Oswaldo, frei Tito viabilizou o local para a realização do congresso – o sítio Muduru, onde se reuniram mais de setecentos estudantes e alguns dos principais líderes do movimento estudantil, como Vladimir Palmeira, José Dirceu de Oliveira e Silva e Luís Travassos, que foram levados por frei Oswaldo e frei Ivo.[61] Na manhã do dia 12 de outubro, a partir de uma denúncia, o Deops prendeu todos os participantes. Frei Tito e frei Ratton foram levados para o Deops e fichados pela primeira vez.[62]

Betto fazia o trabalho de cooptação de companheiros para a ALN de forma sistemática e com um perfil variado que extrapolava o universo estudantil. A ALN se diferenciava por ter incorporado um contingente de profissionais de diferentes áreas, ao contrário da maioria das outras organizações, mais restritas a estudantes. Décadas depois, Clauset viria a definir o papel de Betto na organização: "Ele contribuiu para a ALN ser a maior organização de resistência à ditadura entre todas, não só numericamente, mas em termos de representatividade. Duas pessoas tinham esse perfil na ALN: Frei Betto e Paulo de Tarso Venceslau."

Entre os vários amigos que o dominicano agregou como apoio à organização estavam o engenheiro, acionista e diretor do Banco Comércio e Indústria do Paraná, Antônio Ribeiro Pena, e sua esposa, Maria Auxiliadora. O casal vivia numa mansão na travessa Ouro Preto, no Jardim Europa, região nobre de São Paulo. Muito próximo dos dominicanos desde que moravam em Belo Horizonte, o casal não hesitou em ajudá-los na empreitada de dar apoio aos frades da ALN na capital paulista. Betto também ficou lá quando teve hepatite e precisou de cuidados especiais, numa dieta própria e repouso absoluto. Eram como uma segunda família de Betto em São Paulo.

Na residência de Antônio e Maria Auxiliadora, apelidada de Conventinho 2, em referência ao Convento das Perdizes, Marighella fazia reuniões, caminhava por entre as quatro palmeiras imperiais do jardim e passava algumas noites. Outras figuras ligadas à militância política – e a Betto – frequentavam a casa, como Miranda Jordão, Geraldo Vandré e Ana Maria Palmeira, que, escondida, morou na casa por algum tempo e passava por filha do casal. Foi para os arredores da mansão dos Ribeiro Pena – junto ao Clube Pinheiros – que Paulo de Tarso Venceslau certo dia levou Marighella com uma maleta de dinheiro fruto de um assalto. Quando chegou, Marighella foi com Betto para o banheiro social anexo à sala de visitas. Lá, abriram a mala e retiraram os maços de notas novas revestidas por lacres de papel que, uma vez retirados, eram jogados no vaso sanitário. Terminada a retirada dos lacres, Marighella colocou fogo e, devido ao calor, a louça do vaso rachou, inundando a sala. Os donos da casa não sabiam que a residência tinha sido usada para aquele fim. Auxiliadora admirava a luta dos revolucionários e especialmente Marighella, a quem considerava "um homem maravilhoso, um gigante de ébano mesmo". Antonio e Maria Auxiliadora também foram convertidos em motoristas do líder da ALN em diversas ocasiões. Sempre um Fusca e, em geral, encontros com Oswaldo nas imediações do bairro de Pinheiros.

Paulo Vieira, da Ação Popular, foi outro amigo que Betto tentou introduzir na luta armada. No Rio de Janeiro, Betto chamou Paulo para conversar caminhando pela orla de Copacabana e tentou convencê-lo no percurso de cerca de oito quilômetros de ida e volta do Posto 6 ao Leme, já que uma das orientações que tinham era de não ficar parados conversando na rua. Betto estava deveras empolgado com a ideia da atividade clandestina, mas Paulo não acreditava na luta armada e ponderou que aquele seria um movimento isolado. Na volta da caminhada, pararam no Bar Bico para tomar café e Betto disse ao amigo: "Paulinho, continuamos juntos e amigos, mas eu vou seguir o meu caminho, porque a missão do revolucionário é fazer a revolução."

6

O frade mineiro do terror

> Na sala do diretor do Dops de Porto Alegre, a cerimônia de apresentação de um terrorista. O homem é magro, 1,70m de altura, calça Lee azul, blusa marrom, camisa branca, sapatos pretos, meias pretas, óculos. Estava sentado numa poltrona verde. No rosto jovem (25 anos) e sereno, restos de talco deixados na barba feita recentemente. "Queremos que a imprensa comprove que ele está sendo bem tratado", observa o secretário de Segurança, coronel Jaime Miranda Mariath, enquanto nove fotógrafos e dois cinegrafistas operam suas máquinas, acompanhados por doze repórteres impedidos de fazer perguntas.
>
> Passados três minutos, termina a apresentação do preso político mais importante capturado depois da morte de Carlos Marighella. É Carlos Alberto Libanio Christo, o Frei Betto, um seminarista dominicano posto no alto de uma relação de religiosos presos nos últimos dias em São Paulo, no Rio de Janeiro e no Rio Grande do Sul por ligações com a subversão violenta.

O tom dado à reportagem "O senhor é o seu pastor?", publicada pela revista *Veja* na semana de 19 de novembro de 1969, demonstra bem a atmosfera criada em torno da captura de Frei Betto dez dias antes no Rio Grande do Sul. "Tudo começou com Frei Betto", bradou indignado o secretário de Segurança daquele estado nas declarações à imprensa quando o religioso foi preso, referindo-se à presença da ALN no Sul do país. Na entrevista coletiva, Jaime Miranda Mariath declarou que a rede subversiva liderada por Betto havia sido desbaratada. Destacou ainda que o frade era o coordenador das ações subversivas de Marighella e da ALN em toda a região Sul do país, e repassou aos veículos de comunicação as informações que, segundo ele, faziam parte da confissão de Betto. As descrições eram cinematográficas.

> O alerta policial foi dado com as ameaças que chegaram por telefone, no início de novembro, de que bombas iriam explodir nas principais delegacias de Porto Alegre. As investigações levaram os policiais até a rua 25 de Julho, na cidade de São Leopoldo, onde funcionava um verdadeiro quartel-general da subversão. Seu comandante era Frei Beto, assessorado pelo ex-frei Camilo Borrué. Logo em seguida foi a vez do seminário e colégio Cristo Rei, onde muitos religiosos foram presos. Frei Beto, no entanto, conseguira fugir.
>
> Novos centros clandestinos foram sendo encontrados, desta vez na capital. Na rua Coronel Vicente, 444, funcionava o Centro de Estudos da Juventude, onde foram localizados três amigos do Frei Beto, sendo presos ainda os freis dominicanos Antônio e Eugênio Chechin e o padre holandês Joanes Ludovicus Verdonschot.
>
> FREI BETO, ENFIM. A polícia não estava bem informada sobre o que acontecia na luta entre polícia × religiosos. O primeiro comunicado oficial foi feito pelo coronel Jaime Mariath relatando as prisões e os focos desbaratados. De acordo com o comunicado, Frei Beto era acusado de ser o encarregado de dar cobertura a todos os envolvidos em ações terroristas e que desejassem partir do Brasil com a máxima segurança. Finalmente, Frei Beto foi apresentado à imprensa. Usava óculos de grau, calça Lee e um ar absolutamente calmo. Não falou nada. Sua presença foi apenas para provar sua prisão e servir aos fotógrafos.

Essa matéria foi publicada por outro órgão de imprensa.[63] O coronel Mariath apresentou aos jornalistas a carteira de identidade que Betto usava, com o codinome Ronaldo Matos. O militar disse à mídia que, com aquela identidade falsa, o frade sairia do país naqueles dias. Uma nota oficial da Secretaria de Segurança do Rio Grande do Sul qualificou o cargo de Betto na ALN como o de "responsável pelo esquema de fronteiras".

Quando chegou às bancas no dia 9 de novembro, poucos momentos antes de Betto ser preso, o jornal *O Estado de Minas* estampava com enorme destaque a manchete "Procurado o frade mineiro do terror", dizendo que haviam sido apreendidos, entre as coisas de Betto, livros sobre Cuba, de Mao Tsé-tung e Che Guevara. O mesmo jornal, no acompanhamento dos interrogatórios aos quais Betto estava sendo submetido, trouxe em seguida como título "Frei Beto queria armas e dinheiro". A principal manchete de *O Globo*, no dia 11 de novembro, demonstrava a dimensão da prisão do frade para as autoridades e a opinião pública, e como ele estava ligado à figura de Carlos Marighella no imaginário desses grupos. "Preso Frei Beto; caçado pistoleiro de Marighela." *O Globo* seguia a lógica de estampar a figura de Betto como um dos principais braços de Marighella. Antes da prisão, na edição de 8 de novembro, a matéria "Estendia-se ao sul a rede de Marighella", ainda em torno da morte do líder e das ações da ALN, era ilustrada com a foto de Betto na capa. Quase no final daquele mês, no dia 27, a revista *O Cruzeiro* tinha como chamada "Frei Beto: o terror no Sul".

Betto foi alcançado no domingo, 9 de novembro, às 7h, na avenida Independência, em Porto Alegre, por um major e um coronel do serviço secreto do Exército. Durante todo aquele dia, até as cinco da manhã seguinte, estenderam-se os interrogatórios, feitos pelo delegado do Deops de São Paulo, Sérgio Paranhos Fleury, que foi pessoalmente a Porto Alegre para levar Betto à capital paulista, tamanha era sua vontade de pegar aquele que, na sua concepção, era um dos principais problemas para o regime militar quando se pensava em ALN. Fleury estava acompanhado por quatro agentes que formavam sua guarda de segurança, e por sua inseparável metralhadora. Policiais do Cenimar e do I Exército também o acompanharam. Quando Fleury chegou ao Rio Grande do Sul e foi interrogar Betto, perguntou ao diretor do Dops gaúcho, Firmino Perez Rodrigues, na frente do dominicano mineiro, se já lhe tinha dado uns tabefes. Meio sem jeito, Firmino respondeu que Frei Betto estava cooperando. Fleury alertou: "É... Cuidado, porque esse tem costas quentes." Betto entendeu que não iriam encostar a mão nele. As "costas quentes" eram seu tio general de Exército, Campos Christo, a quem sempre foi atribuída uma interferência para que os militares jamais encostassem no sobrinho.

Betto ficou incomunicável até o dia 12 daquele mês, quando foi decretada sua prisão. Na cela para onde foi levado, a luz permanecia acesa ao longo de toda a noite, o que dificultou o descanso nas primeiras horas, e não havia vaso sanitário. Depois foi transferido para outra, onde tinha cama individual. Ali, lia autores como Pearl S. Buck, Somerset Maugham e Érico Veríssimo. Também tinha uma Bíblia, e acabou escrevendo um diário espiritual, que foi confiscado quando chegou ao Deops de São Paulo.

Foram presos, na sequência da prisão de Betto, Francisco Catão, que deixou a Ordem dos Pregadores para se casar e havia sido provincial dos dominicanos; o padre Chen, aluno do Seminário Cristo Rei; monsenhor Marcelo Pinto Carvalheira; os padres Manoel Valiente, Hermano Curten e Edgar Jotz; o sacerdote holandês Joanes Luduvicus Josephus Verdonschot;

o ex-seminarista Camilo Garcia e o irmão marista Antonio Cechin, autor dos catecismos *Crescei* e *Viver*, que foram considerados altamente subversivos e proibidos pelo Ministério da Educação e Cultura, embora reconhecidos como obras religiosas relevantes pelo arcebispo Scherer. Dom Vicente Scherer visitou o dominicano e os outros padres presos, mas limitava-se a dizer à imprensa que os religiosos não estavam sendo torturados na prisão. Eles foram soltos no dia 13 seguinte. Menos Betto, Carvalheira e Valiente.

São Leopoldo, a passagem

No início de 1969, Betto sentia que sua situação era incerta e que poderia ser preso a qualquer momento. Contribuiu para isso o fato de, no mês de março, enquanto estava em Belo Horizonte, policiais terem procurado por ele na portaria do prédio onde morava, na rua Rego Freitas, número 530, em São Paulo. Os agentes chegaram perguntando por ele, e logo o porteiro ficou desconfiado. Quando Betto retornou, o funcionário avisou: "Chegaram uns caras muito estranhos perguntando se você morava aqui." O porteiro disse aos homens: "Eu quase não vejo ele, mas vocês fazem o quê?" Os policiais responderam que eram representantes de uma indústria farmacêutica. O porteiro ficou ainda mais receoso e disse a Betto: "Aí eu fiquei mais cismado ainda, porque o que vocês padres têm a ver com a indústria farmacêutica? Acho que vocês precisam tomar cuidado."

Betto procurou frei Domingos Maia Leite, disse que estava preocupado e considerava mais seguro sair de São Paulo. Frei Domingos concordou e entrou em contato com o reitor do Seminário Cristo Rei, Isidro Sallet. Betto também contou com a ajuda de seu primo e teólogo João Batista Libânio, professor em São Leopoldo, que acertou em definitivo sua ida para lá. Na realidade, àquela altura Betto tinha planos de ir estudar Teologia na Alemanha, onde havia um curso de referência para dominicanos. Na mesma época, frei Oswaldo Rezende fora enviado por frei Domingos Maia Leite para a Escola Dominicana de Friburgo, na Suíça, para estudar Teologia. Não fora uma decisão unilateral. Oswaldo já queria seguir para a Europa e lá se dedicar aos estudos, mas pensava em ficar mais um tempo no Brasil. Frei Domingos antecipou a viagem sem dar chance de escolha, porque percebia que a situação de Oswaldo era crítica diante da repressão militar e que ele corria risco: afinal, até então, Oswaldo fora o coordenador dos dominicanos na ALN. Oswaldo seguiu para a Suíça em julho de 1969, depois foi transferido para a França, e lá seguiu como articulador da ALN. O combinado era que Betto também iria para a Europa no final do ano, no mês de dezembro, para estudar.

Antes de seguir para a Suíça, Oswaldo designou frei Fernando para ficar em seu lugar na interlocução direta com Marighella. Juntou os frades e levou-os para o Rio de Janeiro, para um encontro com o líder da ALN, a fim de apresentar seu substituto. Marighella gostou de saber que Fernando trabalhava numa livraria. "Assim, peço para alguém ligar para a livraria, fazendo se passar por gráfica, e aí marcamos as coisas." Oswaldo foi contra. "Até agora você tem enviado uma pessoa que eu conheço para me comunicar dos encontros, de tal maneira que, se não me encontra, não haverá problema." Mas Marighella lembrou a Oswaldo que esse esquema de utilizar telefone de livraria já havia sido muito usado em espionagens e que confiava nele. Oswaldo não se convenceu: "Fiquei meio preocupado, mas pensei 'ele sabe mais do que eu'."

Ao combinar com frei Domingos a ida para São Leopoldo, e diante da possibilidade de ser pego pela ditadura militar, Betto saiu da *Folha da Tarde* e caiu na clandestinidade. Durante três meses, com a ajuda de uma amiga, Heleny Guariba, importante produtora de teatro e militante da Vanguarda Popular Revolucionária, e de Flávio Império, cenógrafo, ficou escondido no bairro de Interlagos, na casa de uma família americana, para a qual foi apresentado com o codinome Vitor.

Frei Oswaldo e Jorge Miranda Jordão levaram Betto ao aeroporto para que embarcasse para Porto Alegre. Pouco antes de seguir para o Sul, Betto soube que aquela podia ser uma área estratégica para a ALN: frei Fernando havia comentado com ele, ao saber que o colega iria para São Leopoldo, que poderia ajudar militantes a passar a fronteira. Mas esse esquema só ficou acertado mesmo pouco antes da viagem, num contato pessoal entre Betto e Marighella. Por meio de José Arantes, que havia liderado as manifestações estudantis de 1968, Betto – usando o codinome Vitor – soube que Marighella precisava lhe falar. Betto conhecia Arantes apenas de vista. A recíproca também era verdadeira: o líder estudantil apenas sabia que Betto era repórter da *Folha da Tarde* e que cobrira as manifestações do ano anterior. O encontro entre o dominicano e o líder da ALN aconteceu numa noite de maio na avenida Europa. Marighella disse a Betto que queria sua colaboração para montar um esquema de passagem para o exterior através da fronteira Brasil-Uruguai, e pediu que o religioso estudasse as possibilidades. O esquema atenderia a todos os que necessitassem sair do país, e não apenas aos militantes da ALN. O líder da ALN sugeriu a verificação de uma viagem de trem via Jaguarão--Uruguai. Indicou também um homem, senhor Braz, que trabalhava na alfândega e, mediante a senha "sou amigo do Miguel" e uma pequena gorjeta, permitia a entrada no Uruguai sem formalidades.

Assim, em maio, Betto estava em São Leopoldo, seguindo seus estudos no Seminário Cristo Rei. No primeiro semestre, manteve-se focado apenas no curso de Teologia. Os colegas do Cristo Rei, no entanto, sabiam que o frade mineiro havia se transferido para lá porque tinha problemas com a polícia em São Paulo. Ele esperava o momento para viajar para a Alemanha. Esse, inclusive, foi um dos motivos de querer transferir-se para o Sul: estreitar os laços com a cultura germânica para ajudá-lo na fase em que moraria na Europa. Como seu primo João Batista Libânio era professor de Teologia Fundamental no Cristo Rei, o local se tornou algo familiar para ele.

Por questão de segurança, ao chegar a São Leopoldo Betto pediu a duas pessoas que intermediassem o recebimento de sua correspondência. Eram o estudante e ex-seminarista Camilo Garcia e o irmão marista Antonio Cechin, que conhecera em fins dos anos 1950, durante um Encontro Nacional da JEC, pouco antes de passar a fazer parte da equipe nacional da organização. Temendo que as cartas fossem interceptadas, Betto não queria que seu nome aparecesse nos envelopes. Assim, com Camilo, combinou que suas cartas viriam em nome de "Camilo S. Garcia". O "S" era o sinal de que os envelopes eram endereçados a ele. Com Antonio Cechin, combinou que as cartas a ele destinadas chegariam em nome de "Olavo Borges". Aos sábados, Betto ia a Porto Alegre e pegava a correspondência, geralmente enviada pelos dominicanos ou por sua família, na casa de Cechin. As cartas que mandava para sua mãe via Antonio Cechin demonstravam certa aflição ante a possibilidade de ser preso. Avisou a ela que se preparasse porque, diante da situação de outros militantes, sua prisão poderia acontecer a qualquer momento. A família de Betto desconfiava que era vigiada pela repressão, e os pais e irmãos viviam atentos a pequenos sinais.

No Seminário Cristo Rei, Betto soube, por meio de um estudante jesuíta, Francisco Castro, que em Rivera, cidade do Uruguai que faz fronteira com o Brasil por Santana do Livramento, havia um padre chamado Veríssimo que costumava hospedar em sua paróquia pessoas foragidas do Brasil a caminho do país vizinho. Betto também soube que, mediante a simples apresentação da carteira de identidade, qualquer brasileiro poderia comprar uma passagem de ônibus pela empresa TTL e embarcar para o Uruguai. Castro também contou a Betto que Livramento e Rivera formavam uma cidade só, não havendo dificuldade para atravessar de um lado para o outro. Betto, então, pediu a Francisco que fizesse para ele um croqui da cidade, assinalando a localização da paróquia de Veríssimo e da alfândega. Além disso, Betto pediu que o desenho também incluísse o nome do senhor Braz e a senha que deveria ser dita a ele.

Foi nessa época que frei Magno Vilela ajudou Betto a conseguir a carteira de identidade falsa com o nome de Ronaldo Matos. Ele fez a foto em São Leopoldo e enviou para Magno, em São Paulo, por intermédio de Conrad Detrez, jornalista belga que era militante da AP e que conhecera Betto em 1963, no Rio de Janeiro. Na época, os dois editaram juntos um trabalho sobre Teilhard de Chardin. Em agosto, Detrez – que usava o codinome Domingos – foi ao Uruguai fazer uma reportagem sobre a situação política do Brasil para a revista *Front*. Desejando fazer uma entrevista com Marighella para o veículo – que seria publicada em novembro, a última entrevista do líder da ALN –, voltou do Uruguai por São Leopoldo e encontrou-se com Betto, que o ajudou a marcar a entrevista em sigilo. Detrez deixou com Betto cerca de 500 pesos, por não precisar mais deles, quantia que Betto depois repassou para um militante que se dirigia ao Uruguai.

O primeiro a passar pela fronteira com a ajuda de Betto foi José Zeferino da Silva, codinome Jarbas, aluno ouvinte da USP. Foi Ivo quem o levou para São Leopoldo. Ivo e Jarbas foram de ônibus, Betto os recebeu e passou algumas orientações sobre como Jarbas poderia viajar com destino a Livramento e, de lá, atravessar até Rivera. Portanto, a ajuda foi apenas uma orientação, algo que não demorou mais do que uma hora.

Betto já arquitetara um outro esquema para acolher o segundo refugiado. Foi em agosto, quando ele recebeu um telefonema de frei Fernando, que era padre e, na época, o coordenador do grupo dos dominicanos na ALN. O telefone utilizado era o da Livraria Duas Cidades, onde Fernando trabalhava, considerado mais seguro do que o aparelho do Convento das Perdizes. Fernando informou que mandaria outro refugiado, o ex-líder estudantil José Arantes. No dia combinado, às 18h, na porta do Cine São João, na avenida Salgado Filho, em Porto Alegre, Betto pôs-se à espera. Trazia uma revista *Veja* na mão, o sinal para que Arantes – que se apresentou como Gustavo – o identificasse. Ambos se reconheceram, porque

Betto, como repórter da *Folha da Tarde*, chegara a cobrir o movimento estudantil. Arantes contou a Betto que iria para Cuba via Praga. Saíram para comprar a passagem para Livramento na rodoviária, jantaram numa churrascaria, e Betto explicou a Arantes a senha que deveria ser dada ao senhor Braz. Disse que a passagem era por Livramento-Rivera, e que Arantes deveria ir à paróquia do padre Veríssimo, onde ficaria hospedado, usando a senha "abraços do João".

Jorge Miranda Jordão veio em seguida, em setembro. Um grupo da ALN havia assaltado um banco, e seus componentes foram presos. Um deles disse que as armas recuperadas estavam na casa de Miranda Jordão. A residência do jornalista, no Rio, foi então invadida. Jorge não se encontrava. Mas as rádios passaram a noticiar que ele estava sendo procurado pela repressão, e ele transformou-se em fugitivo. Foi até Porto Alegre no Karmann-Ghia com sua namorada, e, ao chegar a São Leopoldo, Betto recebeu-o e mandou-o para uma das igrejas que o apoiavam na hospedagem de perseguidos políticos. Betto disse que ele iria para o Uruguai. Jordão foi, com um endereço de hotel e a orientação de ligar para o ex-deputado federal Neiva Moreira, que lá estava exilado. No Uruguai, sua ida para a Europa seria organizada. A combinação foi toda feita por telefone público. Neiva marcou com Jordão às 7h. Pouco antes, por volta de 6h, a polícia uruguaia bateu à porta de Jordão, no hotel, para levá-lo preso. Antes de ir para o Sul, Miranda Jordão recebera em São Paulo uma encomenda que trazia na gravata: uma mensagem cifrada de Leonel Brizola para o líder cubano Fidel Castro. Ele não sabia o que continha a mensagem, mas sabia para quem era. Com medo de pegarem o bilhete, pediu para ir ao banheiro. A porta tinha de ficar aberta. Ele conseguiu tirar o pequeno papel da gravata e jogar no vaso sanitário. Depois de três dias no Uruguai, Jordão foi entregue pela fronteira às autoridades brasileiras.

Em outubro, frei Magno avisou a Betto que chegariam mais dois refugiados: Aylton Adalberto Mortati, codinome Romualdo, e Marcio Beck Machado, o Tiago. Mesmo esquema: em frente ao Cine São João, encontraram Betto com a revista *Veja* na mão, depois compraram as passagens para Livramento e mais tarde seguiram viagem.

Alguns dias depois, ainda em outubro, por meio de carta, frei Ratton, que usava o codinome Ivan, disse a Betto para esperar novos militantes, no mesmo local e horário. Quem apareceu foi Ana Maria Palmeira, a quem Betto já abrigara na casa de seu irmão Luiz Fernando, na época em que este vivera no Rio com sua mulher, no final dos anos 1960.

Betto conhecera Ana Maria em São Paulo, quando seu marido, Vladimir Palmeira, se escondera no Convento dos Dominicanos para tentar fugir da repressão. Ao chegar a Porto Alegre, Ana Maria avisou ao frade sobre a presença de outros companheiros numa rua próxima. Dentro de um Fusca azul com placa de São Paulo estavam Joseph Calvert, Sebastião Mendes e um terceiro rapaz cuja alcunha era Ivo, que apenas levara os dois primeiros a Porto Alegre e, em seguida, voltaria para São Paulo. Betto os levou para a igreja Santa Cecília, onde já havia combinado com o padre Hermano Curten a chegada dos amigos que estavam com problemas políticos em São Paulo e que seguiriam viagem para o Uruguai. Padre Hermano, no entanto, não sabia que Betto tinha ligações com a ALN. Ele apresentara Betto como Renato ao pároco Edgar Jotz e pediu-lhe hospedagem para estudantes com problemas políticos. Os quatro dormiram na igreja naquela noite. Betto entregou o croqui feito por Francisco Castro, explicou as senhas e deu algum dinheiro a Calvert e a Mendes – os quinhentos pesos uruguaios deixados por Detrez. Já havia guardado as malas dos dois no bagageiro da rodoviária para facilitar a saída e não levantar suspeitas na igreja. No dia seguinte, Calvert e Mendes seguiram para a rodoviária, e Betto deixou Ana Maria em outro local, onde pegaria um táxi para chegar até o ônibus que a levaria ao Uruguai.

Ainda no final daquele mês de outubro, especificamente no dia 21, frei Ivo Lesbaupin recebeu a tarefa de levar Toledo para o Rio Grande do Sul, para que Betto o passasse pela fronteira. A decisão foi tomada em uma reunião em São Paulo, da qual participaram Marighella, Toledo, Magno e o próprio Ivo, e que aconteceu depois do sequestro do embaixador norte-americano, Charles Elbrick.[64] Durante a viagem os dois conversaram bastante, e Toledo, em certo ponto da estrada, pediu para dirigir o Fusca vermelho que os levava e que havia sido comprado pelos dominicanos. Guiou por cerca de uma hora e parecia querer prevenir Ivo e os demais dominicanos da possibilidade de serem alcançados a qualquer momento pela repressão, porque quem estava preso poderia ceder informações, já que não era possível saber até quando os torturados iriam aguentar. Ao chegarem ao Cristo Rei, Ivo disse a Betto: "Tem mais alguém aí para você." Quando chegou à portaria, Betto deparou-se com Toledo, de pé, junto ao carro, trajando *clergyman*, roupa eclesiástica. Toledo entregou-lhe a carteira de identidade falsa, com o nome de Ronaldo Matos. Os três deram uma volta em torno do seminário e Toledo disse: "A situação em São

Paulo está preta", referindo-se ao cenário geral para os membros da organização. Toledo também contou que iria para a Europa e, depois, Cuba.

Betto conseguiu alojamento para Ivo e Toledo, a quem apresentou como padre Cavalcanti, na casa de Camilo Garcia. No dia seguinte, Ivo voltou para São Paulo, e Betto seguiu com Toledo para Porto Alegre. O segundo homem da ALN usava um terno cinza-escuro, com colarinho eclesiástico e uma pequena cruz à lapela. Sua aparência convencia como de um membro do clero.[65] Deixaram a bagagem na rodoviária e, como a viagem do chefe da ALN seria apenas à noite, os dois realizaram atividades como assistir a uma missa e a um batizado na igreja da Piedade; almoçaram num restaurante chinês; e depois assistiram ao filme *Isadora*, a cinebiografia da bailarina Isadora Duncan, no Cine São João. Ainda, jantaram na Spaghettilândia. Às 21h, Toledo embarcou pela TTL para o Uruguai. Antes, avisou a Betto que teria de mandar uma carta a Marighella de Montevidéu, mas, temendo a censura de cartas nos Correios de São Paulo, enviaria para o Seminário Cristo Rei, para que o dominicano arranjasse um meio de fazê-la chegar ao principal líder da ALN. No fim de semana seguinte, a carta chegou. Betto a colocou em outro envelope e a endereçou aos freis Ratton e Fernando. Sabendo que o ex-frei Bernardo Catão costumava passar os finais de semana em São Paulo, pediu a ele que levasse o envelope e o entregasse a frei Fernando ou frei Edson, sem contar sobre o conteúdo.

Já no início de novembro, por volta das 11h da segunda-feira 3, chegaram ao Cristo Rei Boanerges Massa, com o codinome Piter, e Franklin Martins, o Carlos Alberto. Betto estava assistindo à aula de História da Igreja, ministrada pelo padre belga Eduardo Hoonaert, quando foi chamado. Betto conhecera Franklin Martins rapidamente em 1964, na campanha para eleger Paulo Vieira presidente da Ames.[66] A Carlos Alberto e Piter, Betto explicou as possibilidades de passagem: por Livramento-Rivera, pela TTL ou por Uruguaiana, uma nova rota. Observou que gostaria de experimentar a passagem por Uruguaiana, porque obtivera informações de que na cidade há uma ponte sobre o rio Uruguai que liga o Brasil com Paso de los Libres, na Argentina. Betto queria testar essa possibilidade. Se não desse certo, alertou, Boanerges e Franklin deveriam regressar a Porto Alegre e seguir por Livramento. Betto combinou com os dois que, se a passagem tivesse êxito, eles deveriam enviar-lhe um telegrama nos seguintes termos: "Parentes precisando alojamento procurem Andres. Ronaldo." Significava que outros companheiros que precisassem sair do país podiam ir tranquilamente pela ponte de Uruguaiana que conduzia aos Andes, pois não haveria problema com documentação. Betto, entretanto, não recebeu o telegrama dos dois. No dia seguinte, teve de fugir do Cristo Rei, por estar sendo procurado pela polícia.

Marighella morto

Frei Fernando e frei Ivo seguiram de São Paulo para o Rio de Janeiro na noite de 1º de novembro para um fim de semana com a família de Ivo, e também para conversar com Sinval de Itacarambi Leão, diretor da Livraria Vozes. No domingo, caminhando próximo ao Palácio do Catete, na rua Silveira Martins, onde havia um apartamento que era utilizado por militantes da ALN como moradia clandestina, foram presos, sem explicações dos policiais, e levados para o Cenimar. Foram brutalmente torturados por Alfredo Beck, oficial da Marinha, Sérgio Paranhos Fleury, que veio de São Paulo para fazer o serviço pessoalmente, e vários policiais. Durante dois dias, passaram pelo chamado pau de arara, choques elétricos, chutes, socos, pontapés. Foram tão espancados que Ivo ficou irreconhecível. Fernando recebeu tantas pancadas na nuca e nos ouvidos que teve o maxilar deslocado. Os próprios militares deram um jeito de colocá-lo no lugar com novos socos no queixo e na cabeça.

O tempo todo, Fleury perguntava por Marighella. Afirmava que eles faziam parte da base fixa do líder da ALN e queria saber como eram feitos os contatos com ele. Os religiosos negaram qualquer ligação com Marighella enquanto aguentaram. Mas os militares bateram tanto que atingiram o limite das forças dos dois jovens. Fernando, ao ter um fio de corrente elétrica introduzido em sua uretra, não aguentou as dores lancinantes e disse que Marighella falava com eles pelo telefone da Livraria Duas Cidades, usando uma senha, e revelou o endereço onde costumavam se encontrar.

Depois de ser desfigurado com tantos chutes na cabeça, e do sofrimento pela introdução do mesmo fio de que Fernando foi vítima, Ivo contou que falavam com Marighella através do telefone do convento e também indicou o local onde eles se encontravam. Ao saírem das salas de tortura, os dois se cruzaram, mas Fernando só identificou Ivo pela blusa que usava. Seu rosto estava irreconhecível pelos espancamentos. Muitos anos depois, ao se lembrar das torturas, frei Fernando falou das sequelas que ficaram:

> A tortura é um negócio tão desumano, tão desumano, que você passa a ter comportamentos absurdos. Durante muito tempo, só depois, com a análise que eu fiz com o Hélio Pellegrino, é que consegui conviver – não afastar, mas conviver – com as imagens da tortura. Me levaram também numa sala onde um casal estava sendo torturado. O homem estava na cadeira do dragão levando choques, e a mulher, no pau de arara. Saía uma fumaça do corpo dele, e tinha excrementos pelo chão. Tudo aquilo ali eu confesso... não sei se é pior ver a tortura ou ser torturado. O fato é que essas imagens todas de ver os amigos sendo torturados e de eu também... a cara dos torturadores, você põe 6, 7 pessoas batendo num cara só. Essas imagens vão voltando. São noites e noites sem dormir.[67]

Ivo e Fernando foram levados para o Deops de São Paulo em 3 de novembro de 1969.

Frei Edson jantava na casa de Antônio Ribeiro Pena e de sua esposa, Maria Auxiliadora, no Jardim Europa. Conversavam após o jantar, quando receberam a visita do então frei dominicano Roberto Romano, aflito porque Fernando e Ivo não haviam se comunicado com ele conforme tinha sido estabelecido, e já havia passado o tempo que tinham dado como limite para fazê-lo. Ivo avisara a Romano que iria para o Rio e pedira que, se não retornasse em dois dias, comunicasse a seu pai. Ao procurar por frei Edson na casa de Ribeiro Pena, Romano pediu licença para ir ao Rio buscar notícias de Ivo.[68] Frei Edson considerou que Fernando e Ivo podiam estar presos.

Antônio disse a Edson que era melhor chamar João Caldas, que fora dominicano, sob o nome de frei Maurício, e avisá-lo, porque ele também poderia ser pego. Antônio ligou para Maurício e pediu que tomasse um táxi até a sua casa. Ao chegar Maurício, soube do que estava acontecendo. Antônio pediu que Maurício desse um jeito de sumir. Edson quis voltar para o convento e apurar melhor as notícias. Antônio deu carona para o prior dominicano e levou Maurício junto no carro. Passaram em frente ao convento, que estava cercado de policiais. Resolveram sair dali. Maurício quis passar na casa de Roberto Pereira, engenheiro do Metrô e que servia de motorista para Marighella, para avisá-lo. Mas avaliaram que a situação não permitiria parar no local. Foram para o apartamento de Maurício, mas, chegando lá, a polícia já estava na porta, de metralhadoras à mão. Ao sair do carro, os três foram presos e dali levados para o Deops.

Ao chegar ao Deops, Maurício disse aos policiais que Edson era o prior do convento. Transferiram Edson para outra sala, interrogaram-no e seguiram com ele para o convento. Tinham convicção de que os rapazes não agiam sozinhos, e de que Edson era o chefe dos dominicanos nas ações consideradas subversivas. Por volta das três da madrugada do dia 4, os homens de Fleury bateram à porta do Convento das Perdizes. Invadiram-no e tentaram entrar no quarto de frei Domingos. Frei Edson não permitiu. Disse que falaria primeiro com o provincial. Ao acordar frei Domingos, Edson contou que o Deops estava ali e que os policiais queriam levar frei Tito e frei Giorgio, que não estava no convento. Voltaram para o Deops frei Domingos, frei Edson e frei Tito.

Aflita com o fato de o marido não voltar para casa, Maria Auxiliadora ligou para o convento. Alguém atendeu e disse "Caiu todo mundo!", desligando em seguida.

No Rio, ao buscar notícias de Ivo no Convento dos Dominicanos do Leme, e na companhia de um colega da JEC, Romano foi preso e levado ao Cenimar. Lá estava Sinval Itacarambi Leão, também torturado e preso. Romano e Sinval foram levados de carro para o Deops em São Paulo.[69]

Naqueles dias em que ocorreram as prisões, o Convento das Perdizes permaneceu vigiado, e Edson foi procurado várias vezes pelos agentes do Deops para saber notícias dos freis Ratton e Magno. Ratton já estava foragido, e Magno foi escondido pelo convento. Eles procuravam os dois, e Edson dizia que não sabia do paradeiro dos jovens. Os frades viviam sob tensão nas Perdizes. Quando da invasão, os policiais passaram o dia no local, obrigando a todos que entravam ou saíam a se identificar. Uma Kombi com três ou quatro homens ficava à porta do convento, vigiando os passos dos religiosos e de quem mais aparecesse.

Na madrugada de 4 de novembro, Fleury e seus agentes tiraram frei Fernando do Deops – ao chegar a São Paulo, Ivo e Fernando não foram levados para a carceragem; ficaram no gabinete de um dos delegados – e o levaram até a casa de Luiz Roberto Clauset e Rose Nogueira, que havia dado à luz 33 dias antes, e ainda passado por uma cirurgia que a deixou internada por vinte dias. Rose tivera alta do hospital menos de dez dias antes da chegada da polícia. Ela abriu a porta e os agentes empurraram Fernando em sua direção. Ele, desfigurado, algemado e com as mãos inchadas, só conseguiu balbuciar algo como "não aguentei".

Betto era amigo muito próximo do casal Rose e Clauset, e dormiu algumas noites no quarto de empregada do apartamento, deixando embaixo da cama uma pequena mala com pertences, como fotos da época do noviciado, um texto de uma peça de teatro que estava escrevendo e algumas roupas.

Betto deixou a mala no local porque não teve condições de pegá-la antes de viajar para o Rio Grande do Sul. Quando o apartamento foi invadido, Fleury mandou que os policiais levassem tudo o que encontrassem de "suspeito" no local, especialmente livros. A mala de Betto foi junto. Também ordenou a prisão do casal, e que o bebê fosse para o Juizado de Menores. Rose não deixou: "O bebê não vai. E eu só vou com vocês se puder deixá-lo com a minha família." Fleury a xingou e ameaçou, dizendo que podia usar de violência. Ao que ela respondeu: "Pode usar. Mas eu não vou sair."

Depois de insistir que não os acompanharia deixando o bebê, dois policiais foram designados para ficar com mãe e filho durante toda a noite. Fleury e os demais saíram levando Clauset e frei Fernando. Na tarde do dia 4, o delegado voltou à casa de Rose para levá-la até a casa dos sogros, onde o bebê ficaria, e de lá a levaram presa ao Deops.[70]

Naquele mesmo dia 4, os homens de Fleury conduziram frei Fernando para a Livraria Duas Cidades, onde este trabalhava, e cercaram o quarteirão. Fernando deveria agir como num dia normal de trabalho. Dada a repercussão da prisão dos frades, ele acreditava que os companheiros não o procurariam na livraria, e que Marighella estaria viajando. Mas não. Mesmo com alguma notícia sobre o cerco a religiosos no Rio, Marighella resolveu marcar o encontro com os dominicanos. Pediu que Antônio Flavio Médici de Camargo ligasse e dissesse a senha, confirmando a reunião. Fernando sabia que, apesar de a senha ter sido dada, a voz não era do líder da ALN: "Aqui é o Ernesto. Vou à gráfica hoje às 20h." "Sim, respondeu Fernando."[71]

Fernando foi colocado num Fusca azul junto com três investigadores, e depois Ivo também foi retirado da cela e levado no carro. Seguiram para a alameda Casa Branca, número 806. Frei Ivo foi colocado ao volante, e frei Fernando, no banco do carona. Logo que apareceu e foi reconhecido pelos policiais, Marighella foi fuzilado com vários tiros. Fernando e Ivo foram retirados do carro e levados num camburão, agora para a carceragem do Deops. Colocaram Marighella no Fusca onde estavam os dominicanos, e com isso a repressão criou a história inverídica de que ele havia sido morto dentro do carro, para reforçar a versão de que os religiosos haviam colaborado com o cerco policial atraindo Marighella para o interior do automóvel, de onde este, ao receber voz de prisão, tentara sacar uma arma que trazia consigo para atingir os policiais, mas fora baleado antes.

Antes desses episódios, no dia 4 de setembro, um comando guerrilheiro da ALN e do MR-8 havia sequestrado o embaixador americano Charles

Elbrick no Rio de Janeiro, o que fez com que a ditadura militar intensificasse a repressão aos grupos revolucionários. Quinze presos políticos foram libertados em troca do embaixador e levados para o México, entre eles Vladimir Palmeira, Flávio Tavares, José Ibrahim, Onofre Pinto e José Dirceu. Ao ser noticiado o sequestro na televisão, Francisco Castro, no Seminário Cristo Rei, perguntou a Betto se ele conhecia algum dos presos libertados. Por questão de segurança, Betto respondeu que conhecia apenas de nome Vladimir Palmeira. Na verdade, dos 15, pelo menos Palmeira, Tavares, Ibrahim, Pinto e Dirceu eram conhecidos ou muito conhecidos de Frei Betto.

O sequestro do embaixador, comandado por Toledo, desencadeou uma ofensiva de invasões, prisões, torturas e assassinatos por parte do regime militar. Entre os militantes da ALN havia opiniões de que, com o sequestro do embaixador americano Charles Elbrick, a organização começara a desabar. Marighella não havia sido comunicado daquela ação. Soube pela imprensa[72] e alertou Câmara Ferreira de que aquilo desencadearia uma repressão violenta, para a qual a ALN não estava preparada. "Nós não vamos aguentar a repressão que vem pela frente!"[73]

A situação de repressão aumentou até chegar aos frades. A repressão começou a cercar a "ala de saia de Marighella", como os militares costumavam chamar os dominicanos. Em seguida, houve a emboscada a Marighella. A prisão de Betto logo depois também fez parte dessa investida.

Enquanto Betto estava foragido, no dia 6 de novembro, *O Globo* foi implacável nas críticas aos frades Fernando e Ivo, no editorial "O beijo de Judas". O jornal expôs todo o apoio que dava à ditadura militar e foi além. Ao comparar os dois dominicanos a Judas, chamou-os de traidores da Igreja, da Ordem dos Pregadores e de Marighella. "Frei Ivo e frei Fernando, que rasgaram os votos que livremente firmaram diante de Deus, perderam a resistência moral e traíram os votos de fidelidade à própria doutrina da violência. Entregaram Marighella à polícia com meticulosa proficiência."

A captura

Por volta das 15h do dia 4 de novembro, um estudante do Cristo Rei, que morava com Camilo Garcia, chegou nervoso ao seminário e disse a Betto: "Acabaram de sair lá de casa uns caras que se diziam oficiais da Marinha. Levaram Camilo para o Batalhão de Caçadores. Perguntaram se ele conhecia um tal de frei Fernando ou Timóteo, dominicano de São Paulo."[74]

Ao ser preso, Fernando tinha uma caderneta com o nome de Betto anotado e, entre parênteses, o de Camilo. Os agentes, então, concluíram que Camilo era o codinome de Betto e o prenderam, imaginando que haviam alcançado o "temido" frade. Timóteo também era nome de Fernando, que o adotou quando se tornou dominicano, como muitos faziam ao se tornarem religiosos. Timóteo acabou sendo também seu codinome.

Percebendo que a repressão poderia alcançá-lo, Betto pegou uma pequena mala que mantinha pronta, com documento falso, dólares e pesos – já prevendo que poderia ser preso –, e assinou o caderno de saída do seminário, informando "Frei Betto, Porto Alegre, volta às 19h". Já sabia que não voltaria para lá. Saiu pelos fundos do Cristo Rei e pôde avistar os carros da polícia chegando ao seminário à sua procura. Saiu sem ser visto e foi direto para a igreja da Piedade, em Porto Alegre, pedir abrigo ao padre Manoel Vasconcelos Valiente e ao monsenhor Marcelo Carvalheira, que conhecia por seus artigos teológicos. Fora através de Carvalheira que Betto conhecera o padre Valiente. Os três costumavam jantar juntos após a missa na Piedade. Padre Valiente era amigo de alguns generais, mas era um homem solidário aos seus amigos religiosos. A presença de Marcelo Carvalheira, um dos principais assistentes de dom Hélder Câmara, chamado de "bispo vermelho" pela ditadura, o identificava como comunista. Valiente recebia bem os refugiados que passavam por sua casa e tornou-se homem de confiança tanto para Marcelo quanto para Betto.

Os policiais que foram ao seminário procurar Betto aguardaram até cerca de 21h – já que no livro o jovem havia informado que voltaria à noite. Vendo que Betto não chegaria ao Cristo Rei, os militares levaram 12 jesuítas do seminário para depor no Dops de Porto Alegre, porque consideravam que eles o estavam acobertando. Mas não estavam. Sequer sabiam onde o rapaz poderia estar. No dia 7, os policiais invadiram o Cristo Rei e retiraram de lá material que consideraram subversivo: cartazes de Mao Tsé-tung, João XXIII, Luther King, Charles de Gaulle e John Kennedy, livros, material de estudo e recortes de jornal.

Muitas coisas passaram pela cabeça de Betto quando saiu do Cristo Rei e viu a quantidade de policiais à sua procura, até que decidiu se refugiar na paróquia de Porto Alegre:

> É a mim que procuram. Entre milhares de pessoas, querem a minha cabeça. Todos os órgãos de segurança, o Exército, a Marinha, a Aeronáutica, as polícias militares e civis estão em meu encalço. Há entre eles uma

> disputa: ganha quem me apanhar. O que fazer? Como fugir? Usar em benefício próprio o esquema de fronteira e sair pelo Uruguai? Ora, certamente já sabiam que esse era o meu trabalho. Seria cair na boca do leão. Por que não tentar a Argentina, via Uruguaiana? Não era seguro, não chegara a tempo o telegrama que eu aguardava de Franklin Martins e de Boanerges. Toda a fronteira já estaria sob vigilância. Mil imagens e possibilidades rodopiavam em minha cabeça enquanto a paisagem difusa corria pela janela do ônibus que me conduzia a Porto Alegre. Um nó na garganta e o desejo de que fossem realidade todas as ideias acumuladas a respeito do momento crucial: não deixar-se prender, evitar contatos e, na pior das hipóteses, suportar calado as torturas, oferecer-se à morte, não entregar ninguém. O melhor é ficar na capital gaúcha – três meses, seis meses, um ano, o tempo necessário para convencer a repressão de que consegui deixar o país. Esperar a poeira assentar. Depois, subir para Curitiba e sair pela Foz do Iguaçu. Mas onde ficar em Porto Alegre? Os poucos amigos estão, de alguma forma, comprometidos com a resistência ao regime. É melhor isolar-me inteiramente deles. Se cair, não devo arrastar ninguém. Hospedar-me numa pensão utilizando minha identidade fria, com o nome de "Ronaldo Matos"? As fotos 6x8 que eu tirara para o passaporte ficaram em meu quarto. A polícia pode distribuí-las às pensões e hotéis ou publicá-las na imprensa.

Ao chegar à igreja, nem Carvalheira nem Valiente estavam. O sacristão deixou que Betto esperasse. Marcelo Carvalheira chegou por volta das 22h, e Betto contou-lhe que a polícia tinha ido ao Cristo Rei e que talvez houvesse problemas com os dominicanos em São Paulo. Padre Valiente chegou cerca de uma hora depois. Segundo Carvalheira, o padre estava jantando com o comandante do quartel de São Leopoldo. Betto explicou a ele o motivo de estar ali, e Valiente deixou que dormisse na antiga sacristia.

No dia seguinte, durante o café da manhã, Valiente e Carvalheira mostraram a Frei Betto um exemplar do jornal *Correio do Povo*, com a seguinte manchete: "Marighella morto ontem." Estarrecido, Betto mal conseguia falar. Tudo passava pela sua cabeça: a ausência do líder, as torturas que os outros dominicanos deviam estar sofrendo. Betto não contou sobre sua ligação com a ALN, mas Valiente e Carvalheira pareciam ter compreendido toda a situação. Marcelo disse a Betto: "Eu estou com você até debaixo d'água."[75] Valiente confirmou que também o apoiaria. Carvalheira o levou até a Casa das Irmãs de Jesus Crucificado, onde havia uma hospedagem para padres, apresentou-o à superiora, irmã Filó, e Betto disse a ela que se chamava Renato. Sabia que logo seria identificado pela imprensa. Pediu à irmã para ficar no local dois dias. Passou os dois dias acompanhando as notícias pelos jornais e ficou com medo, porque sua foto estava em todos os meios de comunicação. Na sexta-feira 7, por volta das 15h, o padre Valiente foi buscá-lo, dizendo que um amigo seu – Waldemar Chaves Barcellos – tinha um sítio perto de Viamão e que o local era seguro.

Ao chegarem lá, encontraram um casal de caseiros. Padre Manoel Valiente avisou que os dois passariam aquele final de semana no sítio. Depois de algum tempo, Valiente foi embora e avisou a Betto que voltaria no dia seguinte. Voltou com um jornal que estampava sua foto na capa e a manchete "Procurado pela polícia".

Valiente disse que ia conversar com dom Vicente Scherer e que Frei Betto deveria entregar-se ao cardeal por segurança. Então, foi embora. No mesmo sábado, por volta das 20h30, um dos filhos de Waldemar Chaves Barcellos, Paulino, apareceu no local. Estava exaltado, fazendo com que Betto desconfiasse de que já sabia que ele estava sendo perseguido pela polícia. Dizia que o religioso devia sair dali por questões de segurança e que ele ajudaria: "Este sítio está *queimado*, já fiz muita reunião de estudantes aqui. Falei com padre Manuel que arrumaria um lugar mais seguro para ti. Tenho um amigo que possui um apartamento vazio em Porto Alegre. Lá podes ficar mais tranquilo."[76]

Chovia muito e Betto, então, juntou suas coisas e seguiu com o rapaz. Foi levado para a mansão da família, na avenida Independência, em Porto Alegre. Betto aguardou nessa casa durante toda a madrugada – lá encontrou o outro filho de Waldemar – para que providenciassem o tal lugar mais seguro. Por volta das 7h, apareceram para pegá-lo o coronel Renato Moreira e o major Áttila Rohrsetzek. Paulino reconhecera as fotos de Betto que estavam sendo publicadas na imprensa e fizera a denúncia a um oficial do Exército. O pai dera anuência e colaborara nas providências para a denúncia à polícia. Na saída atribulada, Betto deixou na casa a carteira de identidade falsa e uma caderneta de endereços, que depois foram entregues pelos "anfitriões" à polícia. Ao ser levado, o religioso disse aos dois. "Apesar de tudo, obrigado." No jornal *O Globo* a notícia da prisão tinha como título "Católico de boa-fé abrigou 'Frei Beto' em sua fazenda".

Antonio Cechin também estava na mira dos militares. Outra forma de Betto pegar as cartas com Cechin era através do padre Chen, que as entregava durante as aulas de Teologia. Um dia, Chen não pôde entregar a correspondência a Betto e a deixou com o padre Manoel Valiente. Quando a polícia prendeu Valiente, encontrou em seu breviário a carta de Olavo Borges com o endereço de Cechin, e então saiu em busca do irmão marista. Cechin já sabia que queriam prendê-lo e recebeu o conselho do colega da Faculdade de Direito, Pedro Simon, para que se prevenisse e não andasse sozinho. Pediu apoio a dom Vicente Scherer, que disse o mesmo e lhe ofereceu um quarto na cúria enquanto estaria em viagem: "Se tiver algum perigo, tu te manda imediatamente para a cúria, pede um quarto lá, que dentro de dez dias eu volto e vou resolver o teu caso."

Mas o irmão marista não queria ficar tanto tempo longe de suas atividades, como o curso de catequese que ministrava. Resolveu ir para a casa onde moravam seus irmãos, e lá ficaram atentos aos movimentos. O esquema já estava acertado: a qualquer sinal de perigo, eles correriam para a cúria. Não deu tempo. Por volta das 16h do domingo em que prenderam Frei Betto, os policiais foram atrás de Antonio Cechin. Pensando que a casa dos irmãos fosse um aparelho, fecharam toda a quadra e impediram a passagem do trânsito e dos pedestres. Bateram à porta e, com metralhadoras à mão, não deram opção. Cechin, que junto com suas irmãs ouvia pelo rádio a Romaria de Nossa Senhora Medianeira, seguiu com os militares no camburão e foi levado ao Dops gaúcho. Passou a noite toda sendo interrogado por Pedro Seelig, identificado mais tarde como torturador, e sobre quem recai a suspeita de ter participado do sequestro de Lilian Celiberti e Universindo Díaz dentro da Operação Condor, que envolveu os regimes militares dos países do Cone Sul com o propósito de acabar com os grupos que se opunham às ditaduras assassinando militantes políticos. As perguntas giravam, exclusivamente, em torno de Frei Betto. Antonio já sabia que Betto estava preso, porque a televisão havia noticiado. Os agentes queriam saber se ele conhecia a rota de fuga esquematizada por Betto e se participava do trabalho de facilitar as fugas pela fronteira. Cechin foi liberado dois dias depois.

O pai indignado

No dia 4 de novembro, por volta das 22h30, o pai de Betto acompanhou pela TV Itacolomi a notícia da morte de Marighella e da prisão de dominicanos do Convento das Perdizes. Em carta escrita ao final daqueles dias de novembro, Antonio Carlos mostrava indignação com a cobertura escandalosa da imprensa.

> Todos os jornais e revistas do pais se ocupam dos dominicanos e despejam sobre eles tremenda ofensiva difamatória, que mais tarde é identificada como noticiário previamente organizado por fontes interessadas nos acontecimentos. Emocionado pela desumanidade do noticiário, guardei, entretanto, uma profunda tranquilidade interior com relação ao filho, de cuja formação moral jamais duvidara.

Ao contar sobre o carinho que a família estava recebendo de amigos e parentes nos dias em que Betto ainda estava sendo procurado pela polícia, Antonio Carlos registrava a serenidade que ele e sua mulher tentavam manter. "Stella, eu e os filhos reunimos forças de alma e coração e aguardamos o desenrolar dos fatos. Passam-se os dias, a imprensa sempre carregando sobre os padres presos e, agora, particularmente acerca das atividades de Betto."

Três ou quatro dias depois do sumiço de Betto e da morte de Marighella, os pais receberam uma carta do filho, através do endereço de Cecília. Dizia Betto que ficassem tranquilos, porque ele estava seguro em algum lugar, e que aceitassem a possibilidade de seu exílio – Betto estava, de fato, disposto a sair do país. Na mesma noite em que receberam a carta do filho, os pais assistiram pela televisão à notícia da prisão dele. O tio general, José Campos, o Juquinha, foi à casa do irmão para dizer que o noticiário estava correto. Em seguida, Juquinha entrou em contato com um amigo, o general Dióscoro do Vale, e pediu que localizasse Frei Betto e confirmasse se não sofrera maus-tratos. O general Vale informou que Betto estava no Dops de Porto Alegre e que não fora torturado fisicamente.

A notícia da prisão de Betto chegou à casa dos Libanio Christo como uma bomba, apesar de o frade ter deixado a família preparada para uma situação como aquela pelas cartas que conseguia enviar. Porém esses dados estavam mais restritos à mãe e às irmãs de Betto. O pai não tinha essas informações, porque Stella preferia que o marido não se inteirasse delas. Ao saber da prisão de Betto, Antonio Carlos saiu de casa quase que só com a roupa do corpo. Ele e a mulher, junto com a filha Cecília e o namorado desta, Dotte, seguiram num Fusca para São Paulo. A informação era de que Betto seria levado para lá. Quando acordou, um dos filhos, Leonardo, já não encontrou mais os pais e levou um susto. De repente, assistiu-se a uma avalanche de matérias nos jornais com a foto de Betto estampada, sempre acompanhada de palavras como "Procurado".

Ao chegar à capital paulista, os pais de Betto entraram em contato com o Convento dos Dominicanos e souberam que ele permanecia em Porto Alegre. Stella avisou a frei Domingos Maia Leite que seguiriam para a capital gaúcha e pediu que o provincial os acompanhasse. Ele aceitou. Antonio Carlos, que não andava de avião nem por decreto, não pensou duas vezes: na mesma tarde, pegaram o primeiro voo disponível e seguiram com frei Domingos para o Rio Grande do Sul, já que, em decorrência de um temporal, havia caído uma barreira em Curitiba e a estrada estava interditada. Antonio Carlos descrevera frei Domingos como um homem de estatura média, um tanto franzino, que deixava entrever no semblante espiritualizado a sombra de suas graves preocupações com o que ocorria. Foram 3h30 de voo entre São Paulo e Porto Alegre, contando as escalas. O pai de Betto estava absolutamente desconfortável: "O meu medo de avião somado à notícia, que guardei comigo, de que o cardeal Scherer havia prejulgado Carlos Alberto me transtornaram o espírito."[77]

Na ocasião da prisão, dom Vicente Scherer publicou uma carta no jornal *O São Paulo*, na qual dizia que a família de Betto sabia que o religioso "dava oportunidade de fuga aos perseguidos pela polícia". O pai de Betto, logo que pôde, enviou uma carta-resposta ao arcebispo, afirmando: "Minha família, chamada insolitamente à liça por V. Ema. como testemunha de acusação, não admite, como se diz em sua carta, que Frei Betto haja socorrido os perseguidos." Antonio Carlos destacou a grandeza expressa "no gesto do jovem religioso, fruto, entre outros, de amadurecida e austera formação de berço e enraizado nas melhores tradições da Igreja".

Na família, a grande preocupação era com a integridade física do rapaz. O pai, desesperado, tentava tirar o filho das mãos de Fleury para evitar tortura e morte. Antonio Carlos conhecia a fama de Fleury.

Foram recebê-los no aeroporto o padre Orestes Stragliotto, Antonio Cechin e sua irmã Matilde, e seguiram para a casa dos Cechin. Dado que a residência havia sido invadida naqueles dias, concluiu-se que o casal Libanio Christo deveria ir para outro espaço mais seguro. Antonio pediu à sua outra irmã, Irene, para buscar hospedagem ao casal no Educandário Coração de Maria, o que foi feito. Cechin manteve contato diário com os pais de Betto enquanto estes permaneceram na capital gaúcha. Nesse período em que estiveram hospedados na casa das irmãs, duas religiosas, de postura reacionária – uma, filha de general –, fizeram queixa do casal para o coronel Mariath. Ele mandou chamar a superiora, madre Domingas Rossi, que autorizara a acolhida dos Libanio Christo, para saber se ela tinha conhecimento de que eram pais de um terrorista. Irmã Domingas foi categórica: "Sou cristã, me foi pedida hospedagem e não posso negar."

Irene Cecchin percebia a profunda preocupação de Stella e Antonio Carlos, especialmente porque circulavam informações de que estava sendo forjada uma fuga de Betto pela fronteira, para que a repressão pudesse eliminá-lo. Stella era mais comunicativa, mas Antonio Carlos quase não falava, abatido.

Os pais de Betto foram consultados pelo vigário da paróquia de Nossa Senhora da Piedade se poderiam atender a dois ou três jornalistas locais interessados em ouvi-los. A conversa com os repórteres se transformou numa grande entrevista coletiva com a participação de cerca de vinte jornalistas de todo o país. Na cabeceira da grande mesa, respondiam a perguntas que lhes pareciam absurdas e indiscretas, sempre em tom dramático: Frei Betto foi líder político? Brincava com crianças ricas ou pobres em sua infância? Teve namoradas? Por que veio para o Rio Grande do Sul? Que inspirações o levaram para o convento? O senhor o defenderia em juízo? Ele sempre foi religioso? Quando menino, era o líder do grupo de seus amigos? Que diz o senhor à entrevista do cardeal Scherer condenando o seu filho?[78]

Essa última pergunta foi a que mais se destacou para o pai de Betto, que tinha a resposta pronta: "É um pensamento dele e que só ele pode explicar." Antonio Carlos se encontraria com Scherer pessoalmente naqueles dias em Porto Alegre. Ele e Stella haviam marcado uma visita ao cardeal. Porém o prelado se antecipou e foi ao educandário numa manhã. Vestia-se de preto. Cumprimentou os pais de Betto de forma polida. Durante a conversa, Antonio Carlos tratou do assunto entalado em sua garganta: "Senhor cardeal, gostaria de saber em nome de que o senhor prejulgou o meu filho. Em que se baseou? Não sabe o senhor que, se o julgamento é grave, muito mais o é o prejulgamento?" Ao que dom Vicente Scherer respondeu: "Eu li umas tiras datilografadas de seu depoimento na polícia, que me foram fornecidas pelo delegado." E Antonio Carlos replicou, altivo:

> Mas o senhor, cardeal, desceu da sua eminência para acreditar em tiras de papel de polícia? Quatro anos passei eu numa secretaria de Estado da polícia de Minas, como chefe de gabinete de um irmão, seu titular, servindo a um dos governos mais sérios e isentos que Minas já teve, o do governador Milton Campos. Pois bem, lá, combatendo precisamente a violência e os truques policiais, passei a conhecer de perto como se fazem

essas coisas nos porões das delegacias. E o senhor se deixar arrastar pela impressão de tais métodos? Diga-me, cardeal, o senhor conhece o meu filho? Já o visitou? Já lhe sentiu o coração? Aliás, ele, hoje, é mais seu filho do que meu, pois está entregue à Igreja há oito anos. Fica o senhor responsável pela sua vida!

O cardeal reagiu, colocando a mão no ombro de Antonio Carlos: "Eu jamais abandonarei o seu filho. Onde ele estiver, eu estarei."[79] No mesmo dia, Scherer foi visitar Betto e lhe deu de presente o livro *A vida de São João da Cruz*.

No dia seguinte à entrevista coletiva, Stella e Antonio Carlos foram ao Dops para ver Betto. Ao chegarem, um funcionário indagou a Antonio Carlos: "O senhor é magistrado, não é? Queira aguardar um pouco, pois o doutor Firmino ainda não chegou." Antes de o delegado encarregado do inquérito aparecer, os pais puderam ver Betto de longe, através de uma vidraça. "Acenou-nos com a mão insistentemente, como se não quisesse parar." Betto apontava para que os pais soubessem que em outras celas estavam monsenhor Carvalheira e padre Valiente.

Firmino atendeu os pais do dominicano com cavalheirismo e mandou que trouxessem o filho. Num prolongado abraço, misturado com o choro de Stella e Antonio Carlos, Betto disse, firme: "Que é isso? Vocês não devem chorar. Não cometi delito algum, meus pais. Tenho o coração e as mãos limpos."

Stella e Antonio Carlos chegaram a Porto Alegre no dia 17, mas só tiveram autorização para encontrar o filho no dia 20. A visita também foi noticiada pela imprensa nacional, que apenas pôde registrar a chegada do casal ao local. Fotos do encontro foram proibidas pelas autoridades. Ao sair do encontro com o filho, o juiz Antonio Carlos Vieira Christo avisou ao delegado do Dops gaúcho: "A partir de agora, se meu filho morrer, o senhor é cúmplice, porque a vida do meu filho está em suas mãos."

O assistente do mestre-geral da Ordem dos Dominicanos, frei Vicente de Couesnongle, que veio ao Brasil por ocasião da prisão dos dominicanos, e o provincial no Brasil, frei Domingos Maia Leite, divulgaram nota em defesa dos religiosos acusados de terrorismo e contra as notícias sensacionalistas. Entre outros pontos, escreveram:

> Conhecendo os religiosos presos, não colocamos em dúvida a sinceridade do seu sentimento evangélico, bem como a autenticidade de seu amor

> pelos homens e pelo país. Quanto aos fatos que lhes são atribuídos, recorremos a todos os meios legais para que a realidade seja provada.
>
> Lamentamos que diante da opinião pública se tenha promovido a difamação de pessoas cuja culpa não está ainda judicialmente comprovada, conforme o princípio reconhecido pela Declaração Universal dos Direitos Humanos no artigo XI, parágrafo 1º.
>
> A fim de garantir a defesa de nossos religiosos, apelamos às autoridades do país no sentido de assegurar a seriedade das investigações, a objetividade do processo, os direitos dos acusados à defesa. Não tememos a verdade e pedimos que tudo seja feito a fim de que ela venha à luz.[80]

Dotte e Cecília, de carro, chegaram alguns dias depois à capital gaúcha. Não conseguiram ver Betto, que tinha sido transferido para São Paulo. Quando os Libanio Christo souberam que o filho havia seguido de avião para a capital paulista, sob a tensão de saber que ele poderia estar nas mãos do torturador Sérgio Fleury, arrumaram as malas e viajaram um dia e uma noite, no Fusca de Cecília e Dotte, até chegar a São Paulo.

No dia 27 de novembro, por volta das 15h, ao fim de uma viagem que durou cerca de 3h30 a bordo de um avião C-47 da Força Aérea Brasileira, que saiu de Canoas, Frei Betto chegou ao Aeroporto de Guarulhos, em São Paulo. Com ele estavam monsenhor Marcelo Carvalheira, junto a quem Betto foi algemado, padre Manoel Valiente e Caio Venâncio, que Betto havia ajudado a atravessar a fronteira, mas fora recapturado. Esperando-o descer do avião, estava Sérgio Paranhos Fleury. Anos depois, ao relembrar a cena da chegada a São Paulo, quando foi fuzilado pelos "olhos verdes cravejados de ódio" do delegado Fleury, Betto registrou: "Preparei-me para conhecer os porões do inferno."[81]

7

A Igreja no cárcere

Ao chegar ao Deops, Betto foi levado ao 4º andar do prédio e depois para a carceragem. O destino seguinte foi a cela 7, a chamada *cela do fundão*, grande, com colchões espalhados pelo chão e um lençol esticado de uma parede a outra como "porta" da privada.[82] Na cela ao lado estava o estudante de Física da USP Jeová de Assis Gomes, muito queimado em consequência das torturas sofridas por choque elétrico.

Depois de uma semana, Betto foi transferido para a cela 1, onde tinha direito a um banho por semana. Encontrou vários de seus companheiros da *Folha da Tarde*, os dominicanos e outros amigos e conhecidos de militância política. Muitos, ao depor, tiveram que responder a várias perguntas sobre Betto e suas atividades, além de ouvir xingamentos, especialmente se quem estivesse inquirindo fosse Sérgio Paranhos Fleury. Betto era um de seus principais focos.

Vendo tantas pessoas arrancadas das celas para serem interrogadas e torturadas reiteradas vezes, Betto foi se preparando para passar por isso também. Mas começou a desconfiar de que não encostariam a mão nele, porque Fleury, em Porto Alegre, deixara escapar que ele tinha as costas quentes. Mais tarde soube que seu tio general interviera junto às autoridades, não para entrar no mérito da prisão, mas para preservar a sua integridade física, e isso foi respeitado. Ao ser interrogado, Betto propôs ao delegado que disponibilizasse uma máquina de escrever e ele redigiria o seu depoimento da cela, pois, como jornalista, poderia se expressar melhor assim. O delegado caiu na armadilha. O prisioneiro usou a máquina para escrever a versão que quis, e, ao mesmo tempo, fazia folhetos de batalha naval para jogar com os presos vizinhos – motivo pelo qual também lhe tiraram a máquina, uma vez que, ao ouvir os jogos de batalha naval e sem saber o que aquilo significava, os policiais pensaram que fosse um código entre presos.

Logo que os frades foram presos, o prior Edson Braga tratou de buscar um advogado que os defendesse. Amigo dos dominicanos, o jurista Fábio

Konder Comparato sugeriu a frei Edson contratar Mário de Passos Simas, advogado do Sindicato dos Metalúrgicos de São Paulo e do Centro Social dos Cabos e Soldados da Polícia Militar do Estado. Simas assumiu a defesa dos dominicanos cerca de dez dias depois das prisões. Antes, conversou com frei Domingos Maia Leite e frei Edson Braga, e foi encorajado pelo célebre jurista Sobral Pinto – de quem era correspondente em São Paulo e a quem foi consultar, no Rio de Janeiro, acompanhado pelos pais de Betto. A jovem advogada Eny Moreira, que fazia especificamente a defesa de presos políticos, também participou da reunião e colaborou com Simas no processo.

Mas Simas não conseguia conversar com seus clientes presos. Tentou aproveitar uma visita de frei Domingos e do representante geral da Ordem dos Pregadores, frei Vicente Couesnongle, para uma primeira entrevista com os religiosos no Deops. Ouviu, em tom agressivo, uma advertência do delegado de polícia Alcides Cintra Bueno: "O senhor não irá se entrevistar com os presos; eles estão incomunicáveis, não lhes sendo permitido conversar com advogados, porque isso somente atrapalhará o meu serviço."

Sem conseguir acesso aos frades, Simas denunciou ao Superior Tribunal Militar que os religiosos estavam incomunicáveis havia cerca de quarenta dias, "tudo em um notório desrespeito aos direitos e garantias individuais, consagrados pela Carta Constitucional da República, pela Lei de Segurança Nacional, pela Lei Café Filho e pelo Estatuto da Ordem dos Advogados do Brasil".

Depois disso, no dia 12 de dezembro, após ter a prisão preventiva decretada, Betto foi transferido para o Presídio Tiradentes junto com os dominicanos e outras 16 pessoas do mesmo grupo. Lá, conforme Simas denunciou cerca de um mês depois, a cela era "pequeniníssima, úmida e mal arejada, alojando muitas pessoas, provida de uma torneira que servia de chuveiro, lavatório e bica, a 1 metro do chão e sobre a cloaca; odores fétidos exalados de detritos e fezes; inúmeras goteiras; luz fraquíssima acesa dia e noite e alimentação intragável".[83]

Tenso, em vista das péssimas condições, o advogado entrou com um pedido de providências imediatas, uma vez que, de acordo com o Código de Processo Penal Militar e a Lei de Segurança Nacional, os presos tinham direito a prisão especial. Os militares responderam cinicamente. Afixaram na entrada do pavilhão onde estavam os dominicanos um cartaz com a inscrição "Prisão Especial". Foram muitas as reclamações até melhorarem as condições carcerárias dos religiosos.

Os dominicanos foram encarcerados sem mandado de prisão e sem flagrante. A prisão preventiva foi decretada no dia 11 de dezembro de 1969 e a denúncia só foi oferecida em 1º de junho do ano seguinte, ou seja, sete meses depois de terem sido presos. Os religiosos foram interrogados em outubro de 1970. Foram ouvidos pela Justiça quase um ano depois de já estarem presos.[84] O juiz Nelson da Silva Machado Guimarães, homem de formação católica tradicional, perguntou a Betto se ele estava de acordo com as ideias marxistas e o que pensava sobre o assunto. "Acho que não estou sendo processado em razão de ter ideias assim ou assado, mas isso me autoriza a perguntar: o senhor é a favor ou contra a tortura?"

À colocação de Betto, o juiz reagiu: "Quem pergunta aqui sou eu. O senhor responde, o senhor não pergunta." Betto deu a resposta que viria a marcar o interrogatório: "Responderei a respeito de fatos e não de ideias."

Ao questionar o juiz sobre a tortura, Betto referia-se a uma visita que Nelson Guimarães fizera a frei Tito no Hospital Militar depois de o frade ter sido espancado pelos torturadores sem que o magistrado tomasse qualquer providência, mesmo se definindo como um católico fervoroso.

Eny Moreira, que defendia Paulo Vannuchi em São Paulo, assistiu ao julgamento. Ao final, pôde aproximar-se de Betto para um abraço. Ouviu dele a frase que a impressionou, tão apropriada a definição: "Agora eu sei o que sente um rato de laboratório."

O chamado "Processão da ALN" envolveu mais de cem pessoas. Os membros da Igreja foram caracterizados como sujeitos de ações graves e de abominável vileza,

> pois que – escudados nos ataques *libertatis* da Igreja e autofagicamente intoxicados com a "violência histórica" socialista, e esquecidos da encíclica *Pacem in Terris* de João XXIII –, ao invés de apregoarem a misericórdia de Deus, tornaram-se arautos da agitação vermelha e da subversão, pregando os dogmas nada cristãos de Karl Marx e Fidel Castro, e corrompendo aqueles que lhes eram achegados através de processo de obnubilação mental obtido pela repetição exaustiva dos surrados chavões comunistas. Embuçados na religião, eles transformaram seus monastérios em valhacoutos de impatriotas e degenerados morais.

No início os dominicanos ficaram na *cela dos incomunicáveis*, onde estavam os presos comuns, e depois seguiram para o pavilhão que abrigava as celas reservadas aos presos políticos. Eram cerca de duzentos presos políticos e, na cela de Betto, 31. O banho de sol de uma hora acontecia às terças e sextas-feiras. Betto procurava manter o hábito de dormir às 23h e acordar por volta das 6h30, para aproveitar o dia lendo, praticando ioga, dando aulas. O almoço era por volta de 12h30, seguido por um silêncio absoluto até as 15h, decidido pelos próprios presos. Às 19h, ginástica coletiva. Às 19h30, jantar, e, depois, dedicavam-se a atividades como o jogo de baralho, leitura e rodas de cantoria. Também celebravam missas, especialmente quando sabiam do assassinato de algum companheiro de fora – os próprios comunistas às vezes pediam uma celebração nessas ocasiões.

A disciplina de Betto na prisão era a mesma que mantinha – e mantém – do lado de fora. Conseguia organizar a rotina diária com diversas atividades como se estivesse em um convento, com a mesma rigidez de horários, turmas e tarefas distribuídas. Assim também com a dinâmica das cartas que escrevia aos amigos, familiares e comunidades religiosas que se solidarizavam com os dominicanos. As cartas eram tão candentes que, retiradas da prisão por amigos, virariam livros depois: *Das catacumbas* e *Cartas da prisão*, ambos sucessos editoriais e traduzidos para outros idiomas. Em 1971 saiu *Dai soterranei della storia* na Itália. Em 1972, *L'Église des prisons* na França, *La Iglesia encarcelada* na Argentina e *Brasilianische Passion* na Alemanha. Em 1974, *Fangelsernas Kyrka* na Suécia e *Geboeid Kijk ik om mij heen* na Bélgica e Holanda. Em 1976, *Creo desde la carcel* na Espanha. A obra traduzida para o italiano foi levada para a editora Mondadori por Rafaella Bimbi, religiosa da Congregação das Irmãs Oblatas do Espírito Santo, e se tornou um best-seller. Os direitos autorais serviram para quitar dívidas da Província Dominicana do Brasil com a Casa Geral em Roma. Mas o autor teve dificuldades para ter a obra em mão, proibida que estava de ingressar no Presídio Tiradentes. Foi graças a uma enfermeira da ala feminina do presídio que Betto conseguiu receber um exemplar de *Dai Soterranei della Storia*.[85]

Quando o Convento das Perdizes foi invadido, o regente de estudos, frei Gilberto Gorgulho, percebendo o local vazio e preocupado em saber para onde tinham sido levados os estudantes, procurou dom Agnelo Rossi e pediu ajuda. A primeira reação do cardeal foi dizer: "Vocês, dominicanos, são engraçados: tudo o que vocês fazem de pastoral é independente. O que os dominicanos querem, do jeito que os dominicanos querem. Agora que têm problema, vêm correndo para a Igreja buscar ajuda?"

Frei Gorgulho havia assessorado o cardeal na leitura do documento "Constituição Dogmática Dei Verbum sobre a Revelação Divina", promulgado no Concílio Vaticano II. Por isso ele sugeriu que procurasse dom Lucas Moreira Neves, um de seus bispos auxiliares e também dominicano. Frei Gorgulho conversou com dom Lucas, que respondeu alegando que trabalhava com famílias de classe média e, se estivesse envolvido em problemas como o dos dominicanos presos, isso atrapalharia o seu trabalho pastoral. Gorgulho voltou ao palácio episcopal para avisar a dom Agnelo que não tinha dado certo com dom Lucas. Lá, o dominicano encontrou dom Paulo Evaristo Arns, bispo auxiliar da região norte de São Paulo, que aguardava para falar com Rossi. Dom Paulo perguntou: "Frei, e os seus irmãos dominicanos? O que vocês descobriram?"

Gorgulho contou a Arns sobre a recusa de dom Lucas. Dom Paulo, então, sugeriu: "Fale para o cardeal que sou o bispo da Região Norte e responsável pela Pastoral Carcerária. Se alguém deve entrar nesses lugares e conversar com os militares sou eu." Frei Gorgulho entrou e falou com dom Agnelo, que respondeu: "Se ele quiser... que faça!"

Assim, Arns iniciou as visitas aos presos políticos. Junto com ele ia frei Gorgulho, que levava livros e tarefas de estudos teológicos para os rapazes, sempre às quartas-feiras, dia de visitas. Desta forma, eles não interromperam os estudos. Mas as obras nem sempre entraram sem dificuldade na prisão. Ao levar volumes da coleção *Novas fronteiras da Teologia*, de autor não exatamente progressista, os militares consideraram que aqueles eram livros revolucionários, devido à expressão "novas fronteiras", e sua entrada foi proibida. Dom Paulo insistia em visitar os frades, quase sempre acompanhado por frei Gorgulho. Foi o que ocorreu quando frei Roberto Romano, num momento de desespero na prisão, tentou o suicídio. Dom Paulo quis vê-lo e conseguiu autorização do governador, permitindo unicamente a sua entrada no Hospital Militar. Arns queria que Gorgulho o acompanhasse para servir de testemunha. Por isso, combinou: "Frei, não vou dar a carta na mão do soldado. Vou segurá-la no alto, longe deles. Eles poderão ver que é do gabinete do governador. Mas você não para nenhuma vez. Vou andando e mostrando a carta, e você vem andando atrás de mim até a gente chegar no quarto do rapaz."

A estratégia deu certo. Acompanhados de três policiais armados com metralhadoras, Arns e Gorgulho conseguiram entrar, dom Paulo segurou o rapaz pelo braço, como se fosse uma criança amedrontada, e lhe disse palavras de confiança para que se sentisse mais seguro. Cada um dos três tinha uma metralhadora apontada para a sua cabeça.

Em certa ocasião, depois de visitar Betto, os pais do religioso mineiro foram à casa de dom Paulo almoçar. Antonio Carlos contou-lhe o que havia ocorrido. Por ser juiz, uma das autoridades militares que se encontravam na prisão pediu para conversar com ele – os militares tinham oferecido a Betto, por ser sobrinho de general de Exército e filho de juiz, a transferência para uma prisão de Belo Horizonte, mas Betto recusara, porque queria manter-se próximo dos outros companheiros presos. O militar estendeu um livro a Antonio Carlos: "Esta é a Bíblia do seu filho."

Antonio Carlos abriu-a e reparou em alguns trechos sublinhados. O militar desconfiava que Betto enviava mensagens para fora da prisão pelas entrelinhas dos textos bíblicos. Antonio Carlos perguntou: "O que o senhor quer dizer com isso?" O homem jogou a Bíblia sobre a mesa e esbravejou: "Todo esse livro é subversivo!"

Além de dom Paulo, ouviram o relato frei Gorgulho e a biblista Ana Flora Anderson. Antonio Carlos arrancou risadas de todos.

Convivendo com diversos companheiros da ALN na mesma cela, os dominicanos inicialmente temiam certa reserva por parte de alguns militantes e líderes de organizações revolucionárias, pelas circunstâncias em que ocorrera a morte de Marighella. O regime militar tentava usá-las para desmoralizar tanto os religiosos como os grupos de esquerda, além de colocar uns contra os outros. Os revolucionários resolveram que não entrariam no jogo político dos militares e, portanto, decidiram que os dominicanos seriam tratados como companheiros. A decisão foi estratégica: não demonizar os religiosos para não enfraquecer o movimento. Nesse sentido, Betto era o representante dos dominicanos ali na prisão; uma espécie de porta-voz dos religiosos. Do lado da ALN, Carlos Eduardo Pires Fleury era quem mais dialogava com os religiosos no período inicial mais crítico.

Com as prisões de religiosos – além dos dominicanos, jesuítas e padres seculares também foram presos –, a polícia aproveitou para levantar um verdadeiro dossiê em torno do episcopado. Queria saber quem era quem na Igreja do Brasil, de onde vinha o dinheiro da CNBB, os tipos de atividades e as pessoas próximas a dom Hélder, e tudo o mais que pudessem descobrir. Betto narrou suas preocupações a Alceu Amoroso Lima em carta enviada em fevereiro de 1970. Descrevia também um cenário de horror pelo qual estavam passando:

> Sofremos o diabo: "pau de arara", choques elétricos, socos, pontapés, além de vexames morais como o de ver um delegado trajando paramentos, de

> metralhadora em punho, ridicularizando a Igreja. Há pouco mais de uma semana frei Tito de Alencar Lima foi levado para novos interrogatórios na "Operação Bandeirantes" (Polícia do Exército). Ontem soubemos que ele foi novamente torturado no pau de arara com choques elétricos, e que havia "tentado o suicídio" cortando os pulsos. Levado ao hospital militar, recebeu transfusões de sangue e já está fora de perigo. Como o núncio apostólico tivesse vindo nos visitar ontem (temos recebido todo apoio dele e do episcopado brasileiro), pedimos que fosse ver como estava frei Tito. Não conseguiu, tendo sido barrado pelo Exército. Não deixarão que frei Tito receba qualquer visita enquanto não sumirem as marcas de tortura. É o costume. Nós que conhecemos bem a ele e à Polícia do Exército, sabemos que frei Tito jamais seria capaz de um gesto tão desesperado. É jovem, tem grande força física e moral. Certamente tentaram "suicidá-lo", como já ocorreu a outros, e então lhe bateram de arrancar sangue.

Em carta escrita na cela 7 para seu irmão Léo no dia 21 de abril de 1970, Betto ironizava a data e o nome do presídio: "O que acho muito curioso, dessas autênticas ironias do destino, é que Tiradentes, protomártir da liberdade brasileira, tenha se tornado nome de presídio. Acho que lá do céu ele não deve gostar muito disso não. E bem que o presídio, para comemorar condignamente o seu patrono, podia abrir as portas..."

A família acompanhava Betto na prisão por meio das cartas e da presença de Maria Thereza, irmã que se mudou para São Paulo logo que ele foi preso e o visitava duas vezes por semana. Ela e o irmão Leonardo chegaram a ver Tito totalmente alquebrado pelas torturas. A cena do dominicano sendo trazido ao pátio numa cadeira e com o rosto irreconhecível impressionou aos dois.

Stella continuava firme. Saía de Belo Horizonte para São Paulo sempre que podia, junto com um dos filhos. Antonio Carlos permaneceu atento a todos os movimentos em torno dos dominicanos. Como juiz, conversava muito com Mário Simas e procurava trocar ideias do ponto de vista jurídico com o advogado e fazer sugestões que poderiam ajudar. O processo todo do filho fez com que Antonio Carlos recuperasse o revolucionário que havia sido quando assinou o Manifesto dos Mineiros.

Apoio constante à família de Betto em Belo Horizonte, durante os anos da prisão, foi o de frei Cláudio van Balen, carmelita holandês que chegou ao Brasil em 1957. De ideias progressistas, o próprio frei Cláudio foi perseguido pelo regime militar e considerado subversivo, porque abria as portas da Paróquia de Nossa Senhora do Carmo – próxima à casa da família de Betto na capital mineira – para reuniões de militantes de diferentes direções políticas, para abrigar perseguidos políticos e promover debates acalorados, como o do jurista Sobral Pinto em 1968, que tratou do conflito de gerações. Havia o medo de que os militares invadissem a igreja, como fizeram com outras, mas isso nunca aconteceu. Frei Cláudio se correspondia por carta com Betto e o visitou na prisão, também em forma de solidariedade aos pais. Stella e os filhos iam com frequência à missa na paróquia para buscar palavras de apoio de frei Cláudio.

Em maio de 1970, Betto já havia passado por três prisões e oito celas. A cela 7, no Presídio Tiradentes, na qual estava à época, abrigava cinquenta prisioneiros. O espaço era grande e quase todo ocupado por beliches. Betto dormia na parte superior de um deles. Deixava amarradas algumas poucas peças de roupas em um barbante, que estendia como um varal. Os livros e o restante da roupa ficavam sobre tábuas colocadas entre as vigas do teto. Tinha uma calça para o inverno e outra para o verão, mas vivia a maior parte do tempo de bermuda. Também tinha aulas de trigonometria para desenvolver o raciocínio.

Na cela estavam, entre outros, Luiz Roberto Clauset, Carlos Lichjstein, Fernando Casadei, Diógenes Arruda Câmara, Paulo de Tarso Venceslau, Aderbal Alves Coqueiro, Takao Amano, Issami Nakamura Okano e Nestor Pereira da Mota, que fora seminarista e dava aulas de ioga – Mário Simas também o defendeu –, além dos dominicanos. Carlos Lichjstein, da ALN, estava muito machucado e foi tratado pelos companheiros de cela. Frei Tito também, logo de início, foi bastante torturado. Tudo isso gerou uma ampla repercussão do caso na Europa, inclusive em Roma.

Muitas figuras da Igreja apoiavam os frades, dentro e fora do Brasil. Foram várias as manifestações de solidariedade, e especialmente os dominicanos brasileiros deram apoio incondicional – os freis Edson e Domingos os visitavam toda semana. Onze bispos de Goiás assinaram um documento – comemorado por Betto na prisão e sugerido à leitura da família em carta – que condenava os maus-tratos aos presos:

> Diante de fatos notórios e inegáveis de torturas físicas e morais infligidas a presos políticos em diversas partes do país, não podemos, como pastores, deixar de externar a nossa perplexidade e a nossa preocupação em face de uma situação de fato que fere frontalmente as bases de todo Direito e as prerrogativas fundamentais da pessoa humana.

> Além de tratar-se de caracterizada violência perpetrada por órgãos ou elementos ligados ao poder público, são atos que infringem a lei por meios desumanos. Trata-se de verdadeira punição sem culpa provada e sem a possibilidade da defesa assegurada pela Constituição e pela Declaração Universal dos Direitos do Homem.
>
> Sabemos que o próprio presidente da República manifestou contra esses métodos. Confiamos, pois, que se ponha termo, quanto antes, a tais atos que atentam "contra a dignidade da pessoa humana", "contradizem sobremaneira a honra do criador", "desonram mais os que se comportam desta maneira, do que aqueles que padecem tais injúrias" (CF, GS, 27).[86]

O texto foi subscrito por dom Fernando Gomes dos Santos, arcebispo de Goiânia; dom João Alano Maria du Noday, de Porto Nacional; dom Epaminondas José de Araújo, de Anápolis; dom Benedito Domingos Vito Coscia, de Jataí; dom Antônio Ribeiro de Oliveira, então bispo auxiliar de Goiânia; dom Cornélio Chizzini, de Tocantinópolis; dom Stanislau van Melis, de São Luís de Montes Belos; dom Gilberto Pereira Lopes, de Ipameri; dom José Francisco Versiani Velloso, de Itumbiara; dom Jaime Collins, de Miracema; dom Juvenal Roriz, de Rubiataba; e dom Tomás Balduíno, de Goiás Velho.

Por outro lado, o arcebispo de São Paulo, dom Agnelo Rossi, tinha postura de indiferença – ou mesmo de desaprovação – em relação aos dominicanos presos. Em entrevista concedida ao jornal *O Estado de S. Paulo* no dia 7 de junho de 1970, ele afirmava que os religiosos atuavam "numa esfera que não é eclesiástica, mas civil. Eles não foram detidos porque estivessem rezando missa, dando comunhão ou confessando. Por isso, o caso deles foge ao nosso campo específico de ação".

Entre setembro e início de outubro de 1970, Betto passou vinte dias numa cela solitária na prisão do Regimento de Cavalaria da Polícia Militar. Caminhava a curtos passos no pequeno espaço, rezava, esticava as pernas na parede em frente à cama, dava aulas em voz alta sobre todas as matérias que sabia. Assim, buscava se ocupar durante o dia e não cochilar, para poder dormir bem à noite. Dividia o local com muitas baratas que passeavam pelo chão e por sua cama. Depois de alguns dias sem ter nada para ler – e sem notícias do mundo exterior –, recebeu um exemplar do Novo Testamento e chegou a decorar algumas passagens, tantas foram as vezes que leu e releu a obra. Nada de banho nesses vinte dias. Só podia ir ao banheiro uma vez por dia, motivo pelo qual procurava não acumular resíduos no intestino. Com isso, transformava toda comida numa papa. Urinava num saquinho de plástico que vinha como embrulho de uma laranja, a sobremesa; amarrava na grade e, no dia seguinte, esvaziava no banheiro e tornava a usá-los, evitando urinar no canto da cela. Do lado de fora, havia um guarda com fuzil o tempo todo. Betto pediu para ver o capelão num domingo. Foi atendido, e padre Luiz Marques foi encontrá--lo depois de cerca de dez dias de solitária. Na beira da cama, arrumou as condições para celebrar, os dois ajoelhados na quina da cama, que serviu de altar. Betto percebeu que aquele homem estava solidário a ele. Sem dizer qualquer palavra, em determinado momento, o padre tirou da pasta um embrulho e o colocou embaixo do colchão. Para o preso numa solitária, um gesto grandioso. Era um exemplar do jornal *O Estado de S. Paulo* de domingo e um pedaço de bolo. Betto levou três dias para ler todo o conteúdo dos seus 11 cadernos. Depois, padre Luiz Marques continuou visitando os dominicanos fora dali, sempre levando alguma coisa para eles comerem ou beberem.

O julgamento

Esse período coincidiu com a época em que os religiosos iriam depor. Antes de serem interrogados, foram separados e transferidos para outras unidades prisionais, por ordens superiores. De modo que o contato de Simas com seus clientes foi muito rápido antes que estes fossem ouvidos.

Betto e seus companheiros dominicanos passaram quase 12 meses ansiosos, aguardando para prestar depoimento, e mais 11 meses à espera do julgamento. Betto registrava essa angústia nas cartas que escrevia aos pais e irmãos.

O julgamento começou às 10h do dia 13 de setembro e seguiu até as 23h de 14 de setembro. Algemados, os religiosos chegaram escoltados por agentes do Deops e pela Polícia Militar. A imprensa compareceu em peso. Presentes dom Paulo Evaristo, dom Candido Padin, bispo de Bauru, dom João Alano Maria du Noday, dominicano e bispo de Porto Nacional, padre Nicolas Gobert, provincial dos dominicanos no Peru e representante do mestre da Ordem dos Dominicanos, frei Domingos Maia e dom Lucas Moreira Neves. Muitos outros religiosos e familiares dos frades lotaram a sala da Auditoria Militar.

No julgamento mais longo da história da Justiça Militar Federal até então – os membros do Conselho de Justiça do Exército, da Segunda Auditoria Militar, ficaram reunidos por mais de trinta horas ao todo –,[87] Betto, Ivo e Fernando foram condenados a quatro anos de reclusão. Os freis Giorgio e Roberto foram absolvidos. O processo de frei Tito foi declarado sobrestado, já que ele fora banido do país.

A sentença de Frei Betto foi a mais longa e categórica quanto ao argumento de uso da Igreja para ações contra o regime:

> Há que se lembrar que o dolo consiste em o agente não só querer o resultado, como também em apenas assumir o risco de produzi-lo. Há que se lembrar que a cômoda posição de "linha auxiliar" ou "setor de apoio" ou ainda "setor logístico" de uma organização criminosa, orientada do Exterior, cuja finalidade é, mediante a transformação do Brasil num campo de sangue e ódio, implantar no país o regime comunista, caracteriza uma deliberada e consentida participação, por vontade e por atos concretos, nos atos criminosos particulares dessa organização criminosa, assim como no "desideratum" final da mesma.
>
> Fazê-lo e tentar utilizar a Santa Igreja como escudo; fazê-lo e ser padre ou seminarista; fazê-lo e continuar sendo padre ou seminarista; fazê-lo e mentir para envolver padres e seminaristas inocentes na trama criminosa; fazê-lo e pretender, quando descoberto, alegar, com cinismo, que o que ocorre é que a Igreja está perseguida no Brasil; fazê-lo, quando a Santa Igreja o tem reiteradamente condenado, em documentos os mais eloquentes; fazê-lo, assim, é injuriar e ofender gravemente a Igreja de Cristo, de quem o Brasil é filho, desde a Cruz da Primeira Missa; fazê-lo é ofender e torturar a Venerável Ordem de São Domingos de Gusmão.[88]

No dia 8 de outubro, Betto foi transferido do Regimento de Cavalaria para o Quartel-General da Polícia Militar, onde a cela era grande, com banheiro e banho de sol diário. Em novembro, já estava de volta ao Presídio Tiradentes. Pavilhão 2: Cela 17. Seis ou sete metros por três, meia dúzia de pessoas, após a saída do Roberto (Roberto Romano) e do Augusti (José Eduardo Augusti, padre). Uma privada turca guarnecida por uma cortina de plástico enfeitada com pássaros que não cantam e nem voam. Um fogão, onde preparamos nossa comida. Duas mesas, prateleiras para mantimento, roupas e livros. Uma ampla janela gradeada, por onde o frio ou o calor entram sem barreiras. Um pequeno rádio, que enche o ambiente de música o dia todo.[89]

Estavam na mesma cela os freis Ivo e Fernando, porém separados dos outros presos. Tratava-se de uma forma de puni-los. O período em que ficaram em celas solitárias também fazia parte do processo de repressão, pela repercussão que obtinham fora do Brasil, especialmente pelas mídias da Igreja.

No período, Betto e seus companheiros acompanhavam os atos políticos que interferiam em sua rotina na prisão: os sequestros de embaixadores e cônsules, por exemplo. E esperavam apreensivos para saber se estariam nos grupos de presos políticos trocados pelas autoridades. Betto assistiu a três deles. Em março de 1970, foi a vez do cônsul japonês Nobuo Okuchi, sequestrado pela Vanguarda Popular Revolucionária. Os rádios das celas ficavam ligados, e eles, tensos e esperançosos, querendo saber quem seriam os escolhidos. Entre os cinco presos que a VPR exigiu que saíssem do país estavam Otavio Ângelo, militante da ALN, madre Maurina Borges e Diógenes de Oliveira, militante da VPR. Seguiram para o México. Depois, no dia 11 de junho de 1970, o embaixador alemão Ehrenfried Anton Theodor Ludwig von Holleben foi sequestrado no Rio de Janeiro. Em troca foi pedida a libertação de quarenta militantes, sendo vinte da VPR – entre eles, Dulce Maia – e os demais de diferentes organizações, como Apolônio de Carvalho, Cid Benjamin, Daniel Aarão Reis e Carlos Eduardo Pires Fleury. Foram para a Argélia. Por último, o embaixador suíço Giovanni Enrico Bucher foi sequestrado no dia 7 de dezembro de 1970, com a participação de Carlos Lamarca. Com a ação, setenta presos políticos foram libertados e levados ao Chile. Entre eles, Jean Marc Friedrich, Charles von der Weid, Nancy Mangabeira Unger, Takao Amano e frei Tito de Alencar Lima.

As notícias sobre os dominicanos presos corriam o mundo. Em viagem pela Europa à época, frei Domingos Maia manifestou a vontade de se encontrar com o papa Paulo VI, mesmo considerando que seria difícil conseguir acessá-lo. Teve uma surpresa: imediatamente foi avisado por carta que sua audiência fora marcada para o dia seguinte. O papa afirmou ao dominicano que acompanhava de perto o processo dos frades, manifestou sua solidariedade e pediu ao núncio que desse aos religiosos brasileiros presos toda a assistência necessária.

Muitas comunidades religiosas na Europa apoiaram os religiosos presos, de forma tão disseminada que até em peregrinações por locais como

Lourdes os fiéis rezavam pelos frades. Os apoios também foram amplos dentro do Brasil e de países da América Latina, de modo que as cartas de solidariedade chegavam sem parar.

Novo arcebispo

No dia 19 de outubro de 1970, dom Paulo Evaristo Arns foi designado arcebispo de São Paulo, e o cardeal Rossi foi nomeado para o cargo de prefeito da Sagrada Congregação para Evangelização dos Povos, em Roma. Na prisão, os dominicanos comemoraram a notícia, porque tinham uma relação muito mais próxima com o novo arcebispo. A primeira visita oficial de dom Paulo à frente da Igreja paulistana foi aos frades presos. Betto registraria em seu livro *Batismo de sangue*, anos mais tarde, que a atitude de Arns foi fundamental:

> Nomeado arcebispo, desafiou a ordem e fez questão de estar conosco antes de tomar posse. Sua atividade à frente da Sé paulista nascia de um gesto concreto em defesa dos direitos humanos. Corajoso, lúcido, dotado de extrema sensibilidade para as questões sociais, dom Paulo não marcaria data nem hora para nos levar apoio nos momentos mais difíceis do cárcere.

Tito deixou o Tiradentes no dia 11 de janeiro de 1971. Ficaram apenas Ivo, Fernando e Betto. Até que, na última semana daquele mês, foi preso e levado para a cela 17 o padre Giulio Vicini.

As prisões arbitrárias continuavam acontecendo, assim como torturas e desaparecimentos. Na esteira desse cenário, o padre Giulio Vicini e a assistente social Yara Spadini foram presos no dia 27 de janeiro. Yara foi pega em frente à sede da Região Episcopal Sul, onde trabalhava, porque tinha consigo um exemplar do jornal *Luta Metalúrgica*. Giulio carregava com ele uma denúncia datilografada em estêncil sobre a prisão e morte do operário Raimundo Eduardo da Silva. Vicini reproduziria o documento para apresentar aos bispos na reunião da CNBB em Itaici. Viu Yara sendo abordada pelos policiais e foi até o local onde trabalhavam juntos para ver o que estava acontecendo.

Quando chegou, os policiais perceberam que carregava papéis. Queriam saber o que era. Vicini respondeu que os policiais não tinham nada com aquilo. Os agentes resolveram levar os dois para o Deops. Giulio foi bastante torturado. No dia seguinte, foram levados para o Presídio Tiradentes.

Yara, para a ala feminina, na Torre das Donzelas. Giulio, para a cela dos dominicanos.

Ao saber da prisão, dom Paulo foi ao Tiradentes, acompanhado do monsenhor Ângelo Gianola, da Região Episcopal Sul. Foi impedido de entrar, mas apresentou a Constituição brasileira e exigiu o direito que tinha como autoridade da Igreja de dar orientação religiosa. Pôde ver os dois machucados e saiu especialmente horrorizado com a situação física em que Giulio se encontrava. As marcas das torturas ainda eram evidentes.

Do Tiradentes, o arcebispo seguiu para o Deops e exigiu que lhe fossem mostradas as câmaras de tortura. Com a alegação do agente de desconhecimento sobre o que Arns estava dizendo, o religioso reagiu: "Elas existem. Existem porque vi pessoas torturadas, elas me disseram que as câmaras de tortura ficam aqui no andar tal."[90]

Negaram, e dom Paulo foi para a casa ligar para o governador Abreu Sodré. "Governador, está havendo tortura neste país e aqui na nossa área." "Mas dom Paulo, não é verdade." "É verdade e eu já estou aqui com o advogado, dr. Mário Simas, e já convoquei um médico-legista para fazer uma perícia nas pessoas."

O governador informou que retornaria em breve. E ligou minutos depois: "Eu soube que o senhor esteve no Deops, mas não vou permitir que o senhor adentre ao presídio, porque eu estou em fim de mandato, não quero ter problemas."

Arns ficou indignado e disse que tomaria providências. Redigiu uma nota de protesto, a primeira denúncia pública de tortura feita por ele, e no dia 4 de fevereiro divulgou-a no jornal da arquidiocese, *O São Paulo*, pedindo que fosse afixada nas portas de todas as igrejas de São Paulo. Em tom firme e intransigente, dizia no texto:

> [...] Infelizmente, o Revdo. Pe. Giulio e d. Yara foram torturados de maneira ignominiosa, no Deops de nossa capital; com o Vigário Episcopal da Região Sul nós pudemos verificar pessoalmente.
>
> [...] Por sugestão do diretor do Deops, ambos foram convidados por nós a fazer o relato das sevícias por que passaram, pedindo sindicância às autoridades competentes.
>
> [...] A Arquidiocese de São Paulo espera que as autoridades não se furtem ao dever de averiguar os fatos deprimentes e de aplicar enérgicas medidas corretivas.

Esperamos igualmente que tais medidas sejam tornadas públicas, pois só assim se restituirá à Igreja de Deus que reside em São Paulo o clima de confiança necessário à boa convivência.

Fizemos o possível para mantermos, em todo o tempo, diálogo sereno e firme com o Sr. Diretor do Deops, o Sr. Governador e com o Sr. Comandante do II Exército.[91]

A nota foi transcrita na íntegra em grande parte dos órgãos de imprensa do Brasil e do mundo.

No domingo seguinte, dom Paulo foi para Belo Horizonte junto com o núncio apostólico, dom Umberto Mozzoni, para participar da Conferência Geral da CNBB. A nota entrou na pauta da Conferência e, ao final, os bispos decidiram fazer uma carta de apoio ao arcebispo de São Paulo, e também a dom Waldyr Calheiros, bispo de Volta Redonda, que lutava contra os desmandos da ditadura militar, e a frei Domingos Maia Leite.

Os presos políticos acompanhavam as movimentações na Igreja. A respeito da nova postura da Igreja em relação aos dominicanos e à sua prisão – e referindo-se à carta de solidariedade da CNBB –, Betto registrou em carta aos pais de 18 de fevereiro de 1971: "Parece que deixamos de viver na Igreja do silêncio. Esta Igreja, cheia de prudência, não foi capaz de uma atitude enérgica por ocasião de nossa prisão." Betto comemorava essa mudança de forma ampliada. Na mesma carta, ressaltou que "a década de 70 será decisiva para a Igreja no Brasil. A impressão que tenho é que só agora começamos a colher os frutos das sementes lançadas pela Ação Católica, na década de 60. Mas ainda são frutos tenros, tímidos, de uma árvore que, por vezes, balança ao sabor dos ventos".

Giulio saiu no dia 27 de maio. Ficou quatro meses preso com os dominicanos. Yara saiu dois meses antes.

Ainda em 1971, Betto foi acometido por uma sinusite e teve de ser operado no Hospital Militar. Antes, havia sido examinado no Hospital das Clínicas de São Paulo. Foi levado algemado pelos agentes do Deops e fez questão de usar o *clergyman*, com colarinho eclesiástico. Quando as pessoas que ocupavam a sala de espera viram um "padre" algemado e cercado de policiais com metralhadoras, ficaram indignadas e procuraram demonstrar solidariedade. Depois da intervenção cirúrgica, ele passou a tomar injeções diárias de antibióticos.

A imagem que estava se construindo em torno dele como um sobrevivente do cárcere parecia intrigá-lo. Betto avaliou: "Só não me agrada um certo mito que pode se criar em torno da gente. O que me obriga a resistir à tentação de parecer mais do que realmente sou. Terrorista ou santo? Eis o dilema. Nem uma coisa nem outra. Como dizia Paulo Henrique Amorim, com quem trabalhei na revista *Realidade*, apenas um *freelancer da vida viajando a bordo de um paradoxo*."

8

Carlos Alberto, matrícula 25.044

Como os presos políticos do Presídio Tiradentes – que, em tempos passados, havia servido de mercado de escravos – faziam com que chegassem a público denúncias sobre as condições subumanas em que eram mantidos os presos comuns que conviviam com eles na mesma prisão, as represálias por parte do regime militar começaram a se fazer sentir. Os presos comuns contavam para os presos políticos o que sofriam no andar térreo do presídio e nas mãos da polícia, incluindo torturas, tendo em vista exatamente a possibilidade que estes tinham de passar adiante o que ouviam. Essas informações, bem como aquelas referentes ao que acontecia com os militantes fora da cadeia, começaram a repercutir no exterior, e os militares se convenceram de que a via de denúncias passava pelos frades e pela capilaridade mundial da Igreja Católica.

A repressão, então, reagiu, e iniciaram-se as punições. Uma delas foi a transferência, no dia 12 de maio de 1972, dos três dominicanos – Betto, Ivo e Fernando – para celas solitárias em quartéis da Polícia Militar de São Paulo. Um dia antes, 14 presos políticos do Tiradentes também foram levados para solitárias da Penitenciária do Estado e tornaram-se incomunicáveis.

Com o aumento desses castigos, outros grupos de presos políticos passaram a ser enviados para o Carandiru. Alguns, especialmente os principais líderes da ALN, foram isolados. De cada vez, grupos de 6 ou 7 militantes eram transferidos para outras prisões, o que fazia com que o conjunto dos presos políticos ficasse receoso, porque sua força residia na união de todos num mesmo local, buscando evitar os desaparecimentos e os maus-tratos.

Essas notícias chegavam ao mundo exterior de diversas maneiras, como na parte encadernada dos livros que familiares levavam nas visitas; nos bilhetes enrolados dentro das canetas; e através da passagem de pequenos papéis embrulhados em plástico por meio do beijo na boca das esposas ou namoradas. Dessas maneiras e de várias outras, os presos informavam aos companheiros e grupos sobre o paradeiro de outros detidos, os locais onde estavam refugiados militantes perseguidos – os chamados "aparelhos" –, os nomes dos torturadores. Vários documentos também foram produzidos com a troca de informações sobre quais eram as posições dos companheiros presos quanto à conjuntura política, quando se deveria recuar, entre outras.

O Tiradentes tinha uma ala masculina e outra feminina de presos políticos. A feminina ficava localizada em pavilhão separado, nos fundos do presídio, onde havia uma velha torre circular chamada de Torre das Donzelas.[92] Com o acirramento das violações, que incluíam o isolamento das mulheres na Penitenciária do Carandiru, na sexta-feira 12 de maio, mesmo dia em que os três religiosos foram transferidos, oitenta presos políticos do Tiradentes e do Carandiru, inclusive os dominicanos, resolveram entrar em greve de fome. Só bebiam água. Do lado de fora das celas, um cartaz anunciava a decisão: "Estamos em greve de fome."

Ao tomar tal decisão, os presos escreveram uma carta às autoridades, explicando os motivos que os haviam levado a adotar a medida. Entre o que diziam na missiva, destacava-se o clima de insegurança em que viviam:

> Acreditamos que a segurança quanto à nossa sobrevivência física é seriamente atingida pelo isolamento dos demais presos políticos, pois, estando em número reduzido, as possibilidades de uma liquidação física se apresentam ainda mais concretamente. Por isso, adotamos a mais drástica das medidas possíveis dentro da situação em que nos encontramos, colocamos a total responsabilidade de nossa sobrevivência física nas mãos daqueles que são diretamente responsáveis pela nossa transferência: as autoridades militares.

Ao finalizar a carta, os presos foram categóricos ao afirmar que, a partir daquele momento, só aceitariam "a palavra pessoal do senhor arcebispo de São Paulo, dom Paulo Evaristo Arns".

No dia anterior ao início da greve, a pequena televisão que os presos dividiam estava na cela dos dominicanos e transmitia o filme *O diário de Anne Frank*, que serviu para eles, especialmente para Ivo, que muitos anos depois quis conhecer a casa de Anne Frank em Amsterdã, como uma ode à resistência contra o regime. O período que a adolescente Anne e sua família haviam passado no sótão de uma pequena fábrica para se esconder dos nazistas, sem nenhum contato com o mundo exterior, era um paralelo que, no dia anterior à greve, encheu de inspiração os presos políticos em São Paulo.

Como forma de repreensão, os militares cancelaram cigarros, sabonetes, pasta de dentes, entre outros artigos de primeira necessidade, e as visitas foram proibidas. Mas Betto preparou um relato por escrito de tudo o que ocorria e ficou à espera de que, em algum momento, o advogado Mário Simas conseguisse furar o bloqueio da visita para encontrá-los. Simas conseguiu autorização, e Betto foi retirado da cela para falar com ele, já com o bilhete que havia escrito no papel manteiga devidamente colocado entre a meia e o pé esquerdo. Quando desceu até a carceragem, o religioso foi isolado numa sala. Pediram que retirasse toda a roupa. Nesse momento, o frade passou por um dos piores apertos na prisão. Começou a tirar calmamente o uniforme de preso comum para tentar vencer o policial pelo tempo. Quando só faltava a meia do pé esquerdo, o homem disse que ele podia se vestir. Assim Betto conseguiu passar a informação para o advogado.[93]

Os militares não esperavam pela greve. Foram pegos de surpresa e não sabiam bem como lidar com aquela situação – afinal, alguns dos presos eram pessoas conhecidas, eram religiosos, o que, portanto, envolvia a Igreja Católica, e se alguém morresse sob a responsabilidade do Estado o cenário ficaria preocupante.

A repercussão internacional foi grande. Com um protesto organizado pelos frades dominicanos na Alemanha, o ministro da Economia, Delfim Netto, que havia sido convidado para fazer uma palestra no país a respeito do milagre econômico, foi denunciado pelos dominicanos, e membros da Ordem em toda a Europa saíram em defesa dos religiosos brasileiros.[94]

As autoridades policiais mandaram então o diretor do Departamento de Institutos Penais do Estado de São Paulo (Dipe), Werner Rodrigues Nogueira, para saber o que os presos queriam e por que estavam em greve de fome. A resposta foi uníssona: "Não queremos nada. Só ficar juntos. Só voltamos a comer quando todos voltarmos a ficar juntos."

O diretor propôs que parassem a greve e disse que em 15 dias seriam reunidos, mas agora no Carandiru. A repressão não queria de nenhuma maneira que voltassem ao Tiradentes, que ela chamava de "aparelhão". Os presos continuavam exigindo que dom Paulo Evaristo Arns fosse o mediador da negociação, e o diretor geral negou-se a aceitar a proposta, porque não queria envolver a Igreja. Dom Paulo tentava, de todas as maneiras, visitar os presos em greve, mas não obtinha autorização, nem conseguia ter acesso às autoridades. Falou pessoalmente com o juiz corregedor geral, o juiz da Auditoria Militar e o secretário de Justiça, mas seus pedidos não eram aceitos ou não recebiam resposta. Mandou, por fim, um pedido ao ministro da Justiça, Alfredo Buzaid, que também não respondeu, mas repassou a solicitação para o chefe do Serviço Nacional de Informação (SNI). Diante da falta de resposta, o arcebispo fez uma carta para ser lida nas missas de 19 de maio, um domingo, nas igrejas paulistanas: "É lamentável que, neste país cristão, quando estão em jogo vidas humanas, aquele que de Deus recebeu o múnus de pastor seja impedido de cumprir com sua missão específica, aliás garantida pela nossa Carta Magna."[95]

Ao conversar com o juiz Nelson da Silva Machado Guimarães, dom Paulo foi firme, dizendo que o magistrado era responsável pela vida dos presos. "Assumo a responsabilidade se vierem a morrer", disse Guimarães. Dom Paulo não deixou por menos: "Meu filho, assume dois ou três dias. Depois, não assume mais. Sua consciência passa a martirizá-lo. E que contas dará o senhor perante si mesmo e perante Deus?" Com a cabeça baixa, o juiz respondeu: "O senhor tem razão."[96] Depois, o juiz ainda reclamou com o arcebispo: "Estou decepcionado com os três frades. Eles são o centro de toda a agitação no Tiradentes."

Os presos resolveram confiar na proposta e, após 15 dias, alguns começaram a ser transferidos para o Carandiru. Porém poucos foram reunidos novamente, o que levou os militantes a fazer um abaixo-assinado cobrando o combinado. Os primeiros a assinar foram os freis Fernando, Betto e Ivo. Foi um pedido dos demais que eles figurassem à frente no documento. O abaixo-assinado foi considerado um ultimato dos presos e o general Humberto de Souza Melo, comandante do II Exército, declarou à imprensa que os presos estavam dando ordens ao governo.

Em 3 de junho, o juiz Nelson Guimarães enviou ao presidente do Superior Tribunal Militar um ofício no qual dizia que era um absurdo o regime receber um ULTIMATUM dos presos EXIGINDO o cumprimento do acordo e ressaltava que a primeira assinatura desse ultimatum era de Fernando.

> Dessa forma, Senhor Ministro Presidente, o Poder Judiciário passa a receber ULTIMATUM! Posteriormente, a subversão poderá exigir a soltura de presos, estipular as condições em que as sentenças e decisões judiciais deverão ser proferidas, sob PENA de nova greve de fome, enquanto ME-

> DROSAS pessoas investidas de alguma autoridade correm a suplicar-lhes que, pelo amor de Deus, não façam tais coisas, pois serão prontamente atendidas![97]

Os presos estipularam uma data para que o acordo se cumprisse. Na véspera, porém, chegou um comunicado avisando que os três frades, com mais quatro pessoas, teriam que arrumar seus pertences, porque seriam transferidos. Os quatro eram o estudante Maurice Politi, o advogado Vanderley Caixe e os camponeses Mario Bugliani e Manoel Porfírio. Bugliani, devido a problemas de saúde, não teve a transferência liberada.

Penitenciária de segurança máxima

Os seis presos não faziam ideia de para onde seriam levados. Pensaram que poderiam ser vítimas do Esquadrão da Morte, grupo de policiais organizados que atuava efetivamente na época e que tinha, como tática, o uso indiscriminado da violência, e como característica, a crueldade com que cometia crimes, inclusive contra presos, que eram retirados da cadeia para não mais voltar. Às 4h30 da manhã do dia da transferência, os seis foram chamados. Despediram-se dos outros presos, que entoaram o hino *A Internacional*, e seguiram para uma sala, onde aguardaram até 7h30.

Nesse meio-tempo, o coronel Fernão Guedes de Souza, diretor do Carandiru, avisou aos seis: "Vocês serão transferidos agora pelo Deops, e não tenho a menor ideia para onde e por quê." Betto teve a iniciativa de pedir ao coronel que fossem submetidos a um exame de corpo de delito antes de sair. "Coronel, o senhor está nos entregando ao Deops, e acaba de falar que não tem ideia para onde vão nos levar e por quê. Já imaginou se a gente aparece amanhã com a boca cheia de formiga na periferia, o que acontecerá com o senhor? Acho que o senhor deveria permitir que a gente saísse daqui somente após o exame de corpo de delito."

O militar concordou. Em seguida, ligou para o Hospital das Clínicas e pediu que mandassem um médico-legista. Chegaram dois.

Do exame participaram de cada vez apenas o preso e o médico, sem policiais. O doutor que atendeu Betto era jovem, sério, e sem nenhuma atitude que denunciasse apoio ou repulsa ao regime. O dominicano resolveu arriscar: "Estamos sendo transferidos, somos frades dominicanos, não sabemos o que nos vai acontecer, podemos ser mortos. Queria fazer um pedido e você julga, na sua consciência, se deve atendê-lo, não precisa nem me dizer se o fará ou não: ligue para frei Edson Braga neste telefone do convento, e diga apenas isso, que fomos transferidos essa madrugada."[98]

O médico não disse sim nem não. Betto deixou o papel em cima da mesa e saiu. Tempos depois, soube que o jovem doutor fez a ligação imediatamente e avisou ao superior dos dominicanos. Nunca se soube o nome dele.

Depois disso, os seis foram conduzidos à presença do juiz-auditor Nelson Guimarães, que os chamou de subversivos irrecuperáveis. Foi ele quem ordenou a transferência, sem no entanto divulgar para onde seriam levados. Foram, portanto, muitas horas de tortura psicológica. Conduzidos às duas viaturas, estavam algemados dois a dois: Maurice e Manoel, no primeiro camburão; Betto e Vanderley, e Ivo e Fernando, no segundo. As algemas, que com o balanço do carro apertavam ainda mais os pulsos, não foram retiradas sequer para que eles fossem ao banheiro durante a viagem. O calor era insuportável, já que os carros eram fechados. Maurice sentiu--se mal e Fernando chegou a desmaiar. Chegaram a Presidente Venceslau, a quase 700 km de São Paulo, por volta das 21h, quase 17 horas depois de terem sido retirados das celas.[99]

A iniciativa da transferência tinha como objetivo isolar os dominicanos, porque o regime entendia que eles encabeçavam a greve e desgastavam a imagem do Brasil no exterior. Essa seria uma forma de castigá-los. Ao chegar à penitenciária, cada um recebeu uma toalha branca, dois lençóis, dois cobertores, uma colcha, dois pratos, uma caneca e uma colher.[100] Os familiares e amigos que conseguiam ir até Presidente Venceslau tinham meia hora para visitar os presos. Por pressão da Igreja, esse período aumentou para uma hora.

Os três presos enviados a Venceslau junto com os religiosos foram considerados, pelo grupo de militantes, como um contrapeso, para não ficar evidente o foco só nos religiosos, e de que aquela era uma ação de repressão contra a Igreja.

Ao chegar a Venceslau e ser instalados em suas celas, os seis recusaram o café da manhã e o almoço. Diante da situação do não cumprimento do acordo feito anteriormente, resolveram retomar a greve de fome. Caixe ficou encarregado de escrever a carta, entregue no dia seguinte, 9 de junho, ao diretor do presídio, Zwinglio Ferreira. Em São Paulo, 36 presos também entraram em greve novamente. De modo que, agora, 42 presos participavam da greve. Essa segunda etapa durou 33 dias.

Dizia a carta escrita por Vanderley Caixe:

Ilmo. Sr. Diretor da Penitenciária Regional de Presidente Venceslau

Nós, presos políticos, recolhidos nesta penitenciária (frei Carlos Alberto Libanio Christo, Maurice Politi, Manuel Porfírio, Vanderley Caixe (advogado), frei Yves do Amaral Lesbaupin e frei Fernando de Brito), vimos comunicar a V.Sa. que a partir de 0 (zero) hora do dia 9 (nove) de junho de 1972 iniciamos greve de fome – recusando portanto qualquer tipo de alimento, em protesto contra as condições às quais fomos sujeitos e solidários, pelas mesmas razões, com os nossos companheiros recolhidos em outros presídios.

A fim de que se esclareçam os motivos acima expostos, que caracterizam nosso protesto e consequente atitude, retrospectamos [*sic*] e esclarecemos o seguinte:

As medidas arbitrárias, ilegais, às quais nós presos políticos estamos submetidos, vêm de longa data. São inúmeras as violências que nos têm afligido.

Precisamente, no dia 11 (onze) de maio de 1972, mais um atentado se consumou com a transferência de nossos companheiros, do Recolhimento de Presos Tiradentes – designado presídio político de São Paulo, por portaria do Exmo. Sr. Juiz Corregedor de São Paulo – para a Penitenciária do Estado de São Paulo.

Fato contínuo, pretendendo restabelecer o estado anterior (ilegível) de direito, demonstrar nossa indignação ante esta mais uma violência, os presos políticos, recolhidos no Presídio Tiradentes, juntamente com os companheiros punidos, na Penitenciária do Estado de São Paulo, iniciaram greve de fome.

No dia subsequente, dia 12 (doze), mais 13 companheiros vieram a ser punidos com sua transferência para aquela penitenciária. Outros nossos companheiros, do Recolhimento de Presos Tiradentes, em igual medida punitiva, foram encaminhados à Casa de Detenção de São Paulo.

Precisamente no dia 17 (dezessete) do mesmo mês, fomos surpreendidos com a presença do Sr. Dr. Werner – diretor-geral dos Institutos Penais do Estado –, que na presença do Sr. Diretor da Penitenciária de São Paulo, referindo-se aos motivos de sua visita, esclareceu ser portador de "carta branca", isto é, estando autorizado, em nome das mais altas autoridades judiciárias e militares de São Paulo e do país, a fim de solucionar – na condição à qual foi investido – nossas justas reivindicações. Para tanto assumiria o compromisso de reunificar todos os presos políticos de São Paulo em um único presídio, e da mesma forma solucionaria as visitas entre presos (de ambos os sexos) e seus familiares entre si.

Confiantes nas palavras daquela autoridade, tendo em vista a responsabilidade dos poderes com que se investiu, encerramos naquele mesmo dia a greve de fome. Assim foi feito por todos os nossos companheiros.

Passo seguinte, na Casa de Detenção de São Paulo, juntamo-nos aos companheiros que lá já estavam. Restaria, ainda, o encontro com os outros nossos companheiros do Recolhimento de Presos Tiradentes.

Hoje, dia 8 (oito) de junho, decorridos 27 (vinte e sete) dias desde o primeiro instante do compromisso concertado e (ilegível) palavra de honra (ilegível) dos poderes que vinha investido, e das testemunhas dos Srs. Diretores da Penitenciária do Estado de São Paulo, e igualmente na Casa de Detenção, na presença do Sr. Diretor. Em nada foram cumpridos, os termos acordados por aquela autoridade.

Lembramos que reiterados apelos foram feitos de nossa parte para que se realizasse aquele compromisso. Tudo em vão.

Na madrugada do dia 8 (oito), entretanto, fomos colhidos de surpresa ante a comunicação de que 7 (sete) de nossos companheiros seriam removidos daquela Casa de Detenção para lugar ignorado. Nada mais foi dito a respeito, exceto o regime de terror que se seguiu daquele momento até o fim desta viagem. Deixamos claro ainda que, graças a nossos esforços e à intervenção médica daquela Casa de Detenção, conseguimos impedir o desalojamento e transferência de Mário Bugliani que, por certo, teria falecido no decorrer desta ignominiosa viagem, tanto pelas condições quanto pelas 13 (treze) horas de percurso, em cubículo de 1 m^3, sob causticante sol e sujeitos a constantes sufocamentos por ausência de ar no compartimento de transporte.

Decorrência da situação acima exposta, mais ainda se caracterizaram o arbítrio e a violência. Ficou mais uma vez patenteado o propósito insidioso, que, além de desprezar a palavra empenhada, viola princípios comezinhos de direito, consagrado em nossas legislações, resultou em nos dividir, caracterizando vilipendiamente mais esse confinamento. E ainda em presídio de presos comuns, sujeitos às condições impostas.

Do exposto, salientamos que, diante de tal situação, a nossa disposição, juntamente com nossos companheiros da Casa de Detenção e em outros presídios, de perseguir nossos direitos e o compromisso firmado.

Comunicamos a V. Sa. que estamos em GREVE DE FOME.

Outrossim, queremos frisar que tal atitude se prende exclusivamente do exposto acima, nada tendo a ver portanto contra esta casa, seus diretores e funcionários.

Entendemos que esta situação é mera disposição passageira, que não nos cabe abordar agora.

Que seja V. Sa. portador deste comunicado às pessoas de direito.

Não encerraremos a GREVE DE FOME até que, repetimos, todos nós, presos políticos de São Paulo, estejamos reunidos no Recolhimento de Presos Tiradentes – designado pelo Sr. DD. Juiz Corregedor como presídio político de SP –, observadas as condições do acordo de compromisso firmado com autoridades responsáveis, ou seja, de conformidade ao exposto acima nas linhas deste comunicado.

— Comunique-se às autoridades judiciárias e outros responsáveis.

— Comunique-se a S. Revmo. dom Paulo Evaristo Arns – Arcebispo de SP.

— Comunique-se aos Srs. Advogados constituídos – ao que ressaltamos evitar-se cortar o direito de defesa.

— Comunique-se à Ordem dos Advogados do Brasil e ao Instituto dos Advogados de São Paulo.

Atenciosamente

Assinam: Vanderley Caixe, frei Carlos Alberto Libanio Christo o.p, Manoel Porfírio de Souza, frei Yves do Amaral Lesbaupin o.p, frei Fernando de Brito o.p, Maurice Politi.[101]

Assim, os presos políticos em greve de fome estavam divididos entre Presídio Tiradentes, Carandiru e Penitenciária de Presidente Venceslau. Os primeiros e os últimos dias da greve foram os mais difíceis. Os primeiros, porque o organismo grita pelo alimento e, para tentá-lo, a comida, colocada diariamente nas celas, fazia com que os presos sentissem o cheiro dos alimentos, vissem o aspecto da carne e dos legumes. Mas eles não tocavam na comida, para que os carcereiros não colocassem os pratos nas celas na hora da próxima refeição. Depois de alguns dias, o apetite cessou. Consumiam apenas água. A fraqueza começou a ser sentida e eles se mantinham deitados o tempo todo. Conseguiam ler, rezar, fazer atividades leves para poupar energia. Por volta do 12º dia, alguns começaram a ficar mais debilitados. Os médicos, que os examinavam todos os dias, decidiram entrar com soro, alimentação intravenosa. Era uma forma de mantê-los hidratados, mas a sensação de fraqueza não melhorava. Sentiam tontura ao ir ao banheiro e mal podiam se levantar; os dedos pareciam perder a mobilidade. No entanto, experimentavam uma sensação de euforia espiritual, tanto os religiosos quanto os três comunistas ateus. Betto descreve: "Agora entendo o jejum dos antigos monges do deserto. A sensação é que o corpo envolve o espírito. Tinha a sensação de que isso se invertia, o espírito envolvia o corpo de tanta euforia espiritual que sentíamos. O que aguçava a vontade de fazer poesia, escrever e ler muito."

Testemunho de Paz: a Igreja de São Paulo contra a tortura sistemática no Brasil

Um dia antes de Caixe escrever a carta na qual ele e seus companheiros anunciavam ao diretor da penitenciária que estavam em greve, os bispos paulistas, reunidos em Brodósqui, no interior do estado, lançaram o documento Testemunho de Paz, ou *Documento de Brodósqui*, como ficou conhecido. O texto foi feito por sugestão de dom Paulo, que era presidente da Comissão Episcopal Regional Sul-1 da CNBB, cuja Assembleia Ordinária aconteceu de 6 a 8 de junho de 1972. Foi o primeiro ato da Igreja de São Paulo contra a tortura sistemática no Brasil. Todo o episcopado assinou o *Documento de Brodósqui*, que não pôde ser publicado na imprensa por censura do governo. Nele se lia:

> Não é lícito efetuar da forma como frequentemente estão sendo feitas [as prisões] entre nós: sem identificação da autoridade coatora nem dos agentes que a executam, sem comunicação ao juiz competente dentro do prazo legal. Muitas dessas detenções tomam o aspecto de verdadeiros sequestros. – Ora, a lei que nos rege emana do próprio Movimento Revolucionário de Março de 1964, claramente determina que 'ninguém será preso se não em flagrante delito ou por ordem escrita da autoridade competente' (Constituição de 1969, Art. 153, §1º).
>
> Não é lícito utilizar interrogatório de pessoas suspeitas, com o fim de obter confissões, revelações ou declarações de outros, métodos de tortura física, psíquica ou moral, sobretudo quando levados até a mutilação, a quebra da saúde e até a morte, como tem acontecido. Está isso em frontal desacordo com a Constituição que taxativamente diz que se "impõe a todas as autoridades o respeito à integridade do detento e do presidiário" (Art. 153, §14). [...]

> Não é lícito privar os acusados de seu direito de ampla defesa ou prejudicá-la mediante ameaças, nem prejulgar o acusado como réu, antes de julgado, nem protelar por tempo indeterminado o processo regular, quando nossa Carta Magna expressamente determina que "a lei assegurará aos acusados a ampla defesa com os recursos a ela inerentes" (Art. 153, §15). [...]
>
> Aplaudimos as autoridades quando, no exercício legítimo de suas atribuições, condenam o crime, a violência ou a desordem social. Lamentamos, porém, de modo especial, a suspensão da plena garantia do *habeas corpus*. Colocamo-nos ao lado dos que pleiteiam o retorno total dessa garantia. É exatamente sua falta que contribui não pouco a criar e a manter um clima de insegurança social. Insegurança de pessoas que se sentem ameaçadas de prisão e maus-tratos até sob meras suspeitas ou por engano. Insegurança de famílias inteiras, impossibilitadas de obter durante meses notícias de membros seus, presos. Insegurança da própria sociedade, incapacitada de confiar naqueles que têm a responsabilidade de sua proteção. [...][102]

Como consequência, dom Paulo foi chamado ao Rio de Janeiro para dar explicações à Comissão Bipartite, grupo formado por militares e membros da Igreja, para tentar evitar conflitos entre ambos. Na sala da Comissão Bipartite, dom Paulo foi recebido pelo general Antonio Carlos da Silva Muricy, comandante do v Exército, que lhe disse: "O senhor sabe que pode ser processado, pode ir para a cadeia?" Dom Paulo respondeu com altivez: "General, gostaria que me processassem, mas fizessem como com Jesus, fizessem de público, porque, para todas as coisas que afirmamos, nós temos provas."[103]

A atuação do arcebispo de São Paulo seguiu em frente em prol dos presos políticos, mesmo com o esperneio dos militares.

Em Venceslau, os presos políticos foram bem-cuidados durante a greve: os médicos verificavam temperatura e pressão três vezes por dia e davam-lhes soro. No Carandiru, a situação para os 36 presos políticos em greve de fome era muito pior. Havia apenas um médico para o presídio inteiro, com cerca de 5 mil homens.

Durante a greve em Presidente Venceslau, Maurice Politi, estudante de 23 anos, filho de pais franceses e militante da ALN, estreitou sua relação com Betto. Ambos gostavam de escrever. Betto tinha prática de redigir cartas, e Maurice resolveu fazer um diário. Betto era o único que sabia da existência desse documento, e guardou essa informação por cerca de trinta anos, até quando Politi resolveu publicá-lo.[104]

Durante a greve, Betto escreveu a "Oração de um preso":

> Senhor,
> Quando olhares para os que nos aprisionaram
> e para aqueles que à tortura nos entregaram;
> quando pesares as ações de nossos carcereiros
> e as pesadas condenações de nossos juízes;
> quando julgares a vida dos que nos humilharam
> e a consciência dos que nos rejeitaram
>
> Esquece, Senhor, o mal que porventura cometeram.
> Lembra, antes, que foi por este sacrifício
> que nos aproximamos de teu Filho crucificado:
> pelas torturas, adquirimos as suas chagas;
> pelas grades, a sua liberdade de espírito;
> pelas penas, a esperança de seu Reino;
> pelas humilhações, a alegria de seus filhos.
>
> Lembra, Senhor, que desse sofrimento
> brotou em nós, qual semente esmagada que germina,
> o fruto da justiça e da paz
> a flor da luz e do amor.
>
> Mas lembra, sobretudo, Senhor,
> que jamais queremos ser como eles,
> nem fazer ao próximo o que fizeram a nós.

E Politi, na carta de 7 de julho, escreveu:

> É uma oração que emociona, da mesma forma que me emociona quando, algumas noites, ouço das celas dos três frades o lindo canto gregoriano, as orações que eles cantam com devoção, numa demonstração inquebrantável da fé religiosa que têm. E que nós, os outros três "civis", não temos. Embora Fernando, Betto e Ivo digam sempre que a nossa esperança e nossa luta por uma vida mais digna para todos, nossa fortaleza na defesa dos princípios pela promoção da dignidade humana e

pelo socialismo, são muito maiores do que a fé de muitos que se denominam "cristãos".

A greve teve grande repercussão nacional e internacional, especialmente porque membros da hierarquia da Igreja acompanhavam os desdobramentos e visitavam os seis presos, bem como estavam atentos ao que ocorria em São Paulo no Carandiru. Durante esse período, em São Paulo, o Grupo das Sextas-Feiras, do qual participavam pessoas ligadas à Igreja, também seguia atentamente o que acontecia com os presos políticos. As reuniões eram realizadas na Cúria. O advogado Mário Simas era um dos que traziam informações sobre a situação dos presos em greve para o Grupo das Sextas-Feiras.

Entre as manifestações de apoio aos presos em greve, destacou-se o artigo de Alceu Amoroso Lima no *Jornal do Brasil* de 29 de junho, intitulado "O canto na fogueira":

> Quero, apenas, referir-me à greve de fome a que recorreram, como último recurso contra o tratamento inumano que vêm sofrendo na prisão. Transferidos já, por várias vezes, de presídio em presídio, perdendo em cada transferência a notícia da sobrevivência de companheiros e amigos, enviados agora a uma remota masmorra na fronteira de São Paulo-Mato Grosso, onde é quase impossível a visita das famílias, acham-se cada vez mais afastados de todo convívio humano e cercados pelo terrível silêncio de um abandono, que os leva a recorrer a um holocausto que temos o dever de evitar, por mais admirável que possa ser como exemplo de fidelidade a um ideal. Ao ideal, antes de tudo, de sua própria vocação religiosa.
>
> Falo, naturalmente, desses três que ofereceram suas vidas à imolação monástica e cuja morte poderá ser até um exemplo moral e espiritual para os que ainda descreem da capacidade de sacrifício, de uma geração nova, aparentemente mecanizada, aburguesada e descrente. Acredito, porém, que suas vidas serão ainda mais preciosas que suas mortes por imolação espontânea. E por isso é que devemos pugnar para que lhes sejam concedidos os direitos elementares de sobreviver dignamente, mesmo cumprindo a sua pena por delitos moralmente imputáveis apenas à caridade, àquela *Charitas Christi (quae) urget nos*, e não apenas a qualquer propósito exclusivamente político, muito menos por meios violentos.

Betto havia escrito para Alceu:

> Nenhum companheiro recuou dessa atitude, embora tenham tentado nos fazer comer sob tortura e pressões. Talvez a expressão "alma fora do corpo" dê a ideia de um distanciamento entre a alma e o corpo. A sensação é exatamente esta, na medida em que consigo descrevê-la: empiricamente sentimos nosso espírito dentro do corpo. Oito dias depois de completo jejum, só bebendo água, o instinto de sobrevivência provocou uma fortíssima reação em meu organismo que reagia à ameaça de morte; e em minha razão, que buscava pretextos para justificar um recuo. Durante quatro dias, estive mergulhado na mais profunda *noite*. Até que consegui dar o salto no décimo segundo dia e aceitei morrer pela causa. A partir daí sinto que a relação corpo-espírito se inverteu: agora é o espírito que envolve o corpo. Experimento, então, uma lucidez, uma clarividência, como se todas as coisas estivessem luminosamente transparentes. Sinto que, se morrer, não serei eu a morrer: apenas a minha totalidade humana se desprenderá desse corpo que definha num leito de prisão, e estarei livre de todos os limites que nos separam da eternidade. É um prenúncio de ressurreição. Os companheiros não cristãos, segundo me contam, sentem algo semelhante.[105]

No dia 11 de julho, às 17h45, a greve acabou. Por volta das 14h, o diretor Zwinglio Ferreira informou aos seis que, no dia anterior, havia recebido o comunicado de que a greve em São Paulo havia terminado. O coronel Guedes pedia, segundo disse Zwinglio, que Frei Betto fosse informado de que a greve havia cessado na capital. Após o comunicado, pediu que os seis conversassem e resolvessem o que fariam, para que ele avisasse às autoridades em São Paulo. Depois de mais de uma hora de discussão, resolveram que parariam a greve se dom Paulo levasse a Presidente Venceslau uma carta assinada pelos presos que estavam em greve em São Paulo, informando dessa decisão. A condição não foi aceita, assim como a Justiça Militar não autorizaria a visita de dom Paulo. O diretor, então, foi chamado ao telefone novamente. Era um dos presos de São Paulo, Paulo de Tarso Venceslau, autorizado a falar com Betto. Dizia que, de fato, tinham encerrado o movimento, e que eles deveriam parar também, mas por telefone não tinha condições de dar outros detalhes. Betto perguntou pelas condições físicas dos companheiros de São Paulo. Paulo de Tarso também garantiu que a ideia não era parar com o movimento pela reunificação dos presos.

Politi narrou todo esse processo difícil em carta no mesmo dia em que a greve acabou: "Certamente, a sensibilidade que lhe é característica deve ter aflorado com muita intensidade durante a conversa com Paulo, pois o peso da responsabilidade deve ter se misturado à transcendência do que significava este momento para ambos. Nervosos, na verdade, estávamos todos durante o relato do Betto."

Paulo de Tarso aguardava na linha, e os seis decidiram continuar a greve em Venceslau. Ao comunicar-se com Paulo, Betto perguntou se, para os companheiros de São Paulo, era fundamental que eles cessassem o movimento. Paulo disse que sim. Betto voltou a falar com os outros cinco. Abalados, os seis tiveram que resolver rapidamente sobre o que não desejavam: parar o protesto sem que a exigência que fizeram fosse atendida. Afinal, não havia nenhuma garantia de que seriam reunificados. Como, de fato, não foram. Mas os presos em São Paulo eram a maioria, e a decisão deles tinha um grande peso. Emocionados, às 18h, comunicaram ao diretor que eles também encerrariam a greve.

Os dias que se seguiram foram de ansiedade. Os seis não sabiam o que aconteceria com eles. Havia notícias de que talvez fossem transferidos para outro estado. Na quarta-feira, 19 de julho, a mãe de Betto e frei Domingos Maia Leite visitaram os rapazes. Ela levou doces. Antes, porém, conversou com Zwinglio e sua esposa, dona Maria Teresa, que garantiram que os seis teriam suas reivindicações atendidas. No entanto, no dia seguinte, foram informados oficialmente de que seriam incluídos na população carcerária de Venceslau, ou seja, passariam à condição de presos comuns. Até então viviam nas celas da enfermaria da penitenciária, uma vez que estavam em situação especial pela greve.

Além de não terem os seus direitos de presos políticos reconhecidos, dizia Politi na longa carta escrita a 23 de julho, aquilo significava "submeter-nos à raspagem de cabelo, ao uniforme, ao banho semanal, à proibição de receber comidas e livros, à possibilidade de cela forte e também à falta de segurança pessoal". Acrescentava ainda que se tratava de uma maneira de a ditadura argumentar não haver presos políticos no Brasil. O fato é que, a 25 de julho de 1972, em ofício urgente e reservado enviado ao diretor do Dipe, Zwinglio Ferreira informava que os seis, incursos na Lei de Segurança Nacional, haviam sido incluídos na população carcerária do presídio, sujeitando-se às normas disciplinares do estabelecimento.

Agora, como presos comuns, os seis não eram mais chamados por seus nomes, mas pelo número de suas matrículas. Carlos Alberto Libanio Christo passou a ser apenas um número: 25.044.

9
Crédito com a liberdade

Ao ser transferido para Presidente Venceslau, Betto tinha muito medo de algum de seus cinco companheiros ser morto. Seria fácil que um guarda combinasse com um dos presos comuns do local, especialmente os mais perversos, o assassinato em troca de alguma recompensa. Houve, por parte da direção, uma certa "preparação" dos presos que lá estavam em relação aos dominicanos, para tentar mostrar que se tratava de terroristas perigosos e que quem se aproximasse poderia prejudicar sua pena. O diretor recebeu os dominicanos contrariado. Não os queria lá, pelo peso que representavam. Então, tentou isolá-los no local. O terror da autoridade, no entanto, favoreceu os seis.

Para Betto foi uma surpresa constatar que os recém-chegados tinham fama de perigosos terroristas: isso na verdade desenvolveu um medo maior dos presos comuns em relação a eles do que o contrário. Assim, os mais temidos bandidos da penitenciária, de forma até humilde, pediam aos religiosos coisas como: "Eu já estou para sair e queria que você me enturmasse com o seu pessoal da pesada lá fora, porque não quero mais assaltar pé de chinelo. Quero metralhadora, sequestrar embaixador, assaltar banco..."

O religioso costumava responder que eles eram frades, não pegavam em armas e nunca tinham participado de assaltos. Mas os demais não acreditavam. Os seis acabaram sendo protegidos pela fama de terroristas.

Ao cair no mundo dos presos comuns, usando o mesmo uniforme, convivendo no mesmo pátio e tendo o mesmo tratamento, os presos vindos de São Paulo experimentaram a fase mais rica do período de prisão. Para Betto, foi o momento de maior aprofundamento da vida espiritual. A convivência tornou-se equilibrada, uma vez que os seis conseguiram desenvolver diversas atividades com os outros quatrocentos encarcerados. O diretor queria que eles trabalhassem na administração, porque tinham nível mais elevado de estudos. Ofereceu comida melhor – a que era consumida pela direção e pelos carcereiros – em troca do serviço. Mas os rapazes não aceitaram, e Zwinglio ficou indignado. Em resposta, os seis argumentavam: "Vamos trabalhar para os presos, não para a penitenciária."

Assim, mesmo contrariando o diretor, passaram a organizar atividades como um supletivo de ginásio, porque perceberam que os presos tinham vontade de estudar. O diretor autorizou o curso supletivo, dizendo que "não haveria interesse por parte dos presos". Para surpresa dele, oitenta pessoas se inscreveram. Os "professores" se dividiram e cada um ministrava determinada disciplina. Como ninguém quis assumir as aulas de Química, Física e Biologia, estas sobraram para Betto. Sem ter grande conhecimento de tais matérias, ele estudava ao longo do dia as aulas que daria à noite. Anos depois, com a experiência adquirida nas aulas de ciências biológicas e exatas, Betto escreveu o livro *A obra do artista*, no qual elabora uma síntese entre a espiritualidade e a complexidade do Universo. Para tentar boicotar as aulas, o diretor estabeleceu que elas poderiam acontecer das 19h às 21h. O recreio era das 18h às 20h. Os presos que frequentassem o curso perderiam uma hora de recreio. Ainda assim, 20% deles se matricularam. O curso tinha validade oficial, e por ocasião das provas professores da cidade eram chamados à penitenciária.

A iniciativa mudou o clima da penitenciária, porque, até então, os líderes eram aqueles que se firmavam pela violência. A partir dali, passaram a ser aqueles que se afirmavam pelo saber.

Betto aproveitou para montar um grupo de teatro, que funcionava como terapia de grupo. Com os presos, promoveu dois espetáculos apresentados para a população de Presidente Venceslau. Como a cidade não tinha atrações culturais, foi facultado aos moradores ir à penitenciária assistir aos espetáculos.

Os dominicanos também organizaram círculos bíblicos com os presos. Diziam ao diretor que essas atividades ajudavam a combater a ociosidade, responsável pelo aumento da violência lá dentro. A duras penas, conseguiram com o diretor que fosse liberado um rádio para cada homem – cujo valor era descontado no pecúlio a que os presos têm direito pelo trabalho desempenhado dentro da penitenciária. As ações dos seis rapazes ajudaram a diminuir efetivamente o clima de violência que antes imperava no local. Passaram a denunciar os casos de tortura aos presos comuns, chegando a mobilizar fiscais do Superior Tribunal Militar para investigar os fatos. Além disso, não aceitavam ter regalias que não fossem dadas aos demais, como melhor alimentação. Sabiam que, se aceitassem algo à parte, não teriam força para lutar por todos. Com essas ações de melhorias carcerárias, os seis ganharam a confiança dos demais encarcerados. Por outro lado, o diretor queria que eles saíssem de lá o mais rápido possível, porque contrariavam todas as regras estabelecidas pelo sistema da penitenciária e de sua direção.

Àquela altura, o caso dos presos políticos já estava sendo tratado pelas organizações de defesa de direitos humanos ao redor do mundo. A Anistia Internacional dava ampla repercussão e monitorava o tratamento dado a eles em Presidente Venceslau. Com isso, diversos países se manifestavam. Betto chegava a receber cem cartões-postais por semana na penitenciária. Toda essa movimentação internacional trazia temor ao governo e à direção da penitenciária.

As ações que Betto, Ivo, Fernando, Maurice, Manoel e Vanderley promoviam caminhavam no sentido de humanizar o ambiente e os homens que ali viviam. Um desses momentos mais emocionantes foi o Natal de 1972. Dom Paulo, frei Edson e frei Domingos perguntaram para Eny Moreira, advogada de presos políticos, se ela passaria o Natal com os presos, porque ninguém poderia ir naquele ano. Ela foi. Eny se encontrava subjetivamente machucada, porque no dia 10 de novembro anterior havia recebido a notícia da morte de Aurora Maria Nascimento Furtado, militante da ALN, barbaramente torturada até a morte no Rio de Janeiro. Naquele ano, o diretor decidiu que fariam uma missa do galo na penitenciária. Os rapazes avisaram ao diretor que Eny havia se deslocado do Rio até Venceslau para visitá-los, e estava sozinha no hotel. De modo que gostariam que ela participasse da celebração. Ele assentiu.

Eram quatrocentos homens no pátio, todos em pé, e o capelão, um padre espanhol, celebrou a missa. Após o sermão, o padre passou a palavra ao diretor, que a repassou para Eny. Ela estava emocionada: "Não quero falar; quero fazer um gesto." Desceu do palanque arrumado para a missa, abraçou e beijou um por um aqueles quatrocentos homens. Os cumprimentos duraram uma hora, e foi comovente para os presos, alguns ali havia mais de dez anos sem nunca ter recebido um gesto de afeto. No dia seguinte, os comentários eram: "Olha aqui Betto, fala para a doutora que, se precisar que eu mande matar uns cinco lá fora, é só dizer o nome e onde mora que a gente acaba com eles"...

Aquela agitação toda durou quase um mês, e só se falou nisso na prisão. Para Betto, foi a noite de Natal mais significativa que teve.

Em Venceslau, as regras eram duras. Dom Paulo foi proibido de visitar os frades. Eles podiam escrever apenas uma carta para o mesmo destinatário a cada 15 dias. O banho era frio e tomado numa torneira sobre o "boi", o buraco da privada turca, onde era estendido um canudo de pano, feito especialmente para eles na alfaiataria da penitenciária, da boca da torneira à grade. O jato d'água criava um fluxo que lhes permitia tomar banho agachados todos os dias. As cabeças foram raspadas e todos eram obrigados a usar o uniforme da penitenciária.

A defesa dos religiosos apelou da decisão de condená-los a quatro anos de reclusão – e a acusação fez o mesmo, porque queria uma condenação maior. O julgamento da apelação só aconteceu em 17 de julho de 1972 e, por maioria de votos, a sentença foi confirmada. Mário Simas, então, recorreu ao Supremo Tribunal Federal (STF), e o recurso foi distribuído para o ministro Aliomar Baleeiro.

O julgamento do recurso aconteceu em 25 de setembro de 1973, e Baleeiro reduziu a dois anos a pena dos três frades. A um mês de completar quatro anos na prisão. Com o resultado, eles cumpriram dois anos a mais da pena a que foram condenados...

Em seu voto, Baleeiro destacou que os três dominicanos tinham razão quanto ao excesso de dosagem da pena, e que as ações faziam parte de sua fé extremada, que os levara à efervescência política:

> Nada, nos autos, convence de que os frades houvessem concebido, fundado, organizado ou fossem os líderes do agrupamento contrário à segurança nacional. Adesistas, sim, facilitando fugas, dando esconderijos e ajudas etc., muitos dos quais talvez obedecessem a impulsos da caridade cristã. Quem quer que tenha vivido nas fases trágicas de ebulição social, como os homens de minha geração, dificilmente resiste a certos impulsos de solidariedade humana, que o marechal Juarez Távora descreve, por experiência própria de beneficiário, em seu recente livro de memórias.
>
> Não vejo também intensidade do dolo nesses frades ardorosos e irrequietos como foram sempre os dominicanos e jesuítas. Eles delinquiram sem dúvida, mas não obedeciam a impulsos repugnantes e inumanos. Pelo contrário, estavam de boa-fé no que acreditavam ser um serviço à humanidade, à comunidade e à religião, tal como a entendem. [...]

> Tenho para mim que, paradoxalmente, a fé extremada conduz facilmente à efervescência política. Pelo menos é a nossa experiência histórica, com os padres da Inconfidência, os da Revolução Pernambucana de 1817 ou de 1824, hoje mártires reverenciados.[106]

Betto saiu da prisão fisicamente abatido, mas com a autoestima elevada e emocionalmente inteiro. Nenhum arrependimento. O amigo de infância Hildebrando foi vê-lo logo que chegou à capital mineira. Betto tinha a visão prejudicada ao sair de Presidente Venceslau e não reconheceu Hildebrando logo que este chegou. O religioso pediu desculpas, contou do problema no olho e deu-lhe um longo e emocionado abraço. Hildebrando trazia consigo um exemplar de *L'Église des prisons* para Betto autografar.

Alguns meses depois, pouco antes de completar trinta anos, em 10 de agosto de 1974, uma notícia foi especialmente impactante para Frei Betto. Estava em Vitória, no Espírito Santo, e foi chamado pelo bispo dom Luis Fernandes, que queria lhe dar uma notícia muito triste. Três anos depois de ser banido do Brasil, Frei Tito havia se enforcado no convento dominicano de Lyon, na França, onde vivia. Ao colocar a corda no pescoço, ele matou o torturador Sérgio Paranhos Fleury, que conseguiu desequilibrar sua cabeça num caminho sem volta. Foram tantas e tantas sessões intensivas de tortura e destruição mental na prisão que Tito, como expressou dom Paulo ao celebrar sua missa de corpo presente na Catedral de São Paulo, foi buscar do outro lado da vida a unidade que havia perdido deste lado.

10

A Teologia da Libertação e a nova Igreja

Betto, Ivo e Fernando estudaram e escreveram muito na prisão, sobretudo cartas. Os destinatários eram os mais variados, entre familiares, amigos, confrades, religiosos e mesmo autoridades da Igreja. *O canto na fogueira* reúne uma seleção de cartas escritas por eles, tratando fundamentalmente de temas cristãos. É uma obra-chave que ajuda a verificar e a compreender aspectos da religiosidade dos três em tempos de cárcere. "Nestas cartas não fala o papa nem os bispos. Não falam os doutores. Não falam nem sequer os profetas", registra no prefácio frei Carlos Mesters. "Nelas fala o 'martírio', isto é, o testemunho da fé. [...] Elas valem como um testemunho precioso de quem redescobre, na escuridão das catacumbas, as estranhas e misteriosas ligações que existem entre fé e vida, entre Igreja e história humana. Elas são um convite à reflexão e à mudança. Um grito de esperança que nasce do alto da cruz."

Testemunho

As duas primeiras cartas publicadas em *O canto na fogueira* datam de novembro de 1969 e foram escritas por Betto para seus pais. Em ambas o remetente apresentava moral elevado e dizia-se vivendo em "completa liberdade interior", dado que, preso, encontrava-se em condições de "viver na carne o mistério redentor de Jesus que, por amor à justiça, foi perseguido, preso e condenado". Em muitas outras ocasiões, durante os tempos de cárcere, Betto viria a imprimir um tom semelhante às mensagens que enviaria aos parentes, amigos e confrades. O mesmo cabe dizer de várias cartas assinadas por Ivo e Fernando. Ao agir assim, os frades firmavam também uma posição política contra o regime ditatorial. Com essa postura positiva – expressa nas cartas e reproduzida no dia a dia da prisão – demonstravam, na prática, que não se abateriam nem se renderiam àquela situação.

Para Betto, assim como para Ivo e Fernando, a prisão foi também um momento de revisão, estudo e reflexão. Ivo, por exemplo, dedicou-se à pesquisa sobre a história da vida dos cristãos durante o Império Romano. Desse estudo, concluído em 1973 na Penitenciária de Presidente Venceslau, resultou o livro *A bem-aventurança da perseguição: a vida dos cristãos no Império Romano*. Em carta datada de 20 de janeiro de 1971 e dirigida a uma comunidade carmelita, Fernando relatava alguns aspectos do cotidiano dos frades no Presídio Tiradentes. "Passamos o dia a ler, cozinhar, pensar, recordar, reviver, refletir e orar. Todas as noites nos encontramos para rezar os salmos e pedir por nossos irmãos. [...] Desde meados de novembro do ano passado, após um ano, comecei a celebrar a missa na cela. Para nós isso tem uma importância capital. Significa o reconhecimento de fato de nossa vocação religiosa e sacerdotal por parte da Igreja – ainda que, de direito, em momento algum tenha sido colocada em questão." Além disso, concluía Fernando, "há outro aspecto mais importante: podemos comungar juntos do Corpo de Cristo, enquanto esperamos a oportunidade da comunhão universal. E isto acontecerá, estamos certos".

Dos três, Betto foi o mais prolífico. E também o que se apresentou mais propenso a debater com seus interlocutores sobre as questões que lhe interessavam, fossem elas religiosas ou não. Por vezes, dependendo do interlocutor e das circunstâncias, Betto adotou um tom de pregação ou mesmo de combate, mostrando-se afirmativo, assertivo. Em outras ocasiões, apresentou-se mais reflexivo e interessado em debater dúvidas, conceitos ou situações com o interlocutor. Três cartas, datadas de 1970, portanto ainda no primeiro ano de prisão, atestam bem o estado de ânimo e as convicções religiosas de Betto como militante cristão.

Em 28 de março de 1970, na primeira Sexta-Feira Santa vivida na prisão, Betto enviou uma longa mensagem aos padres dominicanos, em que expunha como enfrentava a experiência prisional. De maneira geral, adotava um tom confiante, reproduzindo o que já fizera em correspondência enviada aos pais em dezembro do ano anterior. Para ele, sua prisão, como a dos demais religiosos, "repercute em benefício do Evangelho". Mostrava-se esperançoso: "Hoje o testemunho que damos não é só de fé, mas da consequência da nossa fé e presença na história – a esperança."

A carta tratava de tema sensível: a dificuldade da comunidade cristã em aceitar como "normal" o que teria ocorrido com ele e outros religiosos.

Para lidar com isso, Betto mencionava os inúmeros problemas que os cristãos sofreram ao longo da história. "Ela [a comunidade cristã] ignora talvez que, se outrora os cristãos não receberam a pecha de 'terroristas' [termo atribuído a ele e demais presos políticos], foram chamados de 'sectários', 'ateus', 'perturbadores da ordem' e acusados de 'idólatras' que promoviam orgias e, como animais, sacrificavam carne humana em suas reuniões eucarísticas." Em seguida, defendia o compromisso dos cristãos de assumir posições políticas desde que vinculadas a um projeto de resgate do homem da opressão. "Não há redenção sem risco", professava. Para ele, o cristianismo era muito mais do que a oração em busca do conforto pessoal e a presença protocolar na missa de domingo. "Esses creem em um Deus lá em cima e esquecem que, realmente, só podemos conhecer Deus em Jesus Cristo. Jesus Cristo é a presença de Deus na história."

Por fim, Betto deslocava o eixo de análise, saindo de uma posição de defesa para explicitar melhor suas convicções sobre o papel do cristianismo no mundo secularizado. Para ele, vivemos em uma época que

> aspira pelo sagrado e nossa presença dentro dele só pode ser de desafio e contestação, nunca de conformidade. Daí por que o cristianismo é a religião dos pobres que, enquanto explorados e oprimidos, são sempre a negação da ordem estabelecida. [...] [O pobre] é cheio de esperança, expectativa, vontade de mudar e, como ninguém, pela própria liberdade interior de que goza, é capaz de serviço, de sacrifício e amor. Resta, porém, que apresentem a ele um cristianismo, não como um corpo de doutrina ou costumes litúrgicos, mas como uma práxis cristã, pois quem se converte não pode continuar a agir da mesma maneira.

Em uma segunda carta, datada de 11 de abril de 1970 e enviada a um padre carmelita, Betto seguia motivado a discutir questões que o preocupavam acerca do papel da Igreja no mundo contemporâneo, chamando a atenção para a necessidade de se estabelecerem distinções entre os programas de ação das Igrejas europeia e latino-americana. Dizia ele: "Esquecemos que a nossa realidade [latino-americana] é totalmente diversa e exige engajamento e preocupações próprios."

Foi nessa carta que Betto esboçou algumas reflexões sobre o que chamava de "práxis cristã" – noção que se tornaria central no conjunto de suas formulações sobre a ação transformadora do cristianismo no mundo.

Nela, ele construiu seu argumento tomando como ponto de partida alguns postulados clássicos da "filosofia da práxis", do marxismo, como no trecho a seguir: "'A história não faz nada: ela é a atividade dos homens que perseguem seus objetivos', dizia um filósofo alemão. Os homens transformam a si mesmos e essa história de transformação é propriamente sua verdadeira história." E prosseguia, acompanhando a mesma matriz interpretativa:

> Todo homem, consciente ou inconscientemente, desenvolve uma práxis. Por vezes age espontaneamente, buscando objetivos pessoais, sem alcançar o resultado social de sua atividade. Assim ocorre com o operário que trabalha em vista de sua sobrevivência e ignora o caráter opressivo das forças produtivas com as quais ele colabora. [...] De qualquer maneira, o determinante na atividade prática é seu resultado, aquilo que fica objetivado como fruto dessa atividade.

Por conseguinte, concluía, "o cristianismo é antes de tudo uma práxis. Não teria valor apenas como doutrina ou como teoria religiosa. Pouco significaria como simples discurso sobre Deus (teologia)".

Betto aplicava esses postulados em sua leitura do papel de Jesus Cristo na história. Para ele, "Jesus mostra-se muito mais interessado em ensinar uma norma de vida que verdades de fé. Suas parábolas quase todas visam determinar uma nova maneira de agir. [...] Ele próprio testemunha pela ação, uma ação que exige consciência e ruptura, compromisso, audácia, fé, esperança e muito amor".

Fixados os termos gerais, Betto partia para uma análise crítica da ação da Igreja. Para ele, os cristãos estavam a perder o que chamava de "práxis evangélica". E ia além: "Nem mesmo temos consciência de sua importância." Também voltava suas baterias para a Igreja brasileira. "Que pretende o plano pastoral da Igreja no Brasil?" Finalmente, colocava em questão o que chamava de "práxis espontânea", vista por ele como "ingênua, subjetiva e espiritual". Asseverava: "Deve ser consciente, crítica, objetiva e 'material', enquanto capaz de alterar o presente em vista do futuro escatológico [...]."

Na terceira carta, datada de 31 de agosto e endereçada aos padres carmelitas, Betto atenuava o tom de cobrança e fazia um exercício de autorreflexão sobre sua trajetória de militante cristão, chamando a atenção para dois momentos-chave. O primeiro teve início durante os tempos do noviciado e se relacionava com o episódio da perda da fé e a consequente descoberta da literatura mística de João da Cruz e Teresa de Ávila. O contato com esses autores o ajudou a superar a crise e a vislumbrar uma experiência de fé de outra natureza. Segundo Betto, foi no noviciado que, pela primeira vez, tomou contato consigo mesmo. A partir daí, buscou "um encontro total com Cristo, uma disponibilidade completa ao serviço evangélico. A Ordem [dominicana] seria apenas o meio pelo qual eu atingiria o fim". Adiantava que nunca sucumbira à cultura clássica, não se interessando em estudar os "velhos manuais", os tratados que orientavam os estudos da Ordem. Preferia estudar a teologia contemporânea – e citava autores como os franceses Yves Congar, Marie-Dominique Chenu, Henri de Lubac, Teilhard de Chardin, assim como os alemães Karl Rahner e Joseph Ratzinger, entre outros –, deixando explícito que nunca se considerara uma "vocação intelectual". Durante toda a vida, afirmava, "meus estudos tiveram como objetivo a ação". Definia-se como "um militante teológico", cujo centro de interesse consistia em "como aplicar, como comunicar, como extrair resultados concretos, como determinar a práxis".

O segundo momento abriu-se com a prisão. No cárcere, segundo acreditava, era possível ver as coisas sob outra perspectiva. Mostrava-se disposto a viver essa nova experiência, pois afinal, dizia ele, "tudo que aprendi foi na experiência e é dela que trago maior assimilação". Concluía, em tom positivo, dizendo que não tinha medo das adversidades resultantes das suas opções. "Como sei a chave do jogo e conheço o resultado, sou otimista quanto à vitória, transformo as adversidades em simples recuos para avanços maiores..."

Betto, Ivo e Fernando, portanto, apresentavam-se inteiros, íntegros, aos seus interlocutores. Tratavam de não "baixar a guarda", isto é, explicitavam e reafirmavam sua convicção e coerência com a opção política revolucionária que os levara ao cárcere. Era também o momento de viver a experiência com os olhos e o coração no sacrifício de Jesus Cristo. Para Betto, em particular, como o próprio afirmou, foi um novo encontro consigo mesmo. Portanto, era o momento de rever posturas, rediscutir opções, propor novos caminhos. Ali, no calor da hora, Betto, como "militante teológico", lançou-se em um esforço intelectual que o levou a produzir conceitos e proposições teórico-práticas que, anos depois, fora do cárcere, seriam de extrema valia e estariam na base do seu trabalho pastoral junto aos pobres da cidade de Vitória.

Em junho de 1972, com a transferência para a Penitenciária Regional de Presidente Venceslau, distante quase 700 km de São Paulo, Betto, Ivo e Fernando permaneceram em convívio com mais de quatrocentos presos comuns até o início de outubro do ano seguinte, quando finalmente foram liberados. Como iriam responder a essa situação inteiramente nova? Fernando, em carta de 30 de agosto de 1972, endereçada a um padre dominicano, oferece boas pistas de como começaram a lidar com aquela nova realidade. "Estamos num meio eminentemente popular. Para comungar com o pessoal tivemos de modificar nossa vida, linguagens e aspirações, de sair do que havíamos adquirido anteriormente, para abraçarmos completamente a nova situação."

O tema do aprendizado com a nova situação também está contido na carta de Ivo endereçada à irmã e datada de 1º de setembro:

> A convivência com os presos comuns continua me fazendo refletir muito. Na Igreja, durante muito tempo, os cristãos só se preocuparam com a sua salvação individual [...]. Ficou profundamente marcada a consciência individual do pecado. [...] Tratava-se de fazer o bem a algumas pessoas e o que contava era mais a intenção. [...] Hoje a intenção não deixou de ser importante. Só que o verdadeiro objeto do amor são os outros, não nós mesmos. [...] E por isso tem de ser eficaz, tem de conseguir melhorar a situação. Penso nisso por causa dos presos. Podemos ficar anos trabalhando com eles, conversando, ensinando, corrigindo. Mas eles continuarão voltando à marginalidade. Porque a causa continua a andar: é a própria miséria, a sua situação social...

No último ano da prisão, Betto, Ivo e Fernando tiveram permissão da direção da penitenciária para promover um conjunto de atividades com os presos, entre as quais a criação de grupos de leitura da Bíblia – os chamados Círculos Bíblicos. Para a realização desse trabalho, os três se nutriram das reflexões do frei carmelita Carlos Mesters, com quem trocaram farta correspondência.

Frei Carlos Mesters é biblista e professor de Sagrada Escritura. Em fins da década de 1960, desenvolveu intenso trabalho ao lado de dom Antônio Fragoso, bispo de Crateús, junto às comunidades pobres do sertão cearense. "A pergunta-chave de frei Carlos é a seguinte: o que será que esse povo está pensando? Ele se coloca como 'discípulo dos pobres' e vai aprendendo a penetrar naquele universo sem nenhuma chave de interpretação teórica. É na prática que ele vai confrontar o Evangelho com o que o povo vivia", assinala a teóloga Tereza Cavalcanti. "Ele procura ver a maneira de pensar do povo, e a maneira de pensar do povo que escreveu a Bíblia, e coloca em contato esses dois contextos. O Mesters ia direto para o povão. Ele percebe que as pessoas do povo fazem uma ligação entre a Bíblia e a própria vida, e que o espaço onde isso se dá é na comunidade."

Todo esse trabalho fez com que Mesters construísse uma metodologia própria de leitura da Escritura Sagrada, que foi e vem sendo aplicada nas CEBs e é assentada nos Círculos Bíblicos. Em 1978, ele fundou o Centro de Estudos Bíblicos (Cebi), com o objetivo de explicitar, articular, dinamizar e sistematizar a leitura feita pelo povo nas comunidades de fé. Na criação da entidade estiveram também Frei Betto, Eliseu Lopes, o padre Orestes Stragliotto, o professor Jeter Ramalho e o reverendo Correia da Cunha.

Betto mostrava-se particularmente motivado a aprender e trocar ideias com Mesters sobre a formação dos Círculos Bíblicos em Presidente Venceslau. Em 21 de março de 1973, enviou-lhe um pequeno bilhete:

> Continuamos com os Círculos Bíblicos. Após a missa, às quartas, dois grupos se reúnem. Utilizamos o *Sermão da Montanha*. As reflexões têm sido boas, o pessoal gosta muito, embora o conceito de felicidade se apresente para eles como algo bastante abstrato. Acreditam ainda na história do "vale de lágrimas".

Já na carta de 3 de maio, Betto mencionava com mais detalhes alguns resultados da aplicação do método de leitura da Bíblia.

> Sua sugestão de aprofundarmos certos conceitos tradicionais e centrais da fé na influência que exercem na vida do povo (no caso, os companheiros de prisão) é excelente. [...] Nos Círculos Bíblicos, os conceitos vêm à tona. [...] O reino celestial é onde encontrarão uma justiça, não apenas superior à dos homens, mas inclusive antagônica, pelo que tem de pura e equânime.

Em carta também endereçada a Mesters datada de 9 de setembro (já nos tempos derradeiros da prisão), Ivo discorria longamente sobre o significado e a importância dos Círculos Bíblicos para o trabalho da Igreja.

Para ele, os Círculos cumpriam o papel de romper o dualismo entre evangelização e humanização, uma vez que permitiam a vinculação da Palavra de Deus com a vida. "Parte da vida, vai à Palavra, volta à vida, volta à Palavra - coloca de fato Cristo no centro da vida das pessoas. [...]. No Círculo, todos os problemas da vida real são atingidos pelo Evangelho. Desde o mutirão para construir o barraco até o problema da saúde e a oração, tudo é visto como busca de ser fiel ao Evangelho. Assim, de fato, chegar à plenitude do Cristo é tornar-se mais humano. Para mim este é o maior valor do círculo." Ivo terminava em tom otimista quanto às virtualidades e potencialidades do método dos círculos. "Com ele a Igreja poderá avançar muito. [...] Pra mim a base do seu crescimento em Cristo está aí." Por certo, Ivo não estava sozinho na defesa dessa posição - ela expressava a opinião e a vontade dos três frades dominicanos presos.

Para os frades dominicanos, os anos de cárcere foram de provação, sacrifício e aprendizado. Mais de uma vez referiram-se à experiência do cárcere como uma escola. Na maior parte do tempo, compartilharam juntos dúvidas e convicções. Não por acaso, após sair da prisão, tomaram iniciativas que deram consequência ao que lá haviam projetado. Em carta assinada em conjunto, datada de 6 de setembro de 1973 e dirigida ao provincial dominicano, ao fazer um balanço breve de quase quatro anos de prisão, chamavam a atenção para os tempos vividos junto aos presos comuns. Para eles, essa experiência marcante os tornara convictos da necessidade de a Igreja se voltar para uma ação efetiva no campo popular, o que pressupunha a atuação do sacerdote junto ao povo, convivendo com ele e como ele.

Para Betto, como ele mesmo referiu, a prisão representou um momento de autorreflexão. No cárcere, leu muito, escreveu, e buscou aparelhar-se para a vida do lado de fora. Deixou a prisão em 4 de outubro de 1973, com confiança e muitos projetos na cabeça.

A nova Igreja latino-americana

Betto, Ivo e Fernando acompanharam do cárcere as mudanças pelas quais a Igreja Católica vinha passando no final da década de 1960 e início dos anos 1970. O marco-chave dessas mudanças foi a II Conferência Geral do Episcopado Latino-Americano (Celam), realizada em Medellín, Colômbia, em agosto/setembro de 1968. Ao término do evento, foram aprovadas diretrizes e resoluções em prol de uma atuação mais efetiva da instituição junto aos pobres.

O tema da injustiça social como fruto do pecado atravessou boa parte das discussões no Celam. Francisco Catão, teólogo e ex-provincial dominicano, em *O que é Teologia da Libertação*, registra:

> Pecado daqueles que friamente exploram os pobres e trabalhadores [...]. Pecado também daqueles que se omitem, da maioria silenciosa dos próprios cristãos, que se alheiam culposamente da vida política e econômica e aceitam passivamente as imposições abusivas do mercado [...]. Por isso, Medellín estabelece com vigor que os cristãos precisam se empenhar na luta contra as estruturas injustas da sociedade latino-americana e que este empenho é fundamental para toda ação pastoral[...]

Duas foram as perspectivas relativas ao tema do combate ao "pecado social" presentes nas conclusões finais da Conferência. Uma delas se expressou no ideal de que "os cristãos vejam o mundo com os olhos dos pobres", isto é, de que deviam se "identificar com suas necessidades, com seu sofrimento, demandas e anseios para daí buscar compreender a sociedade e constituir uma nova espiritualidade na esteira das bem-aventuranças". Outra abordagem, integrada à primeira, porém mais radical, era a que buscava "transformar o pobre em sujeito eclesial pleno e sujeito da história. [...] Essa dimensão significa que a ação pastoral da Igreja não considera o pobre como objeto, através de uma ação só assistencial, mas o considera como sujeito e protagonista das transformações da história".[107] Com isso, abria-se o horizonte para que se apresentasse "de maneira cada vez mais nítida o rosto de uma Igreja autenticamente pobre, missionária e pascal, desligada de um poder temporal e audazmente comprometida com a libertação de todo o homem e de todos os homens".[108]

A Conferência de Medellín, para Luiz Alberto Gómez de Souza, deve ser entendida em sua dupla dimensão histórica. Em primeiro lugar, como "ponto de chegada", isto é, como fruto e expressão de um conjunto de iniciativas que marcou a Igreja latino-americana na década de 1960. Para o autor, "Medellín recolheu, viabilizou o que já fermentava nos meios eclesiais das Igrejas locais, em suas experiências pastorais, na Ação Católica de juventude, nos movimentos familiares, camponeses, operários, entre os índios...". Mas deve ser entendida como "ponto de partida daquela que será a década realmente gloriosa da Igreja latino-americana, e que vai de Medellín 68 a Puebla 79".[109]

A Igreja Católica brasileira, na esteira das resoluções de Medellín, ingressou em um momento de mudanças aceleradas. Para tanto, contou com a liderança de dom Aloísio Lorscheider, arcebispo e depois cardeal de Fortaleza, que permaneceu à frente da CNBB entre 1971 e 1979. Durante sua gestão, a CNBB, ao lado de outras entidades da sociedade civil, demarcou clara posição de repúdio às violações dos direitos humanos perpetradas pelo regime ditatorial. Ao mesmo tempo, promoveu a adoção de políticas que se mostraram coerentes com os compromissos fixados em Medellín, de erigir uma Igreja de "rosto popular" no país. Nesse contexto, por exemplo, foram criados o Conselho Indigenista Brasileiro (Cimi, 1972) e a Comissão Pastoral da Terra (CPT, 1975), dois organismos vinculados à CNBB destinados a promover a defesa das populações indígenas e rurais. Até os dias de hoje, esses organismos se mantêm como instrumentos de fundamental importância na defesa física e cultural dessas populações.

Os frades presos também tiveram a oportunidade de tomar contato com as reflexões de teólogos que assumiram um papel proeminente no que veio a se chamar Teologia da Libertação, entre eles o frade franciscano Leonardo Boff. Em carta a Boff de novembro de 1972, Betto, Ivo e Fernando faziam uma avaliação positiva de seu livro *Jesus Cristo Libertador*. Para eles, a obra era acessível e apresentava o que de mais recente e profundo havia sobre Jesus Cristo. Destacavam ainda seu caráter "profundamente bíblico, o que permite, ao leigo, sobretudo, ver a revelação se explicitando nesta teologia".

Os três aproveitaram a oportunidade do contato com Boff para discorrer sobre sua experiência pastoral na prisão e a necessidade de a Igreja e os teólogos respeitarem "a religiosidade do povo, o seu nível cultural, se quisermos trazer algo de novo. Descobrimos também que não somos só nós que temos algo a oferecer. Ao contrário, eles têm muito a nos transmitir. Não adianta dispararmos na frente do povo: precisamos ir com ele, o que implica que para ser eficaz seja mais lento".

Na carta, os frades presos registraram que vinham se dedicando ao estudo da teologia para o enfrentamento dessa questão, inspirando-se especialmente nos estudos do próprio Boff, de Carlos Mesters e de Gustavo Gutiérrez, sacerdote peruano autor de *Teologia da Libertação:*

perspectivas, considerado um livro-referência na teologia do mesmo nome. Para eles, tornava-se necessário buscar a elaboração de um saber teológico que deixasse de ser um "estudo de elite e destinado a uma elite". Ao contrário, propunham uma teologia motor da transformação social. "Trata-se de fazer a teologia falar sobre os problemas reais, trata-se de torná-la operacional, verdadeiro instrumento de conversão e de vida."

Leonardo e Clodovis Boff são irmãos e foram figuras-chave na formulação da Teologia da Libertação (TdL). No livro-síntese *Como fazer Teologia da Libertação*, apresentaram aspectos básicos da origem, das características gerais e da metodologia empregada na TdL. Sobre as origens, chamavam atenção para três fatores fundamentais: a "efervescência político-social" que tomou conta do continente nos anos 1950–1960, e foi marcada pela emergência de mobilizações populares em prol de mudanças estruturais nos diferentes países; a "efervescência eclesial" verificada no seio das Igrejas nos anos 1960; e, por fim, a "efervescência teológica". Segundo os irmãos Boff, foi na esteira da convocação do Concílio Vaticano II, e no clima de liberdade daí resultante, que os teólogos latino-americanos trataram de pensar "as questões pastorais com a própria cabeça, isto no lado católico, como no lado protestante". Em 1971, foram publicados três livros que passaram a ser considerados marcos fundadores da nova teologia latino-americana: *Teologia de la liberación, perspectivas*, de Gustavo Gutiérrez; *Jesus Cristo Libertador*, de Leonardo Boff; e *Opresión-liberación: desafío de los cristianos*, obra coletiva organizada por Hugo Assmann.

Para Leonardo e Clodovis Boff, a Teologia da Libertação era um fenômeno amplo e diferenciado que tinha como espinha dorsal "a fé confrontada pela opressão". Ela seria continuamente formulada em três níveis: pelas bases, no âmbito dos movimentos sociais; pelos agentes pastorais, sacerdotes ou leigos; e pelos teólogos profissionais. Cada nível seria instrumentalizado por uma lógica, um método, um processo de socialização e divulgação próprio.

A TdL popular mostrou-se pouco formalizada. Era uma teologia oral e falada. Orientava-se por uma "lógica da vida"; operava por meio da confrontação entre o que diz o texto do Evangelho e a realidade vivida; e se apresentava pela fala, pelo gestual, pelos símbolos. As CEBS e os Círculos Bíblicos foram dois lugares-chave para o desenvolvimento dessas reflexões. "Nisso tudo", concluíam os irmãos Boff, "vigora um pensamento religioso, se faz presente toda uma Teologia. [...] Trata-se de fato de uma Teologia anônima e coletiva, mas com seu vigor e verdade."

Eram os sacerdotes, as irmãs e os leigos os produtores da TdL pastoral. Ela também era construída na prática, orientava-se pela lógica da ação e tinha como principal finalidade a promoção da luta libertadora. A TdL pastoral costumava ser discutida pelos seus agentes em centros de formação, e sua divulgação era realizada em cursos e palestras em assembleias eclesiais. Para Leonardo e Clodovis Boff, havia um nítido intercâmbio entre a TdL dos teólogos profissionais e a TdL pastoral. "Esses dois tipos de teologia se enriquecem mutuamente: os teólogos acolhem e aprofundam as concepções pastorais, e os pastores incorporam os pontos de vista e as conclusões mais fecundas dos teólogos profissionais."

O teólogo profissional que se voltava para a produção da TdL era, para os irmãos Boff, antes de tudo, um "intelectual orgânico", um "teólogo militante, que se situa dentro da caminhada do Povo de Deus e articulado com os responsáveis da pastoral". Três eram os espaços privilegiados de sua atuação: em contínuo contato com as bases, quando se vestia da condição "de pastor, de irmão de fé e companheiro de caminhada"; como assessor, junto ao trabalho pastoral nos encontros e retiros; e em seu escritório de trabalho, elaborando e reelaborando em forma de conceito as experiências produzidas nas bases e nas pastorais. Para os autores, o teólogo comprometido com a TdL "faz teologia *com* o povo".

Presença múltipla na Teologia da Libertação

Ao sair da prisão em 4 de outubro de 1973 – dia de São Francisco de Assis –, os frades dominicanos tinham diante de si a possibilidade de partir para o exterior. Fora do país, poderiam retomar suas vidas em segurança. Para Betto e para Ivo, em particular, seria a oportunidade de concluir seus estudos de teologia com o objetivo de aprofundar seus laços com a Ordem Dominicana. Não foi o caso: os três optaram por ficar no Brasil tendo em vista mergulhar numa práxis evangélica crítica e consequente, na qual o pobre é sujeito e protagonista das transformações históricas. Cada qual assumiu esse compromisso de um jeito, com uma assinatura própria. Ao mesmo tempo, estiveram juntos em várias ocasiões e projetos comuns.

Frei Fernando partiu para a diocese de Goiás, para trabalhar ao lado de dom Tomás Balduíno junto às Comunidades Eclesiais de Base. Mais tarde, nos anos 1990, transferiu-se para Sítio do Conde, no interior da Bahia, para atuar como missionário e viver junto ao povo da região. Em 2002, reuniu seus escritos no livro *Cartas do sítio*.

Ivo optou por finalizar seus estudos teológicos no Instituto Teológico de Petrópolis, quando teve a oportunidade de travar contato pessoal com Leonardo Boff. Paralelamente, desenvolveu trabalho pastoral junto às CEBs de Nova Iguaçu. Em 1977, deixou a Ordem dos Dominicanos para seguir carreira acadêmica. Fez mestrado em sociologia no Instituto Universitário de Pesquisas do Rio de Janeiro (Iuperj) e doutorado em sociologia na Université de Toulouse Le-Mirail, da França. De volta ao Brasil, tornou-se professor na Escola de Serviço Social da Universidade Federal do Rio de Janeiro, ao mesmo tempo que veio a desenvolver e coordenar projetos de assessoria no Instituto Superior de Estudos da Religião (Iser).

Betto teve a oportunidade de, após sair da prisão, passar alguns meses em companhia da família em Belo Horizonte, não sem antes rever amigos em São Paulo e no Rio de Janeiro. Em fevereiro de 1974, partiu de armas e bagagem para a cidade de Vitória, capital do Espírito Santo. Ali, fora do alcance direto das autoridades policiais do eixo Belo Horizonte/São Paulo/Rio de Janeiro, reuniu boas condições para colocar em prática o que havia projetado nos tempos da prisão: um mergulho de cabeça no mundo popular. Para isso, pôde contar com o apoio de dom João Batista da Mota e Albuquerque e dom Luis Fernandes – respectivamente arcebispo e bispo auxiliar de Vitória –, mais dois nomes da vasta galeria de figuras da Igreja Católica que se mostraram decisivos em sua formação e seu trabalho como militante cristão.

Durante cinco anos, Betto fez de Vitória seu ponto de apoio. Na capital capixaba, realizou trabalho pastoral na diocese, ajudou a organizar e animar as Comunidades Eclesiais de Base e atuou junto a diferentes movimentos sociais, além de liderar a promoção dos primeiros *Intereclesiais* – encontros que reúnem as CEBs de todo o país para uma discussão ampla sobre os rumos da Igreja e do próprio país.

Outra faceta do trabalho de militância teológica de Betto foi dedicar-se de corpo e alma à atividade intelectual. Entre 1974 e 1979, seu nome veio a figurar na capa de nove livros, dos quais seis de lavra própria e três em coautoria.[110] A boa acolhida de público e crítica de *Cartas da prisão* e *Das catacumbas* – dois dos seus primeiros trabalhos publicados no Brasil – rapidamente o conduziu à condição de autor de projeção nacional. Era o início de uma carreira que viria a se prolongar por muitas décadas. Nessa fase de sua atividade como escritor, Betto teve a atenção voltada em especial para dois temas que então se retroalimentavam: a ação pastoral e o novo momento vivido pela Igreja Católica latino-americana e brasileira na chamada "década gloriosa".

Oração na ação (1977) é um dos livros escritos naquele período de vida. Busca compreender qual é o significado da oração no mundo moderno e tem como proposta dar um sentido libertador à oração. O livro é dividido em duas partes. Na primeira, coloca em xeque a separação entre oração e ação, entre contemplação e práxis. Em seguida, propõe uma análise sobre as diversas modalidades de oração – seja no âmbito pessoal, seja no âmbito comunitário. Por fim, apresenta um conjunto de textos de cunho religioso que servem de fundamento para a oração comunitária.

Para Betto, *Oração na ação* não se propunha ser um mero exercício intelectual, tampouco um tratado teórico sobre um determinado tema. Defensor e militante de uma teologia enraizada na experiência popular, ele encarava a questão em conexão direta com os problemas do dia a dia, "nas refregas da vida, na rudeza das experiências, na densidade das vivências". O resultado foi um livro conciso, escrito em linguagem direta e voltado para um público amplo.

Em seu modo de ver, durante muito tempo, na história da Igreja, houve uma demarcação clara entre os religiosos que se dedicavam essencialmente à oração contemplativa, e a ação dos leigos que viviam no mundo sem uma entrega total à vida religiosa. E duas foram as respostas dadas pela Igreja para ultrapassar esse dualismo.

Uma, a divisão metódica do tempo entre oração e trabalho. Trata-se do modelo adotado e perseguido pelas Ordens religiosas. Com o tempo e o aumento do número de tarefas no dia a dia, tornou-se bastante difícil, mesmo para os religiosos, seguir com regularidade e disciplina a agenda e a alternância de atividades. Uma segunda resposta foi encarar a ação como a própria oração. Para Betto, esse modelo "peca por reduzir a oração à intencionalidade subjetiva, atrelada ao pragmatismo da ação. [...] Em nome da racionalidade científica ou do projeto político, quase sempre esse tipo de oração, absorvida pela ação, conduz ao esvaziamento da vida de fé". Por fim, haveria a resposta que inverte os termos: a oração como ação. Nesse caso, segundo o autor, "a libertação da pessoa no Espírito é o suficiente. [...] A fé é privatizada e destituída de sua expressão crítica".

Para o autor, a resposta a esse problema passa pelo Evangelho. "O Evangelho não conhece o dualismo que separa a práxis cristã da prática de oração. Nem procura resolvê-lo pela supressão de um dos polos do binômio. A conversão a Deus está diretamente associada à decisão de fazer justiça ao oprimido." Pelo Evangelho, conclui o autor, "temos a certeza de que esses dois encontros, com os irmãos e com Cristo, são inseparáveis. Um nos conduz ao outro".

Betto prega ainda que existe uma dimensão política da oração. Segundo ele, para o cristão, a oração não pode ser reduzida a mero consolo, deleite, fuga, evasão. "A oração cristã volta-se para os problemas do povo e associa o reconhecimento da santidade de Deus à súplica que é promessa e projeto: '*venha a nós o vosso Reino*'. O Reino é a erradicação da luta de classes, do pecado pessoal e social, das estruturas injustas e desumanas."

Outra faceta do escritor transparece em *Diário de Puebla* – livro também escrito no período capixaba. O objetivo agora era alcançar o grande público interessado em acompanhar as transformações por que passava a Igreja. Para atingi-lo, o autor envergou novamente a vestimenta de jornalista, viajou ao México e escreveu um relato pormenorizado sobre a III Conferência Geral do Episcopado Latino-Americano (Celam), no início de 1979.

Em *Diário de Puebla*, Betto experimentou um estilo de escrita em que mescla relato jornalístico e intervenção pessoal. Produziu um vasto painel do encontro, ora registrando os termos dos pronunciamentos das autoridades eclesiásticas, ora entrevistando os principais nomes da Teologia da Libertação latino-americana e brasileira. Paralelamente, introduziu no livro alguns pequenos bilhetes – "Recados a Maria" –, com o intuito de registrar suas impressões sobre determinados temas polêmicos. E anexou, ao fim do volume, um conjunto expressivo de documentos relativos ao evento. Disso tudo resultou uma obra de referência para os que se interessam em estudar a história viva da Igreja latino-americana.

Um ponto-chave do livro refere-se ao caráter propriamente político de Puebla. Havia divergência sobre se o evento proporcionaria algum retrocesso na ação da Igreja vinculada à Teologia da Libertação. Às vésperas da divulgação do documento final do encontro, Betto colheu alguns depoimentos sobre o legado de Puebla para a Igreja no continente. João Batista

Libânio, teólogo jesuíta e quadro destacado da Teologia da Libertação no Brasil, previu, por exemplo, que de Puebla "sairão algumas opções centrais importantes, sem contradizer Medellín e podendo mesmo reforçar alguns pontos, já em curso". Portanto, conclui o autor, "os sinais são poucos, mas a esperança é grande".

Em seu último "Recado a Maria", Betto faz uma análise semelhante à de Libânio. Para ele, Puebla representou grandes avanços como o "reconhecimento das Comunidades de Base, a opção pelos pobres e a denúncia de situações de injustiça acompanhadas de um veemente apelo à defesa dos direitos humanos". Por outro lado, assinala, permeava o documento final a ideia "de que a Igreja se reduz aos nossos pastores que, imbuídos de sua autoridade, olham paternalisticamente para o povo sofrido". De qualquer maneira, finaliza, "ainda é cedo para analisar Puebla e tirar conclusões. Porém, estou convencido de que ela não fechou horizontes, mas, pelo contrário, reforçou as esperanças de caminhada de nosso povo".

Betto também esteve à testa, ao lado de Ivo e Fernando, de outra iniciativa importante na afirmação da Teologia da Libertação do Brasil. Em 1973, ainda durante os tempos de cárcere, os três frades avaliaram que se fazia necessário criar um grupo de reflexão/ação que reunisse teólogos e agentes pastorais tendo em vista uma aproximação entre marxismo e cristianismo. Um ano depois, contando com o apoio e a adesão de nomes como Carlos Mesters, carmelita, Leonardo Boff, franciscano, e João Batista Libânio, jesuíta, entre outros, o projeto tornou-se realidade. Para que não houvesse embaraços nem com o regime militar, nem com a hierarquia da Igreja, duas vezes por ano o grupo – hoje chamado Emaús – se reunia discretamente, no Convento Madre Regina das Irmãs de Santa Catarina, em Petrópolis.

Leonardo Boff registra com satisfação:

> Eles tramaram tudo na prisão; nos armaram uma cilada. Foi uma coisa deliberada. Achavam que teólogos como eu, meu irmão, Clodovis, Libânio e outros, que tínhamos acabado de chegar da Europa, não estávamos suficientemente preparados nos estudos de marxismo para produzir uma crítica social consequente. Tinham que mudar nossa cabeça. Daí a proposta de debatermos a fundo sobre o instrumental de análise que melhor compreende o funcionamento da sociedade capitalista e sobre a responsabilidade da teologia nisso. Foi aí que tudo começou e esse movimento algo clandestino já dura mais de 40 anos [...]

Nos anos seguintes, o grupo recebeu um bom número de adesões, ao mesmo tempo que ampliou sua pauta de discussões. Passaram também a participar das reuniões, mais ou menos regularmente, nomes como Eliseu Lopes, ex-dominicano e biblista; Antônio Cechin, irmão marista; Orestes Stragliotto e José Ernnane Pinheiro, sacerdotes católicos; Marcelo Barros, teólogo e monge beneditino; José Oscar Beozzo, historiador e sacerdote católico; Luiz Alberto Gómez de Souza, Pedro Ribeiro de Oliveira e Luiz Alberto Wanderley, ex-militantes da Ação Católica e sociólogos; Milton Schwantes, teólogo e biblista luterano; Rubem Alves, filósofo e educador; Paulo Ayres, bispo metodista, e Jeter Ramalho, professor e pastor protestante.

A presença feminina ficou por conta de Maria José Rosado Nunes, socióloga e professora; Maria Clara Bingemer e Tereza Cavalcanti, teólogas e professoras; Márcia Miranda, educadora popular; Lúcia Ribeiro, socióloga e pesquisadora; Maria Helena Arrochellas, teóloga e assessora de movimentos sociais; Rosileny Schwantes, psicóloga e professora, entre outras.

Pedro Ribeiro de Oliveira ingressou no grupo em 1975, e se apraz em contar alguns *causos* e histórias sobre as "reuniões secretas" que ocorriam no Convento Madre Regina. "Lembro perfeitamente da ocasião que Ivo veio me convidar para fazer parte do grupo. Para todos os efeitos, o grupo se reunia para discutir catequese com vistas a preparar um número especial da *Revista Vozes* sobre o tema. Tanto que, no início, se chamava Grupo Catequese Vozes. Era inteiramente clandestino. Dom Luis Fernandes, bispo auxiliar de Vitória, nos qualificava de 'grupinho da pesada' ou mesmo de 'máfia do bem'."

As reuniões do grupo, nos primeiros anos, tiveram foco no tratamento de temas sociais, políticos e eclesiais. "Também estávamos ali para tomar decisões, influir nos destinos do país e da Igreja", registra Pedro Ribeiro. "Alguns chegavam a nos dizer, em tom de brincadeira, que éramos o 'comitê central da Igreja popular no Brasil'. Para se ter uma ideia do espírito do grupo, Luis Eduardo Wanderley, ao ser convidado para assumir a reitoria da PUC de São Paulo, resolveu trazer a questão para ser discutida por nós, uma vez que se mostrava com dúvidas se deveria aceitar ou não. Fizemos uma análise e achamos que valia a pena. Seria 'nosso homem' na PUC."

A dinâmica das reuniões sempre comportava uma celebração. Determinada ocasião, prossegue Pedro Ribeiro,

> padre Orestes Stragliotto fez uma oração belíssima tomando por base os Atos dos Apóstolos: "Não estamos aqui por ordem de nenhum bispo, ninguém nos convocou. Deus nos chamou pra estar aqui, aqui nós vamos rezar." Isso tudo me marcou muito: essa celebração no alto do morro, um pequenino grupo clandestino, minoritário, sem vez nem voz, saído da prisão, mas ousadíssimo... Esse era o espírito do grupo, é o espírito do grupo, um grupinho no qual a gente recupera a velha mística de JEC – "nós vamos fazer a revolução", "nós vamos mudar esse mundo". "Deus está com a gente, vamos fazer alguma coisa."

Segundo Pedro Ribeiro, Betto tinha e continuava a ter um papel de liderança no grupo. Ele o vê como um "gênio político", um visionário, que intuía o melhor caminho que o grupo devia seguir. A hora de avançar e a hora de recuar. Considera ainda que Betto cumpriu também papel importante na abertura de caminhos para o desdobramento dos trabalhos do grupo. Para ilustrar, apresenta o seguinte exemplo:

> Betto tinha acabado de chegar de uma viagem à capital peruana e nos disse: "Estive em Lima e lá o Gustavo Gutierrez dá um curso sobre Teologia da Libertação para duas mil pessoas, enquanto, aqui, só conseguimos reunir 100, 200 pessoas. Temos que criar algo aqui nesses moldes." Dessas discussões deu-se a criação do Curso de Verão do Centro Ecumênico de Serviço à Evangelização e Educação Popular (Ceseep) que existe até hoje.

Padre José Oscar Beozzo esteve na linha de frente do "grupo de Petrópolis" e também estabelece conexões entre o trabalho do grupo e a formação do Ceseep. Segundo ele, por volta de fins da década de 1970, "éramos muito poucos, e não tínhamos condições de atender a uma demanda crescente que recebíamos de comunidades, e nem agentes pastorais para ministrar cursos de formação. Então, discutimos no grupo a necessidade de formar quadros que pudessem dar conta desse trabalho e acompanhar o movimento na base. Foi nesse contexto que adveio, no grupo, a proposta de constituir um centro ecumênico de formação para os setores populares" – o Ceseep, fundado em 1982. Na ocasião, a entidade passou a ministrar cursos também para bispos latino-americanos. À frente da entidade estiveram, além de Oscar Beozzo, o teólogo e cientista da religião Júlio de Santana, Luiz Eduardo Wanderley e Jeter Ramalho, entre outros.

O grupo permaneceu como uma usina de ideias e iniciativas. Dali também saíram propostas no sentido de contribuir para a criação do Centro de Estudos Bíblicos (Cebi), sob a liderança de Carlos Mesters, Eliseu Lopes e Jeter Ramalho, entre outros, assim como para a formação do movimento Fé e Política. Além disso, serviu de centro fundamental de reflexão para o trabalho de assessoria nos encontros intereclesiais das Comunidades Eclesiais de Base.

Duas mudanças foram importantes para a redefinição da pauta de discussão e de atuação do grupo. Uma maior abertura para a presença feminina em sua composição, o que fez com que o tema da mulher passasse a ser analisado de forma mais sistemática. "O grupo começou muito ortodoxo, ainda sob forte influência do marxismo. Assim, tratávamos fundamentalmente de problemas econômicos e sociais", avalia Luiz Alberto Gómez de Souza.

> Depois, teve início um esforço para abrir a agenda e, nesse momento, Lucia Ribeiro teve um papel importante de introduzir o tema da mulher, contando com apoio de Tereza Cavalcanti e de Leonardo Boff. Quebrou o monolitismo daquela primeira Teologia da Libertação. Logo em seguida, Leonardo entrou em cheio com o problema da ecologia, o que também contribuiu para dar um caráter mais diversificado à agenda do grupo.

Lucia Ribeiro constata que a participação das mulheres no grupo é menor, e pode estar relacionada com a estrutura da própria Igreja Católica, marcadamente masculina. Ao mesmo tempo, registra que os membros do grupo buscam reagir ao patriarcalismo e ao machismo. "Eles estimulam muito a nossa presença, inclusive na hora da celebração. Sempre as mulheres são chamadas para participar da celebração, o que acho muito positivo. Esse grupo experimenta um novo modelo de Igreja."

Maria Clara Bingemer registra que a mudança de agenda do grupo deve ser entendida no contexto das mudanças mais gerais no mundo contemporâneo que impactaram a Teologia da Libertação. "Tal como a Teologia da Libertação, depois da queda do Muro de Berlim o grupo teve que alargar o escopo dos temas em discussão, não ficar só na análise da questão socioeconômica-política. Entram então as problemáticas de gênero, de ecologia, de diálogo inter-religioso, que são um pouco desdobramentos da Teologia da Libertação. Mas sem nunca deixar a matriz, que é a questão do pobre, do oprimido. Parte-se da ideia de que oprimido tem outras caras também, outras vertentes mais antropológicas e não tanto só econômicas."

No começo da década de 1990, o grupo enfrentou uma crise interna e começou um processo de esvaziamento. Não havia consenso a respeito de temas importantes, entre os quais o futuro do socialismo depois da derrubada do Muro de Berlim e do fim da União Soviética. Pedro Ribeiro de Oliveira assinala:

> O Muro de Berlim caiu em cima da gente. Caiu em cima do "Comitê Central". As reuniões se esvaziaram e chegamos mesmo a pensar em acabar com o grupo. Só que, em 1994, quando estávamos juntos em Goiás, comemorando os 50 anos de aniversário do Marcelo Barros, resolvemos dar continuidade ao grupo, só que com outro espírito. Na retomada, acabamos com essa ideia de "comitê central", com a proposta de nos reunirmos para tomar decisões e levarmos juntos uma mesma bandeira. Desde então, a gente se reúne fraternalmente, contamos histórias, fazemos celebração e tudo mais, mas sem ter que definir qual deve ser a linha do grupo para os temas em pauta.

Foi na ocasião da retomada do grupo, na década de 1990, que ele passou a ser chamado "Emaús", em alusão ao episódio evangélico no qual Jesus ressuscitado, a caminho do povoado chamado Emaús, encontra dois discípulos abatidos por ele ter sido crucificado sem que suas promessas se cumprissem. Sem se dar conta de que estão acompanhados pelo próprio Jesus, ouvem o que este diz, enfim, abrem os olhos da fé e, no jantar em Emaús, reconhecem, ao partilharem o pão, a presença viva daquele que fora crucificado.[11]

Betto abriu várias frentes em seu trabalho de militante cristão logo depois que saiu da prisão. Fez tudo ao mesmo tempo: escreveu para o grande público, para divulgar a Teologia da Libertação; elaborou cartilhas populares, para serem lidas em paróquias e comunidades de base; mergulhou no trabalho de base nas comunidades de Vitória; e foi um dos responsáveis pela criação do "grupo Emaús", do qual ainda é um dos assíduos participantes. Por tudo isso, Betto passaria a ocupar, ao longo do tempo, um papel estratégico nas esquerdas cristãs e na Teologia da Libertação no Brasil e na América Latina. Para Leonardo Boff, ele é um dos iniciadores, dos que abre caminho.

> E o forte dele é a Teologia da Libertação ligada aos movimentos sociais. Ele não vem da faculdade de teologia, como eu. Foi direto para as bases e

lá trabalha as categorias de libertação. A força dele é a Teologia da Libertação de cunho popular, seja na divulgação, seja na prática concreta acompanhando grupos e dando chaves para analisarem os conflitos. O que não funciona e o que funciona na nossa sociedade, e como sair, como enfrentar. É uma referência mundial da Teologia da Libertação, não tanto como condutor de textos acadêmicos sobre a Teologia da Libertação, mas como formulador de práticas concretas, políticas e pastorais.

11
Redes de educação popular

Em fevereiro de 1974, Betto embarcou em Belo Horizonte em um trem com destino a Vitória. Horas depois, já nos arredores da capital capixaba, alojou-se no Convento de Nossa Senhora da Penha – um prédio imponente situado no alto de um morro e com vista privilegiada para a baía de Vitória. Betto recusara-se a aceitar qualquer proposta de sair do país. Tinha por objetivo manter-se na luta contra o regime ditatorial. Uma vez que era figura conhecida e visada pelos órgãos repressivos, pensara também em preservar-se, afastar-se temporariamente do centro dos acontecimentos políticos. A opção por viver em Vitória pareceu-lhe mais apropriada.

> Queria prosseguir na luta contra a ditadura. Mas ficar em que lugar? No Sul, eu havia sido preso. No Norte, ocorria a guerrilha do Araguaia. No Nordeste, o clima político era quente. Rio, São Paulo e Belo Horizonte se destacavam como palcos de intensa repressão. Escolhi Vitória por situar-se próxima a essas capitais com as quais mantinha vínculos estreitos. Só me dei conta de que Deus me conduzira ao lugar certo, na hora certa, ao chegar a Vitória. Ali se iniciava o trabalho de multiplicação das Comunidades Eclesiais de Base. Dom Luís Fernandes e dom João Batista, tão logo tiveram ciência de que eu me encontrava na arquidiocese, me receberam de braços abertos. Nos próximos cinco anos, eu trabalharia com eles na pastoral de Vitória.[112]

Betto não desembarcou em Vitória com grandes expectativas de integrar-se à vida local. À distância, via a cidade como um refúgio seguro e local de fácil locomoção e deslocamento. Para ele, após o duro episódio da prisão, era o momento de ficar em "quarentena", sair de cena para, no momento adequado, retomar os contatos políticos e seu trabalho nas principais cidades do país. Vitória era, portanto, um pouso necessário e provisório. Na prática, a capital capixaba representaria muito mais que isso.

Betto encontrou em Vitória uma Igreja em ebulição. À frente da arquidiocese estava dom João Batista Mota e Albuquerque – homem de prestígio junto a amplos setores da sociedade capixaba e pastor reconhecidamente popular. Nomeado arcebispo em 1958, dom João acompanhou com interesse as mudanças na Igreja proporcionadas pelo Concílio Vaticano II (1962–1965) e pela Conferência Geral do Episcopado Latino-Americano de Medellín (1968). Foi membro e coordenador brasileiro da Igreja dos Pobres, signatário do Pacto das Catacumbas e defensor de uma maior presença dos leigos no seio da Igreja.

A Igreja dos Pobres foi um movimento liderado pelo padre francês Paul Gauthier, que na década de 1950 agregou religiosos dispostos a levar uma vida semelhante à de Jesus. Durante o Concílio Vaticano II, vários bispos se uniram a Gauthier, e entre eles estava dom João Batista. A 16 de novembro de 1965, bispos de todo o mundo reuniram-se nas catacumbas de Domitila (antigos refúgios dos cristãos perseguidos), nos subterrâneos de Roma, para selar um compromisso com os pobres. O Pacto das Catacumbas enfatizava o ideal de abraçar uma vida de simplicidade e pobreza, pregando a renúncia ao esplendor das insígnias episcopais. Joias, vestes e outros sinais de luxo e poder seriam deixados para trás. Títulos como Eminência e Excelência deveriam ser recusados. Ao final do Concílio, aproximadamente 500 bispos conciliares assinaram o documento de adesão.

Referenciado pelo Plano de Pastoral de Conjunto da CNBB, divulgado em 1966, dom João Batista acionou seus sacerdotes em uma política de divulgação e aplicação das resoluções conciliares em toda a arquidiocese. Para a realização desse trabalho, pôde contar, entre outros, com a presença e a liderança de dom Luís Fernandes, bispo auxiliar de Vitória entre 1966 e 1981.

Dom Luís Fernandes, assim como muitos membros do episcopado brasileiro, defendia a necessidade de a Igreja latino-americana dar consequência aos preceitos gerais estabelecidos em Medellín, ou seja, propugnava por uma instituição voltada preferencialmente para os pobres, em luta contra a pobreza e em favor da vida e da libertação. Exatamente por isso, dirigiu grande parte dos esforços da Igreja capixaba para estimular e acompanhar a formação das Comunidades Eclesiais de Base que, no fim da década de 1960 e no começo dos anos 1970, se espalhavam pelo interior do estado e pela periferia de Vitória.

Para dom Luís era de fundamental importância adotar medidas que reforçassem o trabalho pastoral junto a essas comunidades. Tinha em mente fazer com que as CEBs tivessem um papel mais efetivo na vida e nas decisões da Igreja. Ele via nas CEBs um poderoso instrumento de construção de uma nova Igreja. Diz ele, em seu livro *Como se faz uma Comunidade Eclesial de Base:* "Ministérios improvisados, que não nasceram de dentro para fora, no crescer da comunidade, são como as flores de Benedita. Artificialmente implantados, fenecem e morrem. Não se começa nunca por aí. Primeiro, vem a semente, depois germina e cresce, põe flor e fruto. [...] A primeira preocupação não é fabricar *ministros*, é fazer comunidade!"

Na década de 1970, dom João Batista e dom Luís Fernandes adotaram um programa de mudanças no trabalho pastoral na arquidiocese, tendo em vista responder aos desafios de uma Igreja renovada. Foram intensificados os trabalhos de treinamento de lideranças do meio rural, dispostas a trabalhar junto às CEBs. Para isso, foi ampliado o raio de ação do Centro de Aperfeiçoamento do Líder Rural (Calir), criado por dom João Batista em 1963. No contexto de uma política favorável à participação mais efetiva de religiosos e leigos na condução da arquidiocese, em 1973 foi criado o Conselho Pastoral da Arquidiocese de Vitória (Copav), órgão de caráter consultivo que passou a ser responsável por assessorar e avaliar os trabalhos da pastoral; para executar as decisões do Copav, foi estabelecido um secretariado que passou a contar com uma equipe encarregada de acompanhar e promover o trabalho de base junto às comunidades. A experiência do Copav, anos depois, desdobrou-se na divisão da arquidiocese por áreas de pastoral, cada qual com o seu respectivo Conselho. Por fim, em 1976, foi instituída a Assembleia Arquidiocesana, fórum formado por representantes das paróquias que tinha como finalidade definir as linhas gerais do trabalho pastoral no conjunto da arquidiocese.

Betto chegou a Vitória no exato momento em que tais mudanças ocorriam. A recepção dos frades franciscanos foi fria e desconfiada durante o curto período que passou no Convento da Penha. "Tinham medo; [...] medo do forasteiro infestado de ideias esdrúxulas bem escondidas no fundo do seu alforje; medo que o indesejado traga o perigo, a suspeita, o desconforto; [...] medo que a repressão, aquartelada ao pé do penhasco sagrado, passasse a vigiar o convento."[113] Assim que pôde, saiu de lá para trabalhar junto a dom Luís Fernandes na ação pastoral da arquidiocese.

O segundo pouso de Betto foi um casebre em uma favela de Cariacica, localizada nas imediações de Vitória. Por lá permaneceu alguns meses em companhia de dois missionários franceses, Jean Fugerat e André Lepoutre, até encontrar um lugar definitivo para morar. Nesse meio-tempo, fez contato com uma rede de agentes pastorais que viviam e faziam trabalho de base nas favelas capixabas. Luis Fabiano, Dulce Freire e Zezé Machado foram três desses agentes que conviveram intensamente com Betto durante os anos que permaneceu em Vitória.

Luis Fabiano de Miranda é mineiro. Nasceu em 1936 na cidade de Pedro Leopoldo, formou-se em arquitetura, foi militante da Ação Popular e preso político no Rio de Janeiro no começo da década de 1970. Quando Betto o conheceu em Vitória, vivia com um grupo de religiosos que formava a "Comunidade de Taizé" – movimento de origem francesa de cunho ecumênico e internacional, que prega a reconciliação entre as Igrejas cristãs e volta-se para a oração e o trabalho pastoral junto aos jovens. Insatisfeito com a linha moderada da comunidade, Fabiano aceitou a proposta de Betto de buscarem o próprio barraco em outra favela. Assim fizeram. Durante cinco anos, trabalharam na pastoral da arquidiocese e moraram juntos no Morro da Ilha de Santa Maria. Uma das tarefas de Fabiano, entre outras, era a de ilustrar as inúmeras publicações da Igreja de Vitória. Mais tarde, seus desenhos também ilustraram cartilhas e publicações do Centro de Estudos Bíblicos (Cebi) e do Centro de Educação Popular do Instituto Sedes Sapientiae.[114]

Quando Betto e Fabiano visitaram o Morro de Santa Maria à procura de um barraco à venda, souberam que, na ponta do morro, com vista deslumbrante para o porto de Vitória, havia um homem disposto a vender sua moradia. De fato, a mulher o abandonara porque bebia muito e, em seguida, juntou os filhos e partiu para o Nordeste. O marido pretendia reencontrá-la. Como toda a área da favela era terreno de Marinha ocupado pelas famílias que ali habitavam, a "burocracia" da negociação consistiu em o homem assinar um simples pedaço de papel e embolsar o dinheiro. Porém avisou: "Se vocês não dormirem aqui esta noite, amanhã encontrarão outra família no local."

Coube a Betto permanecer ali. Segundo ele, foi o lugar mais sórdido onde dormiu – ou tentou dormir – em toda a sua vida. Nem em celas de prisão se deparou com tanta falta de higiene. O barraco consistia em um único cômodo todo em madeira podre, com frestas por todos os lados, e, do lado de fora, um cercado, também de madeira, que servia de "banheiro" sobre o buraco cavado no chão. Era incomensurável, e insuportável, a quantidade de baratas, percevejos, pulgas e formigas.

Felizmente só mais tarde descobriu que havia ali um ninho de aranhas--caranguejeiras.

No dia seguinte, Fabiano e Betto botaram fogo em tudo, exceto na pequena lamparina deixada pelo antigo morador, que permaneceu como lembrança. Em seguida iniciaram a construção do novo barraco, com banheiro e cozinha em alvenaria, sala, três quartos e varanda em madeira sustentada por pilotis de cimento, para evitar o contato do piso com o chão de terra.

Menos de uma semana depois, fiscais da prefeitura de Vitória foram ao barraco e solicitaram a permissão de construir. Como não havia (e Fabiano e Betto perceberam que, obviamente, queriam propina), deram as costas. No dia seguinte, aproveitando um período de ausência dos novos moradores, retornaram acompanhados de soldados da Polícia Militar. Com marretas, destruíram a parte construída e quebraram os pilotis que, aliás, já se haviam consolidado.

Para Fabiano e Betto, nada melhor poderia lhes ter acontecido. Até então, eram encarados com desconfiança pelos vizinhos. Estava literalmente na cara que nenhum dos dois tinha alternativa senão morar em favela... A partir desse episódio, a comunidade passou a considerá-los aliados e amigos, já que haviam sofrido as mesmas humilhações que muitos ali já tinham experimentado.

Na época, o governador do estado, amigo dos bispos, soube do ocorrido e chamou Betto ao seu gabinete. Escusou-se e disse que já havia conversado com o comandante da Marinha no Espírito Santo, e este se mostrara disposto a regularizar o terreno do barraco, passando escritura. Betto indagou: "E os demais moradores, também receberão escrituras? Caso não, preferimos não merecer privilégios." E voltou ao "terreno de invasão", como mencionara o governador.

Dulce Freire foi uma companheira constante de Betto em Vitória. Nascida em Fortaleza, era irmã da Sociedade do Sagrado Coração de Jesus. No começo da década de 1970, acompanhada de mais três irmãs da congregação, deslocou-se para a periferia da capital capixaba para trabalhar com dom Luís Fernandes junto às CEBs. Certo dia, bateu na porta da casa das irmãs "um sujeito que eu nunca tinha visto". Quando Dulce atendeu, ele disse: "Você é Heloísa, Elza, Cecília, ou Dulce?" Ela respondeu: "Eu sou a Dulce". E ele: "Eu sou Frei Betto."

Dulce observa que Betto mostrava-se ansioso para trabalhar o quanto antes. Por vezes, demonstrava preocupação e insegurança com o que poderia vir a acontecer com ele caso fosse novamente preso. Sabia também que isso não seria fácil de acontecer por ser uma figura pública. O fato é que Betto trabalhou febrilmente nesses primeiros tempos. "O Betto tinha pressa; ele não podia perder tempo."

Zezé Machado também acompanhou toda a trajetória de Betto em Vitória. Paulista, nascida em Porangaba, foi para Vitória em 1971. Ex-freira, agente pastoral da arquidiocese, teve intensa militância em movimentos populares e sindicais, vindo a se tornar, nos anos 1980, uma importante liderança do Partido dos Trabalhadores no estado.

Zezé foi uma das que receberam Betto na pastoral da arquidiocese. Relata que ele chegou com ideias novas, revolucionárias, e entusiasmou muita gente. Segundo ela, ele foi muito bem-vindo e deixou todo mundo louco! "A gente queria mudar o mundo de uma hora para outra... O Betto meteu tanta coisa na cabeça desse povo..."

Frei Betto teve intensa atividade profissional em Vitória. Deu muitos cursos, viajou por boa parte do estado proferindo palestras, e teve oportunidade de publicar livros, artigos e outros materiais sobre a ação pastoral. No plano específico da formação de quadros, sua principal iniciativa foi reorganizar a Cáritas no Espírito Santo. Até então, a entidade possuía caráter assistencialista e era responsável por articular algumas obras sociais da Igreja, além de ministrar cursos profissionalizantes. Em lugar disso, ele propôs que a entidade se transformasse em centro de educação popular para subsidiar o trabalho junto às CEBS. Para tanto, foi contratada uma equipe de militantes engajados na Pastoral da Juventude, que passou a receber formação específica, coordenada pelo próprio dominicano, para que dali saíssem agentes pastorais comprometidos com a construção de uma Igreja popular.

Betto empenhou-se na formação desse grupo, esmerando-se no uso de diferentes metodologias de ensino. "Ele sempre trazia umas dinâmicas diferentes, algo meio terapêutico. Havia momentos em que a gente ficava no escuro, relaxando, alguém cantando uma música...", registra Tereza Côgo, então membro da equipe.

A proposta de Betto era capacitar o grupo para fazer trabalho de base, o que na prática significava assumir um papel ativo na organização popular, seja estimulando a participação sindical, seja organizando associação de moradores, seja trabalhando junto à Pastoral Operária etc. Outra atividade importante do grupo, igualmente coordenada por ele, foi participar na elaboração do boletim *Caminhada*, folheto litúrgico que era utilizado em boa parte das paróquias de Vitória, assim como de outros materiais da Igreja que eram "traduzidos" por ele em linguagem popular. "O primeiro desses materiais que passamos para linguagem popular, orientados pelo Betto, foi o documento dos bispos 'Exigências cristãs de uma ordem política', da CNBB. Depois, mais uma vez com Betto, fizemos 'Puebla para o Povo' - cartilha relativa às decisões da Conferência dos Bispos latino-americanos. Esse material era de extrema utilidade no nosso trabalho junto às lideranças populares", conclui Cláudio Vereza, um dos membros da Cáritas.

Outra importante dimensão das atividades profissionais de Betto em Vitória foi coordenar a organização dos dois encontros intereclesiais das CEBs promovidos pela arquidiocese nos anos de 1975 e 1976. Coube a ele, como assessor direto de dom Luís, responsabilizar-se por atividades práticas - inscrições, convocação, mobilização - bem como pela realização de dinâmicas de grupo ao longo dos encontros. Ele foi uma espécie de coordenador, de pivô, de responsável executivo pela realização dos dois encontros intereclesiais. Viria depois a coordenar também os dois intereclesiais seguintes, que aconteceram em João Pessoa, na Paraíba, em 1978, e em Itaici, São Paulo, em 1981.

Celebrado nos dias 6, 7 e 8 de janeiro de 1975, o primeiro encontro intereclesial reuniu setenta participantes, entre bispos, padres, religiosos e teólogos. Organizada em torno do tema "CEBs: uma Igreja que nasce do povo pelo Espírito de Deus", a reunião teve como principal objetivo delinear o perfil da Igreja que se formava pela ação das CEBs. Ao fim do encontro, foi apresentado um conjunto de propostas, entre as quais: 1) que o povo de Deus se organizasse em suas comunidades de fé, comunidades autônomas em sua criatividade; mas que elas vivessem em comunhão com outras comunidades e com o próprio bispo, centro de unidade; 2) que se valorizasse o sacerdócio comum dos fiéis; 3) que a Igreja participasse da luta de libertação do povo, colaborando para que ele mesmo descobrisse as causas da opressão em que vivia, denunciando toda forma de injustiça; 4) que o processo de libertação se iniciasse no interior da própria organização eclesial; 5) que a religiosidade popular fosse respeitada e assumida na valorização de seus gestos e sinais; 6) quanto ao método para uma ação eficaz na base, seria necessário partir sempre de uma análise da realidade; desenvolver instrumental de observação e análise, de tal modo que o próprio povo fosse capaz de identificar as verdadeiras causas das injustiças e as possíveis saídas dessa situação; 7) que a formação dos agentes de pastoral se desenvolvesse, o quanto possível, dentro da própria comunidade, e que se fundamentasse num processo contínuo de reflexão, revisão, interpretação e planejamento de ação.[115]

Em julho de 1976, foi celebrado o segundo encontro eclesial das CEBS, uma vez mais sob os auspícios da arquidiocese de Vitória. Na reunião estiveram presentes cem pessoas, entre membros da Igreja e representantes da base. O tema do encontro foi: "Igreja, povo que caminha". Dom Antônio Fragoso, então bispo de Crateús, no Ceará, relata um pouco do clima da reunião e das relações que se estabeleceram entre os religiosos e o povo da base. Diz o bispo: "Havia o risco dos agentes pastorais falarem mais que o povo. Então, decidiram separar: os agentes reunidos de um lado, o povo da base, do outro. No fim, a turma da base disse que queria caminhar junto com os agentes, e todos se uniram. Quando será que nós agentes vamos ser capazes de caminhar com o povo sem abafar a voz dele?"[116]

Em 1983, já fora de Vitória, Betto também publicou uma cartilha sobre o 5º encontro eclesial das CEBS, celebrado na cidade cearense de Canindé entre os dias 4 e 8 de julho daquele ano. A reunião contou com a presença de 490 pessoas, entre as quais 243 da base, mais de 30 bispos, assessores, agentes de pastoral, religiosos externos, imprensa, além de figuras da alta hierarquia da Igreja Católica, como dom Luciano Mendes de Almeida, presidente da CNBB, e dom Aloísio Lorscheider, cardeal de Fortaleza e ex-presidente da entidade.[117] Como se pode observar por esses números, os encontros intereclesiais, passados oito anos da realização do primeiro, haviam superado os limites iniciais, vindo a se transformar em reuniões de forte apelo popular. E mais: contavam agora com a presença de membros de peso da hierarquia da Igreja que davam apoio e suporte à sua realização.

Todo desse movimento, como era de esperar, começou a chamar a atenção de muita gente: das autoridades do regime ditatorial; dos órgãos da grande imprensa; dos partidos políticos; dos diferentes segmentos da Igreja e dos próprios teólogos. Para os agentes do governo, especialmente da área de informações, Vitória passou a ser um campo privilegiado de observação. O mesmo pode ser dito dos encontros intereclesiais.

Em relatório da área de informações do Ministério do Exército datado de 1º de agosto de 1977, são apresentados dados relativos a uma rede de "subversão" existente no Espírito Santo, que seria capitaneada pelo clero progressista. Fariam parte do que se chamou "Frente do movimento religioso" a alta hierarquia do clero capixaba – dom João Batista, arcebispo, dom Luís Fernandes, bispo auxiliar de Vitória, e dom Aldo Gerna, bispo de São Mateus; lideranças "alienígenas" da Comunidade de Taizé e Frei Betto. O objetivo da "frente", segundo o relatório, seria valer-se das CEBS e dos Concílios de Jovens organizados pela Comunidade de Taizé com o intuito de formar militantes e promover a difusão das suas ideias e práticas pelo país.

No relatório, há alguns trechos específicos sobre a atuação de Betto em Vitória, deixando explícita a preocupação dos órgãos de segurança em mantê-lo sob constante vigilância. A esse respeito, o trecho seguinte é claro: "Face aos antecedentes de Frei Betto e à importância relevante do papel que parece desempenhar na conexão movimento religioso-subversão organizada, esta AI é de parecer que seja desenvolvida uma operação de informações, a cavaleiro de suas atividades, com posterior abertura de IPM [Inquérito Policial-Militar], para o que aguarda autorização e apoio dessa AI."

Os encontros das CEBS também foram alvo de investigação dos órgãos de informações governamentais. Uma vez mais, o objetivo era acompanhar de perto os movimentos da chamada "corrente progressista" da Igreja, então apontada como "perigosa" e "subversiva" pelos agentes do regime. Em documento datado de 31 de agosto de 1978, produzido por uma equipe do Serviço Nacional de Informações (SNI), são reportados dados relativos às decisões do III Encontro das CEBS, celebrado em julho daquele ano em João Pessoa, capital da Paraíba. Nele, são listados os nomes escolhidos no encontro para representar as CEBS na Conferência Episcopal Latino-Americana, que seria realizada em Puebla, no México, no ano seguinte, entre os quais constavam os de dom Luís Fernandes e de Frei Betto. No mesmo relatório, menciona-se que se encontrava anexo, para averiguação, o documento aprovado no encontro das CEBS em prol da manutenção dos avanços realizados pela Igreja em Medellín em 1968.

Por várias razões, o regime deitava um olhar mais atento sobre a atuação de Betto, sobre as CEBS, enfim, sobre tudo de novo que vinha acontecendo na Igreja brasileira naqueles anos finais da década de 1970. Na ocasião, o governo do general Ernesto Geisel acionava uma delicada operação política com vistas a, em um prazo ainda incerto, transferir o poder para os civis. Essa operação, denominada "distensão política", ora se processava por meio de medidas que propiciavam algum espaço de ação à sociedade civil – como uma redução da censura prévia à imprensa e a realização de eleições legislativas –, ora através de medidas de cunho repressivo – entre as quais o fechamento do Congresso e a cassação de mandatos de parlamentares da oposição. Para o governo, era de fundamental importância manter em suas mãos o controle da transição, sem que houvesse maiores atropelos. Em troca de apoio ao seu projeto gradualista, aventava-se a adoção de algumas medidas para um futuro próximo como a anistia aos presos políticos e uma maior franquia à organização dos partidos políticos. Nesse contexto se acompanhavam com rigor os movimentos dos considerados "inimigos", entre os quais os grupos progressistas da Igreja que atuavam diretamente junto aos movimentos populares.

Os radares da grande imprensa também se voltaram para acompanhar o que ocorria no interior da Igreja Católica. Pairavam dúvidas a respeito do caráter "real" das CEBS. Para alguns teólogos, eram a expressão de uma "nova Igreja". Já para setores conservadores, tratava-se de "células comunistas" infiltradas na Igreja. Por fim, era importante verificar a posição oficial da Igreja sobre tudo aquilo. Todos esses assuntos cobriram as páginas dos principais veículos de informação brasileiros em fins dos anos 1970. Seja em editoriais, seja em reportagens contrárias ou a favor das transformações no interior da Igreja, o fato é que a imprensa examinava algo que, de fato, ultrapassara os limites da Igreja para se transformar em fenômeno político. O que estava em questão era saber qual seria o impacto do fenômeno para os rumos da Igreja e do país.

O Jornal do Brasil (JB), por exemplo, no dia 14 de maio de 1978 estampou uma reportagem de três páginas sobre o assunto. Na primeira delas, vinha uma longa entrevista com dom Aloísio Lorscheider, presidente da CNBB, na qual este expressava a posição da Igreja sobre as CEBS. Dizia dom Aloísio:

> A Comunidade Eclesial de Base permite a participação de todos. Todos podem ter vez e voz, dar suas sugestões, dar suas opiniões. Ao mesmo tempo em que se cria um clima de fraternidade, [...] sentem-se, naturalmente, impelidas a se ajudarem mutuamente para crescerem juntas. Isso nós vemos nas CEBS – aquele esforço básico do homem para chegar a uma globalidade abrangente, em que todos possam unir suas forças para trabalhar para construir uma sociedade mais humana e mais cristã. É por isso que damos tanta ênfase às comunidades eclesiais de base.

Na entrevista, dom Aloísio não deixou de tratar da polêmica em torno da ameaça comunista representada pelas CEBS:

> Eu sei que há pessoas que têm um certo receio, como se isso se tornasse células comunistas, mas o espírito é completamente outro, por que nós, justamente, acentuamos que se trata de uma comunidade eclesial de base. [...] A célula comunista só conscientiza para criar conflitos, acentuar conflitos e assim chegar à síntese. Quando nós criamos as Comunidades de Base tivemos o cuidado de não criar conflito, mas – sem negar os conflitos – procurar a superação dos conflitos, através de uma vida na justiça e na caridade.

A reportagem apresentava ao leitor um painel variado de CEBS pelo país. Em geral, era adotado um tom positivo frente ao trabalho exercido pelas comunidades, sob dois aspectos: o êxito obtido por boa parte delas na obtenção de melhorias sociais para as comunidades, e a pressão exercida pelos políticos locais sobre elas em períodos eleitorais.

> Principalmente em épocas de eleição, as comunidades de base são alvo de perseguição dos políticos. O coordenador dos programas de comunidade de base de Mipibu (RN) conta que, na última eleição municipal, o prefeito obrigou uma professora, animadora de trabalho de educação política numa comunidade de base, a marcar seu voto na cédula com a ponta do cigarro "para mostrar que não votava no candidato do MDB" [partido de oposição].

O jornal recolheu variadas definições entre membros da Igreja sobre o significado das CEBS. Uma vez mais, o tom foi afirmativo e positivo. Os religiosos ouvidos registraram termos e expressões como: conscientização da população; visão crítica da realidade social; e atendimento de necessidades básicas. Não por acaso, a palavra final foi dada a dom Luís Fernandes, ainda na condição de bispo auxiliar de Vitória: "Com as comunidades pretendemos formar um cidadão consciente e lúcido, retirando o cristão da condição cinzenta de ovelha massificada no rebanho, transformando-o num agente personalizado, responsável por sua vida cristã e sociopolítica."

No JB também eram abertos espaços generosos para variadas críticas contra as CEBS. Dom Eugênio Sales, cardeal-arcebispo do Rio de Janeiro, em sua coluna no jornal, ao tratar do tema, costumava explicitar sua oposição ao que entendia como o fenômeno da contrafação ou falsificação do verdadeiro caráter das CEBS. Em texto assinado em 28 de janeiro de 1978 intitulado "Um homem no leme", a respeito do pontificado de Paulo VI, dom Eugênio assinalava:

> As Comunidades Eclesiais de Base na *Evangeli Nuntiandi* foram devidamente apoiadas no seu conceito autêntico e feito o indispensável afastamento das contrafações. [...] Sobre a Teologia da Libertação, a Comissão Teológica Internacional, em outubro de 1976, elaborou um documento sob o título *Promoção humana e salvação cristã*. Deixa claro o divisor de águas entre aqueles que preferem seguir a hierarquia e os que aderem a teorias alheias à autenticidade evangélica.

Em 4 de maio de 1977, o JB usou três páginas inteiras para publicar, na íntegra, o relatório de dom Geraldo Proença Sigaud, arcebispo de Diamantina, enviado ao núncio apostólico – o representante diplomático do Vaticano no país – com um conjunto de denúncias relativas à infiltração comunista na Igreja. No documento, os alvos preferenciais de dom Sigaud – um dos mais conhecidos membros da ala conservadora da Igreja brasileira – foram dom Pedro Casaldáliga, bispo da prelazia de São Felix do Araguaia, e dom Tomás Balduíno, bispo de Goiás Velho. Dizia dom Sigaud, de forma enfática: "Não afirmo que dom Tomás e dom Pedro sejam ateus. Creio mesmo que ambos tenham convicção religiosa. De que maneira podem conciliar o catolicismo que devem abraçar com o comunismo que defendem é um problema que escapa ao âmbito deste relatório. [...] Apenas afirmo que Suas Excelências querem a derrubada do nosso governo atual e a mudança radical do nosso sistema de vida." Especificamente sobre as CEBs, dom Sigaud não deixava margem de dúvida: "As Comunidades Eclesiais de Base estão tomando, em várias dioceses, um cunho estranho e podem transformar-se em núcleos de uma guerra de sublevação esquerdista." Em razão disso, recomendava que o governo fiscalizasse as CEBs, que, "subordinadas a bispos esquerdistas, podem se tornar um barril de pólvora".

Para as direitas, portanto, as CEBs eram perigosas, um "antro de comunistas". Para uma parte das esquerdas, que começava a se reorganizar com vistas à participação nas eleições de 1978, as CEBs poderiam representar um manancial de votos a ser explorado e conquistado. A esse respeito, Betto relata um episódio que bem ilustra toda essa situação. Três figuras de peso das esquerdas brasileiras – Fernando Henrique Cardoso, sociólogo de prestígio, mais tarde senador e presidente da República; Almino Afonso, ex-ministro do Trabalho e importante líder do antigo Partido Trabalhista Brasileiro; e Plínio de Arruda Sampaio, combatente histórico da esquerda cristã – chamaram Betto para uma conversa política em São

Paulo em 1978. A proposta do grupo consistia na criação de uma nova agremiação partidária: um Partido Socialista de cunho social-democrata e fundamentado no trabalho das CEBS. Betto desconsiderou a proposta por vê-la como elitista e desproposítada. "Não cedi, recusei o papel de condutor das massas, de manipulador das bases." Quatro meses depois, o convite se repetiu no mesmo cenário e com os mesmos personagens. Nada feito. Não houve possibilidade de acordo. Betto mantinha-se convicto de que as mudanças de que o país precisava viriam da iniciativa das próprias lideranças populares.

Os principais teólogos da libertação também participaram ativamente do debate público sobre as CEBS, buscando responder aos ataques desferidos contra elas pelos setores conservadores da Igreja e de fora da instituição. Uma das respostas mais integradas a esse respeito coube a Leonardo Boff. Para ele, a CEB deveria ser vista como um fenômeno novo e criativo e, exatamente por isso, tornou-se necessário criar uma palavra nova. Boff relata que estava em Vitória, ao lado de Betto e dom Luís Fernandes, quando juntos construíram a categoria "eclesiogênese", a gênese de uma Igreja. Segundo ele, a expressão correu mundo e foi adotada pela comunidade teológica internacional como legítima descrição de um fenômeno novo: os pobres fazendo-se sujeitos da Igreja, criando e recriando a Igreja no diálogo permanente entre a Palavra da Revelação e a palavra da realidade concreta.[118]

Em *Eclesiogênese*, livro publicado em 1977, Leonardo Boff enfrenta alguns temas polêmicos que na ocasião marcavam o debate sobre o significado das CEBS. Para ele, as CEBS, ao contrário do que afirmavam seus críticos, não representariam uma alternativa global à Igreja-instituição, mas sim seu permanente fermento renovador. No tocante ao debate sobre se a CEB era Igreja ou só possuía elementos eclesiais, Boff defende a segunda posição, isto é, a de que ela era um grupo ou conjunto de pessoas no qual existia um relacionamento primário, fraterno e pessoal e que vivia a totalidade da vida da Igreja, expressa no serviço, na celebração e na evangelização.

Para o autor, a forma como se organizavam as CEBS e a praxe que nelas se articulava "fizeram emergir o leigo como portador de valores eclesiológicos, seja como coordenador ou monitor da comunidade, seja desempenhando os vários serviços comunitários. Em seu âmbito próprio o leigo assume a causa de Cristo e participa das decisões da Igreja local". Por fim, Boff prevê que as CEBS irão se institucionalizar, se expandir e se universalizar; nas cidades, se irá marchar para a constituição de um centro pastoral urbano que virá substituir a cúria diocesana. "Será um órgão de coordenação global das comunidades."

As proposições de Boff repercutiram mal junto a setores conservadores da Cúria romana e da Igreja latino-americana e brasileira. Para esses setores, as CEBs cumpriam uma missão específica: dar suporte ao trabalho de evangelização. A Igreja era una e representada pela estrutura eclesial.

Em 9 de agosto de 1978, o *Jornal do Brasil* publicou em página dupla, no prestigiado "Caderno B", uma ampla reportagem sobre os cem anos da presença da Ordem dos Dominicanos no Brasil. Sob o título "Dominicanos hoje, como sempre", a matéria trazia uma entrevista com frei Miguel Pervis, superior dos dominicanos no Brasil, e frei Márcio Couto, padre-mestre responsável pela formação dos novos dominicanos, tratando de temas referentes aos desafios enfrentados pela Ordem e aos rumos políticos do país. Segundo os frades, a Ordem, após viver uma época bastante difícil em que fora acusada de subversão e traição ao país, estaria vivendo uma "fase de retomada". Diziam eles: "Os nossos frades foram acompanhando os acontecimentos da Igreja, se inserindo em novos pontos, os mais candentes, como a descoberta da Pastoral junto ao povo, que é a grande contribuição, talvez, do pessoal que passou pela prisão. Hoje o trabalho é de comunidade de base, centrada na religiosidade popular [...]. São essas as preocupações que condicionam tanto a reflexão teológica quanto a atuação pastoral." Frei Betto também foi entrevistado, e era anunciado da seguinte maneira: "Frei Betto: o das Cartas da prisão", em alusão direta à sua obra de maior sucesso de público e crítica. Cerca de nove anos depois de ter o rosto estampado em boa parte da imprensa como perigoso terrorista, Betto reaparecia como autor consagrado e membro da Ordem de São Domingos. Não havia imagens novas na reportagem. A única existente era uma pequena foto dos tempos do seu depoimento no Dops de Porto Alegre. Na entrevista, Betto fazia um registro panorâmico da sua trajetória, chamando especial atenção para os tempos de sofrimento na prisão. "Devo, porém, à prisão", asseverava, "o aprofundamento maior de minha fé. Ela, de um lado, também fez com que eu perdesse as ilusões a respeito da vida. Eu hoje, aos 33 anos, conheço a vida nua e crua."

Ao ser perguntado sobre o que fazia, como vivia e como pensava, Betto apresentava-se discreto, e ao mesmo tempo desconfiado do processo de "abertura política" conduzido pelo governo. "Tenho uma vida muito simples. Sou um homem de Igreja. Trabalho em assessoria pastoral. [...]

Não sou um teólogo, sou um animador da fé. Moro no Espírito Santo." E continuava: "Acompanho com interesse o que se chama por aí de 'abertura democrática'. [...] Não creio nas coisas feitas de cima para baixo. Acho que o povo deve ser sujeito de sua própria história. Por isso, a luta dos sindicatos pela reposição salarial, pelo fim do peleguismo e do arrocho, me interessa mais do que as campanhas pela Constituinte ou pela formação de novos partidos."

O país começava a respirar um novo clima político, e a grande imprensa acompanhava tudo isso. O próprio regime dava mostras de cansaço e emitia sinais de que o processo de "distensão" iria seguir avançando nos próximos anos. Uma prova concreta nesse sentido foi a revogação pelo governo do Ato Institucional nº 5 – um dispositivo de exceção que lhe assegurava amplos poderes, entre os quais o de fechar o Congresso, cassar mandatos parlamentares, intervir em estados e municípios etc. Em meio a tudo isso, as oposições cresciam no plano político-eleitoral, ao mesmo tempo que os movimentos sociais começavam a tomar as ruas.

Para Betto, era hora de fazer as malas e retornar para São Paulo. Lá, voltaria a morar no Convento das Perdizes e daria prosseguimento a tudo aquilo que havia aprendido e experimentado em Vitória: iria assessorar pastorais e trabalhar com educação popular.

Educação libertadora

Betto deu início a uma nova fase da vida em São Paulo. No plano profissional, dividiu-se entre o ABC paulista e a capital. No ABC, contando com as bênçãos de dom Cláudio Hummes, bispo da diocese de Santo André, entregou-se de corpo e alma ao trabalho de reconstrução da Pastoral Operária (PO) da região. Entre 1979 e 2002, assessorou a PO de São Bernardo e Diadema, e mais tarde de todo o ABC, ao mesmo tempo que veio a estabelecer laços estreitos com os movimentos sociais e com líderes sindicais da região, entre os quais Luiz Inácio da Silva, o Lula, então presidente do Sindicato dos Metalúrgicos de São Bernardo do Campo e Diadema. Um dos frutos do trabalho pastoral de Betto no ABC foi contribuir para a formação de gerações de militantes cristãos comprometidos com as lutas populares e sindicais.

Na capital paulista, depois de dez anos, Betto retomou a rotina da vida conventual junto a seus confrades dominicanos. Quanto aos afazeres profissionais, optou por aceitar o convite de alguns ex-companheiros de luta armada para trabalhar com eles no Cepis – Centro de Educação Popular do Instituto Sedes Sapientiae –, entidade criada em 1977, vinculada a segmentos da Igreja Católica progressista e voltada para projetos de educação junto aos movimentos populares que se espalhavam por toda a grande metrópole. Para Betto, o trabalho no Cepis representava a oportunidade de dar continuidade aos projetos de educação popular iniciados na Cáritas do Espírito Santo. Em São Paulo, o desafio – e a escala – seriam bem maiores.

O Instituto Sedes Sapientiae é "um centro multidisciplinar de reflexão, um lugar permanente de formação e serviços". A entidade procura – através de fóruns, seminários, debates, grupos de estudo e publicações – manter discussões sobre temas inovadores e polêmicos nas áreas de saúde mental e educação. Criado em 1975 pela madre Cristina Sodré, cônega da Congregação de Santo Agostinho, o instituto transformou-se em lugar de referência na luta pelos direitos humanos e contra a ditadura militar, mantendo conexões diretas com um conjunto de movimentos sociais.

Madre Cristina foi uma figura-chave no trabalho de apoio às esquerdas revolucionárias em São Paulo entre as décadas de 1960 e 1990. Psicóloga e professora universitária, acolhia em sua clínica refugiados políticos de diferentes organizações. Compunha parte de uma rede de apoio aos presos políticos e às suas famílias, tendo também militado em prol da anistia política. Em 1978, abriu as portas do Instituto Sedes Sapientiae para a realização do I Congresso Brasileiro pela Anistia.

Tendo em vista levar adiante a criação de um centro educacional no Sedes Sapientiae, madre Cristina optou inicialmente por promover cursos de formação profissional de dois anos nas áreas de planejamento educacional e expansão cultural. Para conduzir esse projeto, foram incorporados à entidade dois novos profissionais: Maria Nilde Mascelanni, educadora reconhecida pelo seu trabalho inovador à frente das Escolas Vocacionais, e Pedro Pontual, educador que havia tempo colaborava com Maria Nilde. Nesse meio-tempo, a equipe recebeu também a adesão de Paulo Vannuchi, Paulo de Tarso Venceslau e Celeste Fon. Os dois primeiros eram ex-presos políticos remanescentes da ALN. A última era educadora e irmã de Aton Fon e Antônio Carlos Fon, dois ex-presos políticos e ex-militantes da ALN.

Em meados de 1977, as discussões entre os membros da equipe resultaram na criação do Cepis, ou seja, no estabelecimento de um centro voltado para o trabalho educativo nas bases populares. Segundo a visão da época, chegara o momento de sair em campo para fortalecer os movimentos sociais, fornecendo aos trabalhadores "informações e análises históricas, econômicas, sociológicas etc. que lhes permitissem criar uma autonomia de classe e um projeto político próprio. O trabalho de base e o trabalho de formação política eram a grande estratégia para uma perspectiva revolucionária no Brasil naquele momento".[119] Logo em seguida, Paulo Maldos, psicólogo, educador popular e ex-colaborador do Sedes, e Frei Betto foram integrados à equipe do Cepis.

Uma das práticas da nova equipe foi estabelecer contatos com nomes do campo da educação popular que pudessem contribuir com subsídios teóricos e práticos para o trabalho do centro. Na lista desses colaboradores estiveram Paulo Freire – figura de maior reconhecimento do campo, que retornou ao Brasil em 1980; Luiz Eduardo Wanderley – quadro histórico do Movimento de Educação de Base (MEB), professor da PUC-SP e autor de vários estudos sobre educação popular; e a irmã Maria Valéria Rezende – ex-dirigente nacional da Juventude Estudantil Católica, militante social e uma das fundadoras do Serviço de Educação Popular (Sedup) de Guarabira, na Paraíba. Os dois últimos mantinham relações de proximidade com Frei Betto desde o começo da década de 1960, quando ele integrou a direção nacional da JEC masculina.

O Cepis surgiu na confluência de três vertentes: a cristã, vinculada à Teologia da Libertação e interessada em mergulhar no trabalho de base; a pedagógica, diretamente influenciada pelas ideias e propostas de Paulo Freire; e a marxista, que, passada a dura experiência da luta armada, apostava na necessidade de desenvolver um trabalho político de assessoria junto aos movimentos populares. Por caminhos diferentes, essas vertentes chegavam a uma zona de convergência: a crítica às posturas "vanguardistas" que não reconheciam a importância da relação dialógica entre prática e teoria; a aposta em uma educação libertadora voltada para o empoderamento do povo trabalhador; e a crença na transformação social e no projeto socialista.

Para os marxistas em particular, a experiência de trabalho no Cepis serviu para reunir em torno da entidade um grupo de remanescentes da ALN que durante os tempos de prisão colocara em questão alguns aspectos da luta armada. Paulo de Tarso Venceslau, por exemplo, registra que, após a saída da prisão, alguns remanescentes da organização começaram a se reunir tendo em vista levar adiante algum tipo de militância conjunta naqueles anos de transição política. Estiveram nessa articulação o próprio

Paulo de Tarso, Paulo Vannuchi, Carlos Lichtenstein e Frei Betto, entre outros. Segundo ele, o grupo sabia que não seria possível reabilitar a ALN, e não era esse o caso. Desses encontros veio a ideia de se formar um grupo para desenvolver trabalho de educação popular na periferia junto às CEBS. A entidade que terminou por reunir esse grupo foi o Cepis. Posteriormente, o trabalho irradiou-se para o mundo sindical. Paulo de Tarso passou a trabalhar junto à oposição sindical metalúrgica em São Paulo, enquanto Betto viria a atuar em São Bernardo do Campo, na Pastoral Operária. Mais tarde, Betto e Paulo Vannuchi iriam desenvolver trabalhos de formação junto aos sindicatos do ABC. Segundo ainda Paulo de Tarso, esse grupo de remanescentes da ALN não tinha como objetivo hegemonizar ou controlar o trabalho nas entidades populares e sindicais. Ao contrário. "Nós tínhamos a posição de que as lideranças que ali iam surgindo iriam imprimir uma nova qualidade aos movimentos."

Montada a equipe básica, o trabalho do Cepis começou a tomar corpo nos bairros periféricos paulistas. Em geral, o passaporte de entrada nas comunidades era dado por um bispo ou padre comprometido com a Teologia da Libertação e com a formação e animação das CEBS em suas paróquias. Foi esse o caso, por exemplo, das atividades realizadas em localidades da Zona Leste da cidade, que contaram com o respaldo de dom Angélico Bernardino, bispo local e figura-chave da Pastoral Operária paulistana.

Bárbara Lopes, no livro *Semeadores da utopia: a história do Cepis*, relata a investida de equipes do Cepis em Itaim Paulista, bairro da Zona Leste. Segundo ela, o trabalho de formação ali desenvolvido teve como desdobramento a realização de uma pesquisa que ouviu os moradores para verificar qual a principal demanda da população. O resultado da pesquisa indicou que a carência de creches era uma das demandas mais urgentes. A luta por creches permitia articular uma demanda social com a questão de gênero. Como era feita majoritariamente por mulheres, que, sem ter com quem deixar os filhos, não tinham condições de trabalhar fora, a luta encontrou resistência por parte dos homens. Em razão disso, membros do Cepis conversavam com os homens, ressaltando a importância daquele movimento. "As conquistas do Itaim são apenas um aspecto da importância dessa atuação nos bairros. Novas lideranças começam a se destacar, e as reivindicações frente aos governos municipal, estadual e federal irrompem com força e legitimidade", conclui a autora.

Na década de 1980, a equipe do Cepis abriu o leque de atividades para além do que vinha se desenvolvendo nos bairros e fábricas da capital. As novas frentes foram os trabalhos de formação nos sindicatos, particularmente em articulação com as chamadas oposições sindicais; as atividades de assessoria e formação junto a entidades que lidavam com a questão da terra – a Comissão Pastoral da Terra (CPT) e o Movimento dos Trabalhadores Rurais Sem-Terra (MST); a presença de quadros da entidade na criação do Partido dos Trabalhadores (PT), da Articulação Nacional dos Movimentos Populares e Sindicais (Anampos) e da Central Única dos Trabalhadores (CUT); a participação na criação de uma rede de entidades de educação popular no país e na América Latina.

No decorrer dos anos de 1990, o modelo de formação implantado pelo Cepis começou a esbarrar em vários problemas. Um deles dizia respeito ao debate interno em torno da necessidade de se rever – ou mesmo manter – o trabalho do centro, dado que várias entidades, entre elas o PT e a CUT, já criavam estruturas próprias de formação política. Na esteira desses debates começaram a sair do centro alguns de seus quadros fundadores, como Paulo Vannuchi e Pedro Pontual, entre outros. Outro problema, igualmente grave, foi o avanço do neoliberalismo, que atingiu em cheio as organizações populares – campo de atuação das entidades de educação popular e de formação política. Nessa conjuntura adversa, o centro viu-se obrigado a reduzir o trabalho de base e concentrar suas atividades na formação política de lideranças populares.

Mesmo sendo uma figura conhecida e com amplo trânsito em vários círculos políticos e sociais, Betto nunca assumiu o papel de diretor ou coordenador no Cepis, assinala Pedro Pontual. Sempre se mostrou disposto a construir um trabalho de equipe, dando a devida importância aos momentos de avaliação e planejamento. Havia uma rotina de reuniões semanais e trimestrais. Estas últimas cobriam um fim de semana, costumavam ocorrer em um lugar retirado, fora de São Paulo, e tinham como objetivo a realização de uma reflexão mais aprofundada sobre o trabalho. Essas ocasiões, registra Pontual, eram a oportunidade para se promover rodadas de crítica e autocrítica.

Betto participava ainda dos treinamentos realizados na periferia de São Paulo com lideranças de movimentos populares, aponta Pontual. Esse treinamento seguia um roteiro preestabelecido:

> Em primeiro lugar, fazia-se uma caracterização dos problemas da realidade local e da sociedade brasileira; em seguida, colocava-se a questão "será que sempre foi assim?", o que abria a possibilidade de uma abordagem

> histórica relativa aos vários modos de produção etc.; depois, era a hora de Betto entrar para discutir questões a respeito de fé e política; por fim, discutia-se o planejamento da ação. Nós multiplicamos esses treinamentos por muitas regiões da cidade de São Paulo.

Havia tempo que Betto se interessava por educação popular e por formação política. Veio para o Cepis para prosseguir nesse trabalho. Em julho de 1979, no mesmo mês em que desembarcou em terras paulistas, publicou um artigo na *Revista Encontros da Civilização Brasileira* intitulado "A educação nas classes populares", no qual estão resumidas algumas de suas principais reflexões sobre o tema. Betto dirige suas críticas aos métodos tradicionais de ensino adotados pelos grupos que atuavam junto à base popular e, em lugar disso, propõe uma educação popular "libertadora" e fundada em uma "nova pedagogia".

"Educação popular", para Betto, refere-se ao trabalho situado na linha da *conscientização* – entendida como contribuição à emergência de uma consciência explícita de classe – e na linha da *libertação* – entendida como busca de um projeto social alternativo, englobando tanto o regime de governo quanto o sistema capitalista de produção. E esse trabalho é *popular* porque se volta para a parcela da população que sobrevive basicamente da venda ou do emprego de sua força física de trabalho. Segundo o autor, *educador* é o termo que designa todos aqueles que, mesmo oriundos das classes média e alta, estão engajados no exercício da educação popular, à qual procuram dar consistência ideológica e direção histórica. No texto, Betto propõe-se examinar o que chama de *questão pedagógica*, isto é, a maneira como se relacionam o educador (o agente pastoral, o político ou mesmo o partido político) e os educandos (as classes populares).

Para Betto, cada um de nós é uma pessoa geograficamente situada, historicamente determinada, culturalmente condicionada em sua formação, não apenas pelo meio, mas sobretudo pela classe a que pertence. Em uma sociedade dividida em classes, na qual a classe dominante busca impor suas concepções e valores, dá-se um processo educativo que visa à reprodução dessa sociedade. Porém, registra o autor, numa perspectiva libertadora, isso que chamamos de educação popular quer *transformar* a sociedade, e não reproduzir a ideologia dominante que justifica a sociedade em sua atual formação.

Betto trabalha ainda com o pressuposto de que cabe ao educador criar as condições para que os trabalhadores se eduquem, isto é, venham a assumir-se como protagonistas da história. Em razão disso, a educação popular deve munir-se de instrumentos que busquem evitar posturas tanto assistencialistas e reformistas como vanguardistas.

Em ambos os casos, alerta o autor, o que temos é uma educação *para* e não uma educação *em* e *com*. "O povo será o elemento passivo fadado a sofrer, uma vez mais, uma ação opressora, manipuladora, direcionista, por mais carregada de intenções libertadoras que ela seja em seus propósitos e objetivos."

Nas seções finais do artigo, Betto avança em algumas proposições, tendo em vista buscar superar nossa tradição elitista e vanguardista no tocante às relações entre educadores e educandos. Segundo ele, para que se construa uma proposta de educação libertadora, o educador, ao dirigir--se à base, deve despir-se tanto quanto possível da carga que traz de seu meio de origem e de seu processo de formação. Isso não se obtém por mera intenção, mas por uma efetiva revolução cultural, através de uma prática pela qual *o educador se deixa reeducar pelos educandos.* "Antes de falar, ouve; antes de ensinar, aprende; antes de explicar, pergunta; antes de formular, pratica; antes de querer conduzir, deixa-se conduzir."

Outro passo importante nesse processo diz respeito às relações entre prática e teoria. Para Betto, o educador aberto ao aprendizado e munido da teoria "*recria* a teoria a partir da prática, redimensionando seus conceitos a partir das exigências do trabalho, questionando suas análises a partir da realidade concreta em que vivem os trabalhadores [...]; enfim, passa a acreditar que o próprio povo é capaz de, à sua maneira, [...] elaborar a teoria que nasce da prática e, assim, traçar o rumo de sua ação".

Por outro lado, Betto alerta que esse processo não é espontâneo e que a base não chega, sozinha, a formular sistematicamente sua teoria. "É um esforço dialeticamente articulado com as referências teóricas trazidas pela presença do educador junto aos educandos, e não do educador *para* os educandos ou dos educandos para si mesmos."

Por fim, propõe explicitamente a adoção de uma atitude proativa do educador em criar as condições para a educação de base. Isso significa, entre outras coisas,

> que não deve ficar esperando, "por respeito ao povo" que os educandos adquiram, espontaneamente, consciência política, mas procura ajudá-los a desvendar os mecanismos de exploração da sociedade capitalista. Isso é tanto mais fácil quanto menos se parte de princípios teóricos extraídos de

> livros, mas da experiência de exploração que os educandos carregam e, por outro lado, do exercício de seu poder popular nas lutas que travam, como é o caso da luta pela terra, do movimento do custo de vida e das greves.

As proposições de Betto neste texto giram em torno de três questões centrais. Primeira: não é possível confundir educação para o povo e educação popular. Para ele, educação popular é fruto e orienta-se por um projeto de empoderamento popular que tem como perspectiva a transformação social. Segunda: os grupos e partidos que atuam no campo da educação popular, ao reproduzirem práticas pedagógicas tradicionais, contribuem para manter a dominação de classes presente na sociedade brasileira. Nesse ponto em particular, ele coloca implicitamente em xeque a maneira como boa parte das esquerdas tem lidado historicamente com as classes populares. Terceira: o autor preocupa-se com iniciativas no campo da educação popular que sejam fruto ou de mera especulação teórica ou da expressão exclusiva da ação prática. Propõe, portanto, uma nova pedagogia baseada em uma relação dialógica – de mão dupla – entre educador e educando, na qual o primeiro se mostre disposto a ouvir, a "fazer-se aprendiz".

Para Betto, assim como para a equipe do Cepis, um dos grandes desafios foi o de colocar todas essas ideias gerais em prática. Ou seja, fazia-se necessário construir e aplicar métodos e técnicas pedagógicas coerentes com o objetivo de uma pedagogia libertadora. A esse respeito, ele teve a oportunidade de expor suas ideias em longa entrevista concedida, ao lado do educador Paulo Freire, ao repórter Ricardo Koscho, cujo resultado foi o livro intitulado *Essa escola chamada vida* (1984).

Para Betto, a ação educativa deve pautar-se no princípio pedagógico de sempre fazer um trabalho a partir dos elementos fornecidos pelas experiências vitais anteriores. O educando tem de estar no centro do processo. Professor, assessor, educador é apenas aquele que ajuda a explicitar e sistematizar aquilo que a vida e o contexto dos educandos fornecem como elemento. "A gente ajuda a fazer isso que chamo de 'técnica do saca-rolha'. Tirar deles e, depois, entrar com a 'chave de fenda', para apertar os parafusos."

Na entrevista, Betto afirma de forma categórica: a questão central da educação popular está na metodologia. Segundo ele, é ela que define o caráter da educação popular. Vejamos por quê. O dominicano distingue a "metodologia tradicional" e a "metodologia dialética", a qual vinha sendo aplicada no trabalho do Cepis. A primeira, segundo Betto, é dedutiva, e baseia-se no aprendizado de conceitos e de noções dentro da relação professor-aluno. "É o que Paulo Freire qualifica de 'bancária', pois reproduz o sistema de dominação vigente nas relações sociais capitalistas."

Já na metodologia dialética, segundo ele, o ponto de partida é a prática social dos educandos. Antes de se elaborarem os conceitos, é preciso extrair dos educandos os elementos de sua prática social: quem são, o que fazem, sabem, vivem, querem, e que desafios enfrentam. "Aqui, o conceito aparece como ferramenta que ajuda a aprofundar o conhecimento do real, e não a fazer dele mera abstração. O aprendizado comum, que liga teoria e práxis, só se dá a partir da realidade coletivamente refletida."

Portanto, conclui Betto, a metodologia dialética é indutiva, nela o processo de teorização do real vai do pessoal ao coletivo, do biográfico ao histórico, do local ao nacional, do específico ao geral, do conjuntural ao universal, do parcial ao estrutural, do concreto ao abstrato. "Enfim, a teoria se faz guia para a ação transformadora do real."

Betto mergulhou fundo no trabalho de base depois da sua saída da prisão. Para ele, assim como para muitos militantes da sua geração, chegara o momento de abandonar de vez as concepções vanguardistas e construir, com as classes populares, as novas condições para o advento da sociedade socialista. Exatamente por isso, ele via como estratégico o trabalho de formação política proporcionado pela educação popular. Seja nos tempos em que esteve em Vitória, seja no trabalho no Cepis, Betto coordenou e ajudou a desenvolver projetos que tiveram como finalidade a formação de quadros para o movimento popular. Foi também com esse intuito que partiu para o ABC paulista para trabalhar na Pastoral Operária de São Bernardo de Campo.

12

República do ABC

Na década de 1970, o ABC paulista era o centro da produção automobilística do país. Empresas como a Volkswagen chegavam a empregar cerca de 40 mil trabalhadores. Ainda nos dias de hoje, a chamada "Região do Grande ABC" – composta pelos municípios de Santo André, São Bernardo do Campo, São Caetano do Sul, Diadema, Mauá, Ribeirão Pires e Rio Grande da Serra – constitui importante polo industrial e operário. Nas cidades do ABC, cuja marca distintiva é a concentração operária, boa parte da vida social e política dos trabalhadores gira em torno das atividades dos sindicatos.

Em 1975, o bispo dom Cláudio Hummes e o operário José Albino Melo chegaram à região do ABC paulista com objetivos e expectativas diferentes. Gaúcho de Montenegro e frade franciscano, dom Cláudio veio enviado pela Igreja Católica com a missão de assumir o comando da vasta diocese de Santo André – que englobava toda a "Região do Grande ABC" e somava 1,5 milhão de habitantes servidos por 74 paróquias. O novo bispo viria a cumprir papel-chave na defesa dos trabalhadores da região por ocasião das greves de 1979 e 1980.

Mineiro de Açucena, José Albino chegou ao ABC paulista aos 18 anos, com o objetivo de arrumar emprego nas grandes empresas da região. Logo se envolveu em uma dupla militância: na base do Sindicato dos Metalúrgicos de São Bernardo do Campo, e na CEB do seu local de moradia – Jardim São Bernardo. Como metalúrgico, o jovem veio a participar diretamente dos movimentos grevistas que estamparam fotos do presidente do sindicato, Luiz Inácio da Silva, o Lula, nas capas dos principais jornais do país. Na CEB, José Albino animou círculos de leitura popular da Bíblia e ajudou a mobilizar a comunidade para a criação de uma associação de moradores. Em 1980, em meio à mobilização popular em prol do movimento grevista, tornou-se membro da Pastoral Operária de São Bernardo e Diadema, cuja assessoria estava a cargo de Frei Betto. Na ocasião, assim como outros líderes da PO, José Albino ajudou a construir a rede de apoio formada entre os movimentos comunitários e o movimento grevista.

Coube a Betto a iniciativa de procurar dom Cláudio, com o intuito de trabalhar na pastoral da diocese. Ainda em Vitória, o dominicano acompanhava com atenção o que vinha acontecendo nos meios sindicais da região e mostrava-se interessado em atuar diretamente junto aos operários. Dom Cláudio não se opôs. Ao contrário: diante da gigantesca tarefa que tinha pela frente, viu com bons olhos poder contar com Betto na criação de pastorais na diocese.

Um dos principais trabalhos de Frei Betto na PO de São Bernardo do Campo e Diadema foi formar lideranças sindicais e comunitárias. José Albino foi uma das mais importantes dessas lideranças, e mais tarde se tornaria um dos líderes da PO em nível nacional. Paralelamente, esteve ao lado de Betto na formação de entidades que deveriam servir de esteio para o fortalecimento dos movimentos populares, entre as quais a Articulação Nacional de Movimentos Populares e Sindicais (Anampos) e a Central de Movimentos Populares (CMP).

Luiz Inácio Lula da Silva é o quarto personagem desse enredo. Em janeiro de 1980, na cidade mineira de Monlevade, Betto o conheceu em um encontro que reuniu dirigentes sindicais e militantes populares em torno de uma pauta que tratava dos caminhos da atuação dos movimentos sindical e popular naquela conjuntura. A partir de então, os dois estariam juntos na greve de 1980 e em muitas outras ocasiões.

As greves do ABC e a PO de São Bernardo do Campo e Diadema

Durante a década de 1970, e especialmente a partir da posse de dom Cláudio Hummes à frente da diocese de Santo André, surgiram pequenos grupos de militantes católicos na região, que tinham como objetivo discutir questões relativas à condição operária, ao mesmo tempo que buscavam estabelecer maior aproximação entre o "mundo da fábrica" e a Igreja. Participavam desses grupos, entre outros, militantes remanescentes da Ação Católica Operária (ACO) e da Juventude Operária Católica (JOC).

Em 1978, as máquinas começaram a parar na região do ABC. No dia 12 de maio, metalúrgicos da Scania iniciaram uma paralisação que tinha como principal reivindicação um aumento de 20% nos salários, além do que ficara estabelecido no dissídio da categoria. Foi o estopim para que novas paralisações espocassem em outras grandes montadoras da região. Em articulação com as diretorias dos sindicatos de São Bernardo do Campo e de Santo André, os metalúrgicos contaram com o apoio da opinião pública local e nacional para fazer valer suas demandas salariais. A Igreja Católica de São Paulo também deu demonstrações de apoio. O desfecho do movimento foi favorável aos trabalhadores, que obtiveram um aumento salarial médio de 11%.

Nos dois anos seguintes, a história das greves assumiu outras feições. Em lugar de paralisações parciais em algumas empresas, os sindicatos de metalúrgicos apostaram em um movimento abrangente que pudesse atingir todos os metalúrgicos do ABC. Não se tratava de uma paralisação temporária – mas sim de um movimento paredista por prazo indeterminado. Em 1979, o movimento teve início no dia 13 de março e durou 15 dias. As principais reivindicações diziam respeito a aumentos salariais, estabilidade para delegados sindicais e jornada de 40 horas semanais. Imediatamente, a chamada "greve do ABC" repercutiu em nível nacional e internacional – afinal eram 200 mil grevistas em uma base de 240 mil metalúrgicos.

Em São Bernardo do Campo, a principal base metalúrgica da região e do país, o movimento assumiu grandes proporções, até então inéditas na história do movimento sindical do ABC. Dessa vez, como descreve Éder Sader no clássico *Quando novos personagens entraram em cena: experiências e lutas dos trabalhadores da Grande São Paulo 1970–1980*:

> o cenário da greve não foi mais o conjunto de fábricas, onde os grevistas permaneciam diante de máquinas paradas. O cenário, agora, era do estádio de Vila Euclides, onde se realizavam as grandes assembleias plebiscitárias. Foi provavelmente nessas assembleias que se firmou a liderança carismática de Lula. [...] Quase diariamente mais de 50 mil metalúrgicos em greve se encontravam no estádio e se reconheciam nas palavras daquele que havia recolhido as manifestações dispersas de uma rebeldia longamente sufocada.

Na ocasião, ao contrário do que ocorrera no ano anterior, não houve muito espaço para a negociação entre as partes, tanto que, no dia 15, o Tribunal Regional do Trabalho (TRT) decretou a ilegalidade do movimento, fixando o reajuste estabelecido em lei. Ato contínuo, a 23 de março o governo federal decretou a intervenção no sindicato, afastando a diretoria eleita pelos trabalhadores. Finalmente, quatro dias depois, a diretoria afastada propôs uma trégua de 45 dias para novas rodadas de negociação. Ao final desse período, chegou-se a um acordo, foi suspensa a intervenção, e a diretoria afastada reassumiu suas funções.

Dom Cláudio Hummes, desde o primeiro momento, colocou-se ao lado do movimento grevista, visto por ele como justo e pacífico. Durante a greve, manteve as portas das igrejas abertas para reuniões da diretoria afastada, e assegurou o apoio ao Fundo de Greve, que passou a funcionar nos fundos da igreja matriz de São Bernardo do Campo. Em missa realizada a 25 de março, a que Lula e outros membros da diretoria afastada estiveram presentes, dom Cláudio assim se pronunciou: "Pedimos a Deus para que lhes dê força para prosseguir e que a justiça surja. [...] A Igreja está tentando ficar do seu lado, mesmo que talvez possamos errar durante essa caminhada. Pela minha vontade, a Igreja estará sempre ao lado dos pequenos, dos oprimidos, não por si, mas por força da sociedade. Todos somos iguais perante Deus."[120]

Em 1980, os ânimos estiveram ainda mais acirrados no ABC paulista. No dia 30 de março, em assembleia no estádio de Vila Euclides, uma multidão de 50 mil trabalhadores aprovou o início de nova greve dos metalúrgicos de São Bernardo do Campo. O evento para a deflagração da greve foi cuidadosamente preparado pela diretoria do sindicato. Nenhuma faixa de partidos ou agrupamentos políticos foi permitida. Somente puderam ser exibidas faixas relativas ao movimento sindical. A cerimônia teve início com o Hino Nacional e foi encerrada com o Hino da Independência do Brasil. Depois da abertura protocolar, somente quatro pessoas puderam se pronunciar antes da palavra final de Lula: Maurício de Almeida, advogado do sindicato, que explicou as reivindicações e detalhou o andamento das negociações; Osmar Mendonça, presidente da Comissão de Mobilização, que alertou a categoria a respeito de uma possível intervenção no sindicato e colocou a greve em votação; Ana Dias, viúva de Santos Dias – metalúrgico de São Paulo assassinado por um policial militar no ano anterior; e dom Cláudio Hummes, que apoiou o movimento e conclamou os metalúrgicos a defenderem suas lideranças. "Por fim, perguntou: vocês querem rezar o Pai-Nosso? Todos os braços se ergueram, e assim ficaram durante toda a oração."[121]

Lula fez um discurso de 25 minutos. Depois de promover nova votação de aprovação da greve, chamou a atenção da categoria para os desafios que estavam por vir nos próximos dias. Conclamou os metalúrgicos a não aceitarem provocações e não saírem de casa. Também mencionou a possibilidade de intervenção no sindicato e posterior prisão dos membros da diretoria. Caso isso viesse a ocorrer, defendeu que o movimento grevista fosse mantido pelos próprios trabalhadores. Por fim, explicou à assembleia as razões pelas quais a diretoria fizera questão de entoar ali o Hino Nacional e o Hino da Independência. Disse Lula: "Quando a gente coloca o Hino Nacional [...] numa assembleia de trabalhadores, é porque nós estamos dando uma demonstração de que somos patriotas, estamos dando uma demonstração de que, se alguma coisa boa tiver de acontecer nesse país, vai acontecer por causa da classe trabalhadora. [...] Patrão não tem pátria, quem tem pátria é o trabalhador."

Iniciado no dia 1º de abril, o movimento grevista de São Bernardo do Campo estendeu-se por 41 dias. Como da vez anterior, o TRT decretou a ilegalidade do movimento, e a diretoria do sindicato foi afastada. Nesse meio-tempo, dom Cláudio Hummes, em nota oficial da diocese, pediu o apoio de todas as paróquias ao movimento, colocando-as como ponto de abastecimento de alimentos e ofertas para o Fundo de Greve. Os acontecimentos se precipitaram com velocidade: a 19 de abril, dois dias depois da decretação da intervenção no sindicato, sua diretoria foi presa e encaminhada para o Deops. Lula e os demais diretores do sindicato foram enquadrados na Lei de Segurança Nacional.

O clima de tensão na cidade alcançou o ápice em 1º de maio, Dia do Trabalhador. A despeito das inúmeras pressões dos governos federal e estadual, a greve em São Bernardo do Campo continuava, e estavam previstas para aquela data uma missa na igreja matriz e grandes manifestações de rua. A polícia ocupava as ruas e impedia o acesso ao estádio de Vila Euclides. Nos jornais, circulavam notícias de um possível indiciamento de dom Cláudio por incitamento à greve ilegal.

Após a realização da missa, e diante da perspectiva de um confronto aberto entre os trabalhadores e o aparato policial, veio finalmente a ordem da Secretaria de Segurança Pública para permitir a realização da "Marcha pela Reabertura das Negociações", que reuniu uma multidão de mais de 100 mil pessoas. À frente da marcha estavam dom Cláudio, Marisa Letícia, esposa de Lula, e Frei Betto. No estádio de Vila Euclides, também liberado pela polícia, os metalúrgicos reafirmaram a decisão de permanecer em greve.

Para forçar a abertura de negociações, Lula e os demais presos iniciaram uma greve de fome por seis dias. No dia 11 de maio, os metalúrgicos optaram por dar fim ao movimento. Lula só seria libertado nove dias depois.

Ao final da greve, começaram os balanços sobre o significado daquilo tudo para o sindicalismo, a classe trabalhadora e o processo de abertura política em curso. Como não poderia deixar de ser, as posições se apresentavam divergentes. Para o governo e determinados setores conservadores, inclusive católicos, Lula e a Igreja Católica do ABC tinham ido longe demais – eram ameaças à ordem pública e, como tal, deveriam sofrer algum tipo de punição. Já para o PCB, a greve tivera sua importância, mas terminara por se estender em demasia, rompendo com uma política voltada para o combate unitário contra o regime. Segundo Hércules Corrêa, um dos principais dirigentes do Partido, em seu livro *O ABC de 1980*, não seria com ações isoladas e reivindicações específicas, como ocorrera em São Bernardo do Campo, que se iria romper o impasse político rumo à construção democrática. Por fim, havia os que viram no movimento de 1980 algo mais do que uma mera mobilização sindical em prol de melhorias econômicas. Registra Éder Sader: "Com a greve de 1980, o movimento realmente extravasou de seus objetivos econômicos. Ele enfrentou o regime esboçando uma alternativa dos trabalhadores para a transição em curso. Passaria a haver um outro sujeito político no cenário público."[122]

Como se ressaltou anteriormente, dom Cláudio assumiu uma posição proeminente no movimento, colocando a estrutura da diocese a serviço dos operários grevistas. Naquele contexto, com vistas a reforçar os laços entre a Igreja e os trabalhadores, já em 1979 lançou um Plano de Pastoral que viria a estimular a criação (ou recriação) de núcleos de apoio por toda a diocese. Tal medida teve efeito imediato em Santo André – sede da diocese –, quando se formou um grupo de pastoral assessorado pelo padre Carlos Tosar. No ano seguinte, em plena greve dos metalúrgicos, com a assessoria de Frei Betto, constituiu-se o grupo que passou a compor a Pastoral Operária de São Bernardo do Campo e Diadema. Esse grupo fundador foi formado por militantes oriundos da Juventude Operária Católica, da Pastoral da Juventude e dos sindicatos, entre outros.

Antônia Carrara, conhecida como Toninha, foi uma das responsáveis pelo trabalho da Pastoral Operária de São Bernardo do Campo (PO-SBC). Jornalista, filha e esposa de metalúrgico, Toninha relata que a origem da PO na cidade se relaciona com o trabalho de distribuição de alimentos realizado durante a greve de 1980. Em determinado momento, ela e outras pessoas que estavam à frente daquele trabalho foram chamadas para participar de uma reunião com Frei Betto que, na ocasião, propôs a formação da pastoral. Segundo Toninha, todo mês havia uma reunião com Frei

Betto na igreja matriz para planejar as atividades da pastoral. A pauta consistia em ler a Bíblia e comparar com a vida da classe trabalhadora; depois da leitura, distribuíam-se as tarefas para contribuir com a classe trabalhadora. Essas tarefas eram ligadas ao movimento sindical, ao movimento popular ou à própria Igreja. Nos bairros, eram realizadas reuniões de formação política, leitura da Bíblia e debate sobre as demandas das comunidades. Eram feitos também encontros em associações de moradores, fábricas e paróquias.

Ainda segundo Toninha, o dominicano cumpria a tarefa de coordenar o grupo e acompanhar a formação política dos participantes. O grupo da PO saía em campo para desenvolver o trabalho nos bairros e nas fábricas. "Frei Betto nos formava em todos os sentidos. Ele nos orientava teoricamente, em leituras do marxismo, e também em questões de ordem prática. Pedia sempre para a gente ter cuidado, porque estávamos na época da ditadura; sempre guardar algum dinheiro caso fosse preciso sair do país."

Na agenda da pastoral, além dos encontros mensais, havia ainda retiros anuais de fins de semana que reuniam as pastorais da região. Em certa ocasião, Toninha participou de um desses retiros grávida de quase nove meses. Frei Betto, muito preocupado com ela, levou-lhe um livro sobre parto e destacou: "'Nós somos militantes, falamos da política, da Bíblia, da metodologia com as pessoas, mas agora temos de pensar na cria.' O contato com ele era nesse nível... Era uma coisa muito humana..."

Nos retiros, momento importante era o de autoavaliação. Segundo Eliana Pinto, membro da PO desde 1983, todo o grupo passava por um processo de avaliação, inclusive os assessores – Frei Betto e Teresinha Toledo. Por vezes, o grupo os advertia de estarem "metendo muito o bico" nas coisas; eles estavam ali para assessorar e não para mandar. Em geral, eles acatavam as observações. "Era um importante exercício de humildade para todos nós."

Duas atividades, a partir de 1981, começaram a fazer parte da agenda anual da PO-SBC: a Missa do Trabalhador, celebrada pelo bispo no dia 1º de maio de cada ano com a participação de Frei Betto, e a Semana do Trabalhador, evento que reunia um conjunto de palestrantes encarregados de abordar temas da atualidade. Em 1981, o tema foi "Igreja e classe trabalhadora" e foram palestrantes o biblista Carlos Mesters, o sociólogo José de Souza Martins e o teólogo Leonardo Boff, além de dom Cláudio, Lula, Ana Dias e o próprio Betto. Nos anos seguintes, o evento viria a tratar de temas como "Fé e compromisso político", "Desemprego, causas e consequências", "Igreja, classe trabalhadora e democracia".

Teresinha Toledo foi outro nome importante na formação de pastorais operárias no ABC. Nos primeiros anos da década de 1970, em Vitória, Teresinha, freira da Congregação das Irmãs de Caridade de São Vicente de Paulo, atuou como professora universitária e educadora popular nas áreas periféricas da capital capixaba. Em 1974 travou contato com Betto e, no ano seguinte, esteve com ele e dom Luís Fernandes na preparação do 1º Encontro Intereclesial das CEBS. Segundo ela, Betto viria a cumprir um papel importante em sua formação de agente pastoral. "Todas nós, religiosas, tínhamos a perspectiva da opção preferencial pelos pobres, mas não tínhamos uma visão política, de análise de conjuntura. [...] Não sabíamos nada de marxismo. Foi Betto que nos introduziu nisso. Quando descobrimos a relação entre marxismo e cristianismo, aquilo foi uma descoberta para nós. Aquilo revirou minha vida."

Em 1981, já desligada da congregação, Teresinha deslocou-se para o ABC paulista para trabalhar junto aos operários. No ano seguinte, formou um grupo na região de Taboão, que deu origem à PO de Diadema, na qual viria a atuar como assessora durante trinta anos. Para ela, "os grupos de PO deveriam funcionar como espaço de oração, reflexão e postos de abastecimento para a luta, nas diferentes esferas de organização dos trabalhadores: sindicatos, movimentos populares e política partidária. A PO deveria ser a presença da Igreja na classe trabalhadora e a presença da classe trabalhadora na Igreja".[123]

Tarcísio Secoli ingressou na PO em 1985, depois de três anos em CEBS. Para ele, a participação na PO foi importante para as atividades que viria a desenvolver depois na direção do Sindicato dos Metalúrgicos. Segundo seu relato, o trabalho da PO em defesa de uma postura coerente e ética na vida e no trabalho representava um suporte fundamental aos seus participantes e militantes, ainda mais naqueles dias. Quanto ao papel de Frei Betto em sua formação, Tarcísio menciona duas expressões que o assessor da PO costumava utilizar e que ele, até hoje, faz questão de repetir: "A cabeça pensa onde os pés pisam" e "Quem não gosta de política é governado por quem gosta". Em 1990, ele se afastou do trabalho mais efetivo na PO para participar da diretoria do Sindicato dos Metalúrgicos. No sindicato, tornou-se um dos principais responsáveis pelos cursos de formação dos filiados.

José Albino foi um dos membros fundadores da PO-SBC. Assim como outros membros da PO, militava em duas frentes: no movimento popular e nos meios sindicais. Sobre seu trabalho junto ao sindicato, chama a atenção para uma questão em particular: o preconceito que até então existia em alguns segmentos do movimento sindical contra os militantes cristãos, muitas vezes chamados pejorativamente de "igrejeiros", e o importante papel que Betto e dom Cláudio exerceram para colocar em xeque esse preconceito. Segundo ele, os cristãos eram vistos com reserva dentro do movimento sindical, porque persistia a lembrança das tentativas da Igreja Católica de criar sindicatos próprios, paralelos, exclusivos de cristãos, e isso era muito malvisto. No momento em que ele e seus companheiros puderam desenvolver com Frei Betto uma reflexão mais ampla acerca de seus papéis, essa situação começou a melhorar e eles passaram a ser mais respeitados. "Passamos a ver melhor qual era o nosso papel. 'Nós somos fermento da massa'. Não queríamos atuar paralelamente como cristãos no sindicato ou em qualquer outra instância."

Outro fator importante foi o apoio incondicional dado por dom Cláudio ao movimento dos metalúrgicos durante as greves de 1979 e 1980. A partir daí, registra José Albino, "o respeito aos militantes 'igrejeiros' foi 100%. Deixamos de ser tratados como 'igrejeiros' e o termo ficou para lá. Eu era o José Albino da Pastoral Operária".

Durante 22 anos, Betto assessorou a PO de São Bernardo do Campo. Essa foi uma de suas atividades pastorais mais longas, e talvez de maior impacto político-social. Por intermédio do trabalho das pastorais operárias da região do ABC, foram formadas gerações de militantes, tanto para os movimentos sociais, os sindicatos e a Central Única dos Trabalhadores (CUT), criada na esteira da ascensão do movimento sindical do começo da década de 1980, como para o Partido dos Trabalhadores (PT) – expressão político-partidária do novo "sujeito político" que surgira em meio às greves do ABC.

Prática pastoral e questão partidária

Em seu trabalho na Pastoral Operária de São Bernardo do Campo, como no Centro de Educação Popular Sedes Sapientiae, Betto frequentemente colocava em pauta a discussão sobre o papel específico dos cristãos na vida político-social brasileira, marcada pelo desgaste do regime ditatorial, pelo avanço dos movimentos sociais e sindicais, e pela formação de novas agremiações políticas. A questão que se enfatizava era a de reunir condições para manter as CEBS e a PO como "postos de abastecimento" para as lutas nas diferentes instâncias de representação política e social.

Em 1981, em *O que é comunidade eclesial de base* – livro publicado na coleção Primeiros Passos da Editora Brasiliense –, Betto apresentou um conjunto de reflexões sobre esses desafios.

Para ele, durante o período mais duro da ditadura militar, particularmente após a edição do Ato Institucional nº 5 em 1968, dado o cerceamento da oposição, coube à Igreja comprometida com o trabalho popular fazer-se hegemônica na defesa dos direitos humanos e na denúncia das arbitrariedades cometidas em nome da segurança nacional. Foi nesse momento que, segundo Betto, a pastoral popular assumiu conotação fortemente política, vindo a transformar-se em importante fonte de rearticulação do movimento popular e do movimento operário.

Já no contexto de liberalização política, a sociedade civil assumiu nova configuração.

> O movimento popular e o movimento operário se emancipam, prescindindo de seus vínculos com a pastoral; os grupos políticos emergem da clandestinidade; muitos exilados retornam; novos canais de expressão política são criados. [...] A Igreja comprometida com a pastoral popular já não é o núcleo hegemônico da manifestação do povo. A pastoral popular fica num impasse. Sente-se como quem se vê numa encruzilhada da história.

Tornava-se necessário, portanto, enfrentar a "questão partidária".

Para Betto, esse desafio não era novo, uma vez que havia muito a Igreja assumia posições político-partidárias. Segundo ele, a hierarquia sempre deixou clara sua preferência por este ou aquele partido, na medida em que a agremiação assumisse os interesses empresariais da Igreja (como a escola particular) e procurasse preservar a legislação condizente com sua doutrina (a proibição do divórcio). Com base nisso, Betto propunha que o tema fosse tratado de frente e sem qualquer receio de que os partidos pudessem vir a concorrer com ou substituir a Igreja no trabalho junto às bases populares ou sindicais. E mais: no âmbito das lutas sociais, o partido cumpria uma função estratégica – a de servir de conduto político com vistas a alcançar o "aparelho de Estado".

Betto também achava que o partido não devia ser a soma dos movimentos de base, mas a consequência politicamente estruturada da prática desempenhada por esses movimentos. E concluía: "É falsa a alternativa organização de base ou partido. Trata-se de assegurar a autonomia das organizações populares e operárias de base e, ao mesmo tempo, criar condições para que interfiram, através de um conduto político, no sistema legislativo-judiciário e no poder Executivo." Com isso, Betto mandava um recado a setores da Igreja popular que viam com grandes reservas qualquer aproximação com os partidos.

Nessa mesma linha, o dominicano defendia a posição de que a pastoral popular nem devia recuar ante a prática política, nem devia confundir-se com ela. Para tanto, propunha que fosse orientada em torno de algumas exigências básicas. A primeira, a da ação evangelizadora e explícita de seus militantes nas lutas sociais e políticas ao lado de todos que lutavam pela libertação. A segunda: que essa ação transformadora se realizasse referenciada por instrumentos de análise que lhe permitissem captar as contradições fundamentais dessa realidade. Para ele, a via teórica desse entendimento era a concepção científica da história sistematizada nas obras de Marx.

Passando para questões menos genéricas, Betto alertava para que o debate sobre a questão partidária no âmbito da pastoral popular não se desse em torno de siglas ou figuras que encarnariam uma ou outra proposta. Em um partido, sublinhava, "o que interessa é a natureza e o caráter de seu bloco hegemônico e o conteúdo de seu programa de ação". Para ele, no âmbito da pastoral popular, o debate político-partidário deveria levar em conta quatro critérios gerais: 1) opção pelas classes populares: que se constitua um conduto político como obra das classes populares que expresse a hegemonia do proletariado urbano e rural; 2) respeito à autonomia das organizações populares de base: que não se incorra no erro de transformá-las em meros redutos eleitorais ou de absorvê-las numa estrutura partidária; 3) incentivo às formas de organização de base que exprimem os interesses objetivos das classes populares; 4) valorização de todas as formas de educação que favoreçam o projeto de libertação do povo. Essas iniciativas, segundo ele, ajudariam a fazer do povo sujeito de seu destino histórico. "Querer atrelá-las a uma estrutura partidária", alerta, "é contribuir para asfixiá-las, impedindo que as classes populares deem os passos pedagogicamente necessários às formas mais amplas de luta."

No livro, Betto lida com temas e questões que costumam ser tratados com enorme cuidado pela hierarquia eclesial, até porque havia muito a

Igreja alimentava a imagem de se colocar acima da política e dos partidos. A esse respeito, o autor não tergiversava: Igreja, política e partidos andaram e andam juntas. Para Betto, o problema não era esse; portanto, não havia por que fugir dele. A questão-chave que vislumbrava era a de se criarem e estabelecerem mecanismos de inter-relação entre Igreja e política, no sentido de levar adiante uma ação conjunta revolucionária libertadora.

Essa mesma desenvoltura, no entanto, não se mostra presente em outros momentos do texto. Quando expõe suas proposições acerca do aparelhamento necessário da pastoral para fazer frente ao desafio político, Betto limita-se a chamar a atenção para a importância da práxis e o uso da mediação científica, que, para ele, se confunde com o marxismo. Não menciona nenhuma outra teoria do vasto campo das ciências sociais e humanas, e tampouco se propõe enfrentar o problema de especificar melhor o que entende como marxismo – afinal, como ele mesmo registra de passagem no texto, há vários marxismos. Nesse ponto em particular, o texto oferece poucos elementos ao leitor.

Também se mostra contido em produzir uma análise política mais ampla a respeito da "transição política", assim como da natureza dos partidos políticos que surgiam na esteira da chamada reformulação partidária. Limita-se a desenvolver algumas reflexões em torno das opções políticas gerais que deveriam nortear o debate na pastoral popular. As legendas partidárias sequer são mencionadas.

Ao que parece, Frei Betto trata do tema dos partidos com os pés fincados na pastoral popular e nos movimentos sociais; ali é o seu lugar de fala, "o chão onde pisa". No livro, registra a importância estratégica do partido como entidade capaz de congregar e avançar na luta libertadora, e refuta teses que opõem partido e organizações populares. Paralelamente, mantém o alerta contra quaisquer possibilidades de subordinação ou tutela do segundo pelo primeiro. Para ele, o fundamental nessa discussão era assegurar a construção e a manutenção de organizações populares de base autônomas – essas seriam, no seu modo de ver, a base da construção do novo, e serviriam de fundamento para as estruturas políticas.

Em meio a tudo isso, como foi referido acima, surgiam novas agremiações partidárias. Vejamos qual foi a opção de Betto no campo partidário.

No começo dos anos 1980, corria solto o debate entre as principais forças políticas sobre as estratégias a serem adotadas para dar cabo da ditadura militar e implantar um regime democrático no país. No campo das esquerdas, as respostas para essa questão eram inúmeras, mas podem ser reunidas em três grandes blocos. No primeiro, a luta passava fundamentalmente pela constituição de uma ampla frente democrática para pôr termo à ditadura. O principal instrumento institucional para isso deveria ser o Partido do Movimento Democrático Brasileiro (PMDB). Compunham esse projeto, além de grupos liberais e liberaldemocráticos que dominavam a legenda, a chamada "esquerda histórica" – o Partido Comunista Brasileiro (PCB) e o Partido Comunista do Brasil (PCdoB) – e o Movimento Revolucionário 8 de outubro (MR-8). Cabe observar que os partidos comunistas, em especial o primeiro, possuíam importante enraizamento em segmentos sindicais e populares.

Um segundo bloco girava em torno do Partido Democrático Trabalhista (PDT) e de Leonel Brizola, seu principal líder. Para essa vertente, a luta contra a ditadura poderia e deveria ser realizada pelas oposições em agremiações diferentes, até porque os projetos políticos de longo prazo não eram os mesmos. Na ocasião, Brizola buscava reunir apoio a um projeto trabalhista renovado e em diálogo direto com os partidos socialistas e social-democratas europeus. Depois de retornar do exílio e fixar-se em definitivo no Rio de Janeiro, Brizola e seu partido passariam a ter forte expressão em terras fluminenses e gaúchas.

O terceiro bloco das esquerdas teve como centro de gravidade o Partido dos Trabalhadores (PT) e o ABC paulista. Criado em fevereiro de 1980, fruto da ação combinada de líderes sindicais, grupos das esquerdas cristãs e ex-militantes das esquerdas revolucionárias, e contando com o apoio de figuras intelectuais de renome, o PT mesclou a luta contra a ditadura com críticas frontais ao projeto de unidade das oposições defendido pelo PMDB e pelos partidos comunistas. Correndo em raia própria, buscou se distanciar tanto da "esquerda histórica", a qual via como "cupulista e antidemocrática", quanto dos trabalhistas, aos quais acusava de "populistas" e "atrasados". O PT via-se como moderno, diferente, como um fenômeno novo na história brasileira. Um partido "verdadeiro", criado e dirigido por trabalhadores.

Betto era um partícipe importante na conformação de uma Igreja popular que viria a se identificar bastante com essa terceira vertente das esquerdas – a que veio a se autodenominar "nova esquerda". Essa foi a sua aposta partidária, embora jamais tenha se filiado a qualquer partido, assim como a de várias outras lideranças e organizações cristãs.

No primeiro semestre de 1980, Betto começou a estabelecer laços mais estreitos com o vasto mundo sindical do ABC e, em particular, com a diretoria do Sindicato dos Metalúrgicos de São Bernardo do Campo e Diadema. Para que isso viesse a ocorrer, uma oportunidade importante foi sua participação, em janeiro daquele ano, na cerimônia de posse de João Paulo Pires de Vasconcelos – seu vizinho e amigo dos tempos de Belo Horizonte e militante da PO – à frente do Sindicato dos Metalúrgicos de João Monlevade. Durante o evento, segundo o próprio frade, "neófito no mundo operário, eu engatinhava atento ao cuidado do estrangeiro que desembarca encantado numa terra que povoa suas fantasias, mas cujo idioma ignora e teme não decifrar corretamente os costumes".[124]

Na ocasião Betto travou contato, pela primeira vez, com Luiz Inácio da Silva, o Lula, e outras figuras do "novo sindicalismo", tais como Arnaldo Gonçalves, presidente do Sindicato dos Metalúrgicos de Santos, e Olívio Dutra, do Sindicato dos Bancários de Porto Alegre, além de ter tido a oportunidade de rever o amigo Victor Buaiz, presidente do Sindicato dos Médicos do Espírito Santo. Entre os presentes, a conversa girou em torno dos desafios impostos aos movimentos sindical e popular naquele contexto de "abertura política" e da formação de novas agremiações partidárias.

Durante a reunião, Betto conversou longamente com Lula. Dias depois, a convite de Lula, a conversa prolongou-se em São Bernardo do Campo – daí resultando uma nova amizade e longa parceria entre o frade dominicano e o líder operário.

Em abril, a greve tomou conta do ABC. Por razões de segurança, antevendo nova intervenção no Sindicato dos Metalúrgicos, Lula pediu a Betto que ficasse morando com ele e sua família. O religioso assim fez. Na madrugada do dia 19 de abril, Betto e Geraldo Siqueira, então deputado pelo PT de São Paulo, pernoitavam na casa de Lula e, ao amanhecer, puderam testemunhar a prisão do líder metalúrgico.

"Às seis da manhã, chegaram os homens do Deops", relata Betto.

> Eles chegaram gritando: "Senhor Luiz Inácio, senhor Luiz Inácio". Percebi logo; primeiro subi no quarto, bati na porta e falei: "Lula, se prepara, a polícia está aí." Ele respondeu: "Atende lá que eu vou me vestir." Fui lá e os policiais falaram: "Queremos falar com o senhor Luiz Inácio..." Eu

Acervo pessoal — Frei Betto

Frei Betto autografa *Fidel e a religião*, um dos maiores best-sellers da história editorial cubana. A edição inicial ultrapassou 360 mil exemplares e, em Havana, esgotou-se em apenas duas horas.

Acervo pessoal — Frei Betto

Lançamento de *Fidel e a religião* em Cuba, em dezembro de 1985.

Betto frequentou um grupo escoteiro por cinco anos. Como lobinho, abriu um desfile de Sete de Setembro.

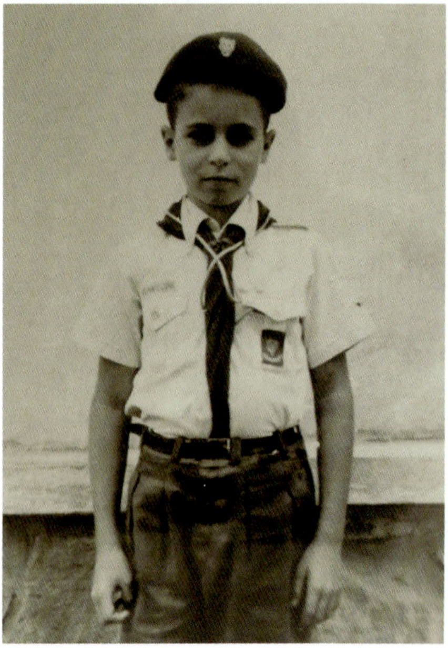

Acervo pessoal — Frei Betto

Casa da rua Padre Odorico, número 162, no bairro São Pedro, em Belo Horizonte (MG), onde a família Libanio Christo morou por mais de 30 anos.

Acervo pessoal — Frei Betto

Acervo pessoal — Frei Betto

Família Libanio Christo nos anos 1990. À frente: Maria Cecília, Antonio Carlos, Stella, Breno e Tonico. Atrás: Leonardo, Rodrigo, Luiz Fernando, Maria Thereza e Betto.

Acervo pessoal — Frei Betto

Os filhos mais velhos de Antonio Carlos e Stella: Luiz Fernando, Betto, Maria Cecília e Maria Thereza.

Acervo pessoal — Frei Betto

Betto na juventude, em Belo Horizonte, c. 1957.

Acervo pessoal — Frei Betto

Registro do 4º Encontro Regional Centro-Oeste da Juventude Estudantil Católica (JEC), em Belo Horizonte, em 1962. Aos 17 anos, Betto (à esquerda, no fundo) foi convidado pela direção da Ação Católica para compor a equipe nacional da JEC, o que motivou sua mudança para o Rio de Janeiro (RJ), onde morou por três anos.

Acervo pessoal — Frei Betto

Betto (na fila de trás, o 6º da direita para a esquerda) e os colegas noviços, após cerimônia de tomada de hábito, em 1965, em Belo Horizonte. O noviciado é a primeira etapa na formação de um frade dominicano.

Revista *Realidade*, outubro 1966

Frei Domingos Maia Leite foi superior da Ordem dos Pregadores no Brasil e conselheiro de Frei Betto. Após a prisão dos dominicanos, redigiu e divulgou uma nota em defesa dos religiosos acusados de terrorismo e defendeu os frades incondicionalmente.

Revista *Realidade*, outubro 1966

Betto e outros frades no Convento das Perdizes, em São Paulo (SP), em 1966. O reduto religioso paulista recebia visitas de psicanalistas, escritores e artistas, entre eles Caetano Veloso, Geraldo Vandré e a família Buarque de Holanda.

Um ano depois de chegar ao Convento das Perdizes, em São Paulo, Frei Betto passou a publicar na revista *Realidade*, a mais importante do país. Na imagem abaixo, o dominicano é retratado em sua reportagem sobre os universitários brasileiros. No texto, de setembro de 1967, ele assina como Alberto Libânio.

o jovem UNIVERSITÁRIO

Para fazer a reportagem sôbre o mundo universitário, REALIDADE convidou o jovem Alberto Libânio, de 22 anos. Êle tinha que ir viver um mês com os estudantes e descobrir se êles são realmente tão subversivos como os pintam, quais as suas preocupações, o que pensam sôbre política, religião, sexo, moral. Descobrir como êles se divertem, o que fazem fora das universidades, o que conversam em volta de uma mesa de chope, o que acham seus pais de suas atitudes, o que pensam suas namoradas. Libânio aceitou o trabalho, e decidiu fazer a reportagem fora de São Paulo, por um motivo muito importante: nesta capital se preparava o XXIX Congresso da ex-UNE, e os estudantes não seriam apanhados num ritmo de vida normal. Escolheu então Belo Horizonte, Minas. Alberto Libânio arrumou as malas e durante trinta dias viveu numa república de estudantes mineiros. Entrevistou autoridades, almoçou e bebeu com universitários, foi a bailes, festinhas, reuniões de centros e diretórios acadêmicos. Participou de reuniões sôbre política estudantil e problemas do ensino brasileiro. Com todo êsse material, Libânio voltou a São Paulo. Ficou três dias trancado em seu apartamento e sòmente saiu de lá com a reportagem pronta.

Revista *Realidade*, setembro 1967

A revista *Veja* de 19/11/1969 trazia a manchete "Os sacerdotes da violência". O tom dado à reportagem demonstra a atmosfera criada em torno da captura de Frei Betto, dez dias antes, em Porto Alegre (RS).

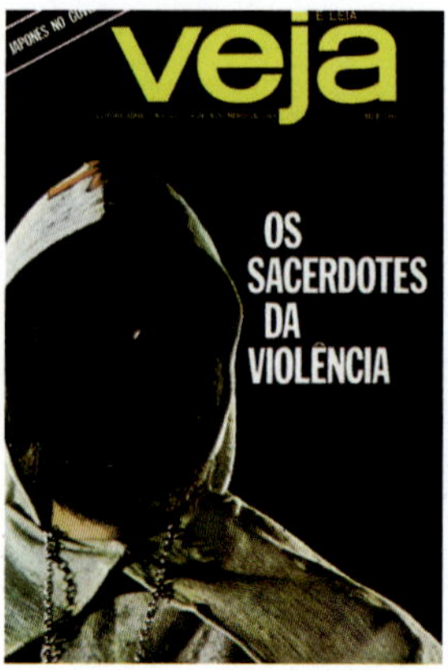

Revista *Veja*, 19 de novembro de 1969

Divulgação

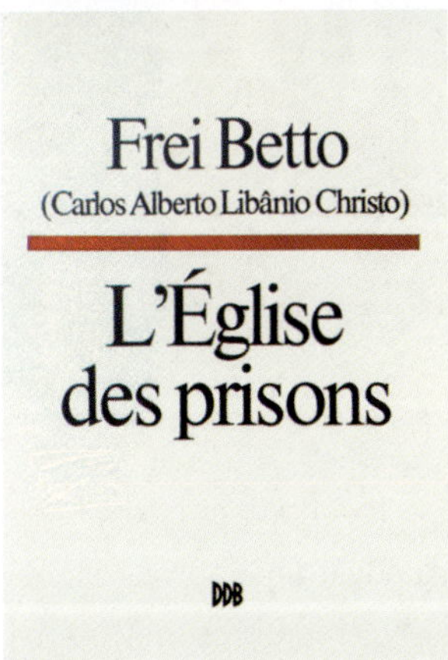

Edições estrangeiras de *Cartas da prisão*, livro publicado no Brasil em 1977 pela Civilização Brasileira.

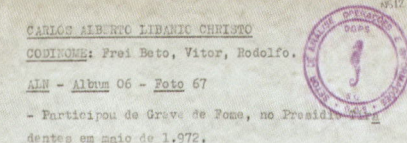

- Em 09.11.69 foi preso em Porto Alegre por Subversão e Terrorismo.
- Em 11.12.69 teve o seu mandado de prisão preventiva / decretada pela 2ª Auditoria da 2ª CJM.
- Em 12.12.69 - Rec. Presos Tiradentes.
- Em 31.03.70 foi indiciado em Inq. Pol..

Condenado: 04 anos de reclusão.-
Processo nº 207/69 (Grupo "A")
2º Auditoria da 2º CJM.

- Atividades criminosas da A.L.N.
- Pasta 41 Doc. 03

Nº512

CARLOS ALBERTO LIBANIO CHRISTO

CODINOME: Frei Beto, Vitor, Rodolfo.

ALN - Album 06 - Foto 67

- Participou de Greve de Fome, no Presidio Tira dentes em maio de 1.972.

PASTA Nº 49 DOC Nº 13 FLS Nº 47

- Elemento com o qual JOÃO ANTONIO CALDAS VALENÇA (Frei Maurício), manteve contactos na ALN.
- Fil.: Antonio Carlos Vieira Cristo
  Maria Stela L. Cristo
- Nasc.: Belo Horizonte - MG.

Arquivo Público do Estado de São Paulo

Ficha de Frei Betto no Deops de São Paulo (SP), para onde ele foi levado em 27/11/1969, junto com outros religiosos, depois de ser preso em Porto Alegre. O delegado Sérgio Paranhos Fleury, homem-chave da repressão e da tortura, e seus agentes o esperavam ao descer do avião da Força Aérea.

Arquivo dos Dominicanos de Belo Horizonte

Reunião de integrantes do Emaús, em maio de 2001. O grupo foi criado em 1974, reunindo teólogos e agentes pastorais. A ideia inicial era promover uma aproximação entre marxismo e cristianismo. Era chamado, por alguns de seus membros, de Grupo Catequese Vozes – o nome Emaús surgiu apenas na década de 1990.

Acervo pessoal — Frei Betto

Frei Betto com o sacerdote peruano Gustavo Gutiérrez, à esquerda, referência central da Teologia da Libertação, e o padre belga Eduardo Hoornaert, um dos principais historiadores da Igreja no Brasil.

Acervo pessoal — Frei Betto

O teólogo Leonardo Boff, Frei Betto e o cardeal Evaristo Arns, no fim dos anos 1980. O arcebispo de São Paulo foi um dos esteios da atuação de Frei Betto junto aos movimentos sociais e em seu trabalho no mundo socialista.

Arquivo dos Dominicanos de Belo Horizonte

Barraco de Betto em favela de Vitória (ES). Durante cinco anos, ele e o arquiteto Luis Fabiano de Miranda trabalharam na pastoral da arquidiocese e moraram no Morro da Ilha de Santa Maria.

Acervo pessoal — Claudio Vereza

Encontro da Equipe de Cáritas Vitória, na década de 1970. Por proposta de Frei Betto, a entidade se voltou para o trabalho de educação popular. Dali saíram jovens lideranças comprometidas com a organização dos movimentos sociais.

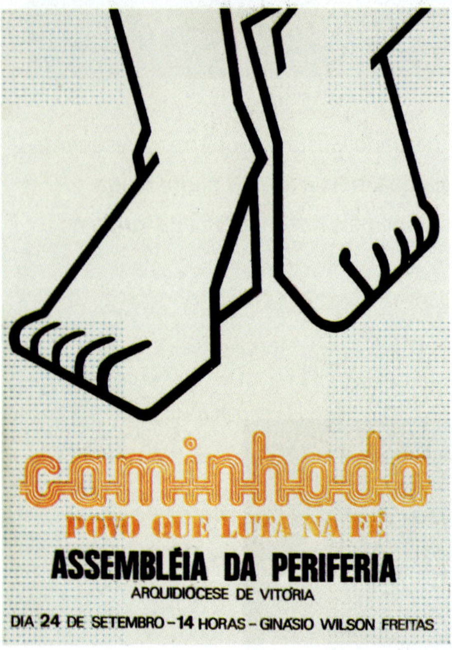

Acervo pessoal — Claudio Vereza

O folheto litúrgico *Caminhada, Assembleia da Periferia* era produzido sob a orientação de Betto e distribuído em boa parte das paróquias de Vitória, na década de 1980.

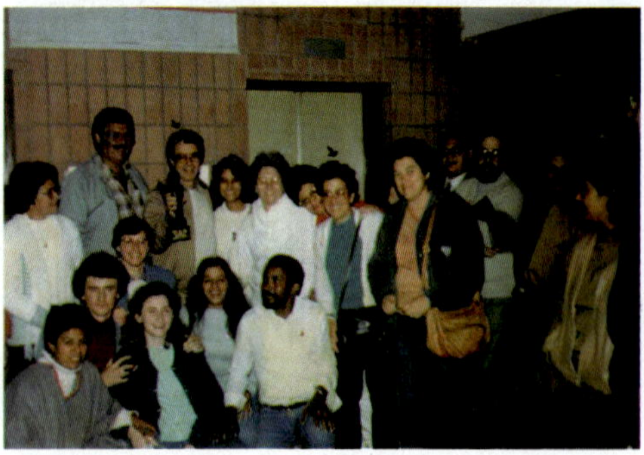

Acervo pessoal — Davina Silva

Equipe da Pastoral Operária no evento de entrega do troféu Juca Pato de 1986, quando Frei Betto foi agraciado com o Prêmio Intelectual do Ano.

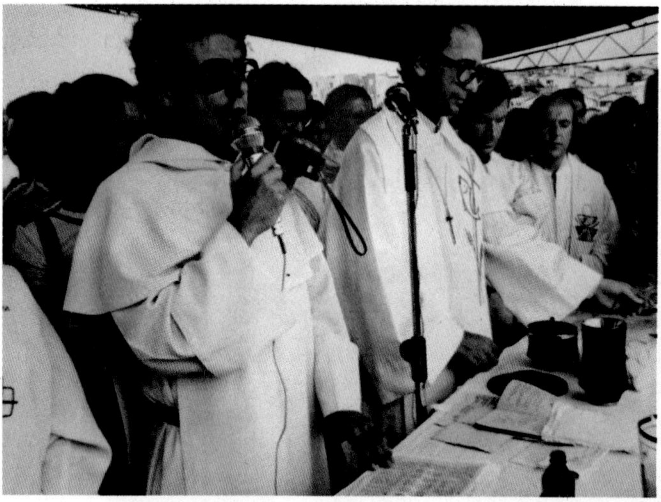

Arquivo dos Dominicanos de Belo Horizonte

Frei Betto e dom Cláudio Hummes em celebração no ABC paulista. Dom Cláudio é personagem imprescindível no movimento sindical e no trabalho pastoral da região.

Acervo pessoal — Frei Betto

Frei Betto com integrantes do movimento sindical. O dominicano deu suporte aos movimentos grevistas, ministrou cursos de formação política no Sindicato dos Metalúrgicos de São Bernardo do Campo e teve presença importante na organização do movimento sindical em nível nacional.

Arquivo dos Dominicanos de Belo Horizonte

Lula durante Missa do Trabalhador que, desde 1981, acontece todos os anos na Igreja Matriz de São Bernardo do Campo. Nas décadas de 1980 e 1990, a cerimônia, organizada pela Pastoral Operária e coordenada por Frei Betto, representou um marco no apoio da Igreja às lutas operárias na região.

Acervo pessoal — Frei Betto

Pastoral Operária de São Bernardo do Campo e Diadema (SP).
Frei Betto assessorou a Pastoral do ABC entre 1980 e 2002.

Acervo pessoal — Frei Betto

Frei Betto confraterniza com amigos: o ex-ministro da Secretaria Geral da Presidência, Gilberto Carvalho; o criador do Instituto Ethos, Oded Grajew; Lula; Marisa Letícia; o jornalista Ricardo Kotscho e outros.

Acervo pessoal — Frei Betto

Com Chico Buarque e Lula.

Acervo pessoal — Frei Betto

Com a mexicana Elsa Tamez, teóloga protestante vinculada à Teologia da Libertação e importante referência para Frei Betto.

Acervo pessoal — Frei Betto

Frei Betto e o poeta nicaraguense Ernesto Cardenal, amigos desde 1979. Considerado um dos maiores autores da América Latina, Cardenal foi a Cuba prestigiar o lançamento de *Fidel e a religião*.

Acervo pessoal — Frei Betto

Noite Sandinista, realizada em São Paulo (SP), no início de 1980, durante o IV Congresso Internacional Ecumênico de Teologia. O congresso foi promovido por dom Paulo Evaristo Arns e teve Frei Betto como secretário-executivo. Além de 160 bispos, padres, freiras, leigos e pastores protestantes de 42 países, participaram os principais representantes da Frente Sandinista de Libertação Nacional. Na foto acima, Frei Betto está entre Daniel Ortega e o padre Miguel d'Escoto.

Acervo pessoal — Frei Betto

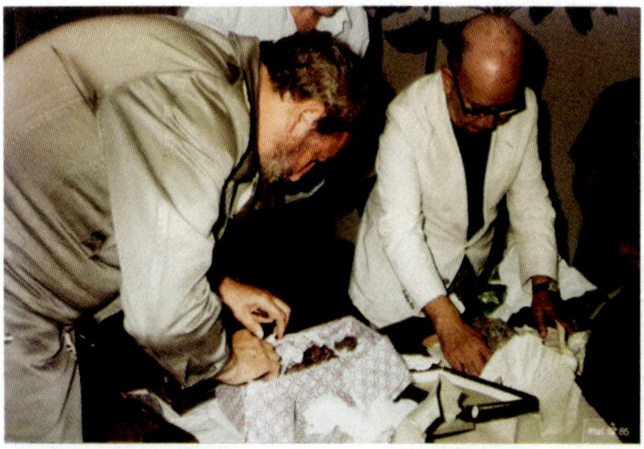

Antonio Carlos, pai de Betto, entrega a Fidel Castro caixa de chocolates oferecida como presente por dom Paulo Evaristo Arns.

Acervo pessoal — Frei Betto

Frei Betto, Fidel Castro e Antonio Callado em evento do Voo da Solidariedade, realizado em fevereiro de 1992. Junto com Leonardo Boff, Fernando Morais, Chico Buarque e Eric Nepomuceno, Betto organizou o envio de medicamentos e outros suprimentos para ajudar o povo cubano, que passava por grave crise econômica.

Acervo pessoa — Frei Betto

No gabinete onde ocorreram as entrevistas que resultaram no livro *Fidel e a religião*. Foram mais de 23 horas de conversas, que atravessaram dez madrugadas.

Com o presidente de Cuba, Raúl Castro, a quem Frei Betto costuma presentear com uma das melhores cachaças mineiras, a Havana.

Acervo pessoal — Frei Betto

Acervo pessoal — Frei Betto

Evento da *América Libre*, em Buenos Aires. A revista foi fundada em 1993 com três propósitos básicos: solidariedade com a Revolução Cubana, opção pelo socialismo e unidade na diversidade de pensamentos.

Acervo pessoal — Frei Betto

Frei Betto na China, no final dos anos 1980, em viagem com objetivo de intermediar as relações entre Igreja e Estado, à luz da Teologia da Libertação.

Acervo pessoal — Frei Betto

Frei Betto na cadeira presidencial em Cuba. Atrás de Betto, está Raúl Castro.

Acervo pessoal — Frei Betto

Na ex-União Soviética com Leonardo e Clodovis Boff, Pedro Ribeiro de Oliveira, Jether Ramalho e Regina Festa, em 1987, a convite da Igreja Ortodoxa e do Conselho de Assuntos Religiosos daquele país. Betto retornou a Moscou outras duas vezes.

Acervo pessoal – Frei Betto

Betto com a mãe, Stella, e a afilhada Helena, filha de Chico Buarque.

Acervo pessoal – Frei Betto

Betto com a prima Milú Villela, dona da mansão onde o frade organizou aniversários com a presença de convidados de várias esferas sociais – de integrantes do MST a personalidades como o jornalista Chico Pinheiro (na foto, de terno escuro).

Acervo pessoal – Elizabeth Paulon

As amigas e psicanalistas Sônia Monteiro de Barros, Elizabeth Paulon e Gilza Peixoto Lessa, apelidadas pelo irmão caçula de Betto, Tonico, de Irmãs Cajazeiras.

Estado de Minas (DA Press)

No funeral de Tancredo Neves, em abril de 1985, Frei Betto falou algumas palavras, a pedido de dona Risoleta Neves.

Acervo pessoal — Frei Betto

O irmão caçula de Betto, Tonico, e Lula no Palácio do Planalto, logo após a posse do petista como presidente da República, em 2003. Tonico era 17 anos mais novo que Betto, que cuidava dele como filho. O frade costumava dizer: “Quem não é amigo do Tonico não é meu amigo.”

Acervo pessoal — Frei Betto

O amigo Alberto Salles, em Belo Horizonte, no aniversário de 70 anos de Frei Betto.

Acervo pessoal — Hildebrando Pontes

Com os amigos de infância Hildebrando Pontes e Ricardo Gontijo, no Festival de Gastronomia de Tiradentes (MG).

Acervo pessoal — Thomaz Jensen

Betto preside celebração durante o encontro dos grupos de oração, em 2014, na Serra da Moeda (MG). Os grupos foram inspirados pelo psicanalista Hélio Pellegrino no final dos anos 1970 e têm o objetivo de ser um espaço para discutir e praticar a espiritualidade.

Acervo pessoal — Frei Betto

Com João Pedro Stédile, líder do MST. Betto acompanhou de perto a constituição do movimento e tem sido seu defensor na imprensa e em momentos-chave de sua trajetória.

Acervo pessoal — Frei Betto

Betto em cavalgada do MST.

Chico Caruso

Charge de Chico Caruso sobre o governo Lula, publicada em 29/11/2004. No canto direito inferior, vê-se a figura de Frei Betto.

Arquivo dos Dominicanos de Belo Horizonte

Em evento do Fome Zero, criado em 2003. Com a posterior mudança dos programas do governo, o Fome Zero foi incorporado pelo Bolsa Família.

Acervo pessoal — Frei Betto

Frei Betto e seus pais na entrega do troféu Juca Pato – Prêmio Intelectual do Ano 1986.

Acervo pessoal — Frei Betto

Com Gabriel García Márquez. O escritor colombiano agraciado com o Prêmio Nobel de Literatura esteve presente no lançamento de *Fidel e a religião* em Cuba.

Jornal da UBE, set./out., 1986

Na cerimônia da entrega do troféu Juca Pato a Frei Betto, coube ao sociólogo e então senador Fernando Henrique Cardoso, premiado no ano anterior, oferecer a estatueta ao homenageado da noite.

Acervo pessoal — Frei Betto

Com Deonísio da Silva, escritor e professor que há décadas acompanha e estuda a obra de Betto. “Frei Betto é, antes de tudo, um narrador”, afirma ele.

Acervo pessoal — Frei Betto

Com Raduan Nassar, autor brasileiro agraciado com o Prêmio Camões. Betto elege a literatura de Nassar como uma de suas fontes de inspiração para escrever.

Acervo pessoal — Frei Betto

Em 1997, em Buenos Aires, com Adolfo Pérez Esquivel, escritor e militante dos direitos humanos, laureado com o Prêmio Nobel da Paz.

Acervo pessoal — Frei Betto

Frei Betto e dom Hélder Câmara, com quem o frade mineiro manteve intensa relação desde os tempos da JEC.

Acervo pessoal — Frei Betto

Com dom Pedro Casaldáliga, bispo emérito da prelazia de São Félix do Araguaia (MT) e histórico defensor dos direitos das populações camponesa e indígena no país.

> disse: "Ele está se levantando e vai atender os senhores." Lula desceu, o policial falou: "O senhor está preso, o senhor vai com a gente."

Ao ser levado preso, Lula reiterou o pedido para que Betto permanecesse em sua casa.

> Lula me disse: "Quero que você segure a barra aí." Aí falei: "Você pode ir tranquilo: enquanto você estiver lá, seguro a barra aqui." E coloquei para mim que só sairia da casa de Lula por exigência da família dele, do comando de greve ou de dom Cláudio. E os três acharam que o meu lugar era lá, sem se importarem com o que os outros diziam ou pensavam.[125]

Logo em seguida, Betto fez ligações telefônicas para dom Paulo Evaristo Arns, arcebispo de São Paulo, e dom Cláudio, avisando-os da prisão. A medida foi providencial. "Pelo rádio da viatura, Lula escutou aliviado a notícia. Temia ser vítima de uma armação do Esquadrão da Morte."[126]

Nos dias que se seguiram à prisão de Lula, e diante da continuidade da greve, a imprensa especulava sobre o que iria ocorrer em São Bernardo do Campo. Havia dúvidas sobre por quanto tempo o movimento grevista ainda poderia resistir. Também pairavam versões sobre quem estaria por trás dos grevistas.

No dia 21 de abril, José Nêumanne Pinto, repórter do *Jornal do Brasil*, publicou um texto de página inteira sobre o movimento, intitulado "Polícia muda de tática e greve se apoia na Igreja". Nele, o repórter destacava dois aspectos importantes para melhor se compreender a dinâmica da greve. Um deles era o que chamava de "organização descentralizada". Dizia ele:

> Mais uma vez conduzida pelo sindicato, a greve geral deste ano teve uma organização descentralizada, para evitar o impacto forte que teve a intervenção de 1979. Muito embora o sindicato estivesse muito atarefado na organização do PT – Partido dos Trabalhadores –, foi feito um eficiente trabalho de formação de lideranças de base. De cada seção de cada uma das grandes indústrias metalúrgicas, saíram líderes para a constituição de um grande colegiado, de 425 membros, formando a Comissão de Mobilização de Salários e de Mobilização de São Bernardo e Diadema.

Com a esperada intervenção no sindicato e a consequente prisão da diretoria, a Comissão de Mobilização passou a responder pela direção do movimento grevista.

Para o repórter, outro elemento-chave da força do movimento era a "presença ostensiva" da Igreja no apoio à greve. "O hábito de se rezar Pai-Nosso nas assembleias", registra José Nêumanne, "é uma espécie de símbolo da presença católica no movimento, que se evidencia até na distribuição do Fundo de Greve, assumida pela diocese publicamente". Mas, para o jornalista, havia outro elemento ainda mais evidente do papel da Igreja na greve – a presença de Frei Betto junto ao centro da organização do movimento.

O frade era descrito como um dos quatro dominicanos acusados pela polícia política de terem marcado ponto com Carlos Marighella, o que teve como desfecho a morte do líder revolucionário. Depois disso, eram registradas a prisão de Betto, sua libertação e sua ida para o exterior... Por fim, dizia o repórter, retornado semiclandestino ao país, o religioso passara a trabalhar em uma CEB de Vitória, para depois se deslocar para o ABC.

O perfil do religioso era completado da seguinte maneira: "Frei Betto tornou-se uma espécie de eminência parda da greve. Amigo pessoal e homem de confiança de Lula, passou a morar com o líder operário em sua casa, no Jardim Assunção, em São Bernardo do Campo. Frei Betto é conhecido por suas instruções táticas e, segundo um militante sindical, 'é ele quem empurra Lula para a frente, na hora em que os pessimistas vêm com seus conselhos negativos e suas lamentações'." Betto era apontado também como "polido" e "discreto". Para ilustrar a reportagem, foram estampadas duas fotos: uma de "Alemão" – líder metalúrgico que vinha conduzindo a greve a partir da prisão da diretoria – e outra de Betto ao lado de Lula.

Na reportagem, havia dois alvos privilegiados. Um deles era o movimento grevista, visto com algum nível de organização, mas também dependente de um agente externo – a Igreja. O outro era a própria Igreja, apresentada como uma entidade que, ao procurar influenciar o movimento grevista, extrapolava suas funções precípuas. O instrumento para isso era ninguém mais do que Frei Betto.

Como era de esperar, no dia seguinte, no mesmo jornal, Betto respondeu às críticas desferidas pela reportagem. Classificando-a de "muito infeliz", esclareceu que não poderia ter participado do "episódio Marighella" por estar fora de São Paulo na ocasião. Marighella fora assassinado em São

Paulo a 4 de novembro de 1969, e ele próprio fora preso cinco dias depois, dia 9, em Porto Alegre. Disse que o episódio da "delação" e assassinato do líder da ALN era uma farsa montada e divulgada pela polícia. Além disso, afirmou que jamais havia deixado o país e que, portanto, não poderia ter retornado ao Brasil semiclandestino... Negou ainda ter interferido de alguma maneira na campanha salarial dos metalúrgicos do ABC, e concluiu: "Minha presença é pastoral e de amizade a Lula e sua família."

O episódio rendeu e ajudou a construir uma imagem pública de Betto como "guru" de Lula. Não por acaso, em longa entrevista que concedeu ao *Pasquim* em janeiro do ano seguinte, ele voltou a responder a perguntas a respeito de suas relações com Lula e de seu papel na greve do ABC. Mencionando a tese de que era o verdadeiro "cabeça da greve", declarou:

> Isso é um desrespeito a eles [líderes do movimento grevista]. Isso é uma visão colonialista de achar que o operário, o trabalhador, não é capaz. "Se ele está fazendo é porque deve ter alguém, da nossa classe, da nossa formação, da nossa cultura, porque só nós sabemos fazer as coisas." Assim pensa esse pessoal, o que é uma visão colonialista, uma visão falsa, uma visão deturpada, uma ótica mentirosa.

Betto destacou ainda que, durante a greve, fora um dos responsáveis pelo contato da Igreja com os trabalhadores, atuando no Fundo de Greve, na distribuição de alimentos e no apoio junto às famílias dos grevistas. Reconheceu que participara de reuniões da diretoria para tratar da questão do apoio que a Igreja daria no caso da intervenção. Afirmou, porém, que nunca fora a porta de fábrica, e nunca dera palpite no sentido de "façam isso, façam aquilo". Declarou que, desde a prisão da diretoria, não se afastara da casa de Lula. Finalmente, registrou que, ao fim da greve, retornara ao convento e ao seu trabalho em São Paulo e na PO de São Bernardo do Campo.

Por inúmeras razões, Betto lidava com esse tema de forma prudente e cautelosa. Bem sabia que muita coisa estava em jogo naquele momento em que Lula se afirmava como uma liderança política em âmbito nacional. Tratá-lo como um "mentor" de Lula, em primeiro lugar, o colocava junto à opinião pública como um manipulador das massas operárias, ou melhor, como um agente a serviço de um projeto hegemônico da Igreja junto aos trabalhadores. Ao mesmo tempo, a acusação visava a atingir diretamente a imagem e a liderança de Lula, visto então como um "inocente útil", como alguém que se deixava manipular. Portanto, estamos no campo direto da disputa política. Por saber disso, em muitas outras ocasiões o dominicano reservou-se o direito de tratar de tudo isso com calculada parcimônia.

Bem mais tarde, em entrevista, Betto fez alguns relatos breves e um pouco mais livres sobre seu contato e suas relações com Lula por ocasião da greve de 1980. Para ele, o líder sindical era uma das figuras mais carismáticas que conhecera até então. Contou que, na greve do ABC, era ele que dirigia o carro de Lula e o ajudava a preparar o discurso que faria na assembleia. "Lula guardava tudo de cabeça, porque detesta ler discurso; o negócio dele é falar de improviso. Eu e outras pessoas preparávamos os pontos." E ainda: "Só que tinha um detalhe: o discurso dele era o último. Quando ele chegava no palanque, ficava aflito, segurava no meu braço e dizia: 'Pô, Betto, tô roubado, tudo que a gente preparou já falaram aí.' E era verdade – eram assembleias de 100 mil pessoas, e muitos dirigentes sindicais falavam antes dele [...]. Mas o 'cara' é genial: na hora que pegava o microfone... Quantas vezes eu vi a assessoria preparar um discurso e, na hora, ele abandonar tudo e seguir por outro caminho com maior êxito. É isso, carisma, não tem explicação."[127]

Independentemente dessas polêmicas, Betto manteve contato frequente com Lula e o Sindicato dos Metalúrgicos de São Bernardo do Campo e Diadema. Em determinada ocasião, Lula lhe pediu para ministrar cursos para a nova diretoria do sindicato, que tomaria posse em 1981. A proposta era que fossem ministrados cursos de formação política e oratória. Entre os alunos, figuravam nomes que, mais tarde, chegariam à presidência da CUT – Jair Meneguelli, Vicente Paulo da Silva, o "Vicentinho", e Luis Marinho.

Vicentinho relata alguns aspectos desse processo de formação. Diz que conheceu Betto durante a greve de 1980, no Fundo de Greve, e que ele lhe pareceu muito simples. O contato mais frequente entre os dois deu-se somente após a cassação da diretoria de Lula, quando o dominicano passou a dar regularmente aulas para a nova diretoria, especialmente de oratória. "Ninguém sabia fazer discurso", diz ele, "era todo mundo muito inexperiente." Vicentinho recorda que Betto era muito sério, compenetrado, rígido, e os obrigava a fazer uma série de exercícios de postura e expressão oral e corporal. Conta que, por vezes, "a gente fazia alguma brincadeira entre nós, e todo mundo caía na gargalhada, até o 'professor'". Para Vicentinho, a "história dos metalúrgicos de São Bernardo é impregnada pela presença de Frei Betto".

Em *Essa escola chamada vida*, livro de entrevistas organizado por Ricardo Kotscho com Frei Betto e Paulo Freire, o frade relata uma experiência de formação que realizou com os diretores do Sindicato dos Metalúrgicos e suas mulheres. Na verdade, afirma,

> o curso fora pensado em função das esposas. É preciso abrir um espaço para que as esposas dos sindicalistas compreendam a prática de seus maridos. Como uma mulher do povo vai entender que o seu marido chegue em casa às quatro, cinco horas da manhã, dizendo que estava em reunião, se ela não tem o menor elemento de racionalidade de sua prática? É exigir demais. [...] Mas aí – era exigência minha –, não tinha sentido fazer um curso para as esposas sem a presença dos maridos. Porque no processo do curso haveria a possibilidade de explicitar a prática deles e as inquietações delas.[128]

Betto tomou como ponto de partida uma sessão de expressão oral e corporal. Relata:

> Faço com eles exercícios de gestos, de domínio das mãos, dos braços, exercícios vocais para fazer em casa etc. Os dominicanos, antigamente, tinham cursinho de oratória. Os dominicanos são da "Ordem dos Pregadores". Retomei aqueles exercícios, trabalhei isso em nível popular, e criei esse recurso de treinamento de desbloqueio físico e mental. Através dele, as pessoas se abrem, ficam mais descontraídas. Sempre começo por aí.

Para Betto, a chave do curso eram as "biografias pessoais". Por meio dessa técnica, conduzia os alunos a cruzar dados da sua trajetória pessoal com a história recente do Brasil. Assim, diz ele, "o sujeito vai ligando a sua história pessoal com a história coletiva do povo brasileiro. Depois as características comuns: a maioria, no passado, teve uma condição de vida melhor do que tem hoje na cidade".

Com base nesses relatos, iam compondo um quadro analítico. Quando relatavam o passado, abria-se

> a possibilidade de explicar o que é o feudalismo ou o que é o modo de produção pré-capitalista. Quando falam do presente, criam-se as condições de explicar o que é o modo de produção capitalista, porque eles hoje são operários da indústria. E, quando falam do futuro, aí é que vem a grande

> discussão. Porque falam: "Queremos uma vida melhor para nossos filhos, um emprego etc." Então pergunto: "Do jeito que foi o passado de vocês, e que está sendo o presente (em geral, é pior do que o passado), será que vai dar para chegar ao futuro?" Aí o pau quebra entre eles. E chegam a uma conclusão: só se mudar o sistema. Surge o interesse pelo socialismo. Essa é a metodologia.

Em julho de 1979, Frei Betto chegou a São Bernardo do Campo para acompanhar de perto o que de fato acontecia naquela cidade operária. Em pouco tempo, reuniu condições para compreender a lógica própria da "República de São Bernardo", da qual passou a fazer parte, ocupando um espaço estratégico como elemento de ligação entre a Igreja, o sindicato e o movimento comunitário fermentado pelas CEBS.

Nos anos seguintes, abriu outra frente de trabalho ao lado de Lula e outras lideranças do ABC – a de formar uma ampla articulação sindical e popular que servisse de base para a construção de um instrumento de luta dos trabalhadores em nível nacional. Dessa articulação surgiriam a Articulação Nacional dos Movimentos Populares e Sindicais, da qual Betto foi o primeiro secretário-geral, e a Central Única dos Trabalhadores.

Betto também iria se envolver, de forma algumas vezes mais direta, outras menos, nas campanhas eleitorais de Lula para a presidência da República.

13

Movimento popular e campanhas presidenciais de Lula

Betto fez da capital paulista sua base de operações. Porém foi no ABC, em particular em São Bernardo do Campo, que estabeleceu relações políticas e pessoais que mudariam de vez seu itinerário pastoral. Para alguns historiadores, esses momentos de inflexão na trajetória de um personagem podem ser vistos como "acontecimentos biográficos", isto é, como eventos fundadores que demarcam uma nova etapa de vida. Na década de 1980, no contato diuturno com o mundo operário de São Bernardo do Campo, Betto reuniu condições para, com desenvoltura, construir vínculos efetivos entre três vertentes do movimento popular que então despontavam com renovado fôlego e vigor: a Pastoral Operária, os movimentos de bairro alimentados pelas CEBs e o chamado "novo sindicalismo". Para levar adiante esse papel de "fazedor de pontes",[129] contou com amplo respaldo da diocese de Santo André e da arquidiocese de São Paulo, dirigidas respectivamente por dom Cláudio Hummes e pelo cardeal dom Paulo Evaristo Arns.

Naqueles anos, o dominicano dividiu-se entre muitas atribuições e tarefas. Escreveu e lançou livros de forte impacto junto à opinião pública, recebendo prêmios e reconhecimento da crítica e do público. Os dois de maior repercussão foram *Batismo de sangue*, em 1982, e *Fidel e a religião*, em 1985. Paralelamente, no plano internacional, ao lado de outras figuras importantes da Teologia da Libertação, empenhou-se em tratativas com o intuito de contribuir para um melhor diálogo entre a Igreja Católica e o mundo socialista. No âmbito desse trabalho, Betto teve papel proeminente ao subsidiar e levar adiante uma política de aproximação entre o governo e a Igreja Católica em Cuba. Na "República de São Bernardo", a par do seu trabalho regular na Pastoral Operária, atuou diretamente em duas atividades complementares: ao lado de dirigentes e militantes sindicais e populares, esteve na linha de frente da Anampos – núcleo voltado para discutir e dar corpo a um projeto de intervenção direta da classe trabalhadora nos destinos do país. Finalmente, atuaria ainda como assessor de Lula em campanhas eleitorais do candidato petista.

Da Anampos à Central de Movimentos Populares

Em fins dos anos 1970 e começo da década seguinte, a classe trabalhadora brasileira não pediu licença para entrar em cena. A melhor prova disso foi a onda de movimentos grevistas que tomou conta do país nos primeiros anos do governo do presidente João Figueiredo, que durou de 1979 a 1985. Esses movimentos tiveram ampla repercussão político-social e terminaram por colocar em xeque vários dispositivos legais estabelecidos pelo regime ditatorial – como a lei de greve – que restringiam sobremaneira a atuação do movimento sindical. Foi ainda nessa conjuntura que dirigentes e militantes sindicais promoveram uma série de reuniões que tinham como objetivo a formação de uma estrutura sindical menos burocrática, mais autônoma e democrática. No horizonte desses sindicalistas, despontava a realização de um grande encontro nacional – a 1ª Conferência Nacional da Classe Trabalhadora (Conclat) –, que deveria apontar para a criação de uma Central Única dos Trabalhadores, entidade intersindical autônoma em relação ao Estado e com força e legitimidade suficientes para representar os interesses dos trabalhadores no debate nacional.

Para levar adiante essa pauta de realizações, alguns segmentos do sindicalismo, em especial os envolvidos na criação do Partido dos Trabalhadores, acharam por bem aceitar o convite de agentes de pastoral e líderes do movimento popular para formar um grupo que veio a resultar na Articulação Nacional dos Movimentos Populares e Sindicais (Anampos). O papel desse grupo era trocar experiências, avaliar a conjuntura e formular linhas de ação para referenciar a atuação do movimento sindical e popular.

Surgido na esteira das greves do ABC, o grupo reuniu-se pela primeira vez entre os dias 7 e 9 de fevereiro de 1980 na cidade mineira de João Monlevade, e contou com a presença de 28 pessoas, entre dirigentes sindicais, militantes das oposições sindicais e membros de pastorais operárias e populares. Ao final da reunião, divulgou-se o *Documento de Monlevade*, que agregou um conjunto de proposições para o fortalecimento dos movimentos sindical e popular. As mais importantes foram:

o combate ao regime ditatorial, que não poderia ser feito nem pela via da "transação política" entre governo e oposição parlamentar, nem pela via do "vanguardismo político" desvinculado das bases populares, e sim por intermédio da mobilização da classe trabalhadora; a ação sindical, que deveria ser norteada por princípios como convívio democrático com as oposições; a desvinculação do sindicato com o partido político; a ampliação dos laços intersindicais; a democratização da estrutura interna do sindicato, e o incentivo à articulação entre as lutas sindicais e as do movimento popular.

Foram também fixadas estratégias de ação imediata, como o permanente trabalho de mobilização e conscientização das bases sindicais, a organização de diversas formas de luta no sentido de obter a ampliação dos direitos do trabalhador da cidade e do campo, e a criação de mecanismos que possibilitassem a formação do Fundo de Greve e de recursos necessários às lutas da categoria, sem interferência do controle do Estado. No parágrafo final, os participantes do encontro se comprometiam a levar as proposições aprovadas para a discussão junto às bases. Mas reconheciam nessas proposições pontos fundamentais que asseguravam a unidade de ação na conjuntura da época e norteavam seus passos futuros na luta.

Assinaram o documento Lula; Betto; Jacó Bittar, do Sindicato dos Petroleiros de Paulínia; Arnaldo Gonçalves, do Sindicato dos Metalúrgicos de Santos; Olívio Dutra, do Sindicato dos Bancários de Porto Alegre; Vitor Buaiz, do Sindicato dos Médicos de Vitória; João Paulo Pires de Vasconcelos, do Sindicato dos Metalúrgicos de João Monlevade; e Anísio Batista, da Oposição Metalúrgica de São Paulo, entre outros. Ao término da reunião, Betto foi eleito secretário-geral da entidade.

A proposta da Anampos, em sua origem, era constituir-se em um fórum capaz de reunir lideranças sindicais e populares que, independentemente da filiação partidária, estivessem comprometidas a produzir mudanças de fundo na estrutura sindical e fortalecer os movimentos populares. Em razão disso, nos primeiros encontros do grupo, estiveram lado a lado tanto lideranças vinculadas ao PT, como Lula e Jacó Bittar, quanto figuras importantes do Partido Comunista Brasileiro, como Arnaldo Gonçalves. Mas, no decorrer dos anos, dada a intensificação da luta entre os blocos *combativo*, formado majoritariamente por petistas, e *Unidade Sindical*, referenciado principalmente pelo PCB, a Anampos terminou por assumir um perfil mais homogêneo, configurando-se como polo de convergência de lideranças de grande parte das esquerdas que se contrapunham à hegemonia da Unidade Sindical no movimento sindical.

Em agosto de 1981, em Praia Grande, em São Paulo, realizou-se a 1ª Conferência Nacional da Classe Trabalhadora – um evento de grandes proporções que contou com a presença de 5.247 delegados, representando 1.126 entidades sindicais da cidade e do campo. Na ocasião, foram debatidos temas e questões políticas e trabalhistas, entre os quais a democratização do país por intermédio de uma Assembleia Constituinte, a luta por autonomia e liberdade sindicais, o direito ao trabalho e a reforma agrária. No plano propriamente organizativo, a resolução mais importante foi apontar para a criação de uma entidade que reunisse o conjunto da classe trabalhadora – a CUT. Para dar consequência a essa decisão, optou-se pela constituição de um órgão de caráter provisório – a Comissão Nacional Pró-CUT – que ficaria encarregada de firmar as bases da construção da nova entidade. Caberia ao plenário de delegados da Conclat escolher os membros dessa comissão. Depois de muita disputa e negociação entre a *Unidade Sindical* e o *bloco combativo*, montou-se uma chapa de composição que acabou aprovada pelo plenário.[130]

Nos anos seguintes, a disputa política entre os dois blocos se intensificou, o que fez com que se tornasse inviável a formação de uma única entidade intersindical como fora aprovado e previsto na Conclat. Em agosto de 1983, o *bloco combativo*, com importante apoio da Anampos, criou a CUT.[131] Meses depois, em novembro, a Unidade Sindical liderou a criação da Coordenação Nacional da Classe Trabalhadora (Conclat), que em 1986 daria origem à Central Geral dos Trabalhadores (CGT). Estava selada a divisão do sindicalismo brasileiro.

Criada a CUT, a Anampos pôde dedicar maior atenção às questões relativas à articulação dos movimentos populares, até então relegada ao segundo plano. Nos novos encontros do grupo, que se voltaram para o exame do chamado *setor popular*, foram formulados e explicitados princípios que passaram a reger as relações da entidade com os movimentos populares. Entre outros, cabe citar: os movimentos populares devem ser independentes do Estado, dos partidos políticos e dos credos religiosos; é importante a garantia do exercício da democracia no movimento popular; deve-se assegurar que o movimento popular se constitua através de organizações representativas e de base; e, por fim, deve-se lutar para quebrar o isolamento em que vive o movimento popular, incentivando o surgimento de articulações em nível municipal, estadual, regional e nacional.

No horizonte da Anampos estava a constituição de uma Central de Movimentos Populares – CMP.

No decorrer dos anos 1980, não foram poucos os desafios e obstáculos enfrentados pela Anampos para fazer valer seu plano de ação, tendo em vista a construção de uma entidade que coordenasse em âmbito nacional os movimentos populares. Para começar, o país vivia uma conjuntura de importantes mudanças políticas decorrentes do fim do regime militar e do advento de um governo civil – era a *Nova República*. Tanto por parte do governo federal, como pelos governadores dos estados, foram colocadas em ação políticas de cunho participativo que visavam a estabelecer uma maior aproximação dos poderes instituídos com os movimentos sociais. Essas estratégias de aproximação, muito pouco usuais até então, colocavam para as lideranças dos movimentos populares alguns desafios e dilemas quanto a se deveriam ou não participar dos conselhos criados pelos governos. Havia o risco de os movimentos virem a ser cooptados pelos governos.

Outro problema enfrentado pela Anampos era a concorrência direta no campo popular com a Coordenação Nacional de Associação de Moradores (Conam) – órgão de projeção nacional que em 1987, ou seja, somente cinco anos depois de ter sido criado, "representava 3.000 associações de moradores, sociedades de amigos de bairro, em vilas, favelas, mocambos, cortiços e conjuntos habitacionais em todo o país".[132]

As forças políticas que davam sustentação às lideranças da Conam, segundo Maria da Glória Gohn, vinham do PMDB e dos partidos de esquerda até então na clandestinidade – PCB, PCdoB e MR-8. O mérito da Conam, para a autora, foi o de unificar as velhas Sociedades de Amigos dos Bairros e Associações de Moradores em uma nova categoria de movimento social urbano: as Associações Comunitárias. "A partir da Nova República, proliferou por todo o país esta forma de organização popular, voltada prioritariamente para estabelecer relações com o poder público, através da participação em políticas sociais elaboradas em gabinetes."[133] Outra característica da Conam, segundo Gohn, foi a presença ativa da entidade na apresentação de propostas e coletas de assinaturas na Assembleia Nacional Constituinte (1987–1988).

Para a Anampos, a atuação da Conam representava tudo aquilo que não deveria ser feito no trabalho junto ao Movimento Popular. Segundo Pedro Pontual, então um dos assessores nacionais da Anampos, a entidade fora criada com o objetivo precípuo de servir de sustentação política da Nova República no Movimento Popular. Pontual acusa a Conam de se subordinar aos interesses governamentais e adotar métodos antidemocráticos, autoritários e excludentes. E conclui: "Esses métodos, essa exclusão, são incompatíveis com todos os princípios que a gente vem defendendo na Anampos."[134]

Por fim, o projeto de uma central de movimentos populares esbarrou em forte desconfiança por parte de intelectuais que mantinham vínculos importantes com os movimentos sociais. Herbert de Souza, o Betinho, em texto publicado em 1990,[135] foi uma dessas vozes que não pouparam críticas à proposta da Anampos. Para ele, era preciso distinguir as funções dos partidos e dos movimentos sociais em regimes democráticos. Enquanto é da natureza dos primeiros a representação de interesses e projetos de cunho geral na direção do Estado, "é próprio das organizações da sociedade civil, dos movimentos populares, serem a expressão diversa, plural, diferenciada das aspirações e interesses de uma imensa multiplicidade de grupos, movimentos, tendências, forças sociais, que buscam não universalizar os seus projetos em uma sociedade, mas individualizar seus projetos dentro de uma sociedade diversa".

Tendo em vista essa premissa, Betinho questionava se a criação de uma Central de Movimentos Populares não teria como consequência prática a negação daquilo que constituía exatamente a riqueza e a condição de existência dos movimentos da sociedade civil, "não tanto pelo fato de se querer articular movimentos, mas de pretender ter uma articulação central (que tenderá a se propor também única) que tenderá a homogeneizar e a universalizar o diverso em nome da unidade, do plural em nome do único".

O autor previa ainda que o que começava como articulação e em nome da necessidade de articular poderia se transformar em um partido da articulação. Em suma: Betinho via a proposta indo na contramão do processo de institucionalização da democracia no país, podendo representar "um retrocesso num processo que pede mais autonomia dos movimentos sociais, mais desenvolvimento da sociedade civil, maior articulação dos partidos com os movimentos sociais, maior subordinação do Estado aos partidos e à sociedade civil, maior desenvolvimento de uma cultura democrática que cultive o diverso e desconfie da unanimidade e da centralidade".

José de Souza Martins, sociólogo paulista, foi outro importante nome da intelectualidade que colocou em questão a criação da CMP. Em correspondência trocada com Frei Betto, datada de 28 de janeiro de 1993, Martins explica as razões pelas quais se opunha ao projeto. Para ele, era importante que se compreendessem as diferenças de natureza entre movimentos sociais e organizações (partidárias e sindicais). "Em meus livros", registra,

> tenho procurado demonstrar que, ao longo da história contemporânea do Brasil, toda tentativa de submeter ou orientar os movimentos sociais segundo padrões que são os das organizações têm resultado no esvaziamento dos movimentos e, em última instância, em prejuízo da incipiente vitalidade da sociedade civil entre nós. Os movimentos sociais (populares ou não) têm uma vitalidade própria e um destino peculiar.[136]

Para José de Souza Martins, o melhor que as organizações sindicais e partidárias poderiam fazer era

> desenvolver mecanismos internos de diálogos com os movimentos sociais, onde e quando eles se apresentem. É um equívoco supor que se avança politicamente submetendo os movimentos sociais aos critérios e concepções das organizações. As organizações é que deveriam estar preparadas para absorver a vitalidade e a criatividade [...] dos movimentos sociais.

Em carta de 6 de fevereiro de 1993, Betto respondeu às críticas de Martins sobre o projeto da criação da CMP. Fiel ao seu estilo direto, registrou que concordava inteiramente com os termos da carta de seu interlocutor. "Nós não queremos construir uma Central atrelada à CUT e ao PT. Nem a outra central ou partido político. Já bastam as lições do Leste Europeu! Mas não é fácil encontrar aliados fora da CUT e do PT." E ainda: "Não sei se você teve oportunidade de ler os documentos da Anampos [...] e da Pró-Central. Não me lembro de nenhum que defenda o atrelamento dos movimentos sociais a sindicatos e partidos. Pelo menos quanto aos movimentos populares envolvidos com a Pró-Central, há consenso quanto ao caráter suprapartidário e suprassindical da proposta."[137]

Ainda na mesma carta, Betto reafirmou a importância da presença de Martins no seminário sobre a CMP e registrou: "Não estamos convocando um seminário para sacramentar posições preconcebidas, mas para ouvir vozes discordantes. [...] Se gente como você tira o corpo fora antes do debate, vamos ser entregues às feras do 'consenso', empurrados para o atrelamento, transformados em correia de transmissão, condenados ao centralismo. Nessa canoa, eu não embarco."

Em 21 de fevereiro de 1993, em nova carta, José de Souza Martins respondeu ao novo convite de Betto, expondo a impossibilidade de participação no seminário e reafirmando as críticas frontais desferidas ao projeto de formação da CMP. Para ele,

> a relação entre movimentos sociais (como os movimentos populares) e organizações (como a central) é essencialmente uma relação de conflito e não de complementaridade. Há contradição entre essas duas formas de expressão da vontade social. Com o tempo vai acontecer o que se sabe há muito: a organização esvaziará o movimento social, submetendo a sua dinâmica à visão de mundo dessa nova e inevitável burocracia que nasce no interior dos grupos de mediação das lutas sociais.[138]

Independentemente desses problemas e da saraivada de críticas, a proposta original da Anampos seguiu seu curso. Para dar maior consistência ao projeto, em 1989 a Anampos foi extinta, e em seu lugar foi criado um órgão provisório – a Pró-Central – encarregado de preparar o terreno para construir a CMP. Finalmente, em outubro de 1993, durante o 1º Congresso Nacional de Movimentos Populares, a Pró-Central deu lugar à Central de Movimentos Populares. A partir daí, a CMP passou a representar formalmente os movimentos populares que haviam aderido às propostas de luta e atuação consagradas no congresso.

Betto acompanhou de perto toda essa história que teve como desfecho a formação da Central dos Movimentos Populares. A par de compor o grupo constituidor da Anampos, de contribuir para a formação da CUT, e de cumprir um papel-chave na articulação político-social que resultaria na CMP, Frei Betto também interveio nesse processo por meio da divulgação de textos de lavra própria em que desenvolvia reflexões sobre as linhas de ação desses instrumentos de articulação e promoção dos movimentos sindicais e populares.

Em um desses textos, publicado no *Jornal dos Trabalhadores Sem-Terra*, o escritor se utilizou da linguagem jornalística para explicar o que era a Anampos, qual a história do grupo, e que papel aquela articulação deveria desempenhar na conjuntura política daquele final dos anos 1980. Para ele, pelo fato de o Brasil ser um país continental, "quem não se articula, se anula". E ainda: "Imagine os Sem-Terra desarticulados, levando lutas locais desvinculadas de um projeto nacional pela conquista da reforma agrária. Nesse sentido, a burguesia sempre deu provas de perceber claramente que, nesse país, quem se isola, se esfola."[139]

No artigo, Betto não pestanejava em criticar os adversários da Anampos. Dizia ele: "Tratava-se de criar um mecanismo pelo qual os chamados independentes não ficassem tão independentes assim, a ponto de levar rasteiras dos pelegos e da esquerda clandestinamente organizada." Ao mesmo tempo, demonstrava através de exemplos o sentido do trabalho da Anampos:

> Ela quer ajudar a Associação de Mutuários de Fortaleza a entrar em contato com as demais Associações de Mutuários do país ou o Movimento das Associações de Moradores de Salvador a saberem o que se passa nas demais entidades de moradores pelo Brasil afora. Dentro do pleno respeito à especificidade e autonomia de cada Movimento, a Anampos busca uma unificação das lutas, de modo a conseguir que um Movimento Popular reforce a luta do outro.

Por último, Betto defendia a proposta da Anampos de trabalhar para a criação de uma Central de Movimentos Populares no Brasil, assinalando que o processo nesse sentido já estava em andamento. Aproveitava também o espaço para enviar dois recados. Um deles era uma crítica frontal à Conam, vista por ele como uma entidade de cunho reformista, e que mantinha vínculos com o governo Sarney. O outro, um convite para o Movimento dos Trabalhadores Rurais Sem-Terra contribuir para a proposta da Anampos de construção de uma Central dos Movimentos Populares.

Em um segundo texto, escrito e divulgado no começo dos anos 1990, Betto abordava o tema sob uma perspectiva mais ampla, examinando o papel central dos movimentos populares para a construção democrática e o fortalecimento da cidadania. Para ele, um dos problemas das sociedades contemporâneas era a preeminência do Estado sobre os cidadãos. "Ao longo da história, julgou-se que a relação Estado-indivíduo pudesse alcançar certo equilíbrio pela autolimitação do Estado. Ora, ainda que as leis imponham limites ao Estado, ele é capaz de burlá-las pelo simples fato de ser o responsável pela aplicação tanto das leis quanto das sanções a quem as transgride."[140]

Avançando em seu argumento, Betto dizia que, diante dessa situação, era preciso encontrar fora da esfera do Estado um ator independente e soberano capaz de se lhe antepor. Esse ator era a própria razão de ser do regime democrático: o povo organizado em movimentos populares. Por fim, concluía que não há democracia real sem movimentos populares. Nem há cidadania sem que os direitos dos indivíduos possam ser defendidos e/ou conquistados por movimentos populares autônomos, laicos, suprapartidários, que se constituem no tecido consistente da sociedade civil. "Daí a importância, para uma nação, como o Brasil, do trabalho que, nesse sentido, vem sendo realizado pelos movimentos empenhados na formação de uma Central de Movimentos Populares."

Dois comentários se fazem necessários para melhor situar a participação, a presença e as proposições de Betto nesse processo. Durante a primeira fase da história da Anampos, a pauta do grupo estava fundamentalmente focada no movimento sindical e tinha como horizonte a criação de uma entidade que aglutinasse e sustentasse o *bloco combativo*. Esse projeto teve consequência com a criação da CUT. Nesses anos, o religioso ajudou a manter abertos os canais entre movimentos populares e sindicais, e deu suporte à criação da CUT. Já na segunda fase da Anampos, na qual o trabalho veio a se concentrar no campo dos movimentos populares, a presença de Betto no grupo tornou-se estratégica. Razões para isso não faltaram, tais como: a reconhecida liderança que exercia junto às bases da Igreja Católica – verdadeiro esteio do movimento popular no país; o bom trânsito junto a membros da alta hierarquia da Igreja Católica; o acesso a fontes de financiamento, no exterior, aos movimentos populares; os contatos frequentes com a intelectualidade de esquerda nos meios editoriais e na imprensa; além da proximidade política e pessoal com membros do "novo sindicalismo".

Outro aspecto importante a respeito do lugar de liderança de Betto nesse processo foi sua capacidade incomum de, em meio às suas inúmeras tarefas, integrar o trabalho de base ao intelectual, tratando de se manter coerente com a máxima "a cabeça pensa onde os pés pisam". A esse respeito, Pedro Pontual destacou em entrevista: "Uma das coisas que mais admiro no Betto é que ele nunca deixou de ter o pé na realidade; ele sempre manteve o vínculo com o ABC, com as CEBS e com os encontros intereclesiais. Acho que é um aprendizado muito importante em que eu me espelho – essa combinação de trabalho intelectual e trabalho de base."

Portanto, quando examinamos as proposições de Betto sobre a Anampos e a CMP, é possível verificar que estamos diante de um protagonista que fala a partir de vários lugares ao mesmo tempo: como coordenador e militante de movimentos populares; como assessor nacional dessas articulações, que concentra seu olhar com vistas a sustentar e levar adiante o trabalho; e, finalmente, como formulador de estratégias, como *intelectual orgânico* dos movimentos populares. Diante disso, é possível entender a seguinte assertiva de Raimundo Bonfim, atual coordenador geral da CMP: "Para o Movimento Popular, para os movimentos que não são vinculados aos partidos e aos sindicatos, a figura mais importante é Frei Betto. O pessoal fala muito que ele foi assessor de Lula e do Sindicato dos Metalúrgicos... Ele ia lá de vez em quando... Mas, para mim, ele dedicou e continua a dedicar a vida ao Movimento Popular."

Passadas algumas décadas da criação da CUT e da CMP, faz sentido perguntar até que ponto a construção dessas entidades contribuiu para a organização autônoma da classe trabalhadora brasileira. Trata-se de uma questão ainda em aberto nesta segunda década do novo século. CUT e CMP continuam a existir, cada qual com seu raio de atuação, a primeira bem mais forte e reconhecida do que a segunda – afinal são entidades de natureza e composição diferentes. Desde a criação da CUT, no começo dos anos 1980, foram enormes as transformações no país e no perfil da classe trabalhadora brasileira. Ao mesmo tempo, o campo sindical e popular, seguindo uma tendência mais geral, veio a se fragmentar cada vez mais. Outro dado importante, para qualquer análise sobre esse problema, diz respeito à redução drástica do apoio externo que essas entidades haviam obtido em momentos anteriores, conforme assinala Raimundo Bonfim.

Pedro Pontual, ao passar em revista a experiência da CMP, retomou em entrevista o debate que existiu em torno da criação da entidade. Segundo ele, havia desconfiança, num dos setores do movimento popular, de que o grupo da Anampos queria transplantar para os movimentos populares um tipo de estrutura própria da organização sindical. Daí a resistência ao uso do termo *central*. "Eles, os 'autonomistas', se arrepiavam quando a gente falava na Central de Movimentos Populares." E avalia: "Talvez até eles tivessem razão. A gente deveria ter chamado, num primeiro momento, 'coordenação dos movimentos populares'. Fazia muito mais sentido. Mas a gente acabou ganhando o debate." Pontual assevera que a CMP vem se enfraquecendo progressivamente. "Na verdade, no meu modo de ver, ela acabou sendo ocupada pelos movimentos de moradia, e hoje ela é muito mais uma central de movimentos de moradia."

Betto, nas suas memórias políticas, revê positivamente a experiência da Anampos, mencionando só de passagem a criação da CMP. Segundo ele, os documentos produzidos pela Anampos – em particular os de Monlevade e de São Bernardo do Campo – cumpriram um papel importante na discussão e na divulgação de princípios e proposições no tocante à formação de entidades sindicais autônomas em relação ao Estado e aos partidos. Nas palavras de Betto, a "relação de Lula presidente com os movimentos sociais deve muito aos documentos de *Monlevade* e *São Bernardo*. Seu governo soube evitar criminalizá-los ou cooptá-los, ao contrário dos governos FHC, Sarney e Collor".

Em campanha com Lula e o PT

Na história dos partidos políticos brasileiros, o Partido dos Trabalhadores assume um lugar bastante original. Surgido em meio à vaga de movimentos sociais do fim dos anos 1970 e do começo da década seguinte, o PT reuniu em seu bojo sindicalistas, líderes de movimentos sociais, setores avançados da Igreja e ex-militantes da luta armada de diferentes organizações, em prol de um projeto de cunho socialista a ser construído na prática. Dois foram seus alvos preferenciais: a tradição conservadora e oligárquica da política brasileira, além do caráter *atrasado* e *populista* das *velhas esquerdas* representadas pelos partidos comunistas e pelo Partido Trabalhista Brasileiro, de origem varguista. Os membros do partido compartilhavam a crença de que estavam dotados da missão de fundar as bases de uma nova cultura política no país: moderna, democrática e inclusiva.

Lula é a face mais conhecida de um partido que, ao conquistar apoio popular em âmbito nacional, veio a adquirir uma capilaridade incomum na história das agremiações de esquerda no país. Na década de 1980, em árdua disputa no campo das esquerdas, o PT interpelou diretamente a condução da transição brasileira levada adiante pelos liberais em aliança com grupos conservadores. Nesse sentido, foi o único partido a se recusar a participar do Colégio Eleitoral que elegeu a chapa oposicionista Tancredo Neves/José Sarney. Ao mesmo tempo, não deixou de lançar candidatos a cargos executivos e legislativos, obtendo ao longo da década uma votação crescente nos grandes centros urbanos do país.

No plano doutrinário, o partido mostrava-se prenhe de questões que marcavam aqueles anos de crise da ditadura brasileira e de declínio do comunismo soviético. Em seus documentos, é explícita a tentativa de voltar-se para a criação do *novo*, seja no plano da organização partidária, seja nas relações do partido com a sociedade. Para tanto, promoveu seguidas reuniões em torno de temas que diziam respeito à maneira como deveriam ser assegurados espaços democráticos às facções que compunham a legenda.

Essa prática política autorreferida teve papel importante na constituição da imagem do partido como agremiação moderna, marcada por princípios, intransigente e infensa ao jogo dos políticos profissionais. Ao mesmo tempo, veio a criar obstáculos à adoção de uma estratégia política que possibilitasse alianças no plano partidário e parlamentar, com vistas a alcançar o poder. Na década de 1990, sob a liderança de Lula e José Dirceu, o partido terminou por definir-se por uma linha política mais pragmática.

Betto nunca se filiou ao Partido dos Trabalhadores, assim como a nenhum outro partido. Em entrevista à revista do PT *Teoria e Debate*, publicada em setembro de 1988, explicitou as razões dessa sua opção: "Nunca fui filiado a nenhum partido político, nem ao PT, embora haja notícias em contrário. Mas sou um ser essencialmente político. [...] A Igreja incentiva [minha participação política]. É uma consequência da minha fé. Não há um Betto religioso separado de um Betto político; a minha atividade política é estreitamente vinculada à minha atividade pastoral." E concluiu: "Agora, justamente como atividade política, evito a esfera partidária, na medida em que, por exemplo, trabalhando com a Pastoral Operária, com as Comunidades Eclesiais de Base, admito no interior da Igreja a pluralidade partidária."[141]

Em outra entrevista voltou a explicar sua decisão de se manter fora da órbita partidária: "Porque eu estava em muitas trincheiras de luta, e o partido era algo supérfluo para mim, já que estava vinculado ao movimento pastoral, ao movimento popular e operário. Sempre tenho dito que o importante é ser militante e não 'militonto', que é aquele que quer estar em tudo e não logra fazer nada a sério. Há muita gente assim, e o que está buscando na realidade é seu espaço de poder e não um trabalho." E acrescentou: "Nunca estive interessado em estar à frente de nada, sempre fui um homem de retaguarda. Nunca tive gana pelo poder."[142]

Independentemente disso, lá das suas trincheiras, o dominicano não se furtou a trabalhar no sentido de colocar de pé o Partido dos Trabalhadores. Exemplos dessa contribuição não faltam. Participou de cursos de formação política para vários quadros e inúmeros militantes da agremiação; contribuiu para manter abertos os canais entre as CEBS, a Pastoral Operária e o PT; e assessorou diretamente Lula em campanhas presidenciais.

No tocante às relações do frade com dirigentes do PT, uma experiência significativa foi o chamado Grupo do Mé – reunião de cunho secreto realizada todo mês em São Paulo ou Brasília (quando Lula e Olívio Dutra eram deputados federais), devidamente regada a bebidas alcoólicas (*Mé*, no vocabulário dos peões), em que Betto e figuras como Lula, Jacó Bittar, Olívio Dutra, João Paulo Pires de Vasconcelos, entre outros, sentavam para discutir a conjuntura política e estudar temas como marxismo, Paulo Freire, história do Brasil etc.[143] O "Grupo do Mé" perdurou por toda a década de 1980 e reforçou os vínculos políticos e pessoais de Betto com figuras-chave do partido.

Em 1989, Betto envolveu-se diretamente na campanha presidencial de Lula, vindo a fazer parte do pequeno círculo de assessores do candidato. Acompanhou-o seguidamente em viagens pelo país, estabelecendo contatos e costurando alianças com segmentos católicos e de outras religiões. Nos meses que antecederam o pleito eleitoral, o escritor havia deixado a *retaguarda*, tendo suas fotos estampadas seguidas vezes em reportagens da imprensa ao lado de Lula candidato.

A campanha presidencial de 1989 revestiu-se de caráter especial, e foi acompanhada com enorme expectativa pela população brasileira. Afinal, era o primeiro pleito presidencial direto depois de 29 anos. Durante a campanha, Fernando Collor, candidato das direitas e de amplos segmentos das classes dominantes, desgarrou na frente dos demais candidatos nas pesquisas de intenção de voto. No campo das esquerdas, a disputa permaneceu acirrada entre Leonel Brizola, do PDT, e Lula, pelo PT, até o fim do primeiro turno.

Antes da campanha, Brizola era considerado um dos favoritos para vencer a eleição. Possuía forte influência no Rio de Janeiro e no seu estado natal, Rio Grande do Sul, e era figura conhecida nos meios populares. Diante desse quadro, em um primeiro momento, tratou de desconhecer Lula, voltando-se para combater Collor e as forças de direita. Com uma equipe pequena e centralizada na sua figura, Brizola confiou no seu tino político para conduzir uma campanha improvisada, com poucos recursos e inteiramente centrada na sua pregação. Com o correr do tempo, à medida que começou a perceber que havia correspondência entre a queda do seu nome e a ascensão de Lula nas pesquisas, Brizola partiu para o ataque contra o candidato petista. Muitas vezes valia-se do sarcasmo para afirmar que o PT era a "esquerda que a direita gostava", uma vez que "disputava as eleições somente para perder".[144]

Lula, por sua vez, nunca perdera a ocasião de desferir críticas contra Brizola, a quem via como um político ultrapassado, um *populista*. Durante a campanha, ao contrário do seu contendor no campo das esquerdas, obteve sucesso em transmitir a mensagem de que ele e seu partido representavam um fenômeno original, uma novidade na tradicional política brasileira. Contando com um apoio mais espalhado no país do que Brizola, Lula venceu seu adversário direto por uma pequena margem de votos. Já no segundo turno do pleito, mesmo contando com o apoio de Brizola e de diversos segmentos das esquerdas, não teve como conter a onda conservadora que assegurou a vitória de Fernando Collor.

Na campanha, Betto valeu-se dos seus dotes de jornalista para combater os adversários da candidatura petista. Em 31 de janeiro de 1989, publicou na *Folha de S.Paulo* um artigo intitulado "Os ataques de Brizola à Igreja" no qual respondia à acusação do líder trabalhista de que a Igreja, ao invés de se portar como a "mãe de todos", estava, na verdade, "apadrinhando a candidatura petista". Fiel ao seu estilo direto, duro e incisivo, o articulista partiu para o ataque.[145]

Segundo Betto, ao criticar a postura da Igreja, Brizola demonstrava, em primeiro lugar, ignorância sobre a história da instituição nos últimos trinta anos, "quando ela deixou de ser o amortecedor dos atritos sociais para assumir, com ousadia profética, a opção pelos pobres". Para ele, esse lapso era explicado pela "inspiração getulista do candidato", dado que o "populismo getulista" nada mais fora do que um "esforço de conter o avanço das conquistas operárias no país". Para Betto, Brizola errava ainda em deixar de reconhecer o papel que a Igreja exercera no processo de democratização do país, ao lado de outras forças sociais. "Sem a anistia", afirmava, "Brizola não estaria aqui cuspindo no prato que comeu." Por fim, acusava Brizola de atacar, não a Igreja, mas sim "esta imensa maioria de brasileiros que descobre, à luz da fé cristã, qual o partido que de fato se identifica com as aspirações populares". E concluía: "PT e Igreja não se confundem, desempenham missões de natureza e caráter diferentes, mas coincidem quando se trata de defender os direitos dos menos favorecidos e evitar que sejam vítimas do neopopulismo."

Em tempos de campanha, a linguagem costuma ser ríspida e marcada por dualismos e contrastes. O artigo não fugia a esse *script*. Em um campo estavam reunidos Brizola/Vargas/Neopopulismo e ingratidão; em outro, Igreja/PT/Povo trabalhador/Libertação. Na ocasião, como se observa, o religioso apresentou-se vestido com a armadura de militante petista em disputa aberta pela vitória do seu partido. A luta era pelo poder. Assim foi nessa e em outras campanhas petistas.

Por certo, Betto não se encontrava sozinho nesses embates político-partidários. Durante décadas, ele e uma gama de intelectuais petistas, filiados ou não, ajudaram a elaborar uma poderosa narrativa sobre o partido que veio contribuir para pavimentar a expansão da agremiação junto à opinião pública e ao eleitorado nas duas últimas décadas do século passado. A cada nova eleição presidencial, malgrado as sucessivas derrotas de Lula, o partido ganhava fôlego e musculatura, terminando por se transformar em centro de gravidade das esquerdas brasileiras no começo do novo século. A vitória de Lula nas eleições presidenciais de 2002 adveio desse movimento.

Em 1993 e 1994, a campanha de Lula assumiu outras feições. Levando a efeito o antigo projeto de seu assessor de imprensa, o repórter Ricardo Kotscho, Lula embrenhou-se pelo Brasil profundo nas chamadas Caravanas da Cidadania.[146] No dizer de Kotscho, o objetivo "era levar o candidato ao encontro do Brasil real – tanto para falar dos planos dele como, principalmente, para ouvir as pessoas sobre seus problemas e discutir soluções que seriam incorporadas ao programa de governo. A ideia era ir, de ônibus ou de barco, a lugares que os demais candidatos apenas sobrevoavam entre um comício e outro".[147] Foram sete as caravanas que cortaram o país entre abril de 1993 e julho de 1994. A primeira delas, de caráter simbólico, refez o percurso que, com sete anos, Lula fizera com a mãe e os irmãos num caminhão pau de arara de Garanhuns, no sertão de Pernambuco, até São Paulo. As sete caravanas visitaram um total de 245 cidades em 94 dias.

Betto integrou-se à quinta caravana da cidadania, que, em 14 dias, percorreu quatro estados nordestinos – Piauí, Ceará, Paraíba e Rio Grande do Norte. Em seu relato de viagem, intitulado *Nordeste adentro*, produz um painel rico e bem-humorado da experiência, valendo-se uma vez mais dos seus dotes de jornalista e escritor.[148] Episódios simples do cotidiano da comitiva se misturam com números sobre a dura realidade nordestina. Por vezes, o foco está em Lula, como na passagem a seguir, quando registra o encontro do candidato com empresários paraibanos em um auditório repleto de petistas afoitos que rebatem as opiniões dos empresários:

> Os interlocutores [os empresários] são neoliberais e a favor da privatização de empresas estatais estratégicas, mas aqui estão para conversar com Lula. Este, travestido de Jó, reafirma, para os que ocupam posição na extrema direita, que pretende manter em mãos do Estado empresas lucrativas como a Petrobras e a Telebras, e para os que ocupam a extrema esquerda, que não se pode avaliar o seu comportamento pelo que diz a *Folha de S.Paulo.*

Outras vezes, o foco está nos comentários e afazeres dos membros da comitiva. Na divisão de trabalho reinante, Vicentinho, líder sindical da CUT, e Luiza Erundina, ex-prefeita de São Paulo, ficavam encarregados de abrir os comícios de Lula. Cabia a José Graziano, economista e estudioso da questão da fome no Brasil, municiar o candidato de dados precisos sobre as localidades visitadas. Por fim, a comunicação ficava em mãos do jornalista Ricardo Kotscho. Havia uma senha de retorno ao ônibus para toda a comitiva. No momento do discurso em que Lula respirava e usava a expressão "bem, meus amigos...", era a hora da correria. Lula era sempre o último a entrar no veículo que disparava adiante.

Betto conclui o texto retomando o foco em Lula, registrando a maneira como o candidato petista conduziu a cerimônia de encerramento da caravana da cidadania. Relata com discreta admiração: "No ato público, à noite, Lula encerra a V Caravana da Cidadania lembrando que Jesus, neste dia, lavou os pés de seus discípulos, para concluir que política se faz com amor e não com ódio. [...] Mineiro, desconfio que a caravana não é só da cidadania. É também da democracia, que exige de nós muito aprendizado."

Em suas memórias e entrevistas, Betto nunca escondeu nutrir uma profunda admiração por Lula. Em entrevista concedida ao jornal *O Pasquim* em janeiro de 1981, aponta algumas razões para isso. Diz ele:

> Primeiro, porque é uma pessoa que tem uma história pessoal muito pouco conhecida, mas extremamente sofrida. Aliás, admiro o fato dele não explorar politicamente esta trajetória sofrida da sua vida pessoal. [...] Por outro lado, é que não esperou jamais ser quem é. Ele é fruto de uma

> série de condições, evidentemente somadas, ajudadas e acrescidas pelo fato de ser dotado de um carisma pessoal, isto é inegável. E não sei explicar, mas sabe, o cara tem um carisma pessoal, uma intuição muito forte, principalmente para a política. A intuição dele para a política é como a vocação de certas pessoas para a música. Um negócio nato. Toca de ouvido, e toca bem.[149]

Em 1989, durante a campanha eleitoral, Betto publicou um pequeno livro sobre a trajetória de Lula intitulado *Lula: biografia política de um operário*. De novo, entrou em cena o jornalista/escritor com vistas a produzir algo muito além de mera propaganda de campanha: o que temos é um relato conciso e sério sobre o percurso político do candidato. Nada de apelações, sentimentalismos ou sensacionalismos. Em lugar disso, informações, análises e posicionamentos.

O livro é composto de 12 capítulos, nos quais são registradas passagens significativas da carreira de Lula. As questões de natureza pessoal, tais como os problemas econômicos familiares, o abandono paterno, a transferência do Nordeste para São Paulo etc., são abordadas de maneira discreta, uma vez que a linha mestra da obra é a trajetória política do personagem. Como não poderia deixar de ser, há capítulos específicos sobre o movimento sindical, as greves do ABC, a prisão, a criação da CUT e do PT.

No livro, o autor evita o uso de expressões típicas dos militantes de esquerda, buscando fazer-se entender por um público amplo e diversificado. Todavia, em um capítulo, o que trata especificamente da estrutura do PT, utiliza o dialeto das esquerdas para passar seu recado à legenda e aos seus militantes. Segundo ele, ao longo dos seus dez anos de existência, o PT havia oscilado entre projetos de cunho voluntarista e revolucionário – que encaravam o partido como mero instrumento para a destruição do Estado burguês – e projetos marcados pelo "democratismo basista", ou seja, os que apontavam para a superação pacífica do sistema capitalista em direção ao socialismo. Para Betto, tendo em vista romper com essa situação, era necessário colocar na agenda partidária a urgência de uma definição mais clara sobre o projeto socialista estratégico do PT. Sugeria ainda que o partido, ao municiar-se dos pressupostos básicos da teoria marxista, deveria enfrentar também temas polêmicos como o da luta armada. Como veremos, nas décadas seguintes o PT terminaria por seguir o caminho inverso ao sugerido por Betto. E mais: ele e o partido continuariam a se estranhar.

No entanto, conclui o livro em tom afirmativo e otimista, adequado a tempos de eleição. Segundo ele, aquele era o momento em que a classe trabalhadora de fato se tornara "sujeito político, dispondo de instrumentos de ação e de um programa criados a partir das suas lutas. Este é um legado precoce e, no entanto, imprescindível à articulação das forças sociais e políticas comprometidas com o futuro socialista da nação brasileira".

14

Nuestra América

A III Conferência do Episcopado Latino-Americano aconteceu na cidade de Puebla, a 130 quilômetros da capital mexicana, de 27 de janeiro a 13 de fevereiro de 1979. Havia muita expectativa sobre o encontro, uma vez que a conferência anterior, em Medellín, realizada 11 anos antes, foi histórica e serviu aos bispos como ponto de partida para uma nova etapa da vida da Igreja latino-americana, representada pela opção preferencial pelos pobres. Após dois anos de preparação, o objetivo era avaliar o cumprimento das determinações da Conferência de Medellín e definir novos caminhos para a Igreja Católica no continente. Por isso mesmo, o encontro era visto como de fundamental importância. Jornalistas especulavam se João Paulo II – eleito poucos meses antes, no conclave de outubro de 1978 – manteria o espírito renovador de Medellín. Também se discutia qual seria a posição oficial da Igreja com relação às lutas de libertação na América Latina.

Betto chegou à Cidade do México, para depois seguir a Puebla, no dia 21 de janeiro. Pouco antes, havia encontrado Ernesto Cardenal em São José, capital da Costa Rica, e lá perguntou o que o poeta nicaraguense esperava da conferência que se realizaria dali a alguns dias. "Não dou importância. Bispos são capazes de fazer declarações progressistas, como em Medellín, e continuar reacionários. E mesmo que façam declarações direitistas não conseguirão impedir a participação dos cristãos na revolução latino-americana."[150]

Betto foi para Puebla integrado com um grupo importante de teólogos. Junto com ele estavam Leonardo Boff, José Comblin, frei Gilberto Gorgulho, Gustavo Gutiérrez, Pedro Ribeiro de Oliveira e João Batista Libânio, entre outros. Os bispos estavam proibidos de ser acompanhados na conferência por seus assessores teológicos. Sem ter como levá-los ao México, contaram com a ajuda fundamental de um padre chileno, Sérgio Torres, que, por meio de diversos contatos com grupos católicos internacionais, arrecadou recursos para alugar casas em Puebla para abrigar os teólogos. Foi numa dessas casas, localizada à rua Washington, que Betto e seus companheiros ficaram hospedados. Dormiam em colchonetes e varavam as noites preparando subsídios para municiar os bispos que os visitavam clandestinamente, informando o que era discutido na conferência. Betto brincava que, de Washington, enviavam suas análises aos bispos amigos que estavam no Seminário Palafoxiano. "Sem utilizar walkie-talkie, telefone, computador ou fax, nossas comunicações foram surpreendentemente rápidas para os recursos da época e, ao que me consta, jamais os canais foram detectados pelas forças que se opunham à nossa presença", escreveu em seu livro *Paraíso perdido*.

Assim como os teólogos da libertação, monsenhor Obando y Bravo, da Nicarágua, foi impedido de participar do evento pelo arcebispo-coadjutor de Medellín e secretário-geral do Conselho Episcopal Latino-Americano, monsenhor López Trujillo, porque este desconfiava que Obando simpatizasse com a Revolução Sandinista. Dessa forma, o trabalho de Betto, de conversar com a imprensa e passar informações, tornou-se ainda mais importante. Era a forma que tinham para dar suas impressões sobre o que estava acontecendo dentro dos muros da Igreja. "Naquele momento", diz ele, "o clima político na Igreja nos era desfavorável, uma vez que queriam limitar a atuação das correntes progressistas. Então, tratamos de nos valer da imprensa para ganhar a 'guerra de informação', a 'guerra hermenêutica', a 'guerra de interpretações'."

Luiz Alberto Gómez de Souza, que estava no grupo de teólogos, comentou em seu livro *Do Vaticano II a um novo concílio?* sobre esse movimento de impedir os assessores de trabalhar junto aos bispos:

> Houve um filtro de segurança cuidadoso para evitar a presença, no recinto da reunião, de assessores embaraçosos para os que queriam controlar os resultados. Mas um bom número de teólogos, sociólogos, educadores, cientistas políticos, dirigentes de movimentos eclesiais, nos encontramos na cidade mexicana, "do lado de fora". Trabalho intenso. Numerosos bispos saíam das sessões e, à tarde, se reuniam com esses assessores externos e oficiosos.

A partir de sua participação em Puebla, Betto escreveu *Diário de Puebla* e um folheto intitulado *Puebla para o povo*, que vendeu milhares de exemplares. Em *Diário de Puebla*, Betto relatou o que aconteceu na conferência em cada dia. Entre os episódios que narra no livro pelo menos um mostra a pressão que a imprensa sofria na cobertura do encontro. Depois que o correspondente de uma agência de notícias espanhola divulgou que o documento aprovado correspondia mais às expectativas dos progressistas que dos conservadores, o arcebispo-coadjutor de Medellín, monsenhor Alfonso López Trujillo, procurou o repórter na sala de imprensa, exigindo que fizesse um desmentido.

João Paulo II impôs limites que fizeram com que o documento aprovado ao final da conferência não fosse o que o clero progressista queria. No discurso inaugural, o pontífice alertou:

> Nestes dez anos quanto caminhou a humanidade e com a humanidade e a seu serviço, quanto caminhou a Igreja! Esta III Conferência não pode desconhecer esta realidade. Deverá, pois, tomar como ponto de partida as conclusões de Medellín, com tudo o que tem de positivo, mas sem ignorar as incorretas interpretações por vezes feitas e que exigem sereno discernimento, oportuna crítica e claras tomadas de posição.[151]

O folheto *Puebla para o povo* acabou servindo como referência de leitura para os bispos brasileiros, uma vez que fazia uma interpretação do encontro à luz da Teologia da Libertação. Com os avanços atingidos com a Conferência de Medellín, esperava-se que Puebla representasse um passo adiante, mas não foi o que aconteceu. Pelo contrário. A Igreja latino-americana, envolvida com a Teologia da Libertação, foi contida pelo papa e por sua equipe vaticana.

Também em Puebla, Betto conheceu monsenhor Oscar Romero, arcebispo de San Salvador, a quem presenteou com um exemplar do livro *Cartas da prisão*. Ao pegar a obra, Romero comentou: "Bom você me dar esse livro; pode ser que um dia eu vá precisar." Meses depois, dom Oscar foi assassinado por um atirador de elite durante uma missa. Denunciava torturas e assassinatos de pobres e defendia os direitos humanos em El Salvador e toda a América Latina.

Havia pressão e expectativa, por parte dos que defendiam a Nicarágua, de que os bispos reunidos na conferência defenderiam a carta contrária à ditadura de Somoza, assinada por religiosos de toda a América Latina. Mas isso não aconteceu. Cinco meses depois, no entanto, como destacou Betto em *Paraíso perdido*, Anastácio Somoza fugiu da Nicarágua e a Frente Sandinista de Libertação Nacional (FSLN) tomou o poder. Era 19 de julho de 1979 e durante os vinte anos que antecederam a data cerca de 50 mil pessoas foram mortas nos confrontos de libertação do país.

Nicarágua: triunfa a revolução

A Nicarágua vivia sob o regime ditatorial da família Somoza desde 1936. Anastácio Somoza Garcia – que havia assassinado o revolucionário Augusto César Sandino em 21 de fevereiro de 1934 – assumiu o poder e ficou no cargo até 1956, quando foi morto. Sandino conseguira formar um exército de camponeses, operários, mineiros e índios[152] e é considerado o maior libertador da história do país. Com a morte de Somoza Garcia, seu filho Luis Somoza assumiu a presidência. Onze anos depois, em 1967, Luis fora morto e seu irmão, Anastácio Somoza Debayle, à época chefe da Guarda Nacional, tornou-se presidente da Nicarágua, submetendo o país a uma violenta ditadura que perdurou até 1979. Todos os Somoza governaram com o apoio dos Estados Unidos. Em 19 de julho de 1979, a Frente Sandinista de Libertação Nacional, criada em 1961 em homenagem a Sandino e com princípios revolucionários, conseguiu derrubar a ditadura somozista e tomar o poder.

A Revolução Sandinista contou com a participação maciça de cristãos. Foi nesse cenário político que Frei Betto, já conhecido no Brasil por seu trabalho de educação popular junto às comunidades de base em Vitória e iniciando o contato com os sindicalistas do ABC paulista, se aproximou dos sandinistas. Em setembro de 1979, dois meses após a revolução triunfar, o padre franciscano Uriel Molina convidou Betto para ir à Nicarágua ajudar as comunidades do país e refletir com elas a vinculação entre fé e política.

No Brasil, no âmbito da Arquidiocese de São Paulo, no início de 1980, organizava-se o Congresso Internacional Ecumênico de Teologia. O evento foi inaugurado no dia 21 de fevereiro daquele ano, com a participação de teólogos de vários países. O momento era propício para prestar solidariedade à revolução na Nicarágua. A Associação Internacional dos Teólogos do Terceiro Mundo percebeu isso e usou de criatividade ao trazer os membros do governo recém-empossado para a conferência. Convidou o padre Miguel d'Escoto, membro da associação e chanceler da Nicarágua sandinista, que trouxe Daniel Ortega, principal líder da FSLN. O governo militar brasileiro não poderia dizer que os sandinistas vinham em visita oficial nem tampouco evitar sua entrada. Assim, os representantes da FSLN, como a comandante Mónica Baltodano, d'Escoto e Ortega, encontraram amplo espaço para participar do congresso.

Frei Betto era secretário-executivo do evento e, dada a proximidade que começava a ter com a revolução sandinista, fortaleceu a participação dessas lideranças. O dominicano também atuou ativamente nas comissões sobre as Comunidades Eclesiais de Base que integravam o encontro ecumênico. Em entrevista ao jornal *Folha de S.Paulo* no dia 23 de fevereiro, Betto afirmou que o reconhecimento das CEBs pela esquerda brasileira – orientada por ideias e literatura europeias – como grande força política ainda era um desafio.

> Realmente, representa um desafio para certos ortodoxos europeizados [...] porque se dizia que a religião é o ópio do povo, que da Igreja não pode vir nada que preste. E, agora, se percebe que a grande organização de base que existe hoje, sobretudo na zona rural do país, é aquela nascida dentro do espaço da Igreja. De concreto, o que existe é que, em algumas áreas do país, os membros das CEBs estão animadamente empenhados na construção de um partido dos trabalhadores (eu digo um partido dos trabalhadores e não o partido dos trabalhadores porque não considero o partido formado; creio que nenhum dos modelos propostos é definitivo).

O Partido dos Trabalhadores estava em formação e foi tema discutido entre os representantes das CEBs presentes no Congresso. A imprensa pediu para Betto comentar aquele momento de criação do PT e ele informou que os pontos do programa estavam sendo discutidos com as comunidades de base. "Eles começam a ser levados agora, inclusive por iniciativa do próprio PT, que está demonstrando o desejo de que sua proposta seja amplamente discutida na base." Mas Betto também avaliava que o PT não devia ter pressa para se constituir como partido. "Entendo que alguns parlamentares que estão aderindo ao PT queiram logo preparar a sua cama no Congresso, através do PT. Parece-me que o PT, como partido de massas, é muito mais importante do que como força parlamentar. A questão parlamentar é uma entre um leque de opções que hoje se apresentam ao PT. Nesse sentido, eu espero que o PT não se afunde na questão eleitoral e parlamentar."[153]

Na abertura da conferência, Mónica Baltodano, então com 25 anos, disse que os sandinistas estavam ali para "transmitir uma experiência nova, a da participação dos cristãos na luta de libertação". Mónica integrava a Direção Nacional da Frente Sandinista. "O cristianismo deve ser entendido como um compromisso com o povo. E a maior experiência desse cristianismo foi a do nosso povo – tradicionalmente cristão –, que se manifestou claramente em todas as etapas da luta, e foi uma das bases principais para a luta triunfar."[154]

Participaram do congresso representantes de toda a América Latina. Miguel d'Escoto e Daniel Ortega chegaram a São Paulo na terça-feira, 26 de fevereiro. Os participantes mostravam-se entusiasmados com o exemplo da Nicarágua. O repórter Clóvis Rossi, da *Folha de S.Paulo*, destacou os pontos da exposição do filósofo Enrique Dussel no congresso, que explicou o motivo de tamanho interesse: "Nicarágua é o primeiro país do mundo, não apenas da América Latina, em que um enorme número de cristãos aderiu à revolução, aos quadros revolucionários."

Miguel d'Escoto reforçou em entrevista a importância dos cristãos para a Nicarágua. "As Comunidades Eclesiais de Base foram uma das principais fontes de onde saíram muitos dos dirigentes da Frente Sandinista. Desempenharam, e continuam desempenhando, um papel muito importante." E continuou: "À medida que iam se conscientizando do compromisso com os seus irmãos, os cristãos se iam incorporando ao processo revolucionário, como consequência lógica desse compromisso."[155]

No dia 28 de fevereiro, dois dias depois de sua chegada, d'Escoto e Ortega participaram, junto com outros nicaraguenses que estavam na Conferência, de um debate na PUC, chamado de "Noite Sandinista". A delegação da Nicarágua foi composta por oito pessoas.

Após a viagem ao Brasil, Ortega viajaria diretamente para Roma, para uma audiência com o papa João Paulo II, levando consigo depoimentos e material recolhidos entre os cristãos das comunidades latino-americanas.

O IV Congresso Internacional Ecumênico de Teologia foi promovido pela Associação Ecumênica de Teólogos do Terceiro Mundo sob o tema "Eclesiologia das comunidades eclesiais de base". Estiveram presentes cerca de 160 bispos, padres, freiras, leigos e pastores protestantes de 42 países.[156] Entre eles, os religiosos Pedro Casaldáliga, Gilberto Gorgulho, Leonardo Boff, José Oscar Beozzo, Carlos Mesters, José Maria Pires, Sérgio Torres, Jon Sobrino, Alfredo Ride, Uriel Molina, Gustavo Gutierrez e Paulo Ayres de Mattos, e os leigos Hugo Assmann e Pablo Richard. O congresso foi presidido por dom Paulo Evaristo Arns.

O coordenador do grupo-teatro União e Olho Vivo, Idibal Piveta, entregou a dom Pedro Casaldáliga um uniforme de guerrilheiro sandinista, que havia recebido da comandante Mónica Baltodano. Antes, o grupo apresentara uma música do povo nicaraguense feita para Sandino. Dom Pedro agradeceu de forma poética:

> Esta cor verde é como as nossas matas sacrificadas da Amazônia. Às vezes significou a repressão, a tortura. Tem significado também, na Nicarágua, a libertação, a vida, uma pátria nova [...] Eu me sinto, vestido de guerrilheiro, como poderia me sentir paramentado de padre. É a mesma celebração que nos empurra à mesma esperança [...] Nicarágua nos deu o exemplo: todos nós, todos os povos da América Latina, todos os povos do Terceiro Mundo, vamos atrás.[157]

Depois da fala do padre Uriel Molina, Betto, que moderava o encontro, fez um longo comentário sobre a exposição que acabara de ouvir:

> O padre Uriel nos disse que a primeira parte de sua juventude ele viveu sob o regime de escravidão de Somoza. [...]
>
> Começou a realizar, junto com outros padres, uma atividade profética, no sentido de renovação da Igreja, que era comprometida com o regime que imperava no país. E, sobretudo, essa atividade profética consistia em recuperar a mensagem evangélica que havia sido apropriada pelas classes dominantes.
>
> [...]
>
> Experiências que ele viveu junto às Comunidades Cristãs, como participação em greves – a greve dos professores –, fez com que, a partir de 1971, formasse com um grupo de universitários uma comunidade em sua paróquia. E viu nisso uma oportunidade para dialogar com a juventude sofrida. E alguns desses jovens de sua paróquia são hoje comandantes da Frente Sandinista de Libertação Nacional.
>
> Eles procuravam realizar uma integração fé e política, fé e revolução, fazendo uma análise do Evangelho à luz da História a ser resgatada (68). Não foi fácil, para ele, atuar junto a essa Comunidade, porque não sentia apoio na Ordem, nas estruturas da Igreja, nem possuía suficientes esclarecimentos doutrinários. E só mais tarde vieram, com a Teologia da Libertação, do teólogo peruano Gustavo Gutiérrez, que está aqui presente entre nós.

Ele sentiu um peso muito grande entre a instituição da Igreja e o compromisso com o povo. Era muito pressionado pelos superiores, e isto fazia com que sentisse algum conflito, sobretudo quando lhe falavam que a Igreja não podia ser instrumentalizada, que a violência não é evangélica etc. Então viu que precisava assumir a realidade, e que a realidade a ser assumida não era quimicamente pura, e que o Evangelho havia sido apropriado pelas classes dominantes, e dever-se-ia agora ser resgatado.

[...]

O Evangelho diz que o discípulo não é maior que o Mestre. Mas, no caso do padre Uriel, os discípulos, dizia ele, foram maiores do que o mestre. O que não fui capaz de dar, eles deram. E quando Somoza metralhou a população civil de seu bairro, ele sentia que a resposta era um grito de esperança: "Pátria livre ou morrer!" e admitia que não era mais ele que pregava o Evangelho; o Evangelho, na Nicarágua, estava sendo pregado pelos sandinistas.

O congresso foi um sucesso. A imprensa acompanhou diariamente a programação e deu destaque aos religiosos e às autoridades especialmente nicaraguenses. Dom Paulo concluiu o evento com palavras estimulantes:

Agora, não convém encerrar. Não é noite. Estamos na aurora... Vamos agradecer aos mártires aqui na América Latina e no Brasil. Eu recordaria aqui os mártires posseiros e os mártires índios. Não se trata de uma libertação romântica, mas uma libertação da fome, do mau salário, da favela. Que esta semana seja um compromisso no sangue de Cristo. Importa agora traduzir a palavra num testemunho real.[158]

Em 1980, Betto já estava integrado ao cenário político e social da Nicarágua. Naquele ano, escreveu o livro *Nicarágua livre: o primeiro passo*, contando a história da Revolução Sandinista, os antecedentes e o perfil da população nicaraguense, além da relação entre o cristianismo e a revolução. O entusiasmo de Betto com a nova realidade vivida pelo país da América Central foi destacado pelo editor da obra, Ênio Silveira, que assinou a apresentação:

Ao encontrar, na Nicarágua, uma decisiva e decidida componente cristã, católica, tanto na dura luta pela derrubada da máfia somozista quanto agora, nas tarefas de reconstrução do país e reorganização da vida nacio-

> nal, é mais do que lógico que ele se entusiasme, que vibre com essa prática de ação apostólica pelo método direto que substituiu a retórica vazia que durante tanto tempo emanou dos representantes de uma Igreja tão afastada do povo quanto cega ou omissa diante dos crimes da ditadura.

Quando a FSLN organizava a comemoração do primeiro ano da Revolução – que contaria com a participação efusiva de Fidel Castro e marcaria o primeiro encontro de Betto com o presidente cubano –, Mónica Baltodano sugeriu que Frei Betto e Lula fossem convidados. No congresso de São Paulo, Mónica conheceu o trabalho de Betto na educação popular e chegou a ir à residência do casal Lula e Marisa. A comandante avaliou que a presença dos dois brasileiros enriqueceria o evento e estreitaria os laços entre os sandinistas e as comunidades de base brasileiras. Mas a organização do evento em Manágua avisou que não havia recursos para as passagens. Ela, então, recorreu a uma sobra do dinheiro que haviam conseguido com o último assalto a banco feito pelos sandinistas antes da revolução triunfar, cerca de 3 mil dólares. Com isso, pagou os bilhetes aéreos de Betto e Lula, colaborando, sem saber, para um dos encontros mais importantes da trajetória do dominicano brasileiro.

Na segunda visita a Manágua, acompanhado pelo também frade João Xerri, Betto se hospedou na casa dos dominicanos e levou de presente para o padre Rafael Aragón um exemplar do seu livro *O que são Comunidades Eclesiais de Base*, que tratou de traduzir e publicar pelo Centro Ecumênico Valdivieso, para ampla divulgação. O livro de Betto marcou um processo de estudo e trabalho com as CEBS nos primeiros anos da revolução. Havia entusiasmo nos setores populares e cristãos que participaram do movimento revolucionário, de modo que o aprofundamento da reflexão sobre aquela experiência era esperado.

Na Nicarágua, os dominicanos se comprometeram profundamente com a revolução sandinista e os superiores da Ordem foram solidários com a causa. À época, o país contava com 16 frades. Hoje, são quatro. Eles puderam abrir seu horizonte e, embora em número pequeno, fizeram um importante trabalho pastoral pela Nicarágua desde 1979, incluindo o processo de reflexão dentro da experiência das comunidades de base e da Teologia da Libertação. Essas iniciativas incomodaram a hierarquia da Igreja, a ponto de o conservador monsenhor Obando y Bravo pedir a expulsão dos frades da Nicarágua. Uma campanha em âmbito internacional foi feita com o apoio do superior dos dominicanos em Roma, mas não impediu que ficassem proibidos de celebrar a eucaristia. Podiam apenas trabalhar com o povo. Essa proibição dos bispos sobre os dominicanos seguiu até 1996. De modo que eles permaneceram na Nicarágua, mas num constante confronto com a hierarquia da Igreja.

Os dominicanos tiveram um importante papel nas denúncias públicas feitas sobre as violações de direitos humanos no país. Nesse sentido, Betto também ajudou seus confrades a pensar estrategicamente em como encaminhar essas denúncias, participando de reuniões e enviando sugestões. A atitude firme de enfrentar as dificuldades ao longo de duas décadas só foi possível graças ao apoio dos superiores, mas a tensão se manteve todo o tempo. A última decisão aconteceu em 1996, quando o secretário de Estado da Santa Sé pediu a saída do padre Rafael Aragón da Nicarágua. Mas ele conseguiu manter-se e hoje, praticamente, é o único dominicano que atua de forma intransigente por lá.

Considerando que a Revolução Sandinista tinha conotação marxista, os bispos da Nicarágua avaliavam que essa ideologia seria incutida nas comunidades e se fecharam contra os padres que apoiavam e participavam da revolução. A política adotada por Obando y Bravo foi de colocar os sacerdotes na já estabelecida pastoral tradicional. Os que estavam com a revolução eram repelidos. Em função disso, em 1985, os padres Fernando Cardenal, Miguel d'Escoto e Ernesto Cardenal, também poeta, que se juntaram à Frente Sandinista de Libertação Nacional, tiveram de deixar suas atividades pastorais, por imposição do papa João Paulo II. Fernando deixou a Companhia de Jesus e seu exercício sacerdotal. Ernesto e Miguel foram suspensos *a divinis* pelo papa João Paulo II, ou seja, impedidos de celebrar a eucaristia e de realizar trabalhos pastorais – a punição só seria retirada em 2014 pelo papa Francisco. Os conflitos com as congregações também aconteceram nesse momento – os dominicanos estavam entre elas. Mas justamente pelo momento histórico pelo qual passava a Nicarágua, diversas congregações queriam estar lá participando ativamente. O resultado foi que 18 novos grupos de religiosos entraram no país nessa época, entre eles alguns brasileiros, pelas mãos de Frei Betto. Para conseguirem o visto de entrada, os brasileiros precisavam de uma carta de recomendação daqui. Era assim que Betto ajudava. Aragón escrevia para o amigo quando precisava das recomendações e este preparava as cartas, enviadas para o consulado, e assim os vistos eram liberados. Essas 18 congregações atuavam informalmente, pois não tinham o apoio do bispo.

Em 1980, Betto assumiu a assessoria pastoral para o Centro Ecumênico Monseñor Antonio Valdivieso, dirigido pelo padre Uriel Molina. Assessorava encontros dos vários setores pastorais nicaraguenses identificados com a opção pelos pobres, ajudava na formação das CEBs em relação à discussão cristianismo e marxismo, e aproveitou para introduzir sua experiência em educação popular adquirida em Vitória. Chegava a ir quatro vezes ao ano à Nicarágua, sempre convidado pelas comunidades de base, pelo Centro Ecumênico Valdivieso ou por iniciativa própria. Nunca por um convite oficial da Igreja.

Para o custeio da viagem, Betto buscava pequenos apoios em instituições da cooperação internacional e assim conseguia manter suas idas anuais ao país. Sua intenção era acompanhar o processo de educação popular e formação de lideranças sandinistas e acompanhar o desenvolvimento das CEBs. Seu objetivo era mostrar que o cristianismo não se opunha à revolução e a um marxismo aberto, e que o cristianismo podia ter um papel importante para criar uma consciência crítica de comprometimento com as transformações sociais e políticas. Assim, ficava dois ou três dias na casa dos frades, fazia contatos e se encontrava com as lideranças sandinistas para desenvolver essa estratégia de discussão sobre cristianismo e marxismo. Junto com Betto, outros nomes importantes colaboravam nessa estratégia de diálogo entre governo revolucionário, Igreja, povo e fé cristã, como Leonardo Boff e Pablo Richard, da Costa Rica. A questão para Betto era: como integrar a fé e a ideologia revolucionária.

No período em que viajava para a Nicarágua assessorando os sandinistas, especialmente em 1980 e 1981, Frei Betto enviou várias cartas para dom Paulo Evaristo Arns dando conta das articulações e do trabalho que desenvolvia naquele país. Trazia informações sobre as comunidades eclesiais de base de lá e a Igreja. Buscava apoio do cardeal para os sandinistas e pedia que dom Paulo fosse a Manágua para ajudar os bispos locais e o clero a aprofundarem sua eclesiologia, e os padres com funções de governo a refletir sobre o momento em que deveriam retornar às suas atividades eclesiais.

A Nicarágua era o grande laboratório da discussão cristianismo-marxismo, já que Cuba permanecia um tanto isolada devido à sua conexão com a União Soviética. Na Nicarágua, figuras conhecidas da educação popular, como Paulo Freire, o próprio Betto, Marcos Arruda, Oscar Jara e Carlos Nuñes Hurtado estavam focadas em participar da experiência com os sandinistas no trabalho de educação popular.

A Revolução Sandinista já nasceu com forte presença de cristãos. Por isso, a realização do congresso em São Paulo com a participação dos nicaraguenses. Betto levou Ortega para almoçar na casa de dom Paulo e também organizou uma reunião dele com madre Cristina Sodré, diretora do Instituto Sedes Sapientiae. O objetivo era integrar ao máximo as figuras progressistas da Igreja no Brasil com os nicaraguenses para a campanha de solidariedade à Revolução Sandinista. Fernando Cardenal lembrou que o objetivo não era apenas acabar com a ditadura, mas lutar pela transformação social junto aos cristãos.

> Na Nicarágua, a religião nos moveu, nos empurrou, nos despertou para descobrir a miséria em que vivia a população, para descobrir seus direitos, suas reivindicações e para descobrir o papel que nós como cristãos tínhamos que tomar junto a esse povo que já se despertava e que começava a lutar pela transformação; não só para acabar com a ditadura, mas pela transformação deste país a favor deles [...] A participação dos cristãos foi fundamental para que a nossa fora uma revolução popular. Há que se dizer que a Revolução Popular Sandinista é a primeira revolução na história da humanidade que não se fez apesar dos cristãos ou contra os cristãos, mas com os cristãos, com uma profunda participação destes.[159]

Antes da realização do Congresso, porém, Frei Betto já havia criado espaço para que, em janeiro de 1980, Pedro Pontual e Paulo Vannuchi fossem à Nicarágua. Eles passaram 15 dias em contato com os envolvidos no processo da revolução sandinista e suas experiências foram trazidas para o trabalho no Cepis, que começou a participar e fomentar ações de solidariedade aos povos latino-americanos. Logo em seguida ao processo da Nicarágua, o Cepis passou a trabalhar com representantes de El Salvador e Guatemala. Havia, inclusive, uma palavra de ordem entre os membros desse grupo de educação popular: "*Si Nicaragua venció, El Salvador vencerá y Guatemala le seguirá.*" Na casa de Pedro Pontual, os discos do músico Carlos Mejía Godoy eram tão tocados que sua filha de quatro anos cantava alto na janela o refrão da música com o grito de ordem: "*Si Nicaragua venció...*"

Apesar de ter deixado marcas profundas na trajetória de Betto, a Revolução Sandinista, com o passar do tempo, ficou com muito pouco do que Betto tentou imprimir a ela. As análises atuais de quem participou intrinsecamente desse movimento, como Aragón e Baltodano, são de que os líderes sandinistas não deram a Betto o espaço que poderiam. Não queriam tratar o tema religião a fundo, e se equivocaram ao não perceber que a dissociação entre cristianismo e revolução causaria um enfraquecimento do movimento num país profundamente católico como a Nicarágua – em 1979, 96% da sociedade nicaraguense era católica. As articulações feitas por Betto não surtiram o efeito esperado, diferentemente do que aconteceu em Cuba.

As lideranças sandinistas só se deram conta de que Betto poderia ser um aliado de peso quando este lançou o best-seller *Fidel e a religião* e tornou-se conhecido em toda a América Latina, com amplo reconhecimento na imprensa. Os líderes então o receberam como "o amigo de Fidel". No entanto, era tarde para a Nicarágua. Betto estava deveras envolvido com o país que o acolheu de braços abertos e pronto para atuar amplamente em Cuba. Além disso, deixou de viajar para a Nicarágua no início dos anos 1990, quando percebeu que alguns líderes da Frente Sandinista, em especial Daniel Ortega, haviam recuado em suas opções revolucionárias e vinham sendo acusados de corrupção, fazendo com que outros nomes importantes da luta, como os irmãos Cardenal, Aragón e Mónica Baltodano, também se afastassem da FSLN.

Dessa forma, o legado de Frei Betto na Nicarágua foi o simbolismo da luta, já que não conseguiu fazer com que os líderes entendessem e permitissem que a religiosidade fosse base para criar consciência participativa. No encontro mais recente que teve com Mónica Baltodano, Betto afirmou que deixou de ir à Nicarágua pelo mesmo motivo de outros: desencantou--se com as mudanças dos setores sandinistas no que diz respeito à ética e aos valores que animaram os revolucionários, e de ver o país em retrocesso e a perda das referências de outrora. Tom muito diferente daquele usado no livro *Nicarágua livre*, quando Betto demonstrava o orgulho de participar de um movimento que, em quatro anos, conseguiu alcançar a alfabetização da grande maioria da população, a reforma agrária e a redução dos índices de criminalidade e prostituição.

Hoje, tanto a religião quanto a política na Nicarágua seguem uma linha conservadora, muito distante do que sonharam os seguidores de Augusto César Sandino.

Cuba descobre Betto

Nas viagens que fazia à Nicarágua, Frei Betto também aproveitava para ir a Cuba. Começou efetivamente em setembro de 1981 o seu trabalho de intermediar as relações entre Igreja Católica e Estado na ilha. Foi convidado pela Casa das Américas para participar do Encontro de Intelectuais pela Soberania dos Povos de Nossa América, idealizado pelo escritor Gabriel García Márquez, e comunicou o fato a dom Cláudio Hummes, que acedeu com sua ida. Também falou com seu superior no Brasil, frei Mateus Rocha, que se preocupou com a segurança, mas aceitou, após saber que o cardeal Arns também havia concordado.

E assim Betto foi, via Peru. No mesmo voo estavam a atriz Ruth Escobar, o filósofo Leandro Konder, os jornalistas Jorge Escosteguy e Ricardo Kotscho, o autor de teatro Idibal Piveta, o escritor Fernando Morais, entre outros brasileiros. Hospedaram-se no Hotel Habana Riviera e foram recepcionados por García Márquez e sua esposa, Mercedes Barcha.

Em Havana, Betto aproveitou para conversar com o núncio apostólico, monsenhor Giulio Einaudi, e o padre Carlos Manuel de Céspedes. Tratou de sua vontade de ajudar as relações entre Igreja e Estado no país. Depois, ao participar de uma recepção no Palácio da Revolução, na noite de 7 de setembro, ao se aproximar de Fidel para cumprimentá-lo, o líder disse: "Já nos conhecemos?" "Sim, comandante, conversamos em Manágua, na casa de Sérgio Ramirez, no primeiro aniversário da Revolução Sandinista." "É uma alegria tê-lo aqui conosco." Algum tempo depois, o responsável pelo setor Brasil no Departamento de América, Sérgio Cervantes, veio avisar ao dominicano que o presidente queria vê-lo. Fidel disse que gostaria que replicasse em Cuba o trabalho feito na Nicarágua, entre cristãos e marxistas.

Em carta enviada a dom Paulo em 16 de dezembro daquele ano, Betto contou como foram os seus primeiros encontros com os representantes do governo e da Igreja na ilha. "Com os primeiros, ajudando-os a compreender a Igreja hoje na América Latina; com os segundos, ajudando-os a sair do isolamento em que se encontram em relação ao Continente." Betto informou a dom Paulo que a todo o pessoal da Igreja, inclusive ao núncio, fez a seguinte pergunta: "Vocês acham que estou perdendo meu tempo ou posso ajudar no diálogo Igreja-Estado aqui?" A resposta foi: "Sim, é importante você vir, pois no momento não há outra pessoa que goze da confiança de ambas as partes."

Mas foi em 1983 que o dominicano se transformou oficialmente em mediador entre a Igreja Católica e o Estado, quando a Conferência Episcopal na ilha se reuniu com ela. Ainda sob a ditadura militar, o Brasil à época não mantinha relações diplomáticas com Cuba e Betto tinha de ir ao Peru ou Panamá para conseguir o visto de entrada no país socialista. O papel do frade era dialogar com o governo, especialmente com Fidel Castro e José Felipe Carneado, chefe do Escritório de Assuntos Religiosos do Partido Comunista de Cuba, e com o cardeal, os bispos e padres. Além disso, fazia conferências sobre Teologia da Libertação na Escola do Partido e na Federação de Mulheres Cubanas.[160]

O frade creditou a confiança dada a ele à admiração que Fidel nutria pelo cardeal de São Paulo. "Portanto, mesmo com riscos, estou disposto a cumprir essa missão em Cuba, desde que seja um apelo da Igreja de lá e com o apoio do senhor, de dom Cláudio e do meu provincial [...] Se o senhor tem alguma restrição, diga-me, por favor. Seu apoio é-me indispensável."

Em correspondência reservada, dom Paulo escreveu ao arcebispo de Havana, Jaime Ortega, em fevereiro de 1982, e disse que Frei Betto estava à disposição da Igreja de Cuba "para colaborar no esforço de uma maior inserção da Igreja de Cristo na realidade cubana".

Por intermédio de Betto, Fidel havia mandado a dom Paulo uma caixa de charutos Cohiba, o preferido do comandante. O cardeal escreveu para o líder cubano – ao mesmo tempo que enviou carta para Jaime Ortega – agradecendo e expressando o seu apreço pelo comandante e sua profunda simpatia pelo povo cubano. "Tenho acompanhado de perto seu incansável trabalho no sentido de romper o bloqueio descabidamente imposto a Cuba e tenho esperança de que, em breve, o governo de meu país incluirá a pátria de Martí em sua política exterior ecumênica."

Jaime Ortega respondeu a dom Paulo, dizendo que acreditava que a presença de Betto entre eles seria proveitosa para a Igreja de Cuba. No início, porém, alguns bispos ficaram desconfiados com a proposta de Fidel a Betto. Convocaram o frade brasileiro para uma reunião da Conferência Episcopal, na qual Betto contou como foi a conversa com o líder cubano em Manágua. Alguns consideraram a proposta interessante; outros ficaram assustados e entenderam que o dominicano podia ser manipulado pelo governo. No meio de tantas discussões e ponderações, Betto pediu a palavra e advertiu:

> Senhores, queria dizer duas coisas: primeiro, é muito complicado para mim vir a Cuba. Estive preso duas vezes pela ditadura brasileira. O Brasil não mantém relação com Cuba. Para vir aqui, não posso usar o meu pas-

> saporte, tem que ser um visto especial que obtenho na embaixada de Cuba no Peru, no Panamá ou no México. Corro risco vindo aqui. Segundo, se os senhores consideram que há manipulação, que há outra intenção nessa proposta e não interessa para os senhores retomar esse diálogo, e que não posso ajudar vocês, eu não virei. Agora, a responsabilidade diante da história e diante de Deus é dos senhores.

O presidente da Conferência Episcopal pediu que Betto saísse da sala e esperasse do lado de fora. Cerca de uma hora depois, chamaram-no de volta: "Nós achamos que sim, você pode nos ajudar a reatar esse diálogo."

Assim, Betto começou oficialmente o trabalho que o levava até cinco vezes por ano à ilha. Além de intermediar as relações Igreja-Estado, também introduziu o método Paulo Freire de educação popular em parceria com educadores populares de Cuba, o que, em sua visão, incorporaria mais a população ao processo revolucionário.

Para custear as despesas das viagens Betto recorria a indicações do cardeal Arns para que entidades de cooperação internacional pudessem disponibilizar recursos. Ao comentar com dom Paulo qual o seu projeto em Cuba, Betto disse que era simples:

> ajudar a Igreja Católica cubana a libertar-se do modelo do passado e, como Jesus, assumir sua encarnação no regime socialista atual. Ela jamais se assumiu como Igreja no socialismo. Daí a ausência de uma pastoral mínima. Fica à margem e, só agora, começa a terminar o sonho de uma volta ao passado (no fundo, a ideia de que o liberalismo burguês é o modelo ideal à Igreja). Por outro lado, ajudar o regime cubano a desbloquear-se em relação à religião e à Igreja – a ponto de reconhecer que o modelo evangélico que buscamos construir pode ser um fator muito positivo no projeto socialista.

Foram várias as cartas trocadas entre dom Paulo e Fidel por meio de Frei Betto. Grande admirador do cardeal de São Paulo, Fidel fez reiterados convites para que o arcebispo visitasse Cuba – solicitação também feita por Frei Betto, mas não por autoridades eclesiais cubanas; e o cardeal Arns avisou a Betto que só iria se fosse a convite dos bispos. Na correspondência que enviou em 27 de maio de 1985, Fidel disse a dom Paulo que entendia que poderia demorar a visita do cardeal à ilha e que, talvez, ele é que um dia iria a São Paulo: "*Su casa será el primer lugar de Brasil que me gustaría visitar.*" Betto sabia da admiração mútua e os estimulava a manter esses contatos, inclusive insistindo para a importância do cardeal visitar o país socialista. Betto fez alguns rascunhos com sugestões de assuntos que poderiam ser tratados entre dom Paulo e Fidel. Muitos foram aceitos pelo cardeal e se transformaram em cartas oficiais.

Na ocasião do 30º aniversário da Revolução Cubana, Frei Betto entregou a Fidel nova carta de dom Paulo, na qual o cardeal cumprimentava o líder cubano pela data.

> Todos nós sabemos com quanto sacrifício e heroísmo o povo de seu país conseguiu resistir às agressões externas e ao imenso desafio de erradicar a miséria, o analfabetismo, os problemas sociais crônicos. Hoje Cuba pode orgulhar-se de ser, em nosso Continente tão empobrecido pela dívida externa, um exemplo de justiça social. A fé cristã identifica nas conquistas da Revolução os sinais do Reino de Deus que se manifesta em nossos corações e nas estruturas que permitem fazer da convivência política uma obra de amor.

A carta foi publicada em destaque na edição de 6 de janeiro de 1989 do *Granma*, jornal oficial do Comitê Central do Partido Comunista Cubano e comentada amplamente pela imprensa brasileira. Também sofreu reações acaloradas dos mais conservadores no Brasil, como o monge beneditino dom Marcos Barbosa, que apresentou suas críticas no artigo "A revolução e o cardeal" no *Jornal do Brasil* de 3 de fevereiro de 1989. Da mesma forma, houve condenação à missiva de uma personalidade reconhecida como defensora de presos políticos e amigo de dom Paulo: o jurista Sobral Pinto, católico fervoroso e anticomunista, que discordou do religioso em uma carta dura, copiada ao papa João Paulo II, a dom Lucas Moreira Neves e a dom Eugênio Sales.

A Sobral, dom Paulo respondeu que há anos mantinha correspondência, não somente com Fidel Castro, mas com presidentes e autoridades de diversos países, independentemente de suas convicções religiosas ou do regime político que adotavam. "Fiel adepto do diálogo como caminho de promoção do bem – atento à devida distinção entre o pecador e o pecado – não fecho e nem fecharei jamais meu coração àqueles que me procuram e/ou estão dispostos a ouvir-me." Arns também lembrou que muitos prelados estrangeiros visitavam Cuba havia muitos anos e mantido "proveitosas conversações com Fidel Castro", sobretudo, representantes das Conferências Episcopais dos Estados Unidos e da Alemanha. "As ideologias, doutor Sobral, não podem e nem devem pretender impor limites ao nosso múnus pastoral, cuja natureza as transcende", disse o cardeal, acrescentando que, vergonhosamente, para os países que, como o Brasil, se dizem cristãos e onde a maioria vive em condições de pobreza tão desumana, Cuba era reconhecida como o país da América Latina com os maiores índices de desenvolvimento social. Despediu-se como um grande amigo e no *post scriptum* destacou: "Comunico-lhe que considero encerrado o assunto. Não enviarei minha resposta aos irmãos que mereceram cópia de sua mensagem e peço que o senhor também não o faça."

Dois bispos cubanos que viviam em Miami também escreveram uma carta crítica àquela escrita por dom Paulo a Fidel, cumprimentando-o pelo 30º aniversário da Revolução. A carta foi divulgada no 7º encontro intereclesial das Comunidades Eclesiais de Base e os bispos diziam que Frei Betto ia a Cuba "discutir receitas de camarão e lagosta com Fidel Castro". Naquela mesma época, quatro militares cubanos acusados de tráfico de drogas e traição à pátria foram condenados à morte. Betto aceitou a sugestão de Margarida Genevois, que participava do encontro das CEBS, e mandou a dom Paulo, por meio do presidente da Comissão Justiça e Paz de São Paulo, Marco Antônio Rodrigues Barbosa, a sugestão de enviar outra correspondência a Fidel, pedindo a alteração da pena imposta, evitando as mortes. Dom Paulo acabou assinando o telegrama que foi preparado e enviado pela Comissão Justiça e Paz.

No dia seguinte, ao participar do encontro das CEBS, o cardeal Arns pediu a Betto que também enviasse a Fidel Castro um telegrama, incluindo o seu nome, pedindo a substituição da pena. Betto participaria de uma entrevista coletiva para tratar do encontro das comunidades de base e aproveitou para distribuir à imprensa uma cópia do telegrama que mandou para o líder cubano.[161]

> Ao Comandante Fidel Castro Ruz
> Palácio de la Revolución
> Plaza de la Revolución
> La Habana – Cuba
>
> Comandante,
>
> Em meu nome e em nome do cardeal Paulo Evaristo Arns rogamos suspensão das sentenças de morte dos ex-militares cubanos recentemente

> condenados pelo hediondo crime de narcotráfico. Estamos seguros de que a Revolução, realizada para defender a vida, respeitará o dom maior de Deus.
> Fraternalmente,
> Frei Betto

Os pedidos – inclusive do papa João Paulo II – não adiantaram. Os quatro militares foram fuzilados.

No dia 17 de julho, cerca de cinco dias após o envio do telegrama, Betto escreveu uma longa carta a Fidel,[162] em que discutia o que ocorrera com os quatro militares e as pressões pelas quais o cardeal de São Paulo passava por se corresponder com o presidente cubano. Apesar de cordial, foi uma das poucas cartas críticas a Fidel que se tornou pública.

> A carta que o cardeal Arns lhe escreveu por ocasião do 30º aniversário da Revolução continua sendo manipulada por setores anticomunistas para desgastar o cardeal dentro da Igreja. A cada semana, dom Paulo recebe protestos indignados dos Estados Unidos e da Europa, onde o acusam de querer "canonizar o inferno cubano". O cardeal mantém-se firme, convicto do que escrevera a você. Porém, considerou oportuno que ele e eu nos uníssemos ao apelo do papa dirigido a você no sentido de que se comutasse a sentença de morte dos ex-militares narcotraficantes.
> Meu abraço mais fraterno,
> Frei Betto

America Libre

Em meados dos anos 1980, Frei Betto já era reconhecido como importante referência em educação popular na América Latina. Os 25 anos da morte de Che Guevara foram lembrados, em 1992, por um seminário em Rosário, onde o líder revolucionário nasceu, realizado em cooperação entre diversas organizações populares latino-americanas. Foi um ponto de encontro de esquerdas de várias partes do continente e participaram figuras importantes, como o representante do Partido Comunista Cubano, Manuel Piñeiro Losada. Do Brasil, foram para o seminário de Rosário: Rubens Paolucci Junior e João Pedro Stédile. A escritora e militante argentina Claudia Korol estava se aproximando das ações de educação popular do Cepis, com a colaboração da educadora Mara Manzoni. Ela tentou que Frei Betto fosse ao evento, mas ele tinha outro compromisso agendado na mesma data. No entanto, Claudia Korol aproveitou os primeiros contatos com Betto para pedir apoio do dominicano no processo de diálogo com Cuba.

Dessas conversas entre Betto e Claudia saiu a ideia de criar a revista *America Libre*, com três propósitos básicos: solidariedade com a Revolução Cubana, opção pelo socialismo e unidade na diversidade de pensamentos. Betto foi designado diretor da publicação – função que só deixou em 2003, quando entrou para a equipe do governo de Lula, sendo substituído pelo sociólogo Emir Sader –, e Claudia, secretária de redação. Um conselho editorial diversificado foi formado, com nomes como Paulo Freire, Chico Buarque, Leonardo Boff, Antonio Candido, Gilberto Carvalho, Roberto Drummond, Emir Sader, Michael Löwy, e outros representantes de peso de Cuba, Argentina, México, Chile, Nicarágua, Venezuela, Colômbia, Uruguai, Peru, Estados Unidos, Equador, República Dominicana, El Salvador, Itália e Bolívia.

A primeira edição saiu em 1993 e, a partir daí, dois ou três números passaram a ser publicados por ano, de acordo com os recursos disponíveis, primeiramente advindos do Partido Comunista da Argentina. Betto abriu o primeiro número com o texto "Alternativa socialista na América Latina e Caribe". No segundo e no terceiro números, o frade entrevistou Lula e Fidel Castro, respectivamente, sendo o título da matéria com o candidato à presidência do Brasil "Lula prioriza o combate à fome de 65 milhões de brasileiros". A educação popular era o tema central para o projeto editorial da *America Libre* e um ponto de convergência para toda a equipe.

A revista funcionava como um centro de diálogo para o grupo. Promovia seminários na Argentina, Bolívia, no Brasil, Chile e em Cuba. Um dos principais eventos foi realizado em 8 de outubro de 1997, no Estádio de Ferro Carril, Buenos Aires, em memória aos trinta anos da morte de Che. Intitulado "Ernesto Guevara, 30 años", o espetáculo contou com a presença dos compositores Chico Buarque – convidado por Frei Betto –, Silvio Rodrigues – levado pelo cubano Joel Suárez –, os argentinos Victor Heredia, Miguel Angel Estrella e Hamlet Lima Quintana, e o uruguaio Daniel Viglietti.

Ao final do espetáculo, Betto falou à multidão presente, evocando a canção de Violeta Parra. "*Gracias a la vida, gracias a la Argentina que nos ha dado el Che...*" Muito aplaudido, ele continuou: "*Bendícenos, Che, para que tu esperanza sea nuestra esperanza. Bendícenos, Che, para que tu ale-*

gría sea nuestra alegría. Bendícenos, Che, para que tu fé en nuestro futuro sea liberador de America Libre."[164] Os artistas, juntos, encerraram o show cantando a clássica música cubana "Guantanamera", composta por José Martí e Josito Fernandez.

Depois do show, Betto, Chico, Silvia – filha mais velha de Chico – e o marido dela à época saíram pela noite de Buenos Aires. Alegres, peregrinaram madrugada adentro, cantando tangos, pela Calle Corrientes.[165] O êxito do espetáculo, com tamanha multidão – 40 mil pessoas –, havia surpreendido a todos.

15

Mi casa, su casa

Frei Betto chegou a Havana por volta do meio-dia de 18 de setembro de 2015, véspera da primeira visita do papa Francisco à ilha de Fidel Castro. Estava animado com a oportunidade de assessorar o governo cubano pela terceira vez por ocasião de visitas papais ao país comunista. A sexta-feira estava ensolarada e pelas ruas da capital cubana sentia-se a movimentação em torno daquela que seria uma passagem estratégica, não apenas para Cuba, mas também para os Estados Unidos, país que Francisco visitaria em seguida e no qual era visto por alguns senadores republicanos como um papa comunista. O popular pontífice é reconhecido pelo povo cubano como aquele que intermediou favoravelmente a reaproximação entre Cuba e Estados Unidos, anunciada entre julho e agosto de 2015, e que representou o restabelecimento da relação entre os dois países. Raúl Castro, presidente de Cuba, também já havia se encontrado com Francisco no Vaticano. De modo que os cubanos estavam eufóricos em recebê-lo.

Frei Betto mal chegara ao Hotel Meliá Habana, onde frequentemente se hospeda como convidado, e os compromissos o assolaram. Em Cuba é assim. Frei Betto não é rei, mas é um dos mais próximos amigos dos dirigentes cubanos. Não há quem não o conheça, desde os membros do alto escalão do governo até as mais humildes pessoas. Ele não pode andar na rua, porque é parado a todo instante para tirar uma foto ou receber um aperto de mão. Sua presença é logo percebida em qualquer ambiente público. É o homem que impactou definitivamente Cuba com o histórico livro *Fidel e a religião: conversas com Frei Betto.*

Nas semanas anteriores ao desembarque em Havana, Betto passou a receber um grande número de pedidos de entrevistas sobre a viagem do papa e avaliou que não daria conta de atender a todo mundo. Conversou com o secretário do Conselho de Estado de Cuba, Homero Acosta Alvarez, sobre a possibilidade de organizarem uma coletiva de imprensa. Isso serviria a dois propósitos: ele poderia falar para um grande número de jornalistas ao mesmo tempo e, como nenhum dirigente do governo cubano queria atender a mídia internacional, exporia um pouco do olhar de quem conhece as reentrâncias da Revolução Cubana e o que aquele momento histórico representava para o país. As palavras de Frei Betto em Cuba reverberam, a partir do que ele construiu e do que continua fazendo no país, como os frequentes encontros com dirigentes revolucionários, estudantes universitários e trabalhadores.

A ideia foi acolhida e, no sábado, 19 de setembro, às 10h30, a imprensa cubana e internacional compareceu em peso à entrevista realizada no Hotel Nacional. A tônica da coletiva girou em torno do papa e a Teologia da Libertação, a opinião da esquerda sobre Francisco, dos contatos do Sumo Pontífice com dissidentes cubanos e da relação entre Igreja e governo em Cuba. A entrevista correu bem, sem tensão, e repercutiu muito. A principal notícia dada pelas agências internacionais a partir da fala de Betto era que as esquerdas estavam felizes com Francisco.

Betto, que com frequência lança polêmicas em suas entrevistas, começou desafiando os jornalistas a refletir sobre os motivos de Francisco ter ido a Holguín e não a Camagüey ou Cienfuegos, que considerava localidades mais importantes para a Igreja.

"Olhem o mapa", disse. "Holguín é a cidade mais próxima da Base Naval de Guantánamo, referindo-se à área que os Estados Unidos usam em Cuba há mais de um século para manter prisioneiros considerados 'terroristas' e que o país socialista briga para ter de volta, pois a base é ali mantida contra a vontade dos cubanos."

Para Betto, a atitude de Francisco era política e não apenas religiosa, uma vez que o Sumo Pontífice subira até Loma de la Cruz, a 251 metros de altitude, ponto mais alto da cidade, para abençoar Holguín.

Betto avaliou também que o papa transcende o catolicismo e o cristianismo:

> "Dilma me disse em novembro que Francisco é o principal estadista que há hoje no mundo", pontuou, ao referir-se a um encontro com a presidenta do Brasil em novembro de 2014, em que, junto com outros intelectuais, pedira que esta se aproximasse dos movimentos sociais. "Francisco é o primeiro papa que tem claramente uma opção com os pobres e que denuncia as causas das injustiças e não apenas os efeitos."

Terminou dizendo que considerava Francisco um forte candidato ao Prêmio Nobel da Paz.

Quando Francisco foi eleito papa, Betto estava pouco otimista em relação às mudanças na Igreja Católica, especialmente porque não acreditava que o novo papa iria contrariar seu antecessor, Bento XVI, que segue vivo e talvez influenciando a Cúria Romana. Temas espinhosos para a Igreja, como o uso de preservativo, o direito das mulheres ao sacerdócio e a união de homossexuais, na visão de Betto, não seriam alterados por Francisco.

Francisco chegou a Havana naquele mesmo dia, às 15h51, e Frei Betto acompanhou todos os seus passos pela televisão cubana. Sua função naqueles quatro dias, a convite do governo cubano, era acompanhar os encontros e as declarações do papa e fazer análises permanentes e curtas a partir do olhar de um religioso. Uma dessas avaliações foi em torno da crítica que um jovem fez ao papa sobre a Revolução – a primeira que apareceu durante a visita –, em um encontro no Centro Cultural Padre Félix Varela, na capital, dizendo que em Cuba havia muitas dificuldades de estrutura e que as pessoas, por exemplo, andavam de ônibus em pé para ir ao trabalho e para a universidade.

O dominicano escreveu em sua análise:

> O papa, de uma maneira absolutamente genial, deu uma resposta, com outras palavras, para esse rapaz, dizendo que pelo mundo muitos jovens não têm nem ônibus para ir quanto mais ir ao trabalho, porque não têm trabalho, e à universidade. E passou a dar os dados de desemprego entre os jovens na Europa: em alguns países, 40% a 50%.

Foi esse o tom da crítica que Betto fez a respeito da colocação do estudante cubano e enviou para a Chefe da Oficina de Assuntos Religiosos de Cuba, Caridad Diego. Sua função é ler os bastidores, ou as entrelinhas, a partir do olhar de quem estava dentro da Igreja, e interpretar os acontecimentos para as lideranças do Partido Comunista.

Também foi pauta das análises de Frei Betto – o fato que ele considerou "absolutamente revolucionário para quem está dentro da Igreja" – de Francisco ter falado de improviso na Catedral de Havana, ainda no domingo:

> O papa não pode falar de improviso. Isso é proibido, porque ele está revestido do dogma da infalibilidade em questões de fé e moral. Ao falar de improviso, pode dizer alguma coisa que amanhã, se tentar consertar, não tem conserto. O papa sempre tem de ler e o Francisco ousou. Os cardeais que o acompanhavam devem ter ficado em pânico. Ele é o único monar-

ca absoluto da história do Ocidente atualmente. Não tem outro, só na Arábia Saudita. Só Deus pode julgá-lo.

Essa foi a linha do que Betto escreveu sobre o discurso que o papa fez em torno dos temas pobreza e misericórdia. Mas, para alívio dos cardeais, Francisco não disse nada que pudesse colocar a Igreja em maus lençóis. Betto também destacou que Francisco reconhecia a soberania e a independência de Cuba, e isso já o tornava um Sumo Pontífice diferente.

Dos mais de 11 milhões de habitantes da ilha, um deles admira Frei Betto de maneira especial. Os laços entre os dois são tão profundos que poucos ousam tentar explicar. O secretário do Conselho de Estado de Cuba, Homero Acosta Alvarez, costuma dizer que nessa relação há um mistério difícil de decifrar. Algo como familiar, mas mais do que isso: quando Fidel Castro senta-se em frente a Frei Betto para conversar, sempre por longas horas e religiosamente em todas as visitas que o frade brasileiro faz a Havana, a impressão que se tem é de que são dois irmãos querendo colocar afoitamente a conversa em dia. Um viaja pelo mundo e traz para o outro os relatos de tudo o que está acontecendo, para que este anote em seu caderninho. Como se escrevesse um livro de história em tempo real. Os assuntos são os mais diversos – e inusitados. Fidel pode estar interessado em saber de Betto sobre quem é Michel Temer, por exemplo, mas também passa horas ouvindo, atento, o frade falar sobre astrofísica. Podem conversar sobre a qualidade do chocolate produzido no Brasil – que Fidel devora sempre que o amigo o presenteia com alguns *Ofner* ou *Kopenhagen* –, sobre as cachaças de Minas Gerais – que Betto costuma levar para Raúl Castro –, em especial a rara Anísio Teixeira –, mas também podem fazer profundas análises sobre a situação política na Venezuela, nos Estados Unidos, na Rússia. Assim são Fidel e Betto. Há 31 anos.

No domingo, Betto saiu cedo do hotel e seguiu para a área reservada, onde apenas convidados tinham acesso, para assistir de perto à missa do papa na Praça da Revolução, local simbólico onde sempre são proferidos os mais importantes discursos, incluindo os longos e históricos pronunciamentos de Fidel. A missa começou às 8h54 e foi assistida por uma multidão que começou a chegar na tarde anterior – a maioria das pessoas chegou a pé, já que as vias de acesso em Havana foram fechadas para os carros à meia-noite do sábado. Aos olhos de Frei Betto, a homilia consistia em temas pastorais, sem nada do que poderia irritar a indústria anticastrista. A não ser por um tema, em torno das negociações de paz entre o governo da Colômbia e as Forças Armadas Revolucionárias da Colômbia (FARC). Uma delegação colombiana das FARC pediu para ser recebida por Francisco e ele, no lugar de atendê-los, pediu em seu sermão na missa, para a imprensa toda ouvir e repercutir, que houvesse um esforço para que as negociações não falhassem: "Não temos direito de permitir outro fracasso neste caminho de paz." Menos de um mês depois, quando Betto estava novamente em Havana, o líder das FARC, Timoleón Jiménez, disse ao frade que as palavras de Francisco durante a missa já tinham surtido efeito e o acordo de paz seria anunciado em breve.[166]

Naquele domingo, o papa repetiu o itinerário de João Paulo II e Bento XVI: saiu da missa na Praça da Revolução, foi até a Nunciatura Apostólica de Havana e, antes do meio-dia, seguiu para encontrar-se com Fidel Castro, por cerca de quarenta minutos, em Punto Cero, onde o comandante vive, compromisso que estava fora da agenda oficial papal. Desde a véspera, Betto já sabia que o encontro aconteceria. Recebeu um telefonema de Dalia Soto del Valle, esposa do comandante cubano, que contou ao religioso brasileiro qual seria o presente de Fidel para Francisco: um exemplar da primeira edição de *Fidel e a religião: conversas com Frei Betto*. Na dedicatória, o líder cubano escreveu: "Para o papa Francisco, por ocasião de sua cordial visita a Cuba, com o respeito e a admiração do povo cubano. Fidel."

A repercussão da entrega do livro foi expressiva. Na imprensa brasileira e internacional essa foi a manchete de muitos veículos. À tarde do domingo, o frade encontrava-se esfuziante com o que havia acontecido pela manhã. Embora o comandante não soubesse, a obra estava em vias de ser reeditada no Brasil, com atualizações do autor. Fidel é mesmo parceiro de Betto.

João Paulo II e Bento XVI

O trabalho que Betto desenvolveu em Cuba desde que conheceu Fidel Castro, em Manágua, foi profícuo e rendeu a abertura efetiva de diálogo entre o governo e a Igreja Católica na ilha. Para celebrar esse novo momento, os bispos resolveram promover, em 1986, o Encontro Nacional Eclesial Cubano (Enec), uma espécie de miniconcílio, com a participação de bispos de diversos países, a partir do qual a Igreja deixou de ser uma instituição contra a Revolução e passou a aceitar o diálogo, fazendo uma análise crítica de suas ações e do governo comunista. Entre as afirmações dos bispos nesse contexto estava a de que "a revolução nos ensinou a dar por justiça o que dávamos por caridade".[167]

O Enec foi realizado em fevereiro de 1986, mas os bispos não convidaram Frei Betto para participar, o que provocou a ira de Fidel. O próprio núncio apostólico expressou seu descontentamento pela ausência do dominicano brasileiro que foi o principal responsável por estimular, durante aquela década, a mudança nas relações entre Igreja e Estado em Cuba. Os bispos argumentaram que os convites eram institucionais e Betto não representava nenhuma instituição, por isso não poderia participar. Fidel reclamou com Betto: "Ninguém fez mais por essa igreja do que você e essa gente não te convida?" Com o fato, ficou ainda mais claro para Betto que ele era respeitado em Cuba pelo trabalho realizado entre Igreja e Estado, mas que os bispos jamais concordaram com a Teologia da Libertação ou aceitaram sua ligação com esta corrente teológica.

Em 1989, com a queda do muro de Berlim, os bispos cubanos passaram a se distanciar de Fidel, até que, no início de 1990, escreveram ao comandante uma carta crítica à Revolução e ao socialismo. Logo que confirmou sua presença na posse do presidente Fernando Collor de Mello, em março daquele ano, o comandante pediu ao embaixador para avisar a Betto que queria encontrá-lo imediatamente após sua chegada a Brasília. Na conversa na casa do embaixador, Fidel disse: "Seu trabalho lá não adiantou nada." Em sua avaliação, os bispos haviam chamado o conservador cardeal de Boston, Bernard Law, para pregar o retiro em Cuba e Law teria dito às autoridades religiosas que o socialismo havia acabado, e a Igreja, "como um novo Moisés", tinha o dever de conduzir o povo cubano à liberdade. Em seguida, o presidente mostrou a carta a Betto e observou:

> Não sou ingênuo. Não há nada no que escreveram os bispos que me surpreenda. Sempre soube que eles pensavam essas coisas que escreveram aí. Isso para mim não é nenhum problema. O problema está na forma como essa carta me chegou. Depois do seu trabalho com esses bispos, depois que abri as portas do meu gabinete para eles, depois que pudemos dialogar diretamente, eles não tiveram a coragem de me trazer esta carta pessoalmente. Mandaram por um mensageiro. E eu não aceito isso. Nunca mais quero falar com essa gente.[168]

Betto sentia que o espaço para ele na Igreja de Cuba estava se restringindo cada vez mais e, em 1991, o cardeal Jaime Ortega considerou seu trabalho concluído. Para o governo cubano, porém, a assessoria de Betto continuou tendo grande relevância. E seu ponto alto depois disso foi a visita do papa João Paulo II à ilha em 1998.

Quando o Vaticano marcou a visita de João Paulo II a Cuba, Fidel Castro impôs uma condição: não queria uma visita de dois dias, mas de pelo menos uma semana, para poder mostrar ao papa o que era a ilha e cada uma de suas dioceses. Frei Betto e outros quatro teólogos – Leonardo Boff, Pedro Ribeiro de Oliveira, o italiano Giulio Girardi e o belga François Houtart – formaram o grupo que assessorou o governo cubano, traduzindo para ele o que acontecia ao longo da visita e os discursos eclesiásticos. A cada visita às dioceses, o papa voltava no avião de Fidel para dormir na nunciatura, e o comandante, à noite, seguia para lá a fim de conversar com o pontífice. O grupo de teólogos passava os dias numa mansão chamada Casa Rosada, equipada com toda a estrutura para que pudessem trabalhar sem sair do local. Os bispos não sabiam da presença dos quatro na ilha e, muito menos, das análises que faziam para o governo naqueles dias.

A passagem de João Paulo II por Cuba foi um evento importante e o Sumo Pontífice reconheceu a realidade de superação da miséria que outros países latino-americanos não conseguiram. A situação socioeconômica na ilha se sobrepôs ao fato de ser aquele um país comunista – João Paulo II era anticomunista, mas fez críticas ao capitalismo e à situação de outros países da América Latina nas visitas que realizou. Além disso, havia pressão do presidente norte-americano, George W. Bush, para que o pontífice condenasse o socialismo. Mas isso não aconteceu. O papa "encantou-se com Fidel Castro e elogiou em público as conquistas sociais da Revolução", comemorou Betto em um de seus artigos.[169]

Fidel e João Paulo II travaram um contato muito positivo e, de certa maneira, toda a trajetória traçada por Betto com *Fidel e a religião* naqueles anos havia favorecido um cenário de diálogo que a visita papal consagrou. Figura importante nessa intermediação de Betto foi o padre Carlos Manuel de Céspedes, homem de inteligência singular, pensamento aberto, com quem o dominicano brasileiro mantinha estreito contato. Céspedes era descendente de Carlos Manuel de Céspedes del Castillo, fundador da nação cubana, conhecido como "pai da pátria". O intelectual reconheceu que, antes da visita de João Paulo II, o primeiro passo no sentido de diminuir o conflito entre o governo e a Igreja foi a chegada de *Fidel e a religião* e o contato do comandante cubano com religiosos progressistas da América do Sul. Para Céspedes, as relações Igreja-Estado estavam "melhores do que já foram e não tão boas como eu gostaria que fossem".[170]

Ao que se sabe, João Paulo II recebeu positivamente *Fidel e a religião.* Segundo informações recebidas por Frei Betto, o papa considerou a obra a primeira em que "um dirigente comunista no poder reconhece que a religião não é o ópio do povo" e uma ajuda à Igreja em Cuba.[171]

Já na visita de Bento XVI, em março de 2012, na comemoração dos quatrocentos anos de aparição da Virgem da Caridade do Cobre, o trabalho de assessoramento realizado por Frei Betto foi mais ameno. Também instalado numa casa de protocolo, Betto fazia análises num contexto diferenciado, afinal, nesta época, o presidente já era Raúl Castro – o irmão de Fidel, com quem Betto mantinha contato desde que assumiu a presidência, em 2006 –, que desenvolveu boa relação com o cardeal Jaime Ortega. A visita de Bento XVI durou apenas dois dias e custou 4 milhões de dólares para Cuba.

Tanto João Paulo II quanto Bento XVI, da mesma forma que aconteceu com Francisco, foram acolhidos efusivamente pela população cubana. João Paulo II pediu a Fidel que permitisse a volta do feriado de 25 de dezembro. Fidel concedeu. Bento XVI pediu a Raúl que desse feriado na Sexta-feira Santa. O presidente permitiu. Em conversa com Raúl sobre esse assunto, Betto brincou: "O próximo papa vai pedir o Corpus Christi. A menos que você ponha na alfândega uma plaquinha, dizendo que estão suspensas as permissões para entrar papa aqui em Cuba..."

Numa entrevista que deu ao jornalista Heródoto Barbeiro, da Rádio CBN, em janeiro de 2004, sobre os 45 anos da Revolução Cubana, Betto resumiu a avaliação que faz sobre a vida na ilha. Disse que nenhum outro país da América Latina assegura melhores condições de vida ao conjunto de sua população como Cuba, onde saúde e educação são gratuitos, e a alimentação, direito de todos e dever do Estado. Também se manifestou contrário aos fuzilamentos e disse que tinha expectativa de que o futuro de Cuba não seja o presente dos demais países do continente: democracias representativas, não participativas, cercadas de miséria, desemprego, drogas, violência. E referiu-se a um cartaz que viu próximo ao aeroporto de Havana, onde se lia: "Esta noite, 200 milhões de crianças dormirão nas ruas do mundo. Nenhuma delas é cubana." Ao final, perguntou: que outro país latino-americano pode exibir algo semelhante à porta de entrada?

Mas o dominicano faz críticas à centralização de poder na ilha, à "confusão" entre partido e governo, e à falta de limite entre um e outro. Em entrevista à escritora cubana Alicia Elizundia Ramírez, declarou:

> O conceito de que há um poder judiciário, legislativo e executivo avançou. Aqui o poder legislativo é muito pouco atuante. A Assembleia Nacional se reúne em momentos importantes, mas não é como em outros países que se reúne todos os dias, e os deputados têm que aprovar as leis e discuti-las. Creio que seria bom um poder legislativo um pouco mais atuante deste ponto de vista do dia a dia. O Estado cubano deveria ser o condutor da organização da sociedade civil, respeitando a sua autonomia.[172]

Na mesma entrevista, Betto contou que expôs a Fidel seu ponto de vista sobre a necessidade de haver em Cuba uma associação de direitos humanos. Esta seria uma forma de neutralizar as pessoas que se apresentam como representantes dos direitos humanos e que são, de fato, contrarrevolucionárias. "Todo cubano que queira lutar pelos direitos humanos deveria estar nesta associação, e então toda essa gente contrarrevolucionária se desmascararia por completo, porque, se não estão na associação, não é defesa de direitos humanos, é contrarrevolução."

Para o pastor Raúl Suárez, fundador do Centro Martin Luther King, em Havana, a atuação de Frei Betto no país serviu para reconciliar a base cristã patriota à sua Igreja, tendo como pano de fundo o humanismo da Revolução Cubana. Para ele, Betto recuperou a crítica profética da religião em Cuba. Por meio da parceria com o Centro Martin Luther King, Betto estimulou a metodologia da educação popular, na linha dos ensinamentos de Paulo Freire.

Em Cuba, a função da educação popular não é de contestar o Estado, mas de desenvolver formas de qualificar a participação do povo. Betto avaliou que o método Paulo Freire iria incorporar mais a população ao processo revolucionário. Porém, o dominicano encontrou certa resistência, já que quando Paulo Freire começou a lançar as suas obras, na avaliação de Betto, a sua concepção marxista não estava clara, o que vem a acontecer a partir do livro *Pedagogia do oprimido*. Betto conta que uma acadêmica do Partido Comunista Brasileiro fez uma tese na qual dizia que Paulo Freire era antimarxista. Essa informação chegou à União Soviética e, consequentemente, repercutiu em Cuba, e Freire passou a não ser bem-

-visto na ilha. Mas Betto conversou com Fidel e o convenceu a aceitar organizar por lá um encontro latino-americano de equipes de educação popular. Foram três encontros, todos nos anos 1980. No primeiro havia equipes de toda a América Latina e nenhum cubano; no segundo, havia cubanos assistindo às sessões; e no terceiro, além de participarem, os cubanos criaram uma equipe de educação popular que veio a se chamar Centro Martin Luther King. A evolução foi tanta ao longo dos últimos 25 anos que Paulo Freire receberia o título de doutor *honoris causa* em Havana, em 1997 – o autor faleceu pouco antes da entrega.

Voo da Solidariedade

Cuba vivia uma grave crise econômica em 1991, que piorou com a extinção da União Soviética. Em uma iniciativa conjunta, Frei Betto e vários amigos resolveram criar uma forma de ajudar o povo cubano concreta e simbolicamente. Assim, foi organizado o "Voo da Solidariedade". Além de Betto, estavam à frente da ideia, lançada em dezembro daquele ano, Leonardo Boff, Fernando Morais, Eric Nepomuceno e o compositor Chico Buarque. Aos poucos, foram incorporadas outras personalidades, como o escritor Antonio Callado. A ideia era organizar um voo com pessoas conhecidas para levar materiais, especialmente medicamentos, ao povo cubano e também chamar a atenção da imprensa sobre o que acontecia por lá. Na noite de 7 de fevereiro de 1992, 112 pessoas embarcaram no Rio de Janeiro e em São Paulo no Voo da Solidariedade. Entre elas, o arquiteto Ricardo Ohtake, o cartunista Jaguar, o capitão Sérgio Macaco, o senador Roberto Saturnino Braga, a jornalista Ana Arruda, o então vereador Chico Alencar, além de Betto, Boff e Fernando Morais. Na véspera da viagem, o sogro de Chico Buarque, Luiz Antonio Severo da Costa, sofreu um acidente de carro e faleceu. Abalado, Chico ligou para Betto e avisou que não poderia seguir com eles para Havana.

Ao chegarem a Cuba, a imprensa toda os esperava. Betto foi o porta-voz do grupo. Declarou: "Esta é uma viagem de solidariedade com o povo cubano e contra o bloqueio dos Estados Unidos. Constitui um protesto para que tirem suas mãos da América Latina e, sobretudo, de Cuba. Deus não reservou aos Estados Unidos o direito de mandar no mundo." O cartunista Ziraldo já estava no aeroporto de Havana e os recebeu com um cartaz que dizia "Bem-vinda, macacada".

O grupo percorreu diversos pontos da capital cubana e também se encontrou com autoridades da ilha, ouvindo quais eram as maiores dificuldades naquele momento histórico complexo. Fidel recebeu parte do grupo. O comandante, segundo Betto, elogiou as relações do governo Collor com Cuba. "Revelou que, em 1991, a situação só não foi pior porque o Brasil pagou as vacinas que importara."[173] Depois, no Palácio da Revolução, Fidel recebeu todos os participantes do Voo da Solidariedade, cumprimentando um a um.

Vários amigos de Betto tomaram contato com Cuba por seu intermédio ou influenciados por ele. Entre eles, Davina Valentim da Silva, com quem o dominicano trabalhou em Vitória e, depois, no ABC paulista. Davina teve um problema na coluna e não conseguiu êxito no tratamento e na cirurgia realizados em São Paulo. Betto, então, a estimulou a se tratar em Cuba. Ela ficou dez meses em Havana, sendo seis deles no Hospital Ortopédico Frank País. Nesse período, Betto foi visitá-la três vezes. Em uma delas, numa casa de protocolo, onde Betto também se hospedou com sua irmã mais velha, Maria Thereza, e o marido dela, José Márcio, Fidel apareceu inesperadamente.

Era 3 de abril de 1988. Davina presenciou uma das poucas ocasiões em que Frei Betto transpareceu estar nervoso e eufórico. Naqueles dias, ele aparentava tristeza profunda pela recente morte do psicanalista e amigo Hélio Pellegrino, com quem o religioso mantinha longas conversas. Davina levou um susto ao avistar aquele homem imenso e lendário na porta. Alvoroço total na casa com a presença do comandante. Betto correu para arrumar livros e outros materiais espalhados pelo quarto que ocupava. Mas Fidel não parecia preocupado com a arrumação. Cumprimentou um a um dos empregados da casa e conversou com Davina, querendo saber se estava sendo bem tratada no hospital. Ela que, naquele mesmo dia, comentara com Betto que ansiava pela chegada do Primeiro de Maio, para poder ver Fidel discursar na Praça da Revolução, mal sabia que receberia a visita do comandante e a sua atenção a respeito de seu estado de saúde. A brasileira ficou perturbada e nem sequer conseguia responder ao presidente sobre seu tratamento. Passadas as rápidas conversas, Betto saiu com Fidel a caminho da Mercedes que conduzia o líder cubano.

No carro, Betto ofereceu pastilhas de hortelã e uma caixa de chocolates, que Fidel devorou. Acompanhados pelo comboio de segurança do presidente, passearam por diversos pontos de Havana enquanto conversavam sobre assuntos diversos: uma crítica que Betto havia mandado ao comandante sobre a *perestroika*; o PT e Lula; os preparativos para o 3º Encontro Latino--Americano de Educação Popular, que se realizaria naquele ano em Havana, e os plágios que Betto identificara do livro *Fidel e a religião*, feitos pelo escritor Tad Szulc no livro *Fidel, um retrato crítico*, publicado havia pouco tempo. "Este homem é uma raposa",[174] comentou Fidel com Betto. Ao ter acesso ao livro de Szulc, Betto pediu ao autor que fizesse uma nota para a imprensa, explicando que havia se baseado em *Fidel e a religião* para escrever *Fidel, um retrato crítico*, porque não houve citação ou referência à obra de Betto que o autor utilizou para escrever o livro. Como Szulc não escreveu o informe para a mídia, Betto resolveu reunir a imprensa em São Paulo, em agosto de 1987, e denunciar que houve plágio de pelo menos vinte trechos de seu livro. Contrariado, Szulc soltou uma nota nos Estados Unidos – que ganhou repercussão muito maior do que a do brasileiro – dizendo que o dominicano ficou enciumado. Ao final desse processo, Fidel comentou com Betto: "Este senhor esteve por aqui, ele não pediu para falar comigo. Eu não entendo como é que, eu estando vivo, ele quer fazer a minha vida sem falar comigo. Mas ainda que pedisse eu não o atenderia."

Na maioria das vezes, especialmente depois que se afastou da presidência, Fidel recebe Betto em casa. Um lugar relativamente simples, nos moldes das residências de classe média do Brasil, que sempre serviu de lar para o comandante e sua família – esposa e filhos – e é mantido sob absoluto sigilo por questões de segurança. Não muito tempo atrás, o brasileiro ainda desconfiava que Fidel morava em um *bunker* na região do Laguito, onde estão algumas mansões de Havana que recebem chefes de Estado e embaixadores. Mas surpreendeu-se ao saber que o líder da Revolução de 1959 sempre morou nesta casa modesta no centro da cidade, cercada por plantações e vizinhos que sabem de sua presença ali, e com uma segurança muito menos ostensiva do que imaginava. O único luxo da casa é uma piscina retangular, de cerca de 5x2,5 metros, e outra em formato de raia, construída para Fidel fazer exercício. Certa vez, ao perguntar para o comandante como era seu dia a dia, soube que ele chegava em casa de madrugada, nadava mil metros, depois fazia a única refeição completa do dia e ia dormir, já ao amanhecer. Acordava por volta da hora do almoço e começava o trabalho. Ao longo da tarde, apenas beliscava algo para comer.

Invariavelmente, o comandante está com a TV ligada na TeleSUR (Televisión del Sur), acompanhando as notícias do mundo inteiro, e com especial energia para ouvir em detalhes, como gosta, o que Betto tem a contar. A conversa sempre começa com Fidel perguntando pela família do dominicano e se desenrola para temas curiosos, como cosmologia, assunto pelo qual Fidel é fascinado. Betto estudou por cinco anos teorias da ciência moderna na área da biologia, cosmologia e física quântica para escrever o livro *A obra do artista*, e dessa pesquisa muitas coisas os dois discutem. Num desses diálogos, o comandante perguntou se Betto conhecia algum astrofísico em Cuba. O brasileiro, então, pediu a Homero Acosta Alvarez que entregasse ao comandante a lista de astrofísicos cubanos, porque ele se interessou em conhecer a ciência de forma aprofundada. Também recebeu de Betto um exemplar do livro *Conversa sobre a fé e a ciência*, que escrevera com o físico Marcelo Gleiser. Ao saber, afirmou que pediria a publicação da obra em Cuba, porque "esse livro é importante".

A amizade entre Fidel e Betto – que Dalia, esposa do comandante, afirma que faz muito bem ao Jefe, maneira como costumam chamar Fidel na intimidade – agregou a cada um deles elementos do ponto de vista humano. Para Betto, foi a coerência ideológica. "Fidel sempre foi um homem que não negocia princípios. Não negocia, e isso me influenciou muito." Para Fidel, a amizade profunda, quase filial, com aquele que conseguiu restituir os laços com a origem religiosa que teve. Ao final de cada encontro, as palavras de Betto são expressão dessa deferência mútua: "Que Deus te bendiga, comandante."

Honoris causa

Menos de um mês depois de acompanhar a visita do papa Francisco, no dia 10 de outubro de 2015, Frei Betto estava em Havana novamente. Desta vez, para uma atividade única em sua trajetória, já que receberia da Universidade de Havana o título de doutor *honoris causa* pela cátedra de Filosofia. Curiosamente, a universidade foi fundada em 1728 por dominicanos, a mesma ordem religiosa de Betto.

Na Aula Magna, o discurso de entrega do título foi feito pelo pensador cubano Fernando Martinez Heredia, que foi membro do Movimento 26 de Julho antes do triunfo da Revolução de 1959, em Cuba. Heredia é militante do Partido Comunista desde a sua fundação. Ele e Frei Betto se conheceram em uma noite de janeiro de 1980, em uma montanha próxima a Manágua, na Nicarágua, onde se realizava um encontro sandinista de educação popular. Desde então, nunca mais se distanciaram.

Em seu discurso, Fernando disse que a ação de Frei Betto o lembrava de um outro frade dominicano, Bartolomeu de las Casas, aquele que "compreendeu que a oratória é superior quando pela boca fala o coração". E lembrou conselhos de Frei Betto ao militante de esquerda: "Não se pode ser de esquerda sem sujar os sapatos lá onde o povo vive, luta, sofre. Alegre-se e compartilhe suas crenças e vitórias. Teoria sem prática é fazer o jogo da direita."

Betto estava vestido como poucas vezes é visto – exceto quando no Governo Lula –, de terno escuro e gravata. Presentes personalidades cubanas, num ato que foi presidido pelo primeiro vice-presidente de Cuba, Miguel Diaz-Canel, e o reitor da Universidade, Gustavo Cobreiro. Emocionado, seu discurso começou lembrando que, após 173 anos, aquela era a primeira vez que um frade dominicano retornava aos quadros da Universidade de Havana. Resgatou o histórico da chegada dos dominicanos a Cuba e a fundação daquela universidade. Também relembrou os alunos célebres da instituição, como Félix Varela, Fidel Castro, José Antonio Saco e Carlos Manuel de Céspedes. Destacou que aquela homenagem que Cuba estava dando a ele representava uma reparação à maneira como a ditadura militar do Brasil subverteu a sua carreira acadêmica:

> Talvez muitos aqui não saibam: como Raúl Castro, a quem tanto admiro e me comparo apenas neste aspecto, formalmente não tenho nenhum diploma universitário, razão pela qual jamais me foi possível aceitar tantos convites, no Brasil, para participar de bancas acadêmicas para a concessão de títulos de mestrado e doutorado. Nesta tarde em que recebo o título, o mérito maior é de Cuba e dos cubanos, por terem dado à América Latina e ao mundo homens e mulheres que, no modo de pensar e com seus exemplos de vida, encarnam os mais profundos e valiosos valores humanos. E os verdadeiros valores humanos são também valores evangélicos.

Frei Betto trabalhou mais de vinte anos para fazer com que as relações entre o governo e a Igreja Católica na ilha se transformassem; e conseguiu com êxito realizar esse processo de avanço e aproximação, ainda que a Igreja Católica em Cuba, influenciada fortemente nos primórdios pela Espanha franquista, fosse pouco aberta ao mundo socialista. Mas para aquele povo tão religioso, o trabalho empenhado de Betto garantiu a ele a amizade e, mais do que isso, a confiança dos cubanos, conhecidamente prudentes, ainda que absolutamente afáveis. A hierarquia da Igreja em

Cuba, no entanto, não trata Betto exatamente como um amigo. Por outro lado, os dominicanos o recebem de forma fraternal, e Betto nunca passa por Havana sem visitá-los. E Fidel reafirma aos mais próximos: "Se alguém pode fazer de mim um cristão é Frei Betto."

16

Viagens ao mundo socialista

A repercussão do livro *Fidel e a religião* pelo mundo comunista foi significativa. Autoridades de governos e Igrejas de outros países socialistas, como Polônia, União Soviética, China, República Democrática da Alemanha e Tchecoslováquia, passaram a discutir o seu conteúdo e a querer, assim como Cuba, a intermediação de Frei Betto nas relações Igreja-Estado, à luz da Teologia da Libertação, "pela credibilidade, pelo compromisso dela com a luta pela justiça e também pelo fato dela dominar as categorias marxistas".[175] Alguns líderes religiosos também pontuavam que não queriam mais uma Igreja anticomunista, mas inserida no socialismo. "Já que vocês estão com uma credibilidade junto aos nossos governos, quem sabe podem nos ajudar aqui",[176] diziam.

Para além de Nicarágua e Cuba, foram diversas viagens de Betto a países socialistas entre 1986 e 1990, muitas vezes acompanhado por Leonardo e Clodovis Boff, Pedro Ribeiro de Oliveira, Jeter Ramalho e Valéria Rezende. A primeira delas foi para a Polônia, em janeiro de 1986, o local mais polêmico entre aqueles que pediram a assessoria do dominicano. Betto participou do Congresso de Intelectuais pelo Futuro Pacífico do Mundo e soube que o general comunista Wojciech Jaruzelski, então chefe do Conselho de Estado, mandara traduzir *Fidel e a religião* pela Editora das Forças Armadas. Sabendo disso, um cardeal sugeriu que o livro fosse publicado pelo Pax, instituição que procurava fazer uma intermediação nos diálogos Igreja-Estado, o que foi atendido. Lá, o livro vendeu cerca de 50 mil exemplares.

Na segunda vez em que foi à Polônia, em outubro de 1987, a pedido da Associação Cristã Social, Betto aceitou o convite e concedeu, de hábito, uma entrevista ao vivo para o principal jornal da televisão polonesa, na qual se mostrou favorável ao socialismo. Entre outras coisas, disse "penso que possui valores que se aproximam mais do Evangelho que os encontrados no capitalismo"[177] e deixou os conservadores religiosos poloneses enfurecidos. Na Polônia, os religiosos só andavam de hábito nas ruas, o que tornava o paramento ainda mais simbólico, e as declarações de Betto, mais controversas.

Como represália, os dominicanos de Varsóvia não quiseram hospedá-lo, apesar de terem aceitado recebê-lo para a missa de domingo, ainda que sob olhares inquisidores. Também escreveram uma crítica, publicada no boletim *Informações Dominicanas Internacionais* e no principal jornal católico do país, assinada por frei Pawel Kozacki e criticando Betto por falar à TV "vestido com o hábito dominicano, quando em outras ocasiões veste-se como um burguês". Na mesma publicação, o brasileiro retrucou, dizendo estranhar que "um dominicano se espante por ver um outro usando o hábito".[178]

Mas as idas àquele país também foram polêmicas entre seus pares no Brasil. Luiz Alberto Gómez de Souza tornara-se crítico do socialismo real e não concordava quando ouvia Betto defender, por exemplo, a União Soviética. Pedro Ribeiro de Oliveira lembra que Luiz Alberto não aceitava que fossem feitas concessões e dizia que os teólogos e sociólogos estavam equivocados. Pedro retrucou, ponderando que Luiz Alberto queria uma terceira via católica. Luiz Alberto não concordou: "Se você critica o socialismo dessa maneira e não defende o capitalismo, o que você está querendo é uma terceira via."

As discussões foram acaloradas e o embate acabou tornando o clima das reuniões difícil entre eles, que não chegavam a um acordo em torno do tema socialismo. Em 1989, Luiz Alberto foi à Polônia e sentiu a resistência por parte dos religiosos à figura de Frei Betto, retratando-o como uma espécie de "agente de Fidel". O sociólogo tentou ponderar que, da mesma maneira como era complexo para eles entenderem a relação de Betto com Cuba e Fidel – ainda que o trabalho no país fosse de grande importância –, os brasileiros mantinham-se receosos em ver os polacos felizes com imagens de Lech Walesa com Ronald Reagan e Margaret Thatcher. Em 1994, esse mesmo grupo de intelectuais brasileiros passou a se chamar Emaús.

Lech Walesa

Na viagem de 1987, Betto resolveu visitar Lech Walesa, o líder das greves que resultaram na criação do Solidariedade, comitê independente do

Partido Comunista que coordenava o movimento sindical no país, ex-preso político no governo do general Wojciech Jaruzelski e Prêmio Nobel da Paz de 1983.

Sabendo que não poderia dispor do que ganhara com os direitos autorais da versão resumida de *Fidel e a religião* na Polônia – o equivalente a 5 mil dólares pagos em slot, moeda polaca, depositados no Banco de Varsóvia e que só poderiam ser utilizados dentro daquele país –, resolveu comprar uma passagem para Gdanski, para conhecer Walesa.

Betto pediu aos anfitriões que intermediassem a reunião, mas não obteve sucesso. Eles consideravam que o encontro seria um erro e não se empenharam em ajudar. Recorreu, então, a um jornalista e a tentativa foi certeira. Com o telefone da casa de Walesa em mãos, pediu a seu intérprete que ligasse e tentasse agendar. Dois dias depois, em 21 de outubro de 1987, Betto estava na casa paroquial da igreja de Santa Brígida esperando Lech Walesa chegar.

O encontro de três horas entre os dois transformou-se numa tensa e acalorada discussão em torno dos temas socialismo, Igreja e Teologia da Libertação, entremeado por considerações sobre a criação do Partido dos Trabalhadores e Lula no Brasil. Acompanhado por alguns assessores, Walesa recebeu Betto com um sermão pronto para desqualificar o comunismo e a tentativa de Betto de favorecer o diálogo entre Igreja e Estado. Walesa percebia a Teologia da Libertação pela ótica da ala conservadora da Igreja na Polônia, que foi a disseminada no país. Betto saiu dali com a impressão de que o líder do Solidariedade – que, contrário ao governo, chegou a apoiar o presidente americano Ronald Reagan, num boicote comercial imposto à Polônia pelos Estados Unidos – estava confuso e influenciado pelos dominicanos que se recusaram a hospedá-lo e também a participar da conversa. O longo diálogo, gravado pelo dominicano com a concordância de Walesa, foi transcrito por Frei Betto no livro *Paraíso perdido* – publicado em 1993 e reeditado em 2015 pela Rocco e é apresentado como uma série de reportagens sobre as atividades realizadas em cada país. Vale reproduzir aqui um trecho do diálogo, dada a sua densidade:

> – Quer ser tratado de companheiro ou padre? – perguntou Walesa, ao chegar.
>
> – Sou irmão, e não padre. Entre os dominicanos há sacerdotes e irmãos. Chame-me de companheiro. Trago-lhe cumprimentos de Lula, com quem você se encontrou em Roma, em 1980.

[...]

– Ao aparecer na televisão, você disse que no comunismo há lugar para Deus. Isso é um grande erro. No comunismo não há lugar para Deus.

– Se disseram isso, traduziram mal. O que eu disse é que o socialismo possui valores mais próximos do Evangelho que o capitalismo.

– Num país como a Polônia, não se pode compreender o Solidariedade sem a cruz, sem Cristo e sem a fé. Não queremos confundir as esferas. Sou um sindicalista. É visível que carrego símbolos da fé e sou cristão, como a maioria dos nossos militantes. Mas não queremos substituir o trabalho por ajoelhar e orar. Queremos orar trabalhando. Não fugimos da doutrina e dos ensinamentos da Igreja. Com base nos ensinamentos cristãos, queremos construir este sindicato para o corpo. À luz dos mesmos princípios, a Igreja trabalha para o espírito. Podemos inclusive construir igrejas, e vamos fazê-lo. Mas também vamos construir centros de trabalho.

[...]

Walesa continuou.

– É muito difícil julgar qualquer coisa ou qualquer pessoa. Deixemos isso a Deus. Nós defendemos aquilo com o que estamos comprometidos. Na hierarquia você ocupa uma posição mais alta que a minha. Portanto, você tem certas responsabilidades, como levar o rebanho à unidade. Se cada frade quisesse fazer o que bem entende, há muito tempo não haveria mais frades. Tem que haver certa ordem. Não se pode permitir que os alunos andem pela classe sem escutar o professor. Há um papa, um primaz, um episcopado, um bispo, e há que submeter-se ou não meter-se nisso.

– Tentei encontrar o cardeal Glemp, mas não obtive resposta. E visitei meus irmãos dominicanos em Varsóvia, inclusive Leopoldo, que viveu aqui. Fiquem tranquilos, sou um frade que conhece as regras do jogo.

Lech Walesa contou que pediu aos dominicanos da cidade de Gdanski para ajudá-lo a se encontrar com Betto, mas eles se recusaram. Frei Betto reagiu:

– Então o problema é deles, não meu. São eles que estão fechados ao diálogo.

– A questão da fé é a mesma para mim e para você. E o nosso interesse é defender essa fé. E por isso eu pergunto: de que falamos? Eu, como cristão, devo falar de um jeito e, como sindicalista, de outro. Nós também temos dúvidas. Mas respeitamos certas regras. Eu brigo com meu bispo e muito fortemente. Mas nunca com malignidade, mas como um filho que não compreende algo, que quer fazer as coisas de outro modo. Mas nas coisas da fé me submeto totalmente a ele. E não rompo meus compromissos. O mesmo ocorre no sindicato. É preciso ajudar os trabalhadores. Mas não se pode fazer isso rompendo certos critérios. Por isso, de novo, lhe peço, por favor, este país tem experiências terríveis, este país subsistiu graças à Igreja, caso contrário não haveria Walesa, nem Igreja, nem Polônia. A Igreja nunca apoiou tudo até o final. Não se misturou. E conseguiu sobreviver. Nisso há uma sabedoria. É preciso estender a mão ao mendigo e ao rei, mas não se deve estar nem com o mendigo nem ao lado do rei, mas seguir o seu próprio caminho. Assim teremos um só rebanho e um só pastor, e não haverá divisões. Aqui ouvimos falar da Teologia da Libertação, que estaria influenciada pelo marxismo e pelo comunismo. Isso é traição, não se pode admitir.

– Essa história de que os teólogos da libertação são comunistas ou marxistas é mentira. Na América Latina, todos que lutam pela justiça são considerados comunistas pelos que aceitam o estado de opressão – disse Betto.

[...]

– Só não vamos acreditar que você vai conseguir enganar os comunistas, porque eles acabam cortando a sua cabeça – garantiu Lech Walesa. – Eles sabem que a Igreja é forte. Não que eles tenham que aceitar isso, mas sabem que a Igreja de fato é forte. Se Cuba estivesse numa situação econômica melhor não dialogaria com você. Mas eles estão falidos e, por isso, buscam apoio. É claro que é preciso aproveitar essas oportunidades. Mas se recebessem mais ajuda, mais dinheiro, não buscariam ajuda. Colocariam você na prisão.

– Eu não represento nada.

[...]

– Bem, creio que foi uma conversação muito interessante. Está claro que vivemos muito longe um do outro. Mas há experiências comuns na Igreja da Polônia e na Igreja do Brasil, possivelmente as Igrejas, hoje, mais populares do mundo. O catolicismo está na cultura e na alma dos nossos povos. Por isso é importante esse contato. Apesar de diferenças em nossos pontos de vista, se falamos em pluralismo temos que começá-lo entre nós. Inclusive entre presos políticos, pois eu estive preso sob o capitalismo, e você, sob o socialismo. Por aí começamos.

Outras viagens

Os diálogos com as Igrejas ortodoxas dos países socialistas não foram fáceis para Betto e seus companheiros brasileiros. Não apenas porque havia a necessidade de um intérprete para intermediar as colocações, que às vezes não eram traduzidas corretamente, mas porque a compreensão do cristianismo ortodoxo era distante para eles. Além disso, nem sempre conseguiam diálogos com a Igreja e com o Estado.

Além das duas viagens à Polônia, Frei Betto foi a Moscou três vezes. A primeira em 1986, para o Congresso sobre a Fome, a Pobreza e a Corrida Armamentista, convidado pela Igreja Ortodoxa Russa. Saiu de lá com a seguinte impressão do povo russo: "Havia uma frieza de espírito, eslava, que se contradiz com o nosso temperamento latino. Os russos veneram sua pátria, são declaradamente chauvinistas e apoiavam Gorbachev."[179] As outras duas idas aconteceram em 1987. Uma para o Fórum Por um Mundo sem Armas Nucleares e pela Sobrevivência da Humanidade, iniciativa de Mikhail Gorbachev, com a participação de nomes como Yoko Ono, Paul Newman, Gregory Peck, Michel Legrand, Shirley MacLaine e os brasileiros Marlos Nobre, Cândido Mendes e Cláudio Santoro. Nessa viagem Betto soube que o líder comunista brasileiro Giocondo Dias estava em Moscou e recuperava-se de delicada cirurgia para retirada de um aneurisma cerebral. Betto visitou Giocondo no hospital e também foi solidário à esposa deste; perguntou se o doente queria uma bênção da saúde, consciente de que se encontrava diante do secretário-geral do PCB, que exigia de seus militantes adesão ao ateísmo. Para a surpresa de Betto, Giocondo respondeu positivamente. Quando terminou a bênção, o dominicano percebeu que lágrimas desciam dos olhos do comunista. Ao voltar ao Brasil, trouxe mensagens ao filho do casal e ao PCB. Mas Dias faleceria meses depois. Na segunda ida, quatro meses depois, também a convite da Igreja Ortodoxa e do Conselho de Assuntos Religiosos, Betto estava acompanhado pelos irmãos Boff, Pedro Ribeiro de Oliveira, Jeter Ramalho e pelos jornalistas Regina Festa e Luiz Fernando Santoro.

Esteve na Tchecoslováquia duas vezes, em 1988 e 1989, apesar da dificuldade que enfrentou para conseguir o visto de entrada naquele país. O consulado não quis fornecer-lhe, por pertencer a uma ordem religiosa. Conhecido do embaixador cubano Jorge Bolaños Suárez, Betto pediu que intercedesse junto ao embaixador tcheco, que era amigo dele. Betto foi convidado pelo Conselho Mundial de Igrejas, em 1988, para fazer a conferência de abertura de um encontro que pretendia facilitar o diálogo entre Igrejas cristãs da América Latina e dos países socialistas da Europa Central e Oriental. Na viagem, aproveitou para visitar o cardeal

Frantisek Tomásek, que chamou de "milagre" o interesse das autoridades tchecas no trabalho de Betto à luz do que fazia em Cuba. Na mesma ocasião, soube pelo secretário-geral da Conferência Cristã pela Paz, reverendo Lubomír Mirejovsky, que a edição em tcheco de *Fidel e a religião* não foi autorizada pelo Partido Comunista. A obra só poderia ser publicada em versão resumida.

Na visita à Tchecoslováquia, em 1989, Frei Betto esteve com o bispo auxiliar de Praga, monsenhor Liska e, após uma conversa de 45 minutos, obteve apoio integral do redentorista. A primeira pergunta de Liska foi dura: "A Teologia da Libertação identifica salvação e revolução? As Comunidades Eclesiais de Base trabalham nas paróquias?" Betto pôde expor suas considerações com a devida atenção do bispo.

> – Graças ao seu livro utilizei, junto ao governo tcheco, argumentos de Fidel Castro favoráveis ao trabalho das religiosas em Cuba. Assim, conseguimos tirá-las da clandestinidade. Agora só faltam os religiosos.
>
> – Gostaria de saber se conto com o seu apoio nesse meu trabalho de propiciar o diálogo entre comunistas e cristãos – perguntou Betto.
>
> – Não tenha dúvida, pois é preciso buscar o diálogo, e pode estar certo de que o governo de nosso país também é sensível a quem luta por justiça e liberdade na América Latina.[180]

Na viagem, Betto aproveitou para perguntar a membros do Partido Comunista o motivo de só permitirem a publicação resumida de *Fidel e a religião*. A resposta foi que, segundo os filósofos do PC, a posição de Fidel diante da religião poderia causar dúvidas na cabeça dos militantes tchecos. O livro, publicado sob o título *Na strasse chudych*, ou *Caminhar ao lado dos pobres*, teve uma edição de 7 mil exemplares distribuídos gratuitamente pelo Comitê de Altos Dignitários Religiosos.

Frei Betto foi a Berlim Oriental em 1987 e 1990. Na primeira vez, Betto participou do Seminário Teologia no Terceiro Mundo, a convite de Holger Röfke, da Secretaria de Estado para Assuntos Religiosos, e também lançou a edição de *Fidel e a religião* sob o título *Frei Betto: conversações noturnas*. O nome de Fidel Castro na capa foi censurado. Ao final da viagem, Betto ficou com a impressão de que "a *glasnost* e a *perestroika*, já em efervescência na Rússia, não demorariam em derrubar o Muro. Os comunistas não conseguiam disfarçar sua baixa autoestima e demonstravam uma confusa perplexidade frente ao futuro imediato".[181]

Apesar de não ter tido repercussão concreta entre as relações Igreja--Estado nesses países, como reconhecimento pelo empenho de Betto, em outubro de 1990, as Igrejas protestantes da Alemanha concederam a ele o Prêmio Dom Oscar Romero, da Fundação Georg Fritze, cujo valor foi revertido para a Comissão Pró-Central dos Movimentos Populares.

17

Fraternura

"Ele, como ninguém, me ensinou o que é amar." A afirmação de Frei Betto no livro *O que a vida me ensinou*, ao finalizar o capítulo "Quando virei pai do meu irmão", resume uma relação de puro amor. Betto não é alguém que protagoniza cenas de carinho explícito. É contido. Seus sentimentos são perceptíveis para quem o conhece há mais tempo. Mas Tonico, seu irmão caçula, passou por cima de qualquer limite de afeto que Betto possa ter imposto a si mesmo. Foi o maior desafio pessoal para o dominicano.

Com uma diferença de idade de 17 anos, Betto quase não conviveu com Tonico até o momento em que deixou a prisão. Foi no final de 1973, quando voltou para Belo Horizonte para visitar a família e os amigos após ser libertado, que percebeu algo diferente nas atitudes de Tonico, então com 12 anos. Notou o irmão desconcentrado e arredio. Tempos depois, a família descobriu que o caçula dos Libanio Christo estava envolvido com drogas. Ingeria grande quantidade de um xarope que continha substância advinda do ópio, a ponto de ter convulsões, e também fumava maconha. O cotidiano da família passou a ser difícil e a situação se complicou muito quando Tonico, aos 16 anos, sofreu um grave acidente de moto. Àquela altura já era usuário de cocaína e foi sob o efeito da droga que colidiu com a moto em um carro. Além de quebrar costelas, lesionar a coluna e quase perder os movimentos, bateu a cabeça diversas vezes no asfalto, especialmente a parte esquerda, e acabou desenvolvendo psicose, descoberta após diversas reações explosivas. Betto viria a escrever muitos anos depois: "A natureza não se conforma com perdas e danos. Para compensar a lesão, o lado direito do cérebro hipertrofiou. Ele se tornou uma pessoa mais intuitiva, sensível, criativa e, sobretudo, afetuosa. Suas pinturas continuavam surpreendendo. Entre telas abstratas de forte harmonia estética, chamavam a atenção as que refletiam seu caos interior. Óbvio que experimentava intenso sofrimento espiritual."[182]

A família buscava amenizar essa agonia pela qual passava Tonico, mas foram anos de aflição, acompanhados pelos irmãos que estavam em Belo Horizonte, especialmente Breno. Em certa ocasião, Tonico agrediu fisicamente a mãe e, em várias outras, chegou a bater no irmão Breno, que o capturava pela rua quando ele fugia. No dia em que Tonico agrediu dona Stella, Breno, que almoçava todos os dias com a mãe, ligou desesperado para Betto e pediu ajuda. Os irmãos queriam que Tonico passasse um período em São Paulo para que os pais pudessem ficar menos sobrecarregados naquele momento difícil.

Assim, em 1980, Betto recebeu Tonico no Convento das Perdizes e conviveu com ele por cinco anos em São Paulo. Nesse período, Tonico passou por severo acompanhamento psicológico e intensa dedicação do irmão religioso. Foi amor suficiente para que deixasse as drogas definitivamente. "Foram, até hoje, os anos mais difíceis da minha vida. Meu irmão se tornou meu filho. Um filho afetuoso e, ao mesmo tempo, rebelde."[183]

A experiência foi tão marcante que estimulou Frei Betto a escrever o romance *O vencedor* em 1996, sobre o tema das drogas. O profundo afeto tornou-se a mola propulsora para Tonico desintoxicar-se. Muitas vezes os dois passavam madrugadas de mãos dadas, a pedido de Tonico, nas suas crises de abstinência. Em momentos críticos, Tonico agredia Betto. Mas, passadas as crises, pedia desculpas e voltava a ser o rapaz amoroso que considerava Betto um pai. Ou mais que isso: "Leonardo, eu acredito em Deus, porque, para mim, Deus é o Betto. Ele me ama e eu o amo", entregou o caçula numa conversa amistosa com Leonardo Boff.

Tonico passou a ser a prioridade de Betto. Nada era tão importante quanto dar a ele toda a atenção e os cuidados necessários. "Convenci-me de que só uma carga excessiva de amor poderia arrancá-lo do buraco. Ainda que eu me estropiasse todo, não me pouparia para livrá-lo do mundo das trevas."[184] E assim Betto tomou a decisão de comprar um apartamento em frente ao convento para seu grande companheiro poder viver. Para conseguir vencer essa luta, Betto montou uma concreta e poderosa rede de amigos que o ajudavam. Luiz Fabiano de Miranda, com quem Betto morou em Vitória, foi morar no apartamento junto com Tonico, e ajudava Betto na rotina diária. Tonico e Betto frequentavam as casas dos amigos mais próximos, que se tornaram a sua família fora de Belo Horizonte. Entre esses parceiros estavam os casais Ricardo e Mara Kotscho, Sérgio de Souza e Lana Novikow, Lula e Marisa, além de boa parte dos amigos dos grupos de oração. Para cuidar de Tonico, Betto deixou de lado muitas de suas atividades, como viagens e palestras. Organizava passeios frequentes para casas de amigos na praia ou no campo para que Tonico pudesse se sentir bem. Os amigos criaram uma rede em torno de Tonico, para ajudar Betto, que dizia aos mais próximos: "Quem não é amigo do Tonico não é meu amigo." Um dos amigos que davam todo o apoio a Betto, inclusive ficando com Tonico muitas vezes quando Betto tinha que cumprir compromissos profissionais, Paulo Maldos, formado em psicologia, lembra que Tonico era prioridade número um para Betto: "Ele podia estar em Paris, mas se ele tivesse posto na agendinha dele 'jantar com o Tonico quarta-feira', ele voltava para ir à minha casa pegar o Tonico e jantar com ele. Eu fiquei muito impressionado na época com isso. Ele, uma figura que despontava como referência no campo popular, religioso, da Igreja ligado à Teologia da Libertação, mas o Tonico... podia ser a agenda que fosse, ele mantinha o compromisso. E regulava o remédio, o que ele podia tomar ou não tomar...".

A casa de praia da amiga e psicanalista Elizabeth Paulon era um dos lugares para onde Betto gostava de levar Tonico. Lá, Elizabeth, Sônia Monteiro de Barros e Gilza Peixoto Lessa, três grandes amigas, recebiam Betto e Tonico com o maior amor. O caçula dos Libanio Christo, que na primeira vez em que encontrou as três juntas perguntou se elas eram as Irmãs Cajazeiras – personagens da novela *O bem-amado*, apelido que acabou pegando –, passava os dias na piscina, feliz. Foi nesta casa também que Betto soube que o caseiro, Ari, havia passado pelo Carandiru como preso comum, no mesmo período em que Betto estivera lá. Empatia criada, Ari chamava Betto de "colega" quando este chegava à casa de Elizabeth. Às Irmãs Cajazeiras Betto dedicou o romance *O vencedor*.

Em São Paulo, Betto viveu situações-limite com Tonico. Certa vez, Tonico pegou o carro de Betto sem ninguém ver e sumiu. Betto pediu ajuda aos Kotscho e a outros amigos, como Marisa Marega, para ajudá-lo a procurar o irmão. Fizeram um mutirão, telefonaram para hospitais, polícia e amigos. Ricardo, repórter da *Folha de S.Paulo*, ligou para a Polícia Militar, buscando-o pelas delegacias. Uns ligavam do telefone público, enquanto Betto usava o telefone do convento. Depois de algumas horas, recebeu informação da polícia de que Tonico havia sido encontrado com o carro atravessado numa das principais vias da cidade, a Avenida Paulista.

Mas o tratamento ao qual Tonico foi submetido e a convivência com Betto fizeram-no voltar bem para Belo Horizonte. Quando retornou para a casa dos pais, os irmãos se juntaram e combinaram que ele passaria um fim de semana na casa de cada irmão. Betto era o responsável por fazer a programação de finais de semana do ano todo. E assim foi. De segunda a sexta, ele ficava na casa dos pais. Nos finais de semana, dividia-se com os irmãos, que se dedicavam a ele. Betto fazia o mesmo. No tempo que dedicava ao irmão, programava visitas à casa de amigos que gostavam de Tonico. Tonico era considerado uma pessoa adorável, com afinado senso de humor e que fazia comentários hilários. Nutria um respeito absoluto por Betto. Caso se mostrasse arredio, os irmãos ligavam para Betto e, ao falar com ele, rapidamente se equilibrava.

Tonico morreu no dia 11 de junho de 2009, aos 47 anos, em consequência de uma crise de apneia. Foi uma morte inesperada. Cerca de dois dias antes, Breno sentiu que o caçula estava muito feliz. Olhava para Breno e ria, fazendo com que o irmão desconfiasse de um comportamento que jamais vira em Tonico. A felicidade repentina de Tonico preocupou dona Stella e Breno, que resolveu ligar para Betto e avisá-lo. No dia seguinte, dona Stella avisou a Breno que o comportamento era oposto: ele estava sério e se recusava a vestir-se. Breno foi à casa da mãe, não conseguiu conversar com Tonico, mas esperou ele tomar o remédio que o faria dormir. No dia seguinte, a ajudante da casa ligou para Breno e o avisou de que Tonico tinha morrido. Dona Stella e Breno entenderam que a estranha alegria de Tonico foi uma forma de despedida. "Eu acho que ele morreu feliz. Era um agradecimento a tudo", avalia Breno.

A notícia gerou uma grande comoção nos amigos que acompanhavam a dedicação do dominicano e o ajudavam a proporcionar um convívio equilibrado em São Paulo. Tonico morreu no dia em que começaria um dos retiros dos grupos de oração de Frei Betto. Foi o único do qual Betto não participou. Os amigos conseguiram conversar com Betto por telefone e prestaram solidariedade ao amigo. Ao avisar os mais próximos sobre a perda do irmão, Betto dizia, profundamente triste: "Tonico nos deixou." Era um filho que ia embora. Betto chegara poucas horas antes de uma viagem à Europa. Ligou para a casa da mãe cedo e pediu para falar com Tonico. Dona Stella avisou que ele ainda dormia. Algum tempo depois, recebeu o telefonema com a notícia. Para extravasar o luto, Betto publicou um artigo, intitulado "Meu irmão", no qual descreve de forma poética a morte repentina. "Tonico viveu despojadamente. Deixasse-o à solta, tudo distribuía: sorrisos, cigarros, presentes que recebia. E, sobretudo, ensinou-nos a amar, pois todo ele era afeto. É um consolo saber que não conheceu o sofrimento que costuma anteceder à morte: a decrepitude da velhice, a corrosão da enfermidade, a demência, o acidente fatal, a agressão do homicida... Transcendeu adormecido. Saiu do casulo, virou borboleta... Epifania."[185]

Família Buarque de Hollanda

Ao ouvir histórias pessoais em torno da figura de Betto é comum se apresentarem momentos de vida de pessoas que se definem como agnósticas ou ateias, mas que encontraram no dominicano um apoio importante para o limite entre a vida e a morte. Com o escritor Sérgio Buarque de Holanda foi assim. Betto, como vimos, tornou-se próximo da família Buarque de Holanda nos idos dos anos 1960, no convento dos dominicanos de Perdizes. Com Maria Amélia Buarque de Holanda teve seus primeiros contatos mais próximos, antes de se tornar amigo de seus filhos Ana de Hollanda e de Chico Buarque. Com formação mais tradicional católica, Maria Amélia encontrava em Betto alguém que podia ajudá-la a entender o mundo não convencional, as limitações de determinados valores morais, a compreensão acerca das escolhas pessoais dos mais próximos. Betto era uma espécie de conselheiro que a ajudava a "abrir a cabeça" e a olhar para o mundo não com a visão católica, apostólica e romana, mas com uma visão cristã mais verdadeira.

Maria Amélia era filiada ao Partido dos Trabalhadores e uma entusiasta das propostas fomentadas naquele grupo: ajudava com recursos, trabalhava nas tarefas da direção partidária, estava presente de fato. Foi ela que convenceu o marido, Sérgio, a aceitar que Frei Betto o ajudasse no leito de morte a conversar sobre essa passagem. Sérgio era ateu. Mas aceitou conversar com Frei Betto, para que o religioso "encaminhasse sua alma no leito de morte". Na cerimônia em que Sérgio foi cremado, Betto se dirigiu aos presentes. As palavras davam um sentido de que Sérgio, agora pó, se misturaria à terra para adubar, fazer nascer novas plantas e voltar a ser vida. Essa função de auxiliar pessoas queridas nesse momento limite se repetiria muitas vezes. Quando Maria Amélia completou 100 anos, a família toda se reuniu no apartamento de Chico para comemorar. Ela queria antes fazer uma liturgia, e foi Betto quem celebrou a cerimônia religiosa. Foi tudo muito bonito, com casa cheia de pessoas queridas e o mar do Leblon ao fundo como cenário.

A amizade de Betto com Chico passa muito pela trajetória de ambos junto à militância política – estavam muito próximos, por exemplo, durante as greves do ABC paulista e nas campanhas de Lula para a presidência – mas eles se tornaram amigos fraternos para além disso. Betto sempre frequentou a casa de Chico em momentos de descontração com a família para cozinhar o seu famoso *coq au vin*, apelidado à época por Chico e Marieta Severo como Frango do Betto, "uma espécie de frango ao molho pardo que levava um aipim com alho", Chico lembra.

Eles também são compadres. Quando Helena, a segunda filha do casal, passou a ter inquietações religiosas e resolveu que queria ser batizada, Chico respeitou: "Tá bom, então vou chamar Frei Betto para te acompanhar nisso, para ver se é isso o que você quer". Chico e Marieta optaram por não batizar as três filhas, mas o pai promoveu a aproximação de Helena e Betto na casa onde moravam, no bairro da Gávea, onde os dois passaram horas conversando a sós. Helena resolveu que queria ser batizada, e Betto, escolhido por ela, foi o padrinho, com direito à cerimônia em que Chico tocou violão para a filha.

Em 1999, quando Chico se mudou para um apartamento no Leblon, chamou Frei Betto para conhecer a nova moradia. Brincou que era para abençoar a casa e Betto foi com esse objetivo. "Eu fui guiando ele pela casa e ele foi falando umas palavras e fazendo o sinal da cruz. Aqui está a sala, a área de serviço... e ele ia dizendo as coisas."[186] Quando chegaram à cozinha, partiram para o vinho e o *Frango do Betto*. "Eu entrei com o vinho, e ele, com o frango e a bênção." Para Chico, agnóstico, foi uma brincadeira. Para Betto, uma bênção carregada de bons fluidos.

Com Ana, irmã de Chico, a amizade de Betto também vem de longa data. Quando se tornou ministra da Cultura do governo de Dilma Rousseff, Betto era um amigo que a ajudava com conselhos sobre a vida política. Ana também recorria ao seu padrinho e grande amigo Antonio Candido. Mas foi na mão estendida à sua filha, Ruth, que Ana se aproximou ainda mais de Betto. Ruth estudou Serviço Social e queria morar em Cuba para concluir os estudos junto a uma equipe multidisciplinar que atuava com doentes de aids, em estado terminal. Ela visitava as famílias em casa junto aos outros profissionais para dar apoio aos doentes e familiares nesse processo, e estar em Cuba, onde o sistema de saúde e o serviço social são avançados, seria uma forma de incrementar sua base profissional e acadêmica. Mas o dinheiro que Ana conseguiu juntar para ajudar a filha a ficar na ilha já havia acabado, e ela não poderia mais permanecer por lá. Betto soube por Ana que Ruth teria que voltar, porque não havia mais recursos, e prontificou-se a emprestar o necessário para ela ficar mais alguns meses e terminar os estudos e as atividades. Insistiu que a ajudaria, pela importância de Ruth concluir os trabalhos em Cuba. Betto é um pouco tio de Ruth, e foi também quem fez o batizado da filha dela.

Outras passagens

Tentar entender e aceitar a morte. Foi esse o pedido que Lília Azevedo, amiga de longa data e importante militante leiga dominicana, do Grupo Solidário São Domingos, fez a Frei Betto em seus últimos dias, quando estava em estágio terminal de um câncer. Ela, que tantas vezes ajudara a dezenas de pessoas e praticara ações solidárias no Brasil e no exterior, especialmente em momentos de absoluta crise no Timor Leste, queria que Betto a ajudasse a compreender a sua passagem, ou "transvivenciação", como o dominicano costuma dizer. Lília decidiu parar o tratamento e conversou com os filhos e pediu para chamar Betto para conversar. Frei João Xerri, grande amigo de Lília, estava morando na Itália à época e disse ao confrade dominicano que iria ao Brasil em dois meses para visitar Lília. Betto pediu que se apressasse: "Ela não aguentará dois meses; venha enquanto ela pode falar."

Assim como Lília, outras pessoas queridas recorreram a Betto no momento extremo. Foi o caso da escritora e apresentadora de televisão Edna Savaget, que era agnóstica e faleceu em 1998, vítima de hepatite C. Mãe da jornalista Luciana Savaget – e sogra de Ricardo Gontijo, amigo de infância de Betto –, Edna recebeu muito apoio ao adoecer, mas dizia que estava pegando emprestada a fé dos amigos, porque, ela mesma, não acreditava em nada. Luciana, amiga de Betto, disse à mãe que queria muito que ela conversasse com Frei Betto e Edna aceitou. Betto estava em Belo Horizonte e seguiu até o Rio especialmente para visitá-la. Luciana deixou a mãe conversando com Betto no sofá durante algumas horas – naquele mesmo dia, na hora do almoço, Betto viajaria para outro destino. Na conversa, Edna fez confissões ao dominicano – que, naturalmente, não contou nada a ninguém, nem mesmo à filha.

Nos últimos momentos de vida de Edna, a enfermeira que cuidava dela durante o dia chamou Luciana no trabalho para avisar que ela estava morrendo. Luciana queria que a mãe recebesse a bênção dos enfermos. Edna disse que só aceitaria se fosse dada por Frei Betto. Luciana, por acaso, abriu o jornal e viu que Betto lançaria naquele dia um livro no Rio, no Museu da República. Ricardo Gontijo, marido de Luciana, seguiu para o Museu da República com a intenção de falar com Betto e pedir que, ao final do lançamento, fosse até a casa de Edna. Chegando lá, soube que, por algum motivo, a editora não mandara os livros para o evento. Betto, então, seguiu para encontrar a enferma e fez a cerimônia. Disse a Luciana para pedir a todos que fossem de branco ao velório, porque não deveria haver luto, já que Edna estava sofrendo muito e agora ficaria bem. Foi um consolo para a filha, que buscava de todas as formas diminuir o sofrimento da mãe.

Quando Tancredo Neves adoeceu, nas vésperas de assumir a presidência da República, em março de 1985, Betto prestou solidariedade como religioso e amigo da família. No Instituto do Coração, em São Paulo, onde Tancredo ficou internado, Betto o acompanhava com visitas diárias, dando apoio à família, em especial à dona Risoleta, esposa de Tancredo, e fazendo orações. Quando o presidente eleito faleceu, na noite de 21 de abril de 1985, Betto estava no hospital. Nos preparativos para levar o corpo e a família Neves para Brasília, o dominicano foi avisado por um coronel do Serviço Nacional de Informações que não poderia viajar no avião da Força Aérea Brasileira por falta de espaço. Ao saber disso, Risoleta ordenou que Betto fosse no mesmo voo. Depois, também fez questão que Betto a acompanhasse até a cidade mineira de São João del Rei, onde Tancredo foi enterrado, e que dissesse algumas palavras na missa na igreja matriz. Contrariado, o bispo aceitou abrir espaço para que Betto se despedisse de Tancredo Neves diante de todo o público presente na igreja. Era 1985 e o regime militar ainda mostrava que estava presente nas entranhas políticas do Brasil.

Frei Betto trata a morte, ainda que doída para quem fica, sob um olhar otimista. "Não gosto do verbo morrer. Prefiro transvivenciar. Por uma questão de fé e sentimento. A vida é um milagre excepcionalmente belo para enclausurar-se nos poucos anos que nos são dados viver. Acredito que, ao sair do casulo, todos haveremos de virar borboletas – o que é ainda mais belo e promissor."[187]

Betto é homem de muitos e bons amigos. E cuida dessas relações como quem cultiva jardins: com cuidado, atenção e disponibilidade. Invariavelmente, as histórias contadas pelas pessoas que convivem com ele enaltecem sua capacidade de ser generoso. Consideram-no um homem bom, autêntico e sempre presente quando se precisa dele. Não é um teórico, mas um prático da fraternidade.

O dominicano tem amizades que duram muitas décadas e outras que surgem do nada. É o caso da jornalista Maria Clara Jorge, a Cacaia, que conheceu durante as Caravanas da Cidadania. Cacaia trabalhava com Danuza Leão no *Jornal do Brasil* e era Betto quem telefonava para as redações para divulgar notícias sobre a campanha de Lula. Cacaia acha engraçada a maneira como Betto fazia contato: por falta de recursos para os telefonemas interurbanos, ele ligava diariamente a cobrar de onde estivessem para contar o que havia acontecido na campanha. Quando o telefone na redação tocava e vinha o sinal de ligação a cobrar, Cacaia já sabia que era Frei Betto. Depois de tanto tempo recebendo suas informações para notas na coluna, ela e Betto tornaram-se amigos. Ele pediu o endereço de Cacaia e, numa das viagens ao Rio, deixou na casa dela alguns exemplares de seus livros; um deles, dedicado à sua filha. Cacaia não estava e, portanto, não o conheceu pessoalmente. Mas em outra oportunidade, próximo ao horário de fechamento da edição do jornal, alguém abriu a porta e perguntou: "Quem é a Cacaia?" Ela, que estava mal-humorada, perguntou por que o desconhecido queria saber. "Eu sou o amigo dela do telefone, sou o Frei Betto." Cacaia sentiu-se constrangida por tê-lo tratado mal. Mas tentou compensar, fazendo uma peregrinação com ele pela redação para mostrar como o jornal funcionava, especialmente o caderno dedicado à divulgação de literatura. "Ele é um guerrilheiro da informação, está sempre fazendo uma revolução, sempre pendurado no telefone defendendo um ponto de vista", define a jornalista.

A partir de então, consolidaram a amizade. Betto convidou Cacaia para seu aniversário de 50 anos num sítio em São Paulo do qual participaram pessoas vindas de várias partes, inclusive de Cuba. Nos ônibus que levaram os convidados para o sítio, Cacaia dividiu espaço com Vicentinho, Leonardo Boff, Lula, entre outras personalidades. Tempos depois, Cacaia acabou se mudando para São Paulo para trabalhar na agência de publicidade DPZ. Ao chegar, num ambiente de concorrência e vaidades, foi mal recebida pelos colegas de trabalho. Era com Betto que ela tentava buscar equilíbrio. Para ajudá-la, Betto criou uma estratégia para mostrar aos funcionários da agência que Cacaia era amiga de pessoas influentes. Sabendo, por exemplo, a que horas ela saía para o almoço, ele ligava no intervalo e deixava recados curiosos: "Avisa a ela que o Evandro Carlos de Andrade ligou." Quando chegava de volta ela recebia essas informações absurdas dos colegas. Um mês depois, outra personalidade do jornalismo ligava para Cacaia. Era divertido e também eficiente. As pessoas da agência realmente acreditavam nos recados plantados por Betto, e Cacaia passou a ter o maior cartaz na DPZ.

Cacaia também estava na festa de comemoração dos 60 anos de Betto, realizada na casa de Milú Villela, que também fora militante do movimento estudantil enquanto estudava psicologia na PUC-SP. Admiradora de Betto, Milú ressalta que "o interesse pelo outro, a solidariedade e a generosidade estão sempre no vocabulário" do dominicano. "Betto é uma pessoa interessada em diversas formas de espiritualidade e que respeita essa diversidade nas pessoas. Só um homem de fé teria essa capacidade de ouvir antes de fazer um pré-julgamento."[188] Betto e Milú, apesar de primos, não conviveram na infância e adolescência. Aproximaram-se quando já eram adultos e com caminhos profissionais traçados. Ao aproximar-se de Milú, Betto agregou sua experiência a iniciativas como o Todos pela Educação – movimento que busca contribuir para que crianças e jovens tenham acesso à educação básica de qualidade, do qual é um dos sócios fundadores. Também levou junto o seu universo como assessor de organizações sociais. Com isso, ao oferecer ao primo a sua confortável casa em São Paulo para festejar seu aniversário, Milú também se aproximou de instituições como o MST, já que seus membros eram frequentemente convidados para as comemorações de Betto e, consequentemente, para a casa da herdeira do Banco Itaú. Cacaia lembra das cenas inusitadas. "Era uma mansão cheia de Portinari, Van Gogh e ela colocou não sei quantas mesas para receber toda aquela gente, pessoal das comunidades de base, com familiares, as crianças correndo pela casa. Era uma coisa peculiar, muito engraçada."[189] Impressionou-a o desprendimento de Milú, que abriu a casa do jeito que era, para um grande grupo de amigos de todos os lados. "As cenas eram maravilhosas como a de mães amamentando crianças no sofá debaixo daqueles quadros chiquérrimos...".

Nessa mesma linha de amizades que aparecem inesperadamente, Guilherme Carvalho, que acompanha projetos sociais e culturais apoiados pela Petrobras, conheceu Betto pessoalmente na Feira do Livro de Poços de Caldas em 2012. Betto era uma das principais atrações da feira, e Guilherme representava a Petrobras, patrocinadora do evento. Já era leitor das obras de Betto e resolveu se apresentar após assistir a uma palestra sua na praça da cidade. Contou a Betto que lera uma matéria sobre dona Stella e os livros, e ficara curioso. Trocaram contatos, e Guilherme convidou Betto para ir à sua casa em Brasília para preparar alguma das receitas da mãe, já que sua esposa, Havane (que tem esse nome numa homenagem de seu pai a Cuba), também trabalhava com gastronomia. Foi simpático, mas jamais acreditou que Betto apareceria. Tempos depois, numa ida a Brasília, Betto mandou uma mensagem perguntando a Guilherme se o convite estava de pé. Ao fim de uma palestra que proferiu na capital do país, Guilherme o abordou e Betto disse que já o esperava. Saíram após os autógrafos e foram para a casa de Guilherme. Pela Esplanada dos Ministérios, Guilherme ajudou Betto a carregar sua mala de livros. Ao chegarem no apartamento, sem enxergar Betto, Havane perguntou: "E aí, o homem veio?" Betto saiu na frente: "Tô aqui." E foi assim que Betto acabou passando a noite brincando com as filhas de Guilherme. Falaram da vida e das experiências comuns. Depois de jogar forca por horas com uma das meninas, Betto revelou aos pais de Ana Clara e Laura: "Precisava de uma noite dessa, sem grandes preocupações."

Cintilar e Bananeiras

Circulando por redes compostas por pessoas de origens diversas, Betto envolve a si próprio e a amigos e conhecidos em iniciativas que fomentam ações solidárias. Foi assim que, por meio de Renée de Vielmond, conheceu Marilu Le Brun, mãe da atriz. Em 1992, Marilu fundou o projeto Cintilar, em São Lourenço (MG), voltado para crianças pobres. A ideia era oferecer um lar substituto – não um internato – para cerca de oito crianças, cuidadas por uma mãe social. Betto soube do projeto e passou a ajudá-lo com recursos próprios, assim como a trazer outras personalidades, como Paulo Coelho, para apadrinhar os pequenos. Foi com a chegada desses novos apoios que o Cintilar se ampliou e passou a cuidar de 50 crianças, fornecendo, além da alimentação e dos estudos necessários, aulas de diversas modalidades artísticas.

Foi também nessa linha que Frei Betto se tornou um dos padrinhos da Escola Nossa Senhora do Carmo, localizada em Bananeiras, na Paraíba, projeto do Carmelo Sagrado Coração de Jesus e da madre carmelita Teresinha. Amigos fazia muitos anos, Betto havia colaborado com uma "vaquinha" feita pela teóloga Ivone Gebara pelo mundo afora a fim de comprar um terreno para as carmelitas, que dependiam dos parcos recursos e da boa vontade do bispo. Assim, elas conseguiram comprar o terreno. A escola teve início na sala da casa de um dos alunos. Betto resolveu levar até o local o amigo Ekke Bingemer, que atuava na Fundação Porticus, de origem alemão-holandesa, apoiadora de projetos sociais, para tentar conseguir parte dos recursos para construção do prédio da escola das carmelitas. Deu certo.

A escola de Bananeiras começou suas atividades alfabetizando lavradores que estavam sendo expulsos de suas terras na região. Houve colaboração também de João Batista Libânio, que pagava a professora, de irmãos maristas, entre outros benfeitores. Vieram recursos para a construção de uma cisterna no local e assim a tímida iniciativa foi se ampliando e transformando na atual Escola Nossa Senhora do Carmo, de Bananeiras, que é uma escola modelo. Betto também convidou a amiga e jornalista Marisa Marega para escrever um livro[190] sobre a história da escola, de modo a promover e tentar trazer recursos para a manutenção do projeto. Afinal, a escola cresceu de tal forma que hoje tem cerca de 350 alunos, inclusive da área rural, e uma lista de espera de pelo menos mais 150. Frei Betto e o jornalista Chico Pinheiro, seu amigo, fizeram articulações para conseguir recursos para a continuidade do trabalho nos âmbitos público e particular. Além disso, a prefeitura e o estado se comprometeram a pagar – muitas vezes de forma descontinuada – parte dos professores, da merenda e do transporte. Sem ter uma ajuda concreta e contínua, Frei Betto e Chico Pinheiro hoje estão entre aqueles que garantem os recursos para que as atividades da escola não parem.

Dia a dia

Frei Betto vive em um quarto simples no Convento dos Dominicanos, no bairro de Perdizes, em São Paulo. Raramente está lá, porque sua agenda de viagens nacionais e internacionais é cada dia mais cheia. É um caixeiro-viajante que carrega consigo uma malinha de livros de sua autoria aonde quer que vá. No convento, quem o assessora é a dedicada e discreta Teca

Carvalho, que foi militante da JEC e com quem trabalha desde os anos 1990. É ela quem organiza sua correspondência, faz pedidos de livros às editoras, deposita as diversas doações que Betto faz a pessoas – próximas ou remotas – em dificuldades ou a instituições que contam com sua ajuda mensalmente.

Betto vive com o que ganha em suas palestras. Os recursos advindos dos direitos autorais não dão conta dos custos que ajudam a cobrir o convento e as contribuições que mantém. Mas faz questão de administrar, junto com sua agente literária, Maria Helena Guimarães Pereira, os contratos com as editoras, para que tenha maior ingerência sobre os direitos das suas obras, mantendo o objetivo de ele próprio vender parte dos livros pelos quatro cantos do mundo onde é chamado.

Betto mantém hábitos simples no dia a dia do convento – para as duas senhoras que cuidam do convento, Eliete e Francisca, ele pede poucas coisas: um pouquinho de água quente pela manhã junto com o café sem açúcar, já que gosta de café fraco, como bom mineiro; e água para beber só de filtro de barro. Ele arruma o próprio quarto e, eventualmente, pede ajuda com as camisas passadas e dobradas cuidadosamente para uma ou outra viagem. Toda a vaidade intelectual que tem se contrapõe à humildade com que vive em termos materiais: poucas roupas, um carro popular que ganhou de presente da prima Milú Villela e muitos livros.

Em datas especiais, prepara receitas diferentes de camarão para os confrades. O camarão à provençal é a mais frequente por ali. Curiosamente, já que está fora boa parte do tempo, é dele a responsabilidade pela definição e acompanhamento do cardápio do convento para a semana toda. Ele e a cozinheira fazem reuniões para decidir o que será servido nas refeições. Atento ao que acontece na casa, é ponto de referência para Francisca e, especialmente, Eliete, se as duas funcionárias precisam de algum tipo de ajuda – foi ele quem conseguiu, em um mês, vaga para cirurgia que uma delas precisava fazer e pela qual amargava numa fila de espera de dois anos.

Ao chegar de suas viagens, cumpre o ritual de perguntar ao frei Carlinhos – Carlos Alberto Munhoz de Moura, que cuida da casa: "E aí, Carlinhos, tudo bem? Está precisando de alguma coisa?" Além do cumprimento, Betto costuma trazer uma lembrança aos confrades. Pode ser um queijo, um doce ou outra coisa singela. Mas não esquece. Mesmo passando pouco tempo no convento, Betto faz parte do conselho da casa, dá ideias e se mantém informado sobre tudo o que acontece por ali. Afinal, aquela, mais do que qualquer outra, é a sua casa.

Depois de trabalhar tantos anos com Betto, Teca o viu em profunda tristeza duas vezes: quando soube da morte de Tonico e nos últimos momentos de vida de dona Stella. "Quando a mãe morreu, ele estava com ela em Belo Horizonte. Mas eu sentia que aquilo era muito difícil para ele, saber que perderia a mãe em um daqueles dias." Quando Tonico morreu, Betto estava no convento. Dias antes, fizera uma viagem preocupado porque sentia que o irmão estava diferente. Deixou o telefone de onde ficaria – coisa que nunca acontece – e fez a Teca um pedido raro: "Se acontecer qualquer coisa, me ligue."

Ao voltar de viagem, quando recebeu a notícia da morte do irmão por telefone, Betto estava prestes a sair para um retiro dos grupos de oração. Teca não sabia bem o que fazer ao percebê-lo profundamente triste. Chegou a vê-lo chorar, o que também não costuma acontecer. "A minha vontade era de abraçá-lo, mas eu não tive coragem. Sabia que ele precisava de um abraço de alguém, mas fiquei com receio. É uma coisa da qual me arrependo até hoje."

A imagem de ser alguém mais contido e frio também é equivocada. Betto é uma pessoa sensível, amiga e de generosidade singular. Seus gestos de solidariedade incluem o envio de uma carta aos amigos, há 25 anos, na época da Páscoa, na qual ele propõe sua adesão a uma Campanha de Quaresma em prol de uma obra social que ele conhece, acompanha e na qual confia. O projeto Cintilar foi o primeiro beneficiário dessa ação, em 1992. Betto pede aos amigos que "jejuem" qualquer quantia do seu orçamento para destiná-la a essas entidades. "Em vez de adotar antigos procedimentos que perderam seu significado – como os cristãos deixarem de comer carne na Sexta-Feira Santa (e se empanturrarem de frutos do mar…) –, melhor destinar recursos a quem investe em atividades não assistencialistas com crianças e jovens em situação de risco."

Esse é o tipo de ação que Betto sempre praticou. Para as organizações e os movimentos sociais que assessora, como o Movimento dos Trabalhadores Rurais Sem Terra e a Comissão Pastoral da Terra, Betto sempre exerceu a função de captador de recursos para que atividades de base pudessem se realizar. Usava – uma vez que hoje a atividade diminuiu muito – de seu conhecimento e prestígio em organizações interacionais e aproveitava as viagens para fazer pedidos pessoalmente e trazer recursos para as entidades brasileiras de direitos humanos. Aprendeu isso ainda nos tempos da JEC, quando recorria a empresas como a Panair do Brasil ou a Varig – para pedir passagens para representantes participarem de encontros nacionais da entidade –, ao Ministério da Marinha de Guerra do Brasil – solicitando uma lancha para que os 150 participantes do Conselho Nacional da JEC pudessem fazer um passeio pela baía de Guanabara – ou a Dianda Lopez e Cia. Ltda., que fabricava os Biscoitos Marilú – para pedir a doação de latas de biscoitos para os jovens que se reuniriam em algum encontro da JEC.

As cartas do jovem Betto – ele tinha 18 anos –, assinadas também por Waldemar Bastos, os dois coordenadores da JEC, tinham um cabeçalho padrão, em tom sedutor, estilo que ele manteve ao longo de sua trajetória no lidar com os diferentes grupos de pessoas para angariar apoios:

> Sabemos que, dentro do panorama social e econômico brasileiro, a Dianda Lopez e Cia. Ltda., dos famosos Biscoitos Marilú, é hoje uma empresa que representa um pouco do orgulho de todos nós brasileiros. As aspirações democráticas de seus dirigentes se confundem com os ideais que movem todos os homens de bem a lutarem pela defesa das liberdades humanas. A higiene e o gostoso sabor dos produtos apresentados pela Dianda Lopez e Cia. Ltda. refletem a autenticidade de uma empresa cuja principal preocupação é servir bem.
>
> Cientes, então, de que as aspirações dos homens que comandam a fábrica dos Biscoitos Marilú se identificam com as nossas, a Equipe de Coordenação Nacional da Juventude Estudantil Católica, movimento de caráter educacional que visa uma melhor integração dos jovens na sociedade, vem respeitosamente fazer uma solicitação a V. Sa.
>
> Em julho próximo, reuniremos no Rio de Janeiro jovens provenientes de todos os Estados, que virão participar do nosso IV Conselho Nacional. Portanto, entre a alimentação dos 200 jovens que estarão reunidos desejaríamos incluir os produtos da Dianda Lopez e Cia. Ltda., fabricante de deliciosos Biscoitos Marilú. Pedimos, então, a V. Sa. que colabore conosco ofertando algumas latas de Biscoitos Marilú.[191]

Em seu perfil é interessante perceber que Betto é um curioso das diversas formas de crença. Pode ir a uma cartomante, por exemplo, se receber uma boa indicação de alguém de confiança. Foi uma mãe de santo que sugeriu a ele que nunca falasse muito sobre o conteúdo dos livros que estivesse escrevendo e, desde então, ele não dá detalhes sobre os textos que está preparando até que suas obras fiquem prontas. Da mesma forma, já experimentou o santo-daime, do qual dois de seus irmãos são adeptos.

Os gestos de solidariedade e a lisura com que conduz suas ações e relações de amizade e profissionais fazem dele um querido amigo entre os amigos. Betto está intrinsecamente atento às necessidades e fragilidades daqueles que fazem parte de sua vida. Histórias que ilustram esse perfil generoso se multiplicam a cada conversa ou entrevista. É a tal "fraternura", palavra que costuma usar para autografar livros ou finalizar mensagens de e-mail para amigos. Alguns guardam essas impressões intimamente. Outros, pessoas públicas, escrevem ou falam sobre a admiração por esse traço que o marca.[192]

> Gostaria de saber onde ele arruma tempo para fazer tanta coisa ao mesmo tempo, sem nunca deixar na mão um amigo ou qualquer pessoa necessitada de ajuda. Não só tempo, diga-se, mas também paciência para ouvir as dúvidas e os queixumes de tanta gente que muitas vezes ele nem conhece. Só mesmo a escola da vida pode explicar os mistérios desse ser humano especial, de quem tenho muito orgulho de ser amigo e com quem já compartilhei muitas alegrias e tristezas nessa longa jornada de sonhos pelas estradas do mundo. Valeu, Betto, e sempre valerá a pena tentar outra vez. – *Ricardo Kotscho*

> Com relação a Frei Betto, meu privilégio é triplo: sou seu leitor desde os tempos de estudante; sou seu vizinho há uma década; e, embora a distância, ouso dizer que somos amigos. Não de nos encontrarmos todos os dias, que seus compromissos são muitos e constantes, mas de comungarmos ideias próximas, que incluem lutar por um mundo melhor, por mais que essa frase ou esse sentimento soe, nesses dias de egoísmo extremo, como um clichê. Sua extensa obra tem como ponto fulcral oferecer uma reflexão sobre a passagem da humanidade pela Terra. Algo como: qual é, afinal, o sentido da vida? Tivéssemos mais pessoas como Frei Betto e a resposta seria fácil: a busca da felicidade. – *Luiz Ruffato*

> Jamais esqueço um dia nos anos 1970 em que ele foi almoçar em minha casa. Tinha saído da prisão. Eu, que imaginava um homem revoltado contra tudo e todos, dei com um sujeito sereno, que compreendia o porquê e o como das coisas. Eu, ansioso, perguntei sobre o medo. "Basta medir o quanto de medo é provocado por sua imaginação. Se conseguir abstrair, a fantasia viverá. O medo ampliado pela imaginação te liquida." Certa vez, ele, numa dedicatória de duas linhas, definiu amizade, relação, troca. No

romance *Entre todos os homens*, escreveu: "'Loyola, saudades da amizade que te tenho e dos encontros e papos que ainda não tivemos." Ao assinar, acrescentou um neologismo maravilhoso: "Fraternura". Está tudo dito.
– *Ignácio de Loyola Brandão*

Betto, em autodefinição, afirma sua essência visceralmente política: "Atuo em pastoral popular, assessoro movimentos sociais, escrevo artigos em jornais e sites, publico livros, profiro palestras... É o bastante. A vida é curta para todos os meus projetos. E não cabe nos meus sonhos."[193]

18

Espaços de espiritualidade

Frei Betto conheceu o psicanalista Hélio Pellegrino em 1967, junto com frei Oswaldo Rezende. Os dois queriam o apoio de Pellegrino para a ALN. Homem de esquerda, mineiro, que simpatizava com a Teologia da Libertação, Pellegrino entusiasmou-se com o que ouviu dos dois jovens, disse que aquele era o caminho, mas preferiu não dar sua chancela à luta armada. Talvez entendesse que o seu lugar não era aquele. Betto, profundo admirador de Pellegrino, escreveu poeticamente sobre a figura do psicanalista em um texto que compõe o livro *Paraíso perdido*. Os dois estiveram juntos algumas vezes em Cuba.

> Hélio Pellegrino era um ser voraz, com muita fome de amor, de amigos, de Deus. Nele o afeto latejava como uma válvula aberta que deixa escapar o gás contagiante. Aproximar-se dele era ingressar na esfera indelével da paixão. Nunca um nome coube tão bem a uma pessoa, tamanho o magnetismo dessa figura que resplandecia como o sol.

Depois que saiu da prisão, em 1973, Betto procurou por Hélio em sua casa, no Rio de Janeiro, e daí em diante nunca mais se distanciaram. Era com Betto que Hélio varava noites conversando quando se separou de sua segunda mulher. "Seus diálogos eram densos, tensos, polêmicos, eruditos. Nisso se comprazia com seus amigos mais íntimos, Otto Lara Rezende e Fernando Sabino, também mestres na arte de conversar. Os três se falavam horas ao telefone, todos os dias, como se a resolver os destinos do mundo." Também com Betto falava sobre a paixão avassaladora pela escritora Lya Luft, em meados dos anos 1980, com quem se casou. Também tratavam de política e espiritualidade; literatura e socialismo; e de amor.

Hélio Pellegrino inspirou a formação do primeiro grupo de oração de Frei Betto no Rio de Janeiro, no final dos anos 1970, junto com outros amigos psicanalistas. Eram "todos de formação cristã, andavam à deriva na Igreja Católica, deslocados numa arquidiocese comandada por um cardeal conservador e sem espaço onde pudessem fertilizar a fé que traziam", definiu Betto. Queriam um espaço para discutir e praticar a espiritualidade.

Em São Paulo, em dezembro de 1980, os jornalistas Zélio e Ciça Alves Pinto, Ricardo Kotscho, Marcelo Auler, Renata Azevedo e José Casado, que se reuniram para fazer uma entrevista com Frei Betto para *O Pasquim*, tomaram conhecimento da existência do grupo dos psicanalistas no Rio de Janeiro. Demandaram de Betto criar um grupo também em São Paulo em torno da espiritualidade – e não da religião. E assim formou-se o grupo Nós, em janeiro de 1981. Entraram nele também os jornalistas Marisa Marega, Marília Balbi, Chico Pinheiro, Regina Porto, Marilda Varejão, Pablo Nogueira, Paulo Vannuchi e Guilherme Salgado Rocha; o educador Antonio Carlos Ribeiro Fester; os advogados Marco Antonio Rodrigues Barbosa, Sandra Lia Mantelli e Sonia Calil; as sociólogas Margarida Genevois e Mara Kotscho; as economistas Helena Freire Moreau e Virgínia Pinheiro; as professoras Adélia Bezerra de Meneses, Helenice Ciampi e Silvia Maria Pompéia; o engenheiro Edison Hiroshi Seó; a produtora Carla Affonso; e a artista plástica Carmen Barbosa.

Betto definiu o perfil e o objetivo da formação dos grupos:

> Nos cinco anos em que vivi em Vitória, trabalhei intensamente na formação de Comunidades Eclesiais de Base. Todas integradas pela população de baixa renda. Portanto, minhas referências de esquerda impediam que eu propusesse a gente de classes média e alta constituírem uma Comunidade Eclesial de Base. Seria comunidade, mas não seria eclesial, nem de base. Havia resistência a entrosar-se com as estruturas pastorais da Igreja. Melhor dizendo, seria eclesial sim, não eclesiástica, na medida em que, em nome do Espírito de Deus, nos grupos estaríamos reunidos em nome Dele, que nos assegurou que, quando dois ou mais assim se reunirem, Ele estaria em nosso meio. Isso é *ecclesia*, assembleia.

Também no Rio de Janeiro, em meados dos anos 1980, alguns profissionais de classe média, que tentavam criar um espaço para a reflexão e espiritualidade, se reuniram para encontros esporádicos em torno da oração e que seguiu até 1988.[194] Com o grupo desfeito, esses profissionais procuraram Frei Betto para que ele pudesse dar algum norte, já que queriam continuar com a proposta. Betto propôs que estes se juntassem aos psicanalistas amigos de Pellegrino – com a morte de Hélio, em 1988, os companheiros psicanalistas também estavam dispersos. E assim, em homenagem ao amigo, esse passou a se chamar grupo de oração Hélio Pellegrino. O primogênito dos grupos, como chamou a socióloga Lúcia Ribeiro, que integra o Hélio Pellegrino, é composto também pelos artistas Atelisa Salles de Jesus, Rogério Marques; os professores Ney Paiva Chaves, Ângela Dias, Angela Limongi, Maria Cândida Bordenave; o advogado Dante Limongi, a psicanalista Carmem Da Poian; os arquitetos Cibele Gonçalves Azevedo e Ricardo Gouveia Corrêa; o deputado federal Chico Alencar; a teóloga Tereza Maria Pompéia Cavalcanti; o economista Teófilo Artur Siqueira Cavalcanti Neto. A atriz Odete Lara, então convertida ao budismo, aderiu ao "Primogênito", considerando que os grupos de oração são macroecumênicos, com a participação de espíritas, judeus, adeptos de tradições religiosas de origem africana e indiana e até ateus. Odete Lara faleceu em 2015. Também fizeram parte dos grupos os atores Letícia Sabatella e Ângelo Antônio.

"Havia em mim a intenção de induzir os grupos a se dedicarem a leituras bíblicas e teológicas, como forma de oxigenarem sua visão do Cristianismo e da própria Igreja. E propus que, além das reuniões periódicas – revezando as casas dos participantes –, fizéssemos também ao menos um retiro espiritual por ano", registra Frei Betto. O "retirão" – a reunião dos grupos de São Paulo, Minas Gerais e Rio de Janeiro – é realizado uma vez por ano, no feriado de Corpus Christi. No segundo semestre, cada estado reúne seus grupos no "retirinho" de um fim de semana.

Os membros dos grupos de oração, porém, são de origens diversas. Além de cristãos, há adeptos do espiritismo, das religiões de matrizes africanas, budistas e ateus. Nos encontros, uma pessoa é escolhida para preparar o tema que discutirão; eles exercitam a oração, leem textos sagrados, fazem reflexão teológico-espiritual e a partilha do pão. A comida é farta nas reuniões e muitas conversas acontecem em torno da mesa. Apesar de não ser uma celebração eucarística formal, tem todas as características de reflexão, meditação, oração e partilha do pão e do vinho. Muitas pessoas que não se sentem contempladas na estrutura de liturgia que a Igreja se oferece encontram-se nessa prática dos grupos de oração. "Como não tenho vocação de guru e sempre trabalhei com educação popular, desde o início uma de minhas preocupações era a de que os grupos caminhassem pelas próprias pernas, sem que eu precisasse 'arrastá-los' ou dirigi-los. Importava que fossem autônomos, movimentando-se com ou sem a minha presença." A preocupação básica na formação dos grupos é o espaço para a oração e a reflexão em torno da espiritualidade. Nada tem de político, ainda que boa parte dessas pessoas que buscam os grupos tenha um engajamento social e político. Nos grupos de oração, elas preservam a dimensão de espiritualidade.

Em 1994, também no Rio, foi fundado outro grupo de oração, chamado Pedro Pellegrino, em homenagem ao também psicanalista, filho falecido de Hélio. Pedro participava do grupo, ao lado das escritoras Luciana Savaget e Suzana Vargas, das pedagogas Ana Regina Machado Carneiro e Regina Lúcia Cortez Diniz Rocha Lima, da professora de ioga Anne Marie Bruno e dos professores Aristeo Gonçalves Leite Filho e Vera Costa Gissoni, dos artistas Ecila Huste, Marco Aurelio Bruno Albacete Velasquez, Maria Sylvia Monteiro de Castro, da museóloga Maria Marta Macedo. Também faziam parte do grupo a professora Vera Costa Gissoni, o publicitário Renato Castello Branco e o editor e dono da Sextante, Geraldo Jordão Pereira, falecidos.

No Rio de Janeiro, formaram-se ainda outros três grupos: B do Zé, Frei Tito e dom Hélder Câmara. O B do Zé foi fundado em 2000 e era uma alternativa para pessoas que queriam participar, mas não podiam entrar no Hélio Pellegrino porque o grupo já incluía muita gente, inviabilizando a dinâmica. O "B" era o alternativo, e "do Zé", uma homenagem a José Luiz Pereira Alves, que integrava o grupo e faleceu. Fazem – ou fizeram – parte dele também a médica Aura Maria Rocha; os advogados Rogério Dardeau e Beatriz Christo; os jornalistas Beth Costa, que integrou o Pedro Pellegrino por cinco anos, Marcelo Auler e Marilda Varejão, que faziam parte do grupo de São Paulo, e Carla de Oliveira; a agente artística Cacá Fonseca; as professoras Valéria de Brito Mello, Eliane Brígida Morais Falcão, Emilia Maria Fernandes, Maria Cândida Costa Alves; os engenheiros Geraldo da Silva Pimentel e Regina Carvalho; a arquiteta Márcia Costa Rodrigues Leite e o escritor Marcio Tavares d'Amaral.

O Grupo Frei Tito surgiu em abril de 2004 e é conhecido pela riqueza da pluralidade religiosa. Tem cerca de dez participantes – entre economistas, comerciantes, advogados e jornalistas – e, de acordo com estes, "expressa a riqueza da pluralidade religiosa com membros ligados ao Catolicismo, Espiritismo e à Umbanda". O grupo Dom Helder Câmara é o menor deles, sendo integrado pela filósofa Anna Maria de Mello e Souza, o engenheiro Jorge de Mello e Souza, e pela tradutora Maria Cândida Bordenave.

Em Belo Horizonte surgiram três Grupos Orantes, como se intitulam. O primeiro a ser criado é o Louva-a-Deus, em junho de 1995, quando Betto ministrou um seminário para o Instituto Fênix. "Um dos objetivos da formação holística era abordar as diversas tradições espirituais, dentre elas o Cristianismo. Naquela ocasião, um grupo de cristãos, desejoso de levar adiante os ensinamentos do frei, aprofundar e fortalecer a fé, propôs a ele a criação de um grupo de oração", contam os integrantes. O Louva-a-Deus tem um limite de 15 participantes.

Em 1998, surgiu o Vero Verbo, a partir de um encontro na casa de José Alberto Fonseca, que conheceu Betto nos tempos da JEC. Juntaram-se ao verbo divino a socióloga Dalma Araújo, os assistentes sociais Domingos Sávio Araújo e Márcia Maria Romero, o comerciante Hélio D'Ávila Maciel, os psicólogos Isabel Barbosa e Ênio Mendes de Oliveira, a produtora Mazarelo Teixeira, o economista Carlos Alberto Rangel Proença, a contadora de história Zezé Proença e a servidora pública Júnia de Freitas Paula.

Por último, foi criado o Vagalume, em 2000, pela amiga e artista plástica Sheyla Cabral, que já participava do Louva-a-Deus. Juntou-se a um grupo de jovens universitários e seguiu com o Vagalume, a partir da "metodologia" dos Grupos Orantes. Para a estudante Francis Firmo, uma experiência profunda. "Como os primeiros cristãos, partilhamos o pão e o vinho, as dúvidas e incertezas, a solidariedade, amor, a fraternura, juntamente com irmãos e irmãs na fé, em um ambiente informal e democrático, que traz possibilidades concretas de transformação social."

A convivência entre as pessoas nos grupos de oração é harmônica e tem como ponto em comum o fato de serem todos amigos de Frei Betto. Assim, ao entrarem, sabem que conviverão num grupo multifacetado do ponto de vista espiritual. Betto é o orientador espiritual dos grupos. Em geral, é ele quem comenta o evangelho do dia e faz a bênção final. Apesar de apelidado como "frade voador", pela rotina de viagens que mantém, Betto participa de quase todas as reuniões do grupo de oração de São Paulo se está no Brasil. Nos encontros do Rio e de Belo Horizonte, menos. Acaba encontrando todos juntos nas reuniões nacionais, que chegam a reunir cerca de 150 pessoas. Nessas oportunidades, Betto se disponibiliza a escutar as aflições, dúvidas e angústias dos que precisam. "Essa eu acho que é uma das características mais marcantes da figura humana do Betto: ouvir os outros. Não que ele tenha solução para todos os problemas, mas só pelo fato de ouvir as pessoas já se sentem mais aliviadas", admira-se o amigo Ricardo Kotscho.

Betto se felicita pela marca social que caracterizou os grupos. Muitos de seus participantes, lembra, tornaram-se militantes da luta por justiça e paz e solidários às causas sociais a partir da experiência com os grupos de oração.

Os grupos tonaram-se grandes com o passar do tempo, ainda que busquem ser uma iniciativa para poucas e próximas pessoas, tendo em vista a importância de manter os encontros de todos e assegurarem a inter-relação pessoal e o espírito de comunidade, como Frei Betto ressalta. Fisicamente, torna-se inviável reunir tanta gente e fazer reuniões proveitosas. Por isso, preferem não divulgar a iniciativa para novas adesões.

Ao escrever um breve texto sobre e para os grupos de oração, em junho de 2013, Betto os chamou de obra de Deus. "Sou muito grato a Deus por me ter dado todos vocês como irmãos e irmãs, que têm me sustentado nesses anos de atribuladas esperanças."

Alma feminina

Betto sempre atraiu as mulheres, mesmo que involuntariamente. Já deu algumas declarações à imprensa sobre o assunto. Diz que, apesar de já ter se apaixonado algumas vezes, não sente falta de ter se casado ou tido filhos, como alguns de seus confrades que deixaram a ordem; e que manter-se sob o celibato é conveniente para ele. "Posso ter amizades sem suscitar ciúme, apropriação. Vejo amigos casados que não podem ter essa diversidade de amizades que tenho e essa liberdade. Viajo e volto para casa, mas sei que ninguém está preocupado se vou voltar, o que está acontecendo. Para mim, é uma libertação."[195] A liberdade para Betto, de fato, é uma conquista, e ele nunca se dispôs a viver sem ela. Dessa forma, sob sua ótica, ele não nasceu para o casamento, da mesma forma que propõe outras nuances para os votos que fez, inclusive o de castidade.

> O voto de pobreza deveria se chamar voto de compromisso com a justiça, porque é um cinismo falar que o religioso é pobre, mas vive numa estrutura que tem tudo, riquíssima, que o mantém e ele não precisa ter as preocupações que os comuns mortais têm. Quero saber, não dessa pobreza virtual, mas se ele tem compromisso com a justiça. Voto de castidade eu chamaria de voto de gratuidade no amor, quer dizer, você renuncia a um pacto quase de apropriação, que é o casamento, para ter gratuidade

no amor. E o voto de obediência, que é uma palavra execrável, parece uma relação senhor/escravo, eu preferiria chamar de voto de fidelidade comunitária, que é um termo mais bíblico.[196]

Costuma brincar com os amigos que o lembram de que as mulheres estão sempre ao seu redor. Foi numa dessas brincadeiras que o escritor Roberto Drummond, autor do livro *Hilda Furacão*, contou a Betto, à mesa de um bar na Savassi, em Belo Horizonte, que criaria um personagem baseado no amigo frade e na história de amor vivida entre ele e uma bela mulher. Ficção pura, Drummond criou outros perfis e roteiros para frei Malthus e Hilda, os dois protagonistas do livro, que depois foi adaptado por Glória Perez para minissérie de televisão. Mas Drummond alimentou a informação de que a figura de Betto foi a inspiração para a obra, o que leva o religioso até hoje a ter que contar inúmeras vezes a história da noite no bar de Belo Horizonte. As pessoas querem saber dele onde vive Hilda Furacão, e ele precisa dizer repetidamente que ela é uma criação do amigo escritor.

Seja qual for o motivo – seus personagens que podem ser confundidos com ele mesmo ou a aura de homem religioso intocável –, a verdade é que Betto suscita paixões e convive com essa realidade desde que se conhece por gente. O que ele chama de "sina", quando perguntado sobre o assunto, é considerado por suas amigas psicanalistas como "inteligência sedutora". Para Elizabeth Paulon e Sônia Monteiro, o fato de ser um admirador da alma feminina faz com que tenha empatia com as mulheres. "Ele passa muita segurança e doçura. Dizem que é o que a mulher procura nos homens. Acho que o Betto preenche esses requisitos", pondera Elizabeth. "É um homem brilhante, que não parece religioso, não tem voz de padre, é vibrante e tem um coração extremo. Ele é insólito sob esse prisma e isso estimula."

19

Redes da sociedade civil

Antonio Vermigli e Frei Betto são amigos de muito tempo. Vermigli é um italiano simpático e inquieto que gosta de conversar e viajar. Desde a adolescência manteve contato frequente com membros da Igreja progressista italiana de Pistoia, sua terra natal. Aos 18 anos viajou para a África para trabalhar com outros jovens no sul da Etiópia, supervisionado pelos padres capuchinhos. Mais tarde, em seguida ao casamento, partiu para um longo périplo pela América do Sul – Equador, Colômbia, Peru, Venezuela e Brasil. Nessas viagens, teve a oportunidade de travar contato com figuras-chave do catolicismo italiano comprometido com os pobres, tais como Arturo Paoli e Renzo Rossi, assim como com a rede de teólogos e religiosos hispano-americanos e brasileiros vinculada à Teologia da Libertação.

Arturo Paoli foi um membro destacado da Fraternidade dos Pequenos Irmãos de Jesus – uma congregação inspirada nas ideias de Charles de Foucauld e voltada para o trabalho junto e com os pobres. Durante 45 anos teve forte presença no continente sul-americano, desenvolvendo atividades missionárias na Argentina, Venezuela e Brasil. É visto por muitos teólogos e religiosos como uma importante referência para a Teologia da Libertação latino-americana. Morreu na Itália em 2015, aos 103 anos.

Padre Renzo chegou ao Brasil em 1965 para trabalhar com populações pobres na periferia de Salvador, capital da Bahia. No início da década de 1970 abriu outra frente de trabalho: dar apoio e solidariedade aos presos políticos brasileiros. Contando com o respaldo de dom Avelar Brandão, à época arcebispo primaz do Brasil e cardeal de Salvador, reuniu condições para levar conforto a presos políticos em todo o país. Morreu na Itália em 2013, aos 87 anos. Sua trajetória de vida foi relatada no livro do jornalista Emiliano José intitulado *As asas invisíveis do padre Renzo*, de 2002, mais tarde transformado em documentário com o mesmo nome.

Vermigli integrou-se em 1979 à Rete Radié Resch – associação de solidariedade internacional fundada em 1964 e diretamente inspirada na "Igreja dos Pobres", do padre operário francês Paul Gauthier –, cuja missão é apoiar e desenvolver projetos pelo mundo, em particular na América do Sul e Central e, mais recentemente, na África. Ele registra que a entidade é mantida por doações voluntárias, conta com cinquenta grupos de apoio por toda a Itália e tem financiado projetos que visam a combater as desigualdades sociais.

No Brasil, a Rete Radié Resch tem sido parceira constante do trabalho desenvolvido por bispos e religiosos vinculados à Teologia da Libertação, patrocinando uma gama de projetos de apoio às CEBS e aos movimentos sindical e popular. Mais recentemente, a entidade tem auxiliado tanto programas governamentais, como o Programa Fome Zero, criado e desenvolvido no governo Lula, como projetos de entidades da sociedade civil, entre os quais a Escola Nacional Florestan Fernandes, criada pelo Movimento dos Trabalhadores Rurais Sem Terra (MST). A entidade tem ainda financiado programas de apoio à agricultura familiar, além de iniciativas da Pastoral do Povo da Rua voltadas para o acolhimento e a formação de meninos e meninas de rua.

Antonio Vermigli entrou em contato com Frei Betto em 1980. Na ocasião, convidou-o para proferir uma série de palestras na Itália. Segundo ele, havia forte curiosidade e interesse no seu país em conhecer melhor a Igreja progressista brasileira e a Teologia da Libertação. Acreditava ele que a presença de Betto, de Leonardo Boff e de outros religiosos da Teologia da Libertação poderia ajudar a mudar a Igreja italiana. O objetivo era que fossem para lá fazer um trabalho de conscientização. Betto aceitou o convite e, assim que pôde, rumou para encontrar o novo amigo em terras italianas.

A cada dia em uma localidade diferente, o religioso brasileiro proferiu palestras sobre temas afeitos à Teologia da Libertação. Por vezes também discorreu sobre a dura experiência pessoal na prisão. "Lembro da primeira vez que ele foi lá", relata Vermigli. "Ficamos viajando por cerca de dez dias e ele foi recebido com entusiasmo. Só que, quando ele falava da experiência da prisão, ficava um silêncio que você não imagina", relembra.

Vermigli relata ainda outro episódio marcante dessa primeira viagem de Frei Betto. Diz: "Na primeira vez que dormiu em minha casa, em 1980, bati no quarto dele para sairmos juntos para trabalhar. Depois que acordou e já estávamos no meu carro, indo para a estação de trem, ele falou: 'Antonio, ao me acordar, a primeira coisa que vi foram seus sapatos. Vi sapatos de militar e voltei ao tempo da prisão, quando os militares nos levavam para nos torturar...' Eu era carteiro, estava frio e costumava usar sapatos militares. Aquele episódio me marcou... Foi importante para mim."

O bom resultado da série de palestras abriu a possibilidade de a experiência se repetir nas décadas seguintes. A cada ano, Frei Betto e Antonio Vermigli passaram a percorrer as estradas e paróquias italianas. Em abril de 2014, por exemplo, o religioso brasileiro assumiu um programa de palestras em seis localidades, proferidas ora em paróquias, ora em teatros. O temário girou em torno de questões sociais, políticas e religiosas contemporâneas, tais como "Fé e política, desafios de um tempo presente", "Globalização, justiça e solidariedade", "Ideais e prática política" etc.

Vermigli abriu outro importante espaço para a divulgação do ideário da Teologia da Libertação na Itália. Trata-se da revista *In Dialogo*, fundada por ele há quase trinta anos e vinculada à Rete Radié Resch. Na publicação constata-se a presença frequente de Frei Betto e de vários teólogos brasileiros.

Os dois amigos estiveram juntos na campanha organizada pela Rete Radié Resch para recolher fundos, na Itália, para o traslado do corpo de frei Tito da França para o Brasil. Em março de 1983 o corpo chegou a São Paulo, onde se realizou um ato litúrgico, e depois seguiu em definitivo para Fortaleza. O ato foi consagrado à memória não só de frei Tito, mas também do estudante Alexandre Vannuchi Leme, torturado e assassinado em 1973 por agentes do estado. Na ocasião, dom Paulo Evaristo Arns, cardeal de São Paulo, "repudiou a tragédia da tortura em missa de corpo presente acompanhada por mais de quatro mil pessoas. A missa foi celebrada em trajes vermelhos, usados em celebrações dos mártires".[197]

Outro desdobramento importante dos contatos de Betto na Itália foi a obtenção de recursos financeiros para a criação da Adital – Agência de Informação frei Tito para a América Latina. Em 1999, Betto se encontrava na Toscana quando, por intermédio de Antonio Vermigli, conheceu um rico empresário que pouco antes se convertera à Teologia da Libertação. Entusiasmado, ele propôs ao religioso brasileiro abrir uma agência de notícias para propagar o ideário da Teologia da Libertação. Betto tinha noção do alto custo da criação de uma agência e perguntou quanto o empresário imaginava investir. De pronto, ele respondeu que doaria o que fosse preciso. Para dar início, Betto sugeriu a soma de dez mil dólares.

> Como em filmes policiais, o homem abriu o blusão de gabardine, puxou o zíper e, de dentro do forro, puxou uma quantidade enorme de notas – euros, francos suíços, libras esterlinas e dólares, muitos dólares. Contou dez mil e colocou sobre a mesa. "Não posso receber assim. Isso tem que entrar legalmente no Brasil", reagi. Mais tarde indiquei o padre Ermanno Alegri, italiano com muitos anos de experiência no Brasil e em comunicação, para fundar e administrar a Adital, sediada em Fortaleza.

A Adital funcionou de maneira autônoma por 16 anos (2001–2016), vindo a tornar-se importante canal de divulgação da atuação dos movimentos sociais latino-americanos. Em 2016, a agência foi integrada ao portal do Instituto Humanitas Unisinos (IHU).

Movimento Fé e Política

Betto cumpriu intensa agenda internacional nas décadas de 1980 e 1990, desenvolvendo trabalhos regulares e/ou atividades mais focadas em Cuba, na Itália, nos países do Leste Europeu etc. A par disso, ajudou a manter e a criar novas redes da sociedade civil que dão substância e apoio à Teologia da Libertação no Brasil. Foi o caso do Movimento Fé e Política (MF&P), lançado em junho de 1989.

No Brasil dos anos 1980, em seguida ao colapso da ditadura e em meio à reorganização da sociedade civil, as agremiações partidárias ganharam fôlego e passaram a cumprir com maior desenvoltura seu papel de mediar e representar interesses e projetos de sociedade. Estava aberta a temporada para a realização de eleições diretas, seja para os governos estaduais, seja para a Assembleia Constituinte, seja para a escolha do novo presidente da República.

Na oportunidade, um número crescente de militantes cristãos, oriundos das CEBs ou dos movimentos sindical e popular, ingressou nas fileiras de algumas agremiações partidárias, em particular no Partido dos Trabalhadores (PT), vindo a contribuir para dar um rosto mais popular aos partidos políticos brasileiros. Por vezes, vários desses militantes se sentiram isolados e despreparados para compreender a lógica concorrencial e de conflito que costuma marcar a vida partidária.

Para lidar com esse fenômeno, Betto, Pedro Ribeiro de Oliveira, Clodovis Boff, Leonardo Boff, Marcia Miranda, Marcos Arruda, Gilberto Carvalho e outras figuras ligadas aos movimentos sociais e à Teologia da Libertação criaram um fórum de reflexão sobre o tema da participação dos cristãos na vida político-partidária – o Movimento Fé e Política (MF&P). O MF&P, em sua carta de princípios, define-se como um movimento ecumênico, não confessional e não partidário. Está aberto a todas as pessoas que consideram a política campo preferencial da vivência de sua fé e que concebem a fé como fundamento último de sua utopia política.

O Fé e Política tem como proposta contribuir para a formação política e espiritual de militantes que atuam em partidos ou movimentos populares e se dedicam à causa dos pobres e oprimidos; recusam a manipulação das bases e rejeitam qualquer vanguardismo; afirmam as classes populares como sujeito da sua história, na construção de uma sociedade democrática e socialista.

Em seguida à criação do movimento, houve debates entre seus membros sobre a natureza do Fé e Política. Havia os que pensavam em transformá-lo em uma entidade que ajudasse a coordenar e dar corpo às diversas iniciativas existentes no país que tinham foco na discussão entre fé e política. Marcos Arruda propunha algo ainda mais arrojado. Queria espalhar o movimento pelo país afora, multiplicar, descentralizar, criar núcleos onde as pessoas pudessem viver e compartilhar sua espiritualidade, sua relação com o divino. Não deu certo.

Com o tempo, a coordenação optou por dar um caráter mais informal ao movimento, de modo que não fosse confundido nem com o embrião de um partido político, nem com uma tendência política que reunisse os cristãos no âmbito do Partido dos Trabalhadores. Foi mantida tão somente uma estrutura mínima composta por uma coordenação e uma secretaria. "Reina, como só acontece nas organizações em rede, a informalidade nas relações. Talvez a melhor maneira de expressar isso seja o modelo das verdadeiras comunidades eclesiais: grupos *em comunhão*. Ou seja, grupos que partilham a adesão do mesmo ideário, que se explicita (mas não se reduz a ela!) na 'Carta de Princípios do Movimento Fé e Política'", registra Pedro Ribeiro de Oliveira.[198]

É possível dividir a história do movimento em duas fases. Na primeira, voltou-se fundamentalmente para a formação de lideranças políticas. Nos encontros, teólogos, intelectuais, religiosos de várias denominações, assim como parlamentares, dirigentes e militantes partidários compartilharam experiências políticas e celebraram juntos sua fé. Para divulgar as reflexões e proposições do movimento, editaram-se os *Cadernos Fé e Política*, em um total de 15 tiragens entre 1989 e 1996.

Na segunda fase do movimento, em fins da década de 1990, a coordenação optou por encontros nacionais dirigidos a um público mais amplo e que servissem de estímulo aos grupos de fé e política espalhados pelo país. O primeiro desses encontros ocorreu em Santo André, em 2000, e contou com a presença de 3 mil participantes. Desde então, os encontros nacionais do Movimento Fé e Política têm sido realizados a cada dois ou três anos.

Chico Alencar, ex-líder do Partido dos Trabalhadores, hoje parlamentar do Partido Socialismo e Liberdade (PSOL), há tempo participa do movimento. Segundo ele, os encontros do Fé e Política cobrem um fim de semana e seguem sempre a mesma dinâmica. No sábado, o público divide-se em 15 ou 20 grupos temáticos, que preparam relatórios apreciados na grande plenária. No dia seguinte, pela manhã, há uma celebração de cunho ecumênico de que todos participam. Para Chico Alencar, "o Fé e Política é uma articulação que se amarra com esses eventos mais amplos; tem uma secretaria que funciona, e todo o resto é baseado no trabalho voluntário. Não tem cunho confederativo e não se propõe ser uma articulação orgânica dos grupos que lidam com as relações fé e política".

Teresinha Toledo, educadora e ex-assessora da Pastoral Operária de Diadema, de início desconfiou da ideia de participar do Fé e Política ao ser convidada por Frei Betto. Achava que a proposta estava vinculada à criação de uma tendência política no interior do PT, e isso não a mobilizava. Mais tarde, ao participar de algumas reuniões, percebeu que a história era outra. Desde então tem sido uma figura-chave na organização dos encontros do movimento. Para ela, o Fé e Política cumpre o importante papel de servir de ponto de encontro das pessoas formadas sob a égide da Teologia da Libertação que se engajaram na vida política. "O Fé e Política serve de espaço para essa gente toda alimentar sua espiritualidade e sua crença na transformação social", avalia.

Frei Betto é presença marcante na trajetória do Fé e Política. É de sua autoria, por exemplo, o texto intitulado "Os 10 mandamentos da relação Fé e Política", no qual, em frases curtas e assertivas, procura definir os fundamentos do movimento.[199] Para ele, esses dois polos são distintos, mas destinam-se ao mesmo objetivo: realizar o projeto de Deus na história (1º Mandamento). A fé é vista como um "dom que vem de Deus através da Igreja", enquanto a política "é uma ferramenta que exige aprendizado" (3º Mandamento). Apesar de diferentes, "Fé e Política são coisas que se complementam na prática de vida" (6º Mandamento). E conclui: "A política é tanto mais popular quanto mais se encontra ligada à luta do povo. A fé é tanto mais evangélica quanto mais se liga ao Deus da Vida através da Comunidade Cristã" (10º Mandamento).

No texto "Da mística e da política",[200] Betto lida com um dos problemas que serviram de motivo para a constituição do Fé e Política: as dificuldades encontradas pelos cristãos militantes que assumiram mandatos eletivos ou mesmo cargos no estado. Os desafios então apresentados não eram poucos: falta de preparo técnico administrativo; divisões partidárias a influir no dia a dia da administração; demandas de ocasião a tomar conta do tempo e a prevalecer; perda da perspectiva estratégica etc. Diante desse quadro, alerta Betto, os políticos cristãos podem afastar-se da sua tarefa prioritária de promover a organização da classe trabalhadora com vistas a transformar a natureza do Estado e o caráter da democracia no Brasil.

Um dos caminhos para enfrentar tudo isso, segundo o autor, é assegurar espaços para que o político cristão possa se reabastecer teórica, ideológica e religiosamente. Para ele,

> o aprofundamento da fé surge, pois, como exigência da radicalidade do projeto político. Não basta o domínio de temas teóricos como marxismo e socialismo, democracia e revolução, partido e massa, alianças táticas e estratégicas. É preciso enfrentar a questão ética, e os valores evangélicos se constituem num manancial privilegiado, capaz de livrar a prática política de marcas herdadas de longos tempos de opressão, onde o modelo predominante caracteriza-se pela ambição pessoal, oportunismo, mentira, vingança e corrupção.

Outro importante foco de atenção de Betto e de outros integrantes do Fé e Política dizia respeito ao "socialismo real" e aos destinos do projeto socialista. A discussão era mais que oportuna, dado o rápido desmoronamento do mundo socialista europeu e da própria União Soviética entre o fim da década de 1980 e o começo da década seguinte. Em todos os meios de comunicação não faltavam análises sobre a derrocada definitiva da experiência socialista e o consequente triunfo da economia de mercado.

Em "O fracasso do socialismo alemão e os desafios à esquerda",[201] Frei Betto produziu um diagnóstico bastante crítico da experiência socialista europeia de inspiração soviética. Para ele, as chamadas "democracias populares" não obtiveram sucesso em despertar em seus povos a consciência revolucionária. Sobravam controles e faltavam estímulos à mobilização e à participação política dos cidadãos. Segundo o autor, um dos erros do socialismo teria sido não levar em consideração que o homem busca bem mais do que saciar a fome física. No plano individual ou coletivo, assevera, "o que move o ser humano são as utopias, que não cabem no apertado gargalo de uma racionalidade que reduz as relações sociais às esferas econômicas. [...] Nenhum homem cabe em si mesmo. A inata vontade de transcender-se está diretamente relacionada à possibilidade de transgredir os limites subjetivos e objetivos que o cercam".

Em razão disso, Betto propõe repensar o trabalho de formação política dos militantes que, até então, havia sido marcado pela ênfase na transmissão de noções e conceitos marxistas. Conclui que isso é insuficiente e sugere que seja feita "uma profunda adequação da formação intelectual com a formação ética, da razão com a emoção, da práxis com a teoria".

Frei Betto, ao passar em revista a história do Fé e Política, sublinha o caráter autônomo e massivo do movimento. Segundo ele, por ocasião dos encontros a coordenação se encarrega de estabelecer os contatos com prefeituras e órgãos públicos para garantir o local do evento – em geral um grande ginásio para abrigar muita gente – e a alimentação básica. O transporte e a hospedagem ficam por conta de cada um. Entre 2000 e 2013, foram realizados nove encontros nacionais, todos eles reunindo milhares de pessoas. Para Betto, "o Fé e Política é o movimento espontâneo mais bem-sucedido que se conhece no país".

Movimento Mística e Revolução

Frei Betto é uma das principais referências do movimento Mística e Revolução – Mire. Lançado em 2000, durante o primeiro encontro nacional do Fé e Política, o Mire surgiu como uma iniciativa de militantes que se dedicam à oração e ao compromisso social. O movimento é formado e dirigido exclusivamente por jovens e organiza-se em pequenos núcleos espalhados pelo país.

A ideia original do Mire, formulada por Frei Betto e pelo psicanalista Hélio Pellegrino, advém dos tempos da Revolução Sandinista na Nicarágua, deflagrada em 1979, e tinha como finalidade a formação de um movimento latino-americano de cristãos, simultaneamente comprometidos com o projeto revolucionário e com a vida espiritual. Para Betto, a síntese dessas duas dimensões "seria elaborada num movimento cujo nome seria Mire, formado pela sigla MI, simbolizando a dimensão espiritual, e RE, a opção revolucionária. E, na verdade, dá um jogo semântico com o verbo MIRAR, que tem a ver com contemplação e, ao mesmo tempo, com 'olhar adiante', procurar enxergar a utopia".[202]

Um dos desafios que os formuladores do movimento se propunham enfrentar era o de lidar com os cristãos que, ao tomar contato com o marxismo, abandonavam a fé e os grupos que a alimentavam, tornando-se tão somente militantes revolucionários, como muitas vezes ocorrera desde a instalação da ditadura no Brasil. Segundo Betto, a Igreja Católica não possuía instrumentos para lidar com esse fenômeno. Havia também o outro lado da moeda: a retirada de militantes da luta revolucionária sob o argumento de que esta estava em desacordo com a consciência cristã. Diante dessa situação, conclui Betto, era fundamental que fosse criado um movimento que sustentasse aqueles que tinham como projeto a síntese entre a opção revolucionária e o aprofundamento espiritual.

O estímulo à meditação foi um aspecto constitutivo da proposta original do Mire:

> A meditação tornou-se algo que pratico, e achei que poderia ser um recurso que ajudaria as pessoas a manterem uma espiritualidade mais consistente, mais aprofundada. Não é a única maneira, nem necessariamente quem não medita tem uma espiritualidade menos aprofundada. [...] Mas, de qualquer forma, pensei que a meditação fosse um recurso que ajudaria a trabalhar revolucionariamente as duas dimensões da vida: a da mudança de si, que é a volta à subjetividade, à interioridade, o desapego que a experiência mística produz, e a transformação do mundo.[203]

Frei Betto fez questão de apresentar a proposta do Mire ao padre Ernesto Cardenal, um dos líderes da Revolução Sandinista e um dos inspiradores do projeto. Mesmo com o apoio de Cardenal, a proposta ficou no papel. Nenhum dos seus mentores reuniu condições, na ocasião, para viabilizá-la. "A ideia ficou hibernada em mim e, felizmente, renasceu no ano 2000", assinala Betto.

O jovem Thomaz Jensen foi um dos militantes que levaram à frente a ideia de retomar o Mire. Jensen travou contato pessoal com Betto em 1995, quando veio a compor um dos grupos de oração coordenados pelo religioso em São Paulo. Desde então, ele e outros membros do grupo passaram a trocar ideias com Frei Betto a respeito da oportunidade de se lançar um movimento de cunho nacional voltado para jovens entre 16 e 30 anos que estivessem interessados em partilhar a busca de espiritualidade, mas também dispostos a engajar-se nas esferas da transformação social. Segundo ele, os conceitos e a fundamentação do movimento que planejava eram os mesmos da proposta original do Mire: o resgate da prática da meditação, especialmente da meditação cristã; o recorte claro na juventude, entendendo que é nessa fase da vida que se inicia o engajamento coletivo; e a ideia de que os jovens, ao amadurecer, iriam continuar a atuar nos movimentos sociais.

Em 2000, a proposta do Mire foi colocada em prática e obteve excelente aceitação entre os jovens cristãos. No ano seguinte, o Mire estava presente em trinta cidades e reunia cerca de trezentos militantes. Em 2004, o movimento já constituíra uma coordenação nacional, coordenações estaduais em sete estados, e contava com um total de seiscentos a setecentos militantes.

Outro jovem, Antônio Pedro Pellegrino, neto de Hélio Pellegrino – um dos inspiradores do Mire e grande amigo de Frei Betto –, desde criança fora levado a conviver no mundo dos retiros e da discussão política. Sob o estímulo de Betto, ingressou no Mire aos 14 anos. O movimento, segundo ele, era composto por membros de diferentes extratos sociais e mantinha uma atuação autônoma em relação aos movimentos sociais e partidos. Para Antônio Pellegrino, o Mire era o espaço onde aquela juventude se abastecia de espiritualidade e de mística para implementar a revolução no Brasil. E revolução, assinala, no sentido etimológico da palavra, de começar de novo. Os membros do Mire consideravam que era preciso reconstruir as bases do país.

No plano espiritual, o Mire buscou inspiração na experiência de três místicos: o francês Charles de Foucauld; o americano Thomas Merton; e o nicaraguense Ernesto Cardenal.

> São três testemunhos de busca profunda de síntese na vida contemporânea: Charles de Foucauld em sua busca de ação e contemplação entre os tuaregues, na Argélia no começo do século XX; Thomas Merton e o diálogo na experiência entre o marxismo, o cristianismo e o Oriente até o início da década de 1970; Ernesto Cardenal e a vivência mística na Revolução Sandinista dos anos 1970 e 1980, na poesia e na espiritualidade popular das comunidades camponesas da Nicarágua. Na história destes três místicos podemos traçar as fontes contemporâneas de uma espiritualidade de contemplação e ação.[204]

Já no plano político, o Mire se filiou à luta dos cristãos latino-americanos contra a dependência econômica e a desigualdade social, assim como ocorreu com a militância cristã dos anos 1960, expressa na atuação de movimentos da Ação Católica, como a JEC e a JUC, e de nomes como Betinho e Plínio de Arruda Sampaio. Teve ainda como referência fundamental a Teologia da Libertação e a Revolução Sandinista na Nicarágua. "Foi uma experiência de revolução política onde, pela primeira vez, cristãos em massa apoiaram uma luta popular movidos por valores evangélicos. A aliança entre cristãos e sandinistas (marxistas em sua maioria) representou um fato inédito e de significado profundo na história latino-americana, embora a própria revolução tenha sucumbido à pressão militar estadunidense dez anos depois."[205]

Thomaz Jensen relata que muitas pessoas que se integraram ao Mire se mostravam críticas dos partidos e estavam em busca de outras formas de organização coletiva e de inserção social e política. Segundo ele, o Mire estimulava a formação de grupos de estudo sobre a realidade brasileira. Liam-se autores como Celso Furtado, Caio Prado Junior e Florestan Fernandes. Ao mesmo tempo, relata, o movimento pôde contar com a assessoria de Plínio de Arruda Sampaio e Frei Betto para o exercício de leituras de conjuntura política.

Para além disso, registra Jensen, seus membros logo perceberam que o papel central do Mire deveria ser o de reforçar o espaço de partilha sobre espiritualidade e desenvolver uma reflexão teológica. Em razão disso, buscaram estimular a prática da meditação, chegando mesmo a organizar oficinas. Tinham noção de que havia outros espaços de formação política. Daí terem colocado boa parte de seu foco em questões relativas à espiritualidade.

Depois de certo tempo, já em fins da década de 2000, o Mire perdeu fôlego e deixou de se constituir como um movimento. Vários núcleos pararam de funcionar, e a secretaria foi desmontada. Recentemente, surgiram iniciativas de alguns núcleos regionais no sentido de relançar o movimento. Um momento importante para isso foi o encontro realizado em Ribeirão Pires, em São Paulo, em maio de 2015. Frei Betto esteve presente e aposta na retomada do movimento.

Em defesa do MST

Nas décadas finais do século XX, Frei Betto dividiu boa parte do seu tempo entre a coordenação da Pastoral Operária do ABC, a criação e manutenção de redes da sociedade civil, como o Fé e Política e o Mire, e a assessoria a inúmeros movimentos sociais. O Movimento dos Trabalhadores Rurais Sem Terra – MST é um desses movimentos que têm contado com o concurso do religioso.

O MST foi fundado em 1984 e tornou-se um dos mais importantes movimentos sociais brasileiros contemporâneos. Originário das lutas dos trabalhadores rurais pela democratização da propriedade, o movimento adota um variado repertório de formas de luta – ocupação de terras, acampamentos, marchas e manifestações nas grandes cidades – e tem como principais objetivos a luta pela terra, pela reforma agrária e por mudanças sociais no país. "Ocupação é a única solução" – esse foi o lema levantado pelo MST em seu primeiro congresso nacional, realizado em 1985. Por meio das ocupações, o MST buscava chamar a atenção para a grilagem de terras e criar fatos políticos com vistas a denunciar a concentração fundiária no Brasil. Quase trinta anos depois, em 2014, o movimento se mantinha na vanguarda da luta pela terra, agora sob a bandeira "Lutar, Construir Reforma Agrária Popular." No plano ideológico, o MST sofreu influência direta da Teologia da Libertação e de leituras do marxismo.

Frei Betto acompanhou de perto a constituição do MST, vindo a participar de alguns dos seus encontros nacionais. Também esteve presente em atividades do movimento na Escola Nacional Florestan Fernandes, um centro de educação e de formação localizado em Guararema, São Paulo. As palestras e os escritos de Betto, assim como de Leonardo Boff e de outros nomes da Teologia da Libertação, tiveram papel importante na formação político-ideológica de agentes de pastoral que atuavam junto ao movimento camponês organizado pelo MST.

O religioso tem sido um histórico defensor do MST na imprensa e em momentos-chave da trajetória do movimento. Nas páginas dos principais veículos de comunicação do país, sempre refutou os ataques das forças conservadoras que teimam em tentar criminalizar os movimentos sociais em geral e, particularmente, o MST.

Em 1992, o MST compartilhou com Frei Betto o prêmio The Right Livelihood, conhecido como Prêmio Nobel Alternativo: Betto foi agraciado por sua contribuição à luta pela reforma agrária e à construção do MST.

20

O PROFETA E O REI

Lula e o PT, depois de três derrotas consecutivas, se apresentavam como franco favoritos na eleição presidencial de 2002. Razões para isso não faltavam. Uma era o forte desgaste do governo que então se encerrava do presidente Fernando Henrique Cardoso (FHC), cuja popularidade despencava em meio ao aumento do desemprego. Os índices apresentados na pesquisa do Datafolha realizada em dezembro daquele ano dão ideia da dimensão do problema: 67% dos entrevistados consideravam ruim ou péssimo o desempenho do governo no combate ao desemprego. Além disso, metade dos entrevistados acreditava que as políticas governamentais beneficiavam diretamente os interesses de políticos e banqueiros em detrimento dos trabalhadores. A administração FHC também apresentava números negativos de popularidade no tocante ao combate à fome e à miséria.[206]

O PT tornara-se, na década de 1990, a principal agremiação de esquerda do país, deixando para trás seu principal competidor direto – o Partido Democrático Trabalhista (PDT) de Leonel Brizola. Em 2002, solidamente assentado no campo da esquerda e contando com apoio político-eleitoral do Partido Comunista do Brasil (PCdoB), o PT partiu para conquistar parcelas do eleitorado do centro e da direita. Para dar consequência a esse movimento estratégico, indicou para companheiro de chapa de Lula, como candidato a vice-presidente da República, o empresário José Alencar – um dos principais nomes do Partido Liberal (PL), agremiação de direita com presença expressiva de líderes evangélicos.

No âmbito dessa nova estratégia político-eleitoral, tão importante quanto a escolha do candidato a vice-presidente foi o compromisso assumido por Lula – consubstanciado na *Carta ao povo brasileiro* (junho de 2002) – de que, caso eleito, não tomaria medidas radicais no plano econômico-financeiro. Na carta, Lula registrava a intenção de, ao assumir o governo, promover uma transição acordada com a sociedade, não deixando de chamar a atenção para a importância do equilíbrio fiscal, do controle dos gastos públicos e do combate à inflação. E mais: assegurava o respeito aos contratos e obrigações do país. A iniciativa tinha alvo certo: neutralizar a resistência de amplos segmentos empresariais nacionais e internacionais à candidatura petista, até então vista como inimiga do mercado, como "anticapitalista". Também se dirigia a importantes parcelas do eleitorado que, desde 1994, evitavam apoiar candidaturas oposicionistas que porventura pudessem representar qualquer ameaça à estabilização dos preços obtida com o advento do Plano Real. Em 2002, Lula e o PT se apresentavam à opinião pública como fiadores da estabilidade econômico-financeira do país.

"Lulinha paz e amor." Esse terminou sendo o principal slogan utilizado na trajetória eleitoral vitoriosa de 2002. Criada espontaneamente em comício realizado no Acre, a expressão bem sintetizava o que Lula queria naquela campanha, em que muito cedo firmou seu nome como favorito: manter-se à margem dos conflitos com os demais candidatos, colocando-se em um plano superior, como bem convém a um estadista. Deu resultado: no primeiro turno, Lula obteve 46,4% dos votos válidos, o dobro em termos percentuais de José Serra (PSDB), seu principal oponente. No segundo turno, atingiu 61,3% dos votos válidos contra 38,7% do candidato peessedebista.

Frei Betto empenhou-se uma vez mais na campanha petista. Fez contatos, costurou apoios, escreveu artigos, organizou reuniões e seminários, além de dar inúmeras entrevistas aos meios de comunicação defendendo a candidatura Lula. "Na eleição, é preciso engolir sapos" – foi o título da entrevista de Betto ao jornal *O Globo* durante a corrida presidencial. Nela, Betto reconhecia a dificuldade por parte de segmentos da Igreja Católica em aceitar a aliança eleitoral com o Partido Liberal.

> Sobretudo porque o PL tem entre seus líderes figuras tradicionalmente contrárias aos princípios do PT [...]. Por isso é difícil dizer a certos setores que, no processo eleitoral, é preciso engolir sapos esperando que do beijo nasça um príncipe encantado. Mas a aliança foi aprovada pelo partido. Então, precisamos tentar virar o rumo dessa política econômica, não com o desejável, mas com o possível. [...] Possível é eleger Lula e José Alencar. Desejável seria uma chapa puro-sangue. Mas isso possivelmente inviabilizaria a eleição do Lula.[207]

Independentemente da crítica desferida aos novos aliados, Betto deixou claro seu apoio à linha moderada adotada pelo candidato e pelo partido.

Registrou que Lula governaria dentro da institucionalidade do país, negociando com o Congresso e com os investidores estrangeiros. E acusou de terrorismo psicológico aqueles que afirmavam que Lula iria fazer uma reforma radical. "A revolução que eu espero que faça é garantir um prato de comida para cada brasileiro. Sem isso, ele se desmoraliza."

Frei Betto imprimiu o mesmo tom cauteloso em nova entrevista a *O Globo* publicada em 6 de outubro, dia do primeiro turno do pleito presidencial. Registrou que Lula tinha a cabeça no lugar e estava cercado de pessoas cientes de que se tratava de modernizar o capitalismo brasileiro fazendo a reforma agrária, e não de implantar o socialismo, quebrar a institucionalidade. Para Betto, os que exigissem do governo medidas radicais iriam "acabar falando sozinhos, o processo brasileiro não comporta isso. [...] Estamos vivendo num país onde há tanta miséria, exclusão social [...] que se o governo Lula vier a assegurar um prato de comida por dia, já será uma revolução".[208]

Em 28 de outubro, um dia depois do segundo turno, no clima de comemoração pela vitória de Lula, Betto publicou dois artigos em órgãos da grande imprensa que ajudaram a compor a imagem do personagem que agora se fizera presidente. Em um deles, estampado em página inteira de *O Globo*, traçava um histórico da trajetória de Lula desde os tempos do ABC até os momentos derradeiros da última campanha eleitoral. O tom era de testemunho e de revelação das inúmeras dificuldades pessoais enfrentadas por Lula ao longo da vida. No texto, Betto compôs um personagem sofrido, altivo e simples, cuja personalidade era marcada pela indignação e pelo combate à injustiça. "Lula presidente, surpreenderá a nação, pois adotará outra gramática de poder, com assinatura própria, como fez no sindicalismo e, sobretudo, na política, ao criar um partido combativo e ético", registrou em projeção otimista.[209]

O outro artigo de Betto foi publicado na capa no jornal carioca *O Dia*. Em forma de carta, Betto rendia homenagem à mãe de Lula, falecida em 1980, de quem o novo presidente teria herdado dignidade e coragem. O tom era emocionado e de agradecimento. "Obrigado, dona Lindu, por ter dado ao Brasil um presidente com capacidade de liderança, transparência ética e profundo amor ao povo, sobretudo àqueles que, como a sua família, conhecem na carne e no espírito o sofrimento e a pobreza. O Brasil merece um futuro melhor. O Brasil merece esse fruto do seu ventre: Luiz Inácio Lula da Silva."[210]

Essas intervenções de Betto na imprensa, seja no decorrer da campanha, seja por ocasião da vitória eleitoral, representam um bom exemplo dos desafios que Lula e o PT teriam pela frente. Nelas, há uma sobreposição de imagens e sentimentos em que se misturam controle, entusiasmo, moderação e superação. As esperanças se mesclavam com dúvidas sobre como seria possível para Lula manter "a cabeça no lugar", mostrando-se responsável perante o mercado e ao mesmo tempo introduzindo uma "nova gramática do poder". Ao disputar e vencer o pleito presidencial, Lula e o PT acreditavam reunir condições políticas para construir um caminho alternativo ao chamado neoliberalismo, então francamente hegemônico. Betto também se mostrou disposto a comprar essa briga.

Lula colhia os frutos da vitória nos dias que se seguiram ao triunfo eleitoral. Foi nessa ocasião que, em seguidos pronunciamentos aos meios de comunicação, fixou em definitivo aquela que deveria ser a marca do seu governo: a guerra sem trégua contra a fome e a miséria. Para tanto, propôs a criação de uma secretaria social emergencial que ficaria encarregada de implantar, no primeiro mês de governo, o Programa Fome Zero. "Mesmo com as restrições orçamentárias, é possível agir com criatividade e determinação na área social. Meu primeiro ano de mandato terá como selo o combate à fome. Se no fim do meu mandato cada brasileiro puder se alimentar três vezes ao dia, terei realizado a missão da minha vida", registrou Lula.[211]

O tema do combate à fome não era extemporâneo à trajetória política de Lula e do PT, não podendo ser considerado mero slogan de campanha ou mais uma palavra de ordem. Lula acompanhava e estimulava estudos sobre segurança alimentar desde o início da década de 1990, contando com o apoio e a assessoria de técnicos do Núcleo de Economia Agrícola da Universidade de Campinas (Unicamp), coordenados pelo professor José Graziano da Silva.

"A Segurança Alimentar de um indivíduo ou de um país", na concepção de membros desse núcleo, "pressupõe quatro requisitos de acesso ao alimento: quantidade adequada, equilíbrio nutritivo, regularidade da oferta e dignidade na forma de obtê-lo. Alguns países já incluem requisitos adicionais de soberania e sustentabilidade na produção de comida – o que remete a exigências de autonomia e independência econômica, bem como preservação da cultura e do meio ambiente."[212]

Lula valeu-se desses estudos e propostas de ação sobre segurança alimentar nas campanhas eleitorais de 1994, 1998 e 2002. Assegurada a vitória, era chegado o momento de transformar o programa em política pública.

Nas discussões travadas na equipe de transição a respeito do formato que seria adotado para levar adiante o Programa Fome Zero, chegou-se à conclusão de que deveriam ser tomadas as seguintes medidas: 1) criação de um Ministério Extraordinário de Segurança Alimentar (Mesa), que seria encarregado de gerir o programa. Lula escolheu José Graziano da Silva para ficar à frente do órgão; 2) recriação do Conselho de Segurança Alimentar (Consea), que fora extinto na administração de Fernando Henrique Cardoso. O Consea seria o órgão responsável por fixar diretrizes gerais da política alimentar e nutricional do governo federal. Previa-se um conselho constituído por 62 membros, sendo dois terços de representantes da sociedade civil e um terço de representantes do governo; 3) por fim, criação de um gabinete de mobilização social, vinculado à Presidência da República, que ficaria responsável por estimular a participação solidária da população no combate contra a fome. Betto foi escolhido para buscar apoio junto aos movimentos sociais, e Oded Grajew, junto ao empresariado.

Oded Grajew é líder empresarial e criador do Instituto Ethos – organização da sociedade civil voltada para sensibilizar as empresas para a necessidade de gerir seus negócios de forma responsável. Foi fundador da Associação Brasileira dos Fabricantes de Brinquedos (Abrinq), da Fundação Abrinq, entidade cujo principal objetivo é mobilizar a sociedade para questões relacionadas aos direitos da infância e da adolescência, e do Fórum Social Mundial, espaço de mobilização e debate que reúne movimentos sociais em torno de projetos e propostas alternativas à hegemonia neoliberal.

Grajew acompanhou Lula nas campanhas presidenciais desde 1989, tornando-se um dos principais interlocutores do líder petista junto ao empresariado. Nessas ocasiões, travou contatos frequentes com Betto. Grajew e Betto, na campanha de 2002, estreitaram relações e avançaram no debate sobre a necessidade de se criarem espaços de participação social na democracia brasileira. Também era a época da montagem e da discussão do Programa Fome Zero. Ambos, desde o começo dos debates, não gostavam do nome do programa, por dar a ideia de que o objetivo era somente prover comida para as pessoas. Mas Betto conseguiu contornar isso dizendo que se tratava de "fome de tudo" – de educação, saúde, moradia, ou seja, que o programa se voltava mesmo para um processo de inclusão social, e seu argumento acabou sendo aceito.

Grajew foi convidado por Lula para dar continuidade aos trabalhos que ele e Betto vinham realizando junto à sociedade civil. O empresário teve dúvidas se deveria aceitar o convite, mas terminou convencido por Betto de que era o momento de pôr em prática o que tinham pensado na campanha eleitoral. Porém, na véspera da posse, já em Brasília, Grajew entrou em crise e foi cedo procurar Betto para lhe dizer que não iria entrar no governo. Ele relata: "Eu disse para ele que seria mais útil fora, poderia ser mais crítico... Mas Betto me convenceu. Afirmou que a gente, pelo menos, deveria tentar. Ele estava bem convicto da importância de participar do governo."

Paulo Vannuchi foi um dos assessores de Lula que optaram por não ir para o governo, preferindo permanecer em São Paulo e manter suas atividades profissionais junto ao sindicato dos metalúrgicos do ABC. Lula, segundo ele, aceitou bem sua decisão. Vannuchi instou Betto a fazer o mesmo que ele. Achava que seria um erro Betto largar tudo e partir para Brasília. Relata: "Naquela época, ele tinha apoio da Igreja, uma enorme audiência da classe trabalhadora e ótimo acesso à imprensa. Podia escrever em qualquer lugar. Disse que isso tudo poderia se fechar. Betto não discordou de mim, mas me disse que já havia se decidido."

Frei Betto perdeu o pai em setembro de 2002, durante a campanha eleitoral. Aos 89 anos, Antônio Carlos Vieira Christo era admirador confesso de Fidel Castro e cabo eleitoral de Lula. Em tom emocionado, Betto registraria: "Deixou oito filhos, 16 netos e 3 bisnetos e, de herança, seu testemunho ético, impregnado de profunda esperança no futuro do Brasil. 'Sou um homem humilde', disse ele antes de fechar os olhos para, do outro lado da vida, ver melhor."[213]

No dia 1º de janeiro de 2003, Betto assistiu à posse de Lula no Palácio do Planalto ao lado da mãe, Maria Stella Libanio Christo. Durante a cerimônia, viu-se tomado por um turbilhão de emoções e de lembranças ao recordar a trajetória do pai, os primeiros contatos com Lula, o nascimento do PT... Registra:

> Solerte, o menino que trago no íntimo se apoderou de mim. Fiquei ali extasiado, de mãos dadas com minha mãe a recordar-me de papai. [...] Aflorava-me à memória a alegria que motivara a militância das ruas, as turmas de pichação a gravar nomes de candidatos nos muros, "abaixo a ditadura", "viva a classe trabalhadora" [...] as piadas noite adentro para espantar o sono e expressar essa apreensiva exaltação que nos antecede quando há certeza de vitória. [...] Tudo aquilo lavrara o terreno para que, agora, Luiz Inácio Lula da Silva – ex-retirante, ex-engraxate, ex-tintureiro, ex-preso político – fosse empossado presidente do Brasil.[214]

O Programa Fome Zero foi formulado com uma meta ambiciosa: combater as causas estruturais da fome e da miséria. Tratava-se, antes de tudo, de uma política de longo curso cujo ponto de partida deveria ser o primeiro mandato do presidente Lula. Estavam previstas ações de cunho emergencial, como a distribuição de alimentos, além de políticas voltadas para questões específicas, entre as quais a distribuição e o controle do Cartão Alimentação, a ampliação da merenda escolar etc. Previa-se também a adoção de iniciativas de cunho estrutural, como o avanço da reforma agrária, o incentivo à agricultura familiar etc. José Graziano, à frente do Mesa, representava a face gerencial/técnica do programa; Betto e Grajew eram os responsáveis por estabelecer a ponte entre o Estado e a sociedade; e Lula, a expressão política do programa. O programa passou a ser a vitrine do governo Lula.

Para dar o pontapé inicial na aplicação do programa, o Mesa optou pela realização de experiências-piloto em Guaribas e Acauã – duas cidades nordestinas de baixíssimo índice de desenvolvimento humano (IDH). Nessas cidades, a população cadastrada passou a receber o Cartão Alimentação com valor de R$ 50,00 mensais e tornou-se alvo de políticas públicas que tinham como objetivo retirá-la da exclusão social. Assim, além da documentação (da certidão de nascimento ao CPF), foram oferecidos a ela cursos de alfabetização e profissionalização, construção de moradia e cisterna de captação de água e programas de saúde. A gerência do cadastro para o ingresso no programa ficou a cargo de comitês gestores formados por nove membros, sendo dois terços oriundos da sociedade civil e um terço de membros do poder público. Passada a primeira fase, o programa deveria se estender por toda a região do semiárido e, em seguida, a partir de 2004, a todo o país.

Outra vertente importante da implantação do programa foi estimular a criação de Conselhos de Segurança Alimentar e Nutricional (Conseas) por todo o país, em estados e municípios. Esses conselhos, de caráter consultivo, deveriam ser constituídos também com a presença de representantes da sociedade civil e de membros do poder público, preferencialmente na mesma proporção dos comitês gestores.

No Gabinete de Mobilização Social do Fome Zero, Frei Betto propôs um conjunto de instrumentos de ação voltados para intensificar a participação efetiva da sociedade no acompanhamento e desenvolvimento do programa.

Foram eles: o Conselho Operativo do Programa Fome Zero (Copo), responsável por estabelecer diretrizes no plano municipal, estimular a participação social e coordenar a recepção e doação de alimentos no plano local; o Programa de Ação Todos pelo Fome Zero (Prato), que previa a criação de comitês espalhados pelo país para mobilizar a sociedade para o combate à fome; os Agentes de Segurança Alimentar (Sal), responsáveis pelo acompanhamento da aplicação das políticas do Fome Zero junto às famílias beneficiárias; e o Talher/Rede de Educação Cidadã, responsável pela formação e qualificação de pessoas beneficiárias do programa. Para coordenar o Talher, Betto convidou Selvino Heck, educador popular, ex-dirigente nacional da Pastoral Operária e ex-deputado estadual pelo PT do Rio Grande do Sul.

> Betto me convidou quando não havia uma estrutura bem organizada (cargos comissionados, local, orçamento etc.). Ele montou a equipe ao estilo dele, obtendo apoio aqui e ali... Éramos sete educadores populares de variados lugares do Brasil: eu, na coordenação; Ivo Poletto, da CPT; Ranulfo Peloso, do Cepis; Marlene Moura, da PUC-Goiás; Flávio Lyra de Andrade, da Escola Quilombo de Palmares do Recife; Eliane de Moura Martins, do Movimento dos Trabalhadores Desempregados do Rio Grande do Sul; e Rogério Augusto Silva Pinto, do MST.

Segundo Heck, o trabalho do Talher era promover a mobilização social e fazer com que o Fome Zero tivesse uma dimensão não só de matar a fome. "Como o Betto gosta de dizer: 'é preciso matar a fome de pão, ao mesmo tempo saciar a fome de beleza'. A nossa parte era saciar a fome de beleza. [...] Nós sete começamos a viajar pelo país a estimular a formação de Talheres nos estados, e a gente falando sempre no Betto – o nome dele era um referencial fortíssimo para atrair as pessoas."[215]

A implantação do Fome Zero seguiu seu curso ao longo do primeiro semestre de 2003, não sem deixar de apresentar problemas gerenciais e de organização, como o que envolveu a demora em definir o que fazer com as doações oriundas das empresas e pessoas. Esses percalços receberam enorme destaque na grande imprensa. Enquanto isso, o programa apresentava bom ritmo, chegando a atingir, em agosto daquele ano, 560 municípios, e em fase de formatação em outros 1.184, articulando de 600 a 700 mil famílias, e mobilizando cerca de 10 mil voluntários. Nas pesquisas de opinião, o Fome Zero mantinha-se como o programa governamental mais bem avaliado.

Frei Betto e Grajew, independentemente desses números, sempre esbarraram em enormes dificuldades para levar adiante os projetos do Gabinete de Mobilização Social. A melhor prova disso era a falta de qualquer apoio financeiro por parte do governo para manter funcionando o Talher ou quaisquer outras iniciativas. Diante dessa situação, Betto viu-se obrigado a manter a equipe do Talher por meio do apoio da Cáritas e de doações privadas. Para completar o quadro de dificuldades, o Gabinete de Mobilização Social foi desalojado do 3º andar do Palácio do Planalto para ocupar o Anexo II do edifício. Registra Betto: "A primeira-dama ocupou o espaço do nosso gabinete. Somos os únicos assessores especiais deslocados para fora do prédio principal do palácio. [...] Distantes do gabinete presidencial perdemos o contato permanente com o presidente, os ministros e as visitas recebidas por ele em audiências."[216]

Paralelamente aos percalços e ao andamento do Fome Zero, corria solto no interior do governo o debate sobre como promover a reunião das políticas de transferência de renda até então existentes (Bolsa Alimentação, Bolsa Escola, Cartão Alimentação e Auxílio Gás) em um único programa social. Daí foi criado o Programa Bolsa Família (PBF), cujo escopo deveria abranger todas as famílias que possuíssem renda *per capita* inferior a R$ 50. Cada família receberia um piso de R$ 50 e mais R$ 15 por filho de 0 a 15 anos, no máximo três filhos. O recebimento desses benefícios dependia do cumprimento de condicionalidades, como acompanhamento de saúde e de frequência escolar, e a gestão do programa seria exclusivamente pública e governamental. A prefeitura passaria a gerir a inscrição dos beneficiários nos municípios e deveria formar um conselho responsável por garantir o controle e a participação social no programa. A liderança dessa discussão no âmbito do governo coube ao Ministério de Assistência e Promoção Social e, posteriormente, à assessora especial da Presidência para a tarefa, Ana Fonseca.

O Bolsa Família foi lançado em outubro de 2003. A perspectiva era atingir, em dois meses, 3,6 milhões de famílias; em 2004, o benefício deveria atender 6,5 milhões de famílias até atingir as 11,4 milhões que viviam abaixo da linha da miséria. O governo federal, ao introduzir o Bolsa Família, mostrou capacidade de resposta e agilidade para produzir um novo programa social e uma nova marca de sucesso.

O novo formato da política social atingiu em cheio a liderança de José Graziano, o Mesa e, consequentemente, o Programa Fome Zero. Configurou-se, na prática, uma duplicidade gerencial dos programas sociais do governo que precisava ser resolvida. Pairavam dúvidas sobre como deveria se dar a gestão e a integração dos dois programas, e se o Fome Zero seria em breve extinto. Outro problema dizia respeito à maneira como os programas deveriam ser geridos e acompanhados em nível municipal. Cada programa tinha o seu modelo de gestão. O Fome Zero definira o Comitê Gestor como principal entidade na administração e no controle social do programa. A ênfase estava na sociedade civil. No Bolsa Família, por outro lado, a preeminência era do prefeito, do poder público. No interior do governo havia divisões de opinião e algumas dúvidas sobre o que fazer: manter a duplicidade gerencial também em nível local? Acabar com os comitês gestores e deixar os programas nas mãos dos prefeitos? Como assegurar a participação da comunidade nesses programas?

Essa situação ambígua se manteve até janeiro de 2004, quando, no âmbito de uma reforma ministerial, o governo optou por reunir toda a área social no Ministério do Desenvolvimento Social e Combate à Miséria (MDS), dando por extinto o Mesa e o Ministério da Assistência e Promoção Social. O Programa Bolsa Família, até então vinculado à presidência da República, também passou a ficar subordinado ao novo ministério. Patrus Ananias, importante quadro do PT e ex-prefeito de Belo Horizonte, foi nomeado para ficar à frente do MDS. Coube a ele definir os destinos do Fome Zero, do Bolsa Família e dos comitês gestores.

Frei Betto acompanhou essa mudança de perfil na política social do governo com apreensão. Em reuniões ou por cartas, chamou a atenção de Lula para que não houvesse atropelos e fosse mantida a centralidade do Fome Zero. No dia 13 de outubro de 2003, poucos dias antes do lançamento do Bolsa Família, escreveu pequeno bilhete a Lula nos seguintes termos:

> Estou muito preocupado com a questão política da unificação dos programas sociais: temo que a principal marca do governo – o Fome Zero – fique em segundo plano, dando impressão à imprensa de que o programa fracassou, o governo não tem clareza do que fazer no social, a unificação é um novo programa e não um reforço para o combate à fome e à miséria. Administre esta questão política, pois todas as pesquisas [...] demonstram que o Fome Zero é, na opinião pública, o programa mais positivo do governo federal.[217]

Desde então, Betto alertou Lula, Patrus Ananias e outros membros do governo para essas questões seguidas vezes. Seu esforço acabou sendo em vão.

Oded Grajew, naquele mesmo momento, estava de saída do governo. Acumulara decepções e decidira retornar a São Paulo. Ele e Betto, durante os meses em que estiveram à frente do gabinete de Mobilização Social, percorreram o país, participando de reuniões, assinando convênios, proferindo palestras. Por vezes, contavam a história de que, no Fome Zero, Betto cuidava dos pobres e Grajew, dos ricos. "O Betto já fez a parte dele – os pobres aceitavam receber. Agora fica faltando a minha parte – os ricos aceitarem distribuir."

Grajew era membro do Conselho do Desenvolvimento Econômico e Social do governo federal, que contava com a presença de importantes líderes ou representantes da sociedade civil, como empresários e sindicalistas. Logo percebeu que as discussões realizadas no âmbito daquele fórum tinham pouca ressonância nas decisões de governo. Relata:

> Queríamos que o governo tocasse para a frente mudanças de cunho estrutural, uma agenda de transformações. Um exemplo: durante a campanha eleitoral, fui com Lula em vários lugares em que se falava do absurdo que representa no país o ITR [Imposto Territorial Rural]. As pessoas têm terras imensas e não pagam quase nada de imposto. Pois bem. Falávamos sobre isso e não acontecia nada. Não tinha consequência.

Reconhecido como um dos líderes do empresariado, Grajew reuniu condições para tocar várias iniciativas com apoio da iniciativa privada. Uma delas foi o projeto voltado para zerar as cidades sem bibliotecas. A proposta consistia em desenvolver parcerias entre os governos municipais e estaduais e as empresas. O governo municipal cedia o espaço, o estadual promovia a capacitação das bibliotecárias, e os empresários entravam com a aquisição de livros e computadores. A ideia tomou corpo e se estendeu por várias cidades. Outro projeto foi o de aplicar a experiência de banco de alimentos de São Paulo – o Mesa São Paulo – a todo o país, com a criação do Mesa Brasil, presente em todos os estados brasileiros. Grajew propôs ainda a criação de um Fundo das Nações Unidas para o Combate à Fome. Tempos depois, viria a externar sua decepção: "Algumas empresas começaram a ajudar, o governo achou ótimo, fez discurso, tirou fotografia, mas não deu maior retorno."

Betto e Grajew decidiram fazer um balanço de realizações de um ano do Fome Zero. O evento chamado Brasil Fome Zero estava previsto para ocorrer no dia 16 de outubro de 2003, Dia Mundial da Alimentação, e seria patrocinado pela Petrobras. Grajew relata que o objetivo era realizar um evento de bom gosto, sério, mas não luxuoso. Ao verem o orçamento apresentado pela Petrobras, perceberam que os preços estavam nas alturas, não faziam qualquer sentido, e optaram por cancelar a cerimônia.

Grajew resolveu sair do governo e comunicou sua decisão a Betto. Relata que o religioso tentou convencê-lo a ficar de novo, mas não com a mesma ênfase da primeira vez, até porque ele mesmo sabia que as coisas não estavam indo bem. Na ocasião Betto disse ao empresário que, se a situação continuasse da mesma maneira, ele também iria embora. Grajew foi substituído no governo pelo engenheiro André Spitz, principal liderança do Comitê de Entidades no Combate à Fome, e pela Vida (Coep), entidade surgida em 1993 em meio à mobilização cidadã que teve como marco a Campanha da Ação da Cidadania Contra a Fome e a Miséria e pela Vida – liderada pelo sociólogo Herbert de Souza, o Betinho.

Fim de linha

Betto, em Brasília, hospedava-se no Hotel Garvey. De lá, saía em carro próprio para o gabinete localizado no Anexo II do Palácio do Planalto. Nele, compôs um ambiente em que reunia símbolos religiosos, quadros com artigos escritos por ele e Grajew para a campanha eleitoral de 2002, e pôsteres de Paulo Freire, Sérgio Buarque de Holanda, Marighella, madre Cristina, Florestan Fernandes, entre outros.

Patrus Ananias, em seguida à posse como ministro do Desenvolvimento Social, visitou Betto no gabinete. Durante a visita de cortesia, Patrus pediu ao amigo que lhe desse a imagem de Nossa Senhora Desatadora de Nós. Betto fez-lhe o agrado, por certo sabedor dos desafios que o novo ministro deveria enfrentar no governo. Durante o encontro, trocaram informações e ideias sobre a reordenação da pasta ministerial e os dois problemas que mais preocupavam Betto e toda a equipe do gabinete: os recursos para o trabalho do Talher e a manutenção dos Comitês Gestores na gestão do Fome Zero.

O novo ministro, mineiro, era membro destacado da esquerda católica e amigo de Betto de longa data. Relatou em entrevista que, em 1992, assim que foi eleito prefeito de Belo Horizonte, teve uma conversa com Betto que o marcou profundamente.

> Ele me disse que eu deveria ter a agenda dos pobres, a agenda da periferia, uma vez que com os ricos eu encontraria sempre; eles pedem audiência; têm canais, deputados, vereadores. "Se você não procurar os pobres você perde o contato com eles." E eu pus isso em prática no governo. Eu pedia aos padres, pastores, para marcarem audiência comigo, saber o que eles estavam fazendo nas bases. Eu não esqueço essa conversa com Betto – foi muito boa, muito forte.[218]

Patrus reunia condições pouco usuais entre os quadros políticos daquela época: tinha bom trânsito com Lula e com o PT; sensibilidade social e conexões com as esquerdas católicas e cristãs; e experiência administrativa reconhecida. Tudo isso lhe deu condições para reordenar a pasta segundo suas próprias concepções e diretrizes, as quais, por vezes, diferiam bastante das de Betto.

Patrus relata que ele e Frei Betto tinham diferentes concepções sobre determinadas questões, embora essas divergências nunca tenham chegado a afetar a amizade entre eles. Continuam amigos até hoje. Para Patrus, as discordâncias entre eles giravam em torno do seguinte:

> Betto tinha uma visão mais voltada para a sociedade civil, para os movimentos sociais; é uma visão que eu respeito muito. Só que, ao longo da minha vida, depois da experiência da prefeitura, eu tenho uma visão mais voltada para o papel do Estado, defendo um Estado democrático de direito, mas um Estado democraticamente forte. E quem faz política social é o Estado. Deve buscar parcerias da sociedade, articulação com os entes federados em uma linha suprapartidária, participação da sociedade civil [...]. Mas quem dirige é o Estado. Eu sinto que esse foi o principal problema.

Patrus, respaldado pelo governo, atacou alguns dos problemas que via como centrais para tocar a máquina governamental, entre os quais a adoção de medidas que melhorassem o controle do cadastro único, que continuava a apresentar erros e distorções, conforme divulgava e denunciava a mídia. Paralelamente promoveu a regulamentação do Programa Bolsa Família, na qual foi finalmente estabelecida a formação de comitês municipais de fiscalização com composição paritária – metade de membros da prefeitura e outra metade de representantes da sociedade civil.

Um tema ainda pendente dizia respeito ao papel e ao destino dos comitês gestores que foram criados no âmbito do Fome Zero e estavam implantados em mais de 2 mil municípios. Milhares de pessoas compunham esses comitês, e esse era um dos principais focos de divergência entre Patrus e Betto. Três eram os problemas: existiam dois comitês de fiscalização de programas governamentais nos municípios – Bolsa Família e Fome Zero – com formatos e papéis diferentes; os comitês gestores careciam de amparo na legislação sobre os programas sociais; e, por fim, os comitês gestores, por seu caráter autônomo, poderiam servir de base para a emergência de novas lideranças locais que haveriam de disputar o poder com os prefeitos. Portanto, o problema era gerencial, legal e político. No fim das contas, tratava-se mesmo de um problema político que precisava ser resolvido. A opção vencedora foi a de Patrus: a política social era e deveria ser governamental e fundava-se na ação articulada dos entes federados. Os órgãos da sociedade civil eram bem-vindos para colaborar, participar, mas não gerenciar diretamente programas de governo. Com isso, os comitês gestores, na prática, foram esvaziados, deixando de cumprir sua função original.

Betto acionou todos os meios que pôde para defender sua posição em prol dos comitês gestores no interior do governo. Em seus contatos pessoais com Lula, ou em cartas endereçadas ao presidente, tratou por diversas vezes desse tema, chamando a atenção para a necessidade de o governo se mostrar coerente com as proposições históricas do PT em favor de uma maior presença da sociedade civil nas políticas públicas.

> Se tudo fica restrito aos "entes federados", e os Comitês Gestores extintos, e a sociedade sem meios efetivos e independentes de fiscalização e participação na implementação do Fome Zero (incluindo o Bolsa Família), o resultado é óbvio: fora o poder público, sobra para a mídia a responsabilidade de fiscalizar. O que significa que todos os eventuais equívocos, erros e desvios – que poderiam ser evitados no nascedouro – virão à tona nas manchetes que desgastarão o governo e suas políticas sociais. Tomara que você possa reverter essa situação e exigir que o Fome Zero e seus programas sejam adequados à permanente conclamação que faz à sociedade, aos movimentos sociais, às empresas, às igrejas, aos sindicatos etc., para que participem da implementação das políticas sociais.[219]

Betto manteve essa mesma posição até sair do governo, em fins de 2004.

Defendeu também, a todo custo, a continuidade do trabalho do Talher/ Rede de Educação Cidadã, o qual considerava sua iniciativa mais importante. Ele via aquele núcleo central de educadores populares como estratégico para a constituição e o fortalecimento de uma extensa rede de educadores populares em todo o país, que seria responsável pela formação dos agentes populares envolvidos nos programas de governo, assim como dos beneficiários do Fome Zero e do Bolsa Família. Era o governo propiciando a realização do trabalho de base e ajudando, ao mesmo tempo, a constituir uma rede popular de apoio ao projeto governamental.

Betto venceu em parte essa nova contenda, contando para isso com o respaldo de Lula e de outros membros do governo mais identificados com a promoção do trabalho social em âmbito governamental, como Gilberto Carvalho, então na chefia de gabinete da Presidência. Malgrado os crônicos problemas de recursos, o Talher reuniu condições para constituir uma rede de 800 educadores populares voluntários em todos os estados brasileiros em fins de 2004. A Rede de Educação Cidadã permaneceu com suas atividades até o início do segundo mandato da presidente Dilma Rousseff.

No ano de 2004, Betto entrou em contagem regressiva para sair do governo. Preparou o terreno em seguidas conversas com quadros com que tinha maior afinidade, entre os quais Luis Dulci, da Secretaria Geral da Presidência, José Viegas, embaixador e ministro da Defesa, Gilberto Carvalho, além do próprio presidente Lula. A eles expôs as diversas razões do seu descontentamento: o abandono da perspectiva original do Fome Zero; a interdição dos Comitês Gestores e a falta de recursos para o Talher/Rede de Educação Cidadã; o ritmo lento da reforma agrária; os problemas de comunicação do governo; além da manutenção de uma política econômica vista por ele como excessivamente restritiva e fiel aos ditames do mercado. Para eles, assim como para seu círculo de amigos mais íntimo, registrava seu desconforto com a vida de funcionário público e a falta de liberdade para escrever. Ao tratar do assunto da saída do governo com membros do Talher, disse o seguinte: "Sabe o que é estar casado e pensar o tempo todo em outra mulher? Assim me sinto; estou aqui mas com a cabeça na literatura."[220]

Ricardo Kotscho, secretário de Imprensa e amigo de longa data de Lula e Betto, àquela altura também estava de malas prontas para sair do governo. Alegou problemas pessoais, como a distância da família, e a frustração por perceber que as coisas não andavam. Para o jornalista, era muito complicado trabalhar por muito tempo no governo para quem não tinha projeto de poder, como era o caso dele e de Betto. Achava que o custo pessoal era muito alto.

Kotscho acompanhou os embates e os problemas enfrentados por Betto no governo. Segundo ele, Betto era muito crítico da política econômica, e houve forte divergência no governo a respeito do Fome Zero e do Bolsa Família. "Frei Betto tinha uma ideia do Fome Zero descentralizado, tendo como base o comitê gestor [...]. Mas aí há a estrutura política e os prefeitos não admitem que ninguém entre na seara deles. Aos poucos, ele foi deixando de frequentar o gabinete e mesmo a Granja do Torto nos fins de semana. Creio que ele imaginava que teria mais espaço e apoio de Lula no governo pela convivência pessoal que havia entre eles por quase trinta anos..."

Selvino Heck, então coordenador do Talher/Rede de Educação Cidadã, esteve diretamente envolvido na formação e na manutenção dos comitês gestores – um dos pontos de discórdia entre Betto e amplos setores do governo. Para ele, o Fome Zero, no início, foi uma espécie de rastilho de pólvora, quando assembleias locais formaram muitos comitês. "Era só chamar – Fome Zero, Lula, Betto –, e todo mundo vinha. Era como se fosse um movimento."

Para Heck, Frei Betto foi para Brasília convicto de que o governo deveria firmar uma base política popular como condição para empreender uma agenda de mudanças sociais, daí a proposta de formação dos Comitês Gestores e da Rede de Educação Cidadã. Por outro lado, havia figuras fortes no ministério que achavam que a linha política do governo deveria pautar-se explicitamente pela defesa da institucionalidade política, o que pressupunha voltar-se para uma atuação institucional mais incisiva, seja nas relações com os partidos, seja com os demais poderes da República e níveis de governo. Segundo Heck, esse foi o principal foco de conflito: a subordinação da governabilidade social à lógica da governabilidade política. Tornou-se praticamente impossível equilibrar no interior do governo esses dois projetos.

Paulo Vannuchi apresenta argumentação semelhante à de Selvino Heck, colocando em questão as proposições de Betto. Para ele, a realidade política do país, consubstanciada pela Constituição de 1988, não comportava a formação de uma estrutura governamental – um ministério – que articulasse a mobilização social com vistas a dar suporte político ao governo, como Betto queria. Vannuchi considerava a proposta irreal e extemporânea. "Dizia para ele: nós aceitamos a disputa democrática, a via democrática, estamos regidos pela constitucionalidade. Não estamos em um processo revolucionário clássico, então nós vamos ter de tocar as políticas com a instância política local, que é eleita pelo voto popular." Vannuchi, por outro lado, registra que concordava em parte com algumas críticas de Betto sobre a condução do programa, alertando Lula para manter o apoio ao Fome Zero.

Gilberto Carvalho recorda alguns aspectos importantes da saída de Betto do governo. Um problema, aponta Carvalho, foi que ele esperava continuar ajudando Lula da mesma maneira que sempre fizera. Só que no governo era diferente, e Lula já não o procurava com a mesma frequência de antes. "Lula é meio como um filho que se emancipou."

O chefe de gabinete de Lula também menciona os embates políticos internos a respeito do Fome Zero. Segundo ele, a proposta de Betto quanto ao papel dos comitês gestores era coerente com a cultura política originária do PT, oriunda do trabalho de base nas CEBS e nos núcleos do partido. Todo esse trabalho articulava-se à proposta de Poder Popular. Só que o governo não deu essa orientação. Venceu a proposta de cunho mais institucional que envolveu as prefeituras no programa. Carvalho confessa que ele, particularmente, era mais favorável à linha proposta por Betto, mas também sabia que ela enfrentaria uma oposição brutal por parte das forças conservadoras, que iriam acusar o PT de aparelhar o Estado.

Carvalho chama atenção para a importância das iniciativas inovadoras de Betto no âmbito do governo, recriando novas formas, propondo novas leituras da realidade. Ao mesmo tempo, reconhece que, de certo modo, a saída dele era inevitável.

> Era muito difícil ele conciliar a função de profeta com a de rei. O profeta é aquele livre que anuncia e que denuncia. O rei é aquele governante que tem a dura tarefa de dar conta da realidade, de dirigir o aparelho do Estado. Acho que o Betto não entendeu muito isso. Quando veio para o governo ele tinha uma expectativa de que era possível conciliar de maneira mais adequada e mais facilmente essas duas funções.

Betto escreveu uma longa carta a Lula explicando as razões pelas quais havia decidido retirar-se do governo. Entregou-a em mão na Granja do Torto no dia 16 de outubro de 2004. Endereçado ao "querido amigo Luiz Inácio", o texto é marcado por várias passagens referentes à relação de amizade travada entre os dois desde 1980. Estão registradas também as lutas em comum: nas greves do ABC, na Anampos, na CUT, na Central de Movimentos Populares, nas campanhas eleitorais etc. E ainda as reuniões do "Grupo do Mé", as viagens ao exterior, as Caravanas da Cidadania, os textos e livros escritos por Betto sobre a luta em comum. Betto afirma sua confiança na capacidade de Lula de manter-se fiel às motivações que o levaram a criar o PT, mas apresenta dúvidas sobre como o governo iria realizar o que prometera mantendo a política econômica adotada até então. "Esta a minha discordância fundamental com o rumo do governo", assevera. Também menciona os problemas enfrentados no Programa Fome Zero, o abandono dos Comitês Gestores e a importância do trabalho realizado pelo Talher. Deixa claro para o amigo que deseja sair do governo para escrever, para dedicar-se à literatura. Diz que, ao completar sessenta anos, era isso que esperava da vida – a realização de seus inúmeros projetos literários. Conclui a carta, afinal, retomando o tom pessoal, registrando a amizade entre ambos e rogando para que Deus dê coragem ao amigo para que possa tornar realidade o Fome Zero e a reforma agrária. "Lembre-se diariamente em sua oração matinal: você chegou à presidência por encarnar a esperança da maioria pobre deste país. Não a decepcione. Na história, a versão da elite tem perna curta. Só a dos crucificados, escravizados, torturados, prevalece. E daqueles que se colocam ao lado deles."[221]

Já de partida do governo, Betto concedeu uma entrevista coletiva no começo de dezembro. Adotou um tom moderado, chamando atenção para as dificuldades existentes para se tocarem os projetos governamentais diante da burocracia e do conservadorismo dos poderes Legislativo e Judiciário. Reconheceu que nutrira uma expectativa alta demais para a realidade do país, ao mesmo tempo que não se sentia frustrado ao largar a vida de funcionário público. Finalizava a entrevista alertando para a importância de se continuar na luta contra a desigualdade social. "Sem essa mudança [o país] caminhará cada vez mais para a barbárie, a violência e o desespero."[222]

A mosca azul: ação e reação

Betto fez muitas anotações nos dois anos em que esteve no governo. Delas resultaram dois livros, *A mosca azul: reflexão sobre o poder* (2006) e *Calendário do poder* (2007). No primeiro, o autor se coloca na posição do analista político que acaba de viver uma experiência intensa e busca realizar um esforço para compreendê-la. No segundo, experimenta produzir um relato mais direto, registrando o dia a dia do governo por meio de breves comentários, observações, cartas e bilhetes pessoais, além de documentos oficiais. Betto caracteriza *A mosca azul* como um ensaio em que dialoga com os clássicos da política; já *Calendário do poder* seria um "diário de bordo". Em conjunto, os livros apresentam uma radiografia dos dois primeiros anos da chamada "Era Lula".

O fio condutor de *A mosca azul* são as experiências de trinta anos de vida política do autor (1974–2004) e suas reflexões sobre as várias faces da política e do poder. Betto transita pelos clássicos da política, ao mesmo tempo que deixa claro para o leitor que seu principal alvo de crítica são o PT e o governo Lula. Escrito no calor da hora e publicado no começo do ano de 2006, ou seja, ainda no decorrer do primeiro mandato do presidente Lula, o livro pode ser visto como um libelo contra os desvios e os desmandos da esquerda no poder. Dois capítulos demarcam os momentos-chave da trajetória do autor nessa história. Na abertura do livro, há a esperança escancarada com a eleição de Lula em 2002. A vitória é ponto de chegada de um longo processo histórico e ponto de partida para a mudança que virá. No penúltimo capítulo, o autor deixa o barco e atira-se no rio para reencontrar-se consigo mesmo. Despiu-se e despediu-se de tudo aquilo.

A mosca azul é fruto também de uma conjuntura bastante amarga para os milhões de eleitores petistas, o PT e o governo. Em junho de 2005, veio à tona um conjunto de denúncias de corrupção envolvendo figuras-chave do núcleo do poder governamental e do PT. A principal delas era a de que essas figuras haviam montado um esquema baseado no pagamento de mesadas a parlamentares em troca de apoio político. Na imprensa, o caso passou a ser chamado de "mensalão". Ainda que o nome do presidente da República tenha sido poupado, os efeitos políticos foram devastadores: ministros se viram obrigados a sair do governo para responder às acusações na Justiça, e a cúpula do PT foi obrigada a se afastar. A investigação do caso se arrastaria por muitos anos, até a decisão final expedida pelo Supremo Tribunal Federal em 2012.

O estilo adotado pelo autor é direto, e as críticas são frontais, muitas vezes dirigidas às opções estratégicas adotadas pelo governo Lula. Para Betto, no começo do mandato o presidente reunia condições políticas para adotar uma agenda mais avançada, promovendo a reforma agrária e a auditoria da dívida externa. Não o fez. Acabou tragado pela máquina do Estado, que, segundo ele, existe para reproduzir os interesses dominantes.

Palavras duras são reservadas também ao PT. Para Betto, o partido, nascido dos movimentos sociais, assumiu a lógica do Estado quando chegou ao poder. "Tornou-se partido do governo, quando deveria manter-se como partido da sociedade junto ao governo." Na origem disso, para ele, estava a transformação da agremiação em uma organização profissional dominada por um núcleo dirigente, que, ao tomar as rédeas, criou obstáculos para manter viva sua democracia interna. Portanto, ocorrera com o PT um fenômeno típico da história das agremiações de massa observado pelo sociólogo Robert Michels: a "lei de ferro da oligarquização".

Segundo Betto, o grupo hegemônico do partido conseguira algo que a direita buscara havia tempos sem sucesso: desmoralizar a esquerda. Propõe que o partido resgate as práticas abandonadas desde a década de 1990, o que significa recuperar o padrão ético, restaurar a formação política, reestruturar e democratizar a estrutura interna e delinear um projeto alternativo de nação.

O autor lida de forma rápida com seus dois anos passados no governo. Limita-se a arrolar algumas das principais iniciativas que ele e Oded Grajew conduziram no Gabinete de Mobilização Social do Fome Zero. Sobre esses tempos, observa que conseguiu livrar-se da picada da "mosca azul", não nutrindo qualquer apego pelo poder. Por outro lado, ao registrar o alívio de não se ter perdido nos encantos do poder, não deixa de observar que esse sentimento "não o exime da responsabilidade histórica que me vincula ao governo do PT, embora sem filiação partidária. Minha angústia só não é mais profunda porque conheço a trajetória da esquerda". Betto passa ao largo de qualquer análise crítica sobre a sua mencionada "responsabilidade histórica" e prefere se manter na ofensiva, colocando inúmeras vezes em xeque as ações de uma esquerda vista por ele como cooptada pelo Estado, pragmática e economicista. "Não vejo futuro para a esquerda fora destas três vias: o rigor ético, o trabalho de base e a elaboração de um projeto socialista."

Uma semana após o lançamento de *A mosca azul*, em fevereiro de 2006, Betto concedeu uma entrevista à revista semanal *IstoÉ* reiterando suas posições críticas registradas no livro.[223] "O governo Lula é esquizofrênico", assinala. Isso porque carrega a contradição de formular e conduzir políticas sociais avançadas ao mesmo tempo que adota e mantém uma política econômica ultraliberal. E vai além: "Fica complicado acreditar num projeto de desenvolvimento com uma política que beneficia o capital e acentua as desigualdades sociais."

O entrevistado também acusa diretamente a direção do PT pelos problemas enfrentados pela legenda e pelo governo no caso do "mensalão". Diz que Lula e os eleitores foram pegos de surpresa e confia na possibilidade de o partido se renovar após a desarticulação do núcleo dirigente. "Felizmente, as denúncias envolveram um grupo de dirigentes e não o partido como um todo, nem o presidente Lula." Betto diz confiar na nova direção do PT, desde que o partido aposte em uma perspectiva de esquerda. Registra ainda, por fim, que irá votar na reeleição do presidente Lula no pleito presidencial daquele ano. Em suma: Betto rompera com facções dominantes do PT, buscando manter abertos os canais com a esquerda do partido e com o presidente Lula.

A mosca azul alcançou boa recepção de público, chegando rapidamente à lista dos livros mais vendidos na categoria de não ficção divulgada pela *Folha de S.Paulo* em março de 2006. Assim se manteve por boa parte daquele ano.

Como era de esperar, o livro foi recebido com desagrado no governo e nas hostes petistas. Contudo, por ocasião do lançamento, ou mesmo depois disso, forças próximas ao PT não se prontificaram a reagir às críticas proferidas por Frei Betto. Essa mesma atitude de reserva se deu quando do lançamento de *Calendário do poder*, em junho de 2007.

Um sinal do desconforto de Lula com *A mosca azul* está contido em um pequeno trecho do livro *Cartas a Lula: o jornal particular do presidente e sua influência no governo do Brasil*, escrito pelo jornalista Bernardo Kucinski. No livro, Kucinski reúne artigos que produziu em forma de cartas – conhecidos como *Cartas críticas* –, cuja finalidade era compor para Lula um panorama dos principais temas e questões veiculadas pelas mídias nacional e internacional.

Em 2006, o jornalista, de saída do governo, reuniu-se com o presidente em seu gabinete e registrou dessa forma aquele encontro: "Lula me recebeu tendo sobre a mesa o livro *A mosca azul*, de Frei Betto, que já havia saído do governo. 'Você não vai escrever um livro logo que sair daqui como esse aí', me disse em tom de blague. Eu disse que não, nada disso. De fato, não escrevi. Não passava pela minha cabeça. Esta introdução a uma seleção de *Cartas críticas* desta obra [...] é o primeiro relato sobre minha experiência de governo."[224]

Gilberto Carvalho relembra que *A mosca azul* teve péssima repercussão no governo. "O governo sob cerco, sofrendo ameaças de impeachment, os movimentos sociais vindo ao palácio nos dar apoio e logo ele, alguém com prestígio e que privava da intimidade do Lula, lança um livro naquele momento? Foi de todo inoportuno." Carvalho diz que os livros foram uma "bomba na tristeza" e uma decepção, só que ninguém reagiu, houve um silêncio. "O resultado foi o rompimento de uma amizade que era muito importante para Lula e para Marisa. Creio que o próprio Betto não esperava essa reação e também ficou bem abalado." "Depois" - conclui Carvalho –, "o governo conseguiu tomar fôlego, e Betto, mesmo de maneira discreta, acabou por nos dar apoio nas eleições de 2006. Em 2010, ele também apoiou a candidatura da Dilma à presidência da República pelo PT."

O embaixador José Viegas, que privou do convívio de Betto quando estava à frente do Ministério da Defesa, crê que ele foi um pouco cruel para com Lula. Para Viegas, ao fazer um julgamento do governo Lula, quem é de esquerda não pode deixar de ser positivo, porque a obra de Lula foi gigantesca. "Quer dizer, ele pode não ter mudado a economia, pode não ter mudado a equação da governabilidade, que não mudou, mas mudou a sociologia do país. O país, hoje, é bem diferente do que era há dez anos, e isso tem que ser reconhecido."

Pedro Pontual aborda a questão sob outra perspectiva. Em seu modo de ver, tudo o que Betto reportou em *A mosca azul* realmente existe, mas ele se exime daquilo.

> Ele escreve como se fosse uma coisa à parte, como se ele não tivesse nada a ver. E ele fez parte, não de ser tomado pela mosca azul; ele fez parte da formação, foi formador de muitas dessas pessoas que foram acometidas pela mosca azul. Então, eu não posso fazer um livro falando disso sem dizer o seguinte: "Olha, isso me faz repensar muitas das coisas que a gente fez, que eu fiz, o que ficou faltando naquilo que eu fiz, na formação." Essa crítica eu tenho.

Paulo Vannuchi segue na linha crítica de Pontual. "Se fosse eu a escrever o livro, jamais me colocaria de fora. Eu trabalharia a ideia de que todos nós erramos."

Betto saiu do poder público para não mais voltar. Define-se como um "ING – Indivíduo Não Governamental". Diz-se tranquilo e feliz com sua independência. Ao colocar no papel e publicar *A mosca azul* e *Calendário do poder*, buscou realizar uma espécie de ajuste de contas consigo mesmo e com a sua consciência. "Para mim, meus princípios e meus ideais estão acima de qualquer amizade. Um dia a esposa do Lula me perguntou: 'Você, Betto, vai ser sempre nosso amigo?' Eu me recordo bem que contestei: 'Enquanto estiverem ao lado do povo; se um dia estiverem em outra posição, eu sigo ao lado do povo.' Esse é o meu princípio."[225]

21

Percursos literários

Frei Betto é autor de caudalosa obra literária. Profissional do texto, jornalista desde muito tempo, tem transitado livremente entre a memorialística, o ensaio, os livros infantojuvenis, o conto e o romance. Para dar conta de seus inúmeros projetos, cumpre religiosamente retiros que somam 120 dias por ano, quando reúne condições para se dedicar exclusivamente ao trabalho literário. Independentemente disso, seus amigos mais próximos ainda se espantam com o número de títulos lançados por ele a cada ano, o que contribui para dar vazão à história inventada pelo jornalista Ricardo Kotscho, de que Betto mantém no porão do convento um grupo de frades velhinhos a escrever dia e noite para ele. Frei Fernando de Brito, por sua vez, possui uma tese mais generosa e plausível para o fato: "Frei Betto pensa escrevendo."

O religioso tem sido instado a responder a questões sobre sua obra literária, processo de criação, rotina de trabalho e influências. Define-se como escritor marcadamente intuitivo, que toca seu ofício de "ouvido". Vê-se, não propriamente como um intelectual, mas como um militante, "um trabalhador manual, tecedor de letras e lutas".[226] Não por acaso, nas andanças pelo país e pelo mundo, leva seus livros para vender. A esse respeito, sublinha Ignácio de Loyola Brandão, autor de *Zero* e *Não verás país nenhum*, entre outros livros: "Por anos, sempre vi Frei Betto chegar a uma cidade levando um pacote com seus livros. Leva livros, não importa para onde. Está certo, assim como deve ser, neste Brasil onde existem poucas livrarias e a maioria é deficiente. Levar livros é sinal de humildade e amor aos nossos escritos. É conhecer o país em que vivemos. Essa foi uma das muitas lições que esse amigo me ensinou."[227]

Nos retiros literários, Frei Betto acorda cedo para aproveitar bem a manhã. Cozinha o próprio almoço, toma um trago, fuma um charuto "puro" cubano, e parte para uma breve sesta. Escreve até o raiar do sol. Em determinados momentos da escrita, ao se sentir árido, se alimenta da leitura de Machado de Assis. "Ele me reaquece, provoca minha inventividade."[228] Influenciado pela literatura francesa de Albert Camus e Jean-Paul Sartre, inspira-se também em Cervantes e Marguerite Yourcenar, assim como em Guimarães Rosa, Graciliano Ramos e Raduan Nassar.

"Não sou juiz de mim mesmo." É dessa maneira que Frei Betto reage aos que o instigam a situar a própria obra ou a realizar maiores elucubrações teóricas sobre ela. Ainda assim, o religioso costuma dividir sua produção literária em três grandes categorias: memórias, ensaios e ficção. Nos últimos anos, vem demonstrando clara preferência pela liberdade do universo ficcional. "As coisas que tinha a dizer por meio do ensaio, por exemplo, já foram ditas. Minha obsessão hoje é fazer uma obra literária de ficção." É assim que projeta seu futuro como escritor.

Memórias e memorial

Frei Betto costuma dizer que se tornou autor por força da ditadura militar brasileira, uma vez que as suas primeiras obras foram fruto dos tempos de cárcere. Em torno da experiência prisional, Betto lançou no Brasil *Cartas da prisão* (1977), *Das catacumbas* (1978), *Batismo de sangue* (1982) e *Diário de Fernando* (2009), além do romance *O dia de Ângelo* (1987). Em coautoria com os freis Fernando de Brito e Ivo Lesbaupin publicou *O canto na fogueira* (1976).

Cartas da prisão ocupa um lugar especial na vasta obra do autor. Escritas para tratar de temas imediatos, e sem a pretensão deliberada de serem reunidas e perenizadas em livro, as cartas saíram clandestinamente dos presídios e foram reproduzidas mundo afora, tornando-se conhecidas por inúmeros círculos religiosos e culturais. Parte delas foi traduzida e publicada em italiano, francês, sueco, alemão, espanhol e inglês.

Também no Brasil *Cartas da prisão* teve uma trajetória de sucesso. Publicado pela Civilização Brasileira e prefaciado por Alceu Amoroso Lima, o livro foi por este caracterizado como "um dos mais altos documentos de autenticidade humana e de beleza literária que jamais se escreveram no Brasil". E mais:

> Independentemente de todas as consequências inesgotáveis, de ordem teológica, filosófica, moral e política, em sentido rigoroso, que estas cartas contêm, quero logo destacar sua importância estritamente *cultural*. Assim

> como uma simbiose, perfeitamente realizada, de grandes voos especulativos, tanto filosóficos como sociológicos, com o mais delicado aspecto psicológico e mesmo doméstico da vida cotidiana.

Por fim, dr. Alceu prevê que essas cartas "abrem, ou pelo menos podem abrir, um capítulo novo da Igreja no Brasil. E mesmo da própria História do Brasil".[229]

Ênio Silveira, então à frente da Civilização Brasileira, registrou o "inusitado" e "indiscutível" impacto da obra por ocasião do lançamento em 1977. Segundo ele, a editora foi apanhada de surpresa e viu-se na circunstância de lançar três edições seguidas do livro para atender à demanda do público leitor. "De um momento para o outro, a mensagem libertadora e cheia de verdade de Frei Betto alcançava o Brasil inteiro, informando, emocionando, vivificando", assinala Silveira.[230]

Alceu e Silveira – dois importantes intelectuais brasileiros – tiveram papel decisivo, cada qual a seu modo, na caracterização do primeiro livro de Frei Betto como uma obra símbolo daqueles tempos sombrios. "Um conto de fados." É esse o título do prefácio assinado por Alceu, que se vale do clássico "era uma vez" para dar início a um relato pungente sobre uma geração de moços que, nascida na década de 1940, veio a integrar de maneira própria as dimensões religiosa e político-social em seus movimentos. Para Alceu, "é esse testemunho integral, de tipo teológico e sociológico, de pensamento e ação, que está refletido nas cartas, ora publicadas em vernáculo, neste volume de autoria de um dos quatro heróis desta história (Frei Betto), que um dia será História em ponto grande". Alceu conclui em tom esperançoso: "Do fundo dos meus 83 [anos] e a meio século do meu próprio e obscuro adeus à disponibilidade, é uma alegria de espírito ver uma mocidade em flor dar a partida daquilo que eu quisera, mas não consegui realizar. Louvado seja Deus!"

Ênio Silveira, por sua vez, sublinha o significado político do livro/testemunho de Betto naquele delicado momento em que a ditadura militar dava a entender que poderia afrouxar as amarras políticas. "Uma época em processo, uma sociedade em processo, é isso que verdadeiramente estamos vivendo", registra Silveira. "E a voz de Frei Betto ressoa do banco das testemunhas sem rancores, sem revanchismos, sem apelos a qualquer sublevação, mas sim à *elevação* das consciências ao nível mais alto da verdade, da integridade, da integração com valores que a força nunca conseguiu exterminar em milênios de história."

Frei Betto, passado o lançamento de *Cartas da prisão*, se manteve envolvido em vários projetos literários. Nos primeiros anos da carreira como escritor, dirigiu especial atenção para temas religiosos e relacionados diretamente ao seu trabalho junto às CEBS e, depois, junto à Pastoral Operária. Dois livros-chave nesse contexto são *Oração na ação* (Civilização Brasileira, 1978) e *O que é comunidade eclesial de base* (Brasiliense, 1981). Experimentou ainda a escrita de textos de cunho jornalístico, nos moldes dos relatos de viagem, quando veio a acompanhar *in loco* a III Conferência Episcopal Latino-Americana - em *Diário de Puebla* (1979) - ou então o advento da Revolução Sandinista - em *Nicarágua livre, o primeiro passo* (1980). Paralelamente, fez sua primeira incursão no universo ficcional com o livro de contos intitulado *A vida suspeita do subversivo Raul Parelo* (1979), escrito em estilo leve e original em que mistura humor, exagero, crítica e política. Mais tarde, o livro foi reeditado sob o título *O aquário negro*.

Batismo de sangue é talvez o livro mais conhecido de Frei Betto junto ao grande público brasileiro. Adaptado em 2007 para o cinema por Helvécio Ratton, encontra-se na 14ª edição e é considerado, por alguns críticos literários e editores, um marco da literatura memorialística brasileira. Para Paulo Rocco, por exemplo, "há determinados livros que vão passando por gerações. *Batismo de sangue* é um deles - é um *long-seller*. Vai ser lido o resto da vida. Trata-se de um clássico".

Frei Betto demorou dez anos preparando *Batismo de sangue*. Nele, tratou de temas políticos polêmicos e sensíveis - a forma como os dominicanos foram envolvidos na morte de Carlos Marighella, e o drama e o suicídio de frei Tito. Exatamente por isso, as primeiras repercussões na imprensa tenderam a enfatizar o conteúdo apresentado na obra, e não propriamente seu valor literário. Um exemplo nesse sentido foi a resenha escrita pelo jornalista Augusto Nunes, em junho de 1982, para a revista *Veja*. Nunes, em seu texto, registra o valor jornalístico da narrativa de Betto ao desnudar a farsa montada pelo regime militar sobre a morte do líder da Ação Libertadora Nacional. Vê também como consolidada a tese propagada pelo religioso de que a morte de Marighella fora resultado da ação de um agente de inteligência norte-americana infiltrado na ALN.[231]

Alfredo Bosi, professor e crítico literário, trouxe à tona outras dimensões do livro de Frei Betto em crítica publicada na *Folha de S.Paulo* em junho de 1982.[232] Intitulado "Memória e memorial", o texto de Bosi, em um primeiro momento, situa a obra de Betto na vaga memorialística que marcou a paisagem da cultura brasileira naquela virada da década de 1970 para a seguinte. "Já há alguns anos sobreveio à cultura brasileira um tempo de lembrar, intenso e polifônico. [...] A 'abertura', que se esboça por volta de 1976, terá favorecido talvez o empenho de trazer à luz um passado que, embora recente, corre o risco de naufragar no esquecimento dos mais novos. Ora, esquecimento e inconsciência são aliados fáceis e perigosos."

Para Bosi, o livro de Betto ocupa um espaço particular nesse surto memorialístico. Em primeiro lugar, pela adoção do "tom sóbrio, mas nunca impassível", com que o autor lida com os temas sensíveis que marcam o enredo do livro. Em segundo, pelo uso da memória como arma para o enfrentamento de versões falsas e interesseiras dos poderosos de plantão. "Mas a verdade", lembra Frei Betto,

> é filha do tempo. Outro provérbio, também romano, diz que a verdade engendra e faz nascer o ódio [...], pois quem vive nas trevas odeia a luz. A recíproca não é verdadeira: o ódio não faz nascer a verdade; antes, oculta-a para que outra seja a versão e outro o julgamento dos fatos. Daí a *função purificadora* que a memória exerce nas veias mais fundas da História limpando-a do que as paixões ideológicas e os rancores procuram confundir e manchar.

Para Bosi, por fim, a obra de Frei Betto deve ser colocada para além do fluxo memorialístico dos últimos tempos – "é um *memorial* onde se presta o mesmo tributo de honra ao malogrado líder da Ação Libertadora Nacional e ao suicida frei Tito de Alencar Lima, que não conseguiu afastar de si as sombras de morte projetadas pelo seu torturador".

Batismo de sangue não é, e nem se propõe ser, um relato objetivo, frio, dos acontecimentos em torno das mortes de Marighella e frei Tito. É um livro de resistência, em que o autor transita com desenvoltura entre a objetividade jornalística, o testemunho e o ensaio. Por vezes, o narrador é externo; outras vezes, é protagonista. Por meio da mescla, da alquimia de gêneros, Frei Betto se lança na empreitada de produzir algo novo para um país que ensaiava a construção de um novo espaço público. "Seu texto rompe com os gêneros para melhor comunicar seus propósitos. Seu projeto de Brasil não despreza os gêneros ditos objetivos [jornalístico e historiográfico], mas quer ultrapassá-los. Daí a hibridez do texto que encontra seu ápice no ensaio final", observa Rogério Pereira.[233]

Para Rogério Pereira, a escolha do ensaio como gênero, feita por Frei Betto,

> dá a medida das esperanças do autor quanto a uma reconciliação entre passado e presente. [...] [O autor] não quer uma reconciliação que assuma a luta armada como doença infantil da esquerda brasileira (como Gabeira em *O que é isso, companheiro?*). E não se contenta com aquela "harmonização pragmática" como a promovida pela Lei de Anistia, que implicou num pacto de esquecimento entre vivos, e que pouco toca na questão da busca da verdade. [...] *Batismo de sangue* realiza um ideal de História: o de que nada do que um dia aconteceu pode ser considerado perdido para a história [...], nem mesmo a fala dos mortos.[234]

Frei Betto obteve amplo reconhecimento nessa primeira fase como escritor de forte traço memorialístico. Prova disso foi a obtenção de dois dos mais importantes prêmios literários do país. Em 1982, a Câmara Brasileira do Livro concedeu o prêmio Jabuti a *Batismo de sangue* como melhor livro na categoria Memórias. Três anos depois, a União Brasileira de Escritores (UBE) o agraciou com o Juca Pato – prêmio oferecido anualmente ao Intelectual do Ano, pelo conjunto da obra literária.

A cerimônia de entrega do troféu Juca Pato ocorreu no Teatro Sérgio Cardoso, em São Paulo, a 1º de setembro de 1986, e serviu de termômetro para se avaliar como segmentos da elite literária viam o papel e a importância de Frei Betto para a cultura brasileira, e como o próprio entendia seu lugar no meio intelectual.[235] Coube ao então senador e sociólogo Fernando Henrique Cardoso, agraciado com o Juca Pato no ano anterior, oferecer o prêmio ao homenageado da noite. Na época, Fernando Henrique e Frei Betto estavam em lados opostos diante das eleições estaduais que ocorreriam em novembro seguinte. Enquanto o primeiro era um prócer do Partido do Movimento Democrático Brasileiro (PMDB), ao qual aderira José Sarney, o vice que se tornara presidente com a morte de Tancredo Neves, Frei Betto se mantinha ao lado de Lula e do Partido dos Trabalhadores (PT) – na vanguarda contra o governo da chamada Nova República.

Fernando Henrique, como se esperava, mencionou a existência de divergências entre eles. Não podia deixar de fazê-lo: eram notórias. Só que, habilmente, fez questão de tratar não do que os dividia, mas sim do que os unia. "Que apesar das nossas diferenças, encontraremos as pontes que nos levam juntos, a sustentar [...] uma reforma agrária, digna deste nome.

Que se dê autonomia aos sindicatos. Que se distribua a renda. E que essa cidade que foi, um dia, também de Wladimir Herzog, não abrigue no poder aqueles que repudiam os direitos humanos", registrou o líder do PMDB de maneira enfática.

Fernando Henrique fez menção a dois livros de Betto: *Cartas da prisão* e *Fidel e a religião*. Elogiou a frase escorreita e bem construída. Para ele, o que mais chamava atenção em Betto era seu papel de "fazedor de pontes". Sublinhou: "É esse seu lado, do diálogo, o que mais me fascina. E a partir dele, sua contribuição para a nova política é imensa." Fernando Henrique não via em Betto traços sectários dos religiosos que negam e desprezam a modernidade. Afirmou que, a seu modo, ele também buscara quebrar mecanicismos do marxismo, ao mesmo tempo que nunca acreditara no voluntarismo irracional. "Se é assim, só o diálogo e a brecha entre certezas há de permitir que a fé não cegue, mas motive para a vida, e que a devoção a uma causa a ser conseguida nesse mundo não estilhace no peito a angústia do não sabido, o amor pelo próximo e pelo desconhecido." O senador por São Paulo registrou, por fim, a coerência da luta político-social levada adiante por Frei Betto, afirmando que o via como um paradigma de "intelectual orgânico".

Frei Betto, depois das cortesias de praxe, também deu cores políticas ao seu pronunciamento. Fiel a seu estilo assertivo, considerou o prêmio uma homenagem prestada à classe trabalhadora brasileira, à qual se via orgânica e vitalmente vinculado. Entendeu-o também como um reconhecimento ao trabalho que vinha realizando na Nicarágua sandinista e em Cuba, na aproximação entre Estado e Igreja Católica.

O homenageado confessou que a palavra "intelectual" o assustava, uma vez que a associava aos que se colocam em posição olímpica, distante dos conflitos, e que detêm a capacidade de produzir ideias precisas e distintas sobre tudo. Em direção oposta, via-se como alguém marcado pelo direito da dúvida, e descrente da possibilidade de encontrar sozinho qualquer resposta. "As respostas, as soluções, as saídas, nós as encontramos na prática social, nós as encontramos vinculadas ao movimento popular; nós as encontramos participando ativamente da história de um povo."

E mais: fiel ao legado aprendido na Ordem dominicana, defendeu a vinculação íntima entre o trabalho intelectual e o sentimento de justiça. Para ele, era necessário evitar os riscos do intelectualismo pretensioso e fora do universo social, como também o anti-intelectualismo dos que se afogam no voluntarismo e no ativismo.

Frei Betto, por fim, deixou claro para a assistência, como também para o orador que o havia precedido, sua descrença nos arranjos políticos então vigentes.

> Ora, isto não vai mudar por cima, vai mudar por baixo. Porque o Brasil não são trinta, vinte milhões de pessoas que usufruem das benesses do poder. [...] O Brasil são cem milhões de pessoas que trabalham, que sofrem, que reivindicam, que lutam, que não têm perspectiva imediata de sair de sua condição de animalidade, ter o direito de comer e de vestir, de abrigar e criar seus filhos. E ainda falamos de Direitos Humanos quando os próprios direitos fundamentais mais biológicos do ser humano não estão assegurados coletivamente para a nossa população. É aí que temos de centrar nossa luta.

No evento, como nas entrevistas estampadas no dia seguinte em vários meios de comunicação, Frei Betto fez breves menções aos seus escritos literários, preferindo concentrar suas baterias na questão político-social. Naqueles tempos, Betto se movia fundamentalmente nessa direção, fazendo com que literatura e política estivessem intimamente associadas. Projetava-se, portanto, para o conjunto da sociedade como um "intelectual público", isto é, como "o indivíduo dotado de uma vocação para representar, dar corpo e articular uma mensagem, um ponto de vista, uma atitude, uma filosofia ou opinião para (e também por) um público", conforme a definição clássica do escritor palestino Edward Said.[236]

Frei Betto, nos anos seguintes, se manteve como um autor disposto a explorar as variadas formas de estrutura narrativa, como o material didático (OSPB, *Introdução à política brasileira*, 1985), os livros voltados para a catequese (*Catecismo popular*, quatro volumes, 1989 e 1990), a literatura infantojuvenil (*Uala, o Amor*, 1991), o ensaio (*Sinfonia universal, a cosmovisão de Teilhard de Chardin*, 1992, e *A obra do artista*, 1995), a biografia (*Lula – um operário na presidência*, 1989), a crônica (*Fome de pão e beleza*, 1990), o livro de viagens (*O paraíso perdido*, 1993 e 2015), e a literatura de ficção (*O dia de Ângelo*, 1987; *O vencedor*, 1996; *Entre todos os homens*, 1997).

Em meio a esse conjunto de títulos, o religioso não abriu mão da literatura memorialística e da chamada escrita de si – a autobiografia. A esse respeito, publicou títulos com perfis diferentes, mas todos escritos na primeira pessoa, tais como *Alfabetto: autobiografia escolar* (2002) e *O que a vida me ensinou* (2013), além dos já citados *A mosca azul: reflexão sobre o poder* (2006) e *Calendário do poder* (2007). Em breve passagem, Frei Betto explica o porquê dessa opção:

> Membro da Ordem dos Pregadores (dominicanos), aprendi com o padre Congar, teólogo francês, ter a palavra melhor incidência se pronunciada na primeira pessoa. Assim, dou-me à luz dos leitores ao respaldar minhas análises [...] em vivências, referências históricas, analogias, e no que aprendo nos livros que me abastecem. Aos voos mirabolantes dos conceitos abstratos, prefiro o passo firme no chão da vida.[237]

Diário de Fernando (1999) ocupa um espaço particular nos trabalhos memorialísticos de Frei Betto. O livro se baseia num material rico e inédito: as anotações diárias registradas por frei Fernando de Brito durante os anos em que ficou preso em cárceres paulistas, ao lado do próprio Betto e dos frades Giorgio, Ivo e Tito. Frei Fernando escrevia essas mensagens em letras microscópicas; em seguida, colocava-as com cuidado no tubo de uma caneta, que era trocada a cada visita. O expediente terminou por dar certo, e muitas mensagens foram devidamente entregues aos destinatários. Coube a Frei Betto o trabalho de organizar e dar caráter literário ao diário de frei Fernando. Para Betto, a proposta do livro "era dar a conhecer, sobretudo às novas gerações, o que ocorria – conosco e com outras vítimas – nos cárceres da ditadura militar brasileira".[238]

Frei Betto, nesse livro, se municia de recursos literários já experimentados com sucesso em *Batismo de sangue*. Em várias passagens há modulações entre o relato em primeira e em terceira pessoas, fazendo com que o "testemunho de frei Fernando de Brito se dilua no testemunho de Betto, gerando assim a tese que marca grande parte da obra deste último: a identificação entre todos os homens, vítimas, oprimidos por um sistema violento e injusto", aponta Pia Paganelli.[239]

A obra memorialística de Frei Betto, particularmente a construída em torno da experiência prisional, tem personalidade própria e ocupa lugar de destaque na construção da Teologia da Libertação brasileira e latino-americana. Nesses escritos, Betto não se deixa amarrar aos protocolos dos diferentes gêneros literários. Ao contrário: vale-se de todos para não se prender a nenhum. O importante, para ele, é o resultado final – a comunicação com o leitor.

Mais recentemente, a literatura memorialística de Betto tem sido examinada sob a ótica do direito à reparação e à memória – dois temas presentes na agenda de muitos países do continente que passaram pela experiência ditatorial e estão às voltas com a construção de fundamentos democráticos.

Ensaios: política, fé e ciência

O ensaísmo é outra vertente fundamental da obra literária de Frei Betto. Tem sido por meio desse gênero menos convencional e aberto que ele tem promovido incursões por diferentes territórios do mundo da cultura e divulgado algumas das suas principais proposições. Uma variante importante e fértil dessa produção são os livros em que o autor se propõe promover o diálogo, muitas vezes bastante difícil, entre o universo religioso e os temas que conformam a modernidade – política, socialismo, democracia, ciência, ecologia etc.

Cristianismo e socialismo (1986) e *A mosca azul* (2006) são dois títulos da obra ensaística de Frei Betto voltados para a análise de questões do mundo da política e do poder. No primeiro, o religioso produz um relato direto, sintético, sem maiores rodeios ou pretensões de estilo, em torno da necessidade de cristãos e marxistas lutarem juntos em prol de um projeto revolucionário. Para ele, "marxistas e cristãos têm mais arquétipos em comum do que sonha nossa vã filosofia. Um deles é a felicidade humana no futuro histórico – esperança que se faz mística na prática de inúmeros militantes que não temem o sacrifício da própria vida. Marx chama essa plenitude de reino da liberdade e, os cristãos, de reino de Deus".[240]

Já *A mosca azul* é uma obra madura de Frei Betto. Nela, o escritor produz e conduz uma narrativa em que, uma vez mais, mescla história, memória, teoria e testemunho, com o objetivo de, ao relatar a história da sua geração, abrir uma reflexão sobre a esquerda e os poderes políticos em tempos de neoliberalismo. O pano de fundo do livro é a chegada de Lula e do PT ao poder e seus graves desdobramentos políticos e éticos.

Adélia Bezerra de Meneses e Thomaz Jensen, ao sugerir uma análise de conjunto da obra de Frei Betto, consideram que o ensaio é o meio através do qual o religioso melhor se revela, e "onde exerce um papel fundamental, na confluência de pensamento e militância articulados". Menezes e Jensen o veem como um exemplo vivo de escritor que transforma em palavras experiências, vivências, emoções e percepções confusas. "Essa possibilidade de verbalizar, de nomear situações existenciais que, de outra maneira, ficariam inarticuladas, tem um valor catártico, uma eficácia ordenadora no nível das ideias, mas também no das emoções, contribuindo para a nossa compreensão do mundo e de nós próprios, e impulsionando para a ação."[241]

Os dois comentadores sublinham que *Cartas da prisão*, *Batismo de sangue* e *Paraíso perdido*, cada qual a seu modo, contribuíram ao ajudar gerações a enfrentar e elaborar o drama da ditadura militar e a decepção com a derrocada do socialismo real. *A mosca azul*, visto sob esse mesmo prisma, encerra uma função semelhante: "a de ajudar a todos nós a nos situarmos e a organizarmos nossa experiência, abrigando também um poderoso combustível para a Utopia, de que andamos tão desesperadamente carecidos".

Frei Betto é um escritor de múltiplos interesses. A relação entre fé e ciência é outro tema que o encanta e o intriga há muito tempo. No começo da década de 1960, ainda nos tempos em que militava na JEC, Betto tomou contato com a obra do padre jesuíta francês Teilhard de Chardin, da qual se tornaria um dos primeiros divulgadores no Brasil, ao lado do amigo Conrad Detrez.

"Teilhard de Chardin, meu guru." Este é o título de uma coluna de Frei Betto escrita em abril de 2015 em homenagem ao jesuíta/cientista morto há sessenta anos em um domingo de Páscoa em Nova York. Nela, Betto descreve a carreira, as descobertas científicas de Chardin e as dificuldades por ele enfrentadas junto à alta hierarquia da Igreja Católica, que via com maus olhos suas proposições sobre a evolução do homem e do Universo.

> Aquela cabeça fora capaz de conceber uma das mais abrangentes visões do Universo, na qual todos os elementos se integram, das micropartículas subatômicas à atração de toda a matéria pelo Ponto Ômega, que coroaria o processo de evolução da natureza. Essa grandiosa síntese foi registrada em livros e artigos que, durante sua vida, seus superiores nunca permitiram que fossem publicados, com receio de um novo caso Galileu.[242]

Frei Betto, em sua longa carreira literária, levou adiante projetos editoriais que podem ser vistos como inspirados no exemplo e na obra de Chardin, sendo que os três principais foram *Sinfonia universal, a cosmovisão de Teilhard de Chardin*, em que reúne escritos feitos para divulgar a obra do jesuíta francês; *A obra do artista: uma visão holística do Universo*, detido ensaio no qual busca a convergência entre a mística e as recentes conquistas da cosmologia, da física quântica e da biologia molecular; e *Conversa sobre fé e ciência* (2011), no qual, junto com o astrofísico Marcelo Gleiser, demonstra na prática a possibilidade de diálogo entre essas duas dimensões da vida do homem. Frei Betto assim resume o espírito do livro, como de resto essa vertente da sua literatura: "Temos que desenvolver, por meio da ciência, a busca da verdade pelos caminhos da dúvida, e a busca de Deus pelo caminho da tolerância."

Universo ficcional: romances

Frei Betto é um escritor *sui generis*. Educador, pregador e jornalista, quase sempre se mostra disposto a receber a imprensa, colocando-se a postos para expressar opiniões sobre o mundo que o cerca, sobre si mesmo e sua carreira de autor. Em várias entrevistas ou em textos que têm como objeto sua obra literária, expressa clara predileção pelo gênero ficcional, assim como busca demarcar uma distinção entre o texto político e o literário. Diz ele: "Não faço da ficção um púlpito. O que me interessa na ficção é a magia estética da palavra, com toda sua poderosa força libertadora."[243]

Para Frei Betto, a literatura de ficção é invenção, fantasia, descobrimento e revelação. O religioso considera ler ficção uma "experiência extática – estar em si e fora de si. Somos alçados ao imaginário, induzidos à experiência da catarse, de modo a oxigenar nossa psique. A estética nos imprime um novo modo de encarar as coisas. Como lembra Mario Benedetti, a literatura não muda o mundo, mas sim as pessoas. E as pessoas mudam o mundo".[244]

Esse posicionamento de Frei Betto sobre a literatura ficcional está expresso nas primeiras páginas de *O dia de Ângelo*, seu primeiro romance. Nele, o protagonista é um jornalista preso pelo regime militar na década de 1970. Trata-se, portanto, do *alter ego* do autor. A cena é a seguinte: Ângelo, em plena madrugada, recebe em sua cela a visita de Juana Inés de la Cruz, uma religiosa mexicana poetiza e dramaturga que viveu na segunda metade do século XVII, destacando-se pela defesa da liberdade intelectual. Diz sóror Juana a Ângelo:

> A atividade artística é, por natureza, independente do poder, da instituição e da doutrina. [...] Querer vestir a criação artística com camisa de força da ortodoxia – política ou religiosa – é um meio de cerceá-la pela

> padronização, pelo caráter panfletário, tornando-a mercadoria proselitista de consumo obrigatório. Deixa tua vocação literária explodir no impulso da vida que corre em tuas veias. [...] Escreve com a pele, não com a cabeça. Entrega-te à tua obra como a uma paixão, ainda que ela te consuma e resulte na tua condenação e morte.

A mensagem é clara – é o autor, através de sóror Juana, conclamando Ângelo, no caso ele mesmo, a mergulhar no abismo da criação literária. Desde então, Frei Betto coloca-se à prova para responder ao repto da religiosa mexicana.

Nas primeiras décadas de sua carreira como ficcionista, Frei Betto foi um romancista bissexto. Depois do livro de estreia, publicado em 1987, só veio a publicar outro romance seis anos depois, quando trouxe a público *Alucinado som de tuba* – obra voltada para o público infantojuvenil que gira em torno dos que vivem na rua. O livro alcançou enorme sucesso de vendas. Depois dessa experiência bem-sucedida, o autor ganhou fôlego para lançar três romances em um período de quatro anos: *O vencedor* (1996), sobre o universo do tráfico de drogas; *Entre todos os homens* (1997), a respeito da vida de Jesus; e *Hotel Brasil* (1999), policial ambientado no Rio de Janeiro.

Em textos ou entrevistas, Frei Betto não se mostra interessado em apresentar fórmulas de como escreve romances. Cada qual, segundo ele, tem uma história, um formato, uma construção própria. No livro dedicado à vida de Jesus, por exemplo, muniu-se de vasta pesquisa, que compreendeu um estudo minucioso dos Evangelhos e do contexto histórico da Palestina no começo da Era Cristã, para narrar, em estilo simples e ágil, aquela que é talvez a mais conhecida das histórias. Um dos seus objetivos expressos ao escrever *Entre todos os homens* foi fazer com que as pessoas pudessem "ler os Evangelhos tal como leem um romance". O livro foi reeditado em 1999 sob o título *Um homem chamado Jesus.*

Hotel Brasil, por sua vez, é um típico romance policial contemporâneo. Ambientado no bairro da Lapa do Rio de Janeiro, tradicional reduto da malandragem carioca, o livro apresenta os elementos clássicos do gênero policial – crimes violentos; variados personagens de olhar oblíquo e vida duvidosa; suspense; interrogatórios policiais e resolução da trama. O autor cria um clima em que mistura mistério e assassinatos com tiradas de humor e ironia. Ao fim e ao cabo, o que transparece da leitura do livro é um escritor dedicado à invenção e ao prazer da escrita. Registra Betto: "*Hotel*

Brasil é um romance que me deu muito gosto de fazer, porque tive de trabalhar em dois planos, no da ficção e do mistério."[245]

Frei Betto abriu novo ciclo da carreira de romancista com a publicação de *Minas do ouro* (2011) e *Aldeia do silêncio* (2013). Uma vez mais, o escritor optou por trazer a público dois livros bastante diferentes, seja quanto à estrutura narrativa, seja quanto aos temas e conteúdos apresentados.

Minas do ouro foi uma investida certeira e segura no universo do romance histórico. O livro tem como enredo a saga da família Arienim pela história mineira e brasileira, e apresenta um escritor desenvolto e com amplo domínio da escrita e dos inúmeros temas históricos que compõem a obra. O romance situa o leitor nos acontecimentos-chave que marcaram a história das Minas Gerais – como a ação bandeirante em busca do ouro, a Guerra dos Emboabas pelo controle das minas ou a Conjuração Mineira – sem deixar de contar com peripécias, paixões e cenas de mistério típicas do gênero. Todo o livro é atravessado por um dos temas prediletos do autor: a discussão sobre a identidade mineira, a chamada "mineiridade". Para ele, *Minas do ouro* é um "retrato da alma do Estado que, durante dois séculos [XVII e XVIII], concentrou a história do Brasil. É um mergulho nas minhas raízes, na minha mineiridade, mas também na história do país".[246]

O livro teve boa recepção da crítica especializada. O jornalista e escritor Elias Fajardo, por exemplo, chama a atenção para os artifícios utilizados pelo autor para dar novos contornos aos personagens históricos que fazem parte do enredo e convivem com os membros da família Arienim (anagrama de "mineira", lida de trás para a frente). Registra Fajardo:

> Quanto mais conhecido o personagem, mais desafiante é dar-lhe novas dimensões. Os mineiros procuravam ouro e Frei Betto busca estratagemas para dimensioná-los ficcionalmente. O Aleijadinho, por exemplo, torna-se tema de um historiador que contrata uma mulata letrada para dar forma às suas pesquisas e, enquanto os dois se apaixonam, vai surgindo o perfil do escultor com suas misérias e grandezas.[247]

A professora e crítica de literatura Marisa Lajolo sublinha aquele que entende ser o aspecto mais importante do livro de Frei Betto: seu caráter inovador na tradição consolidada e consagrada do romance histórico. E inova no seguinte sentido: os heróis e vultos históricos estão presentes e compõem a história, mas não gozam de espaço privilegiado na narrativa do autor. Não há nada de épico ou monumental no romance. Para Marisa

Lajolo, são os "arienins ancestrais que, contracenando com heróis da outrora chamada história pátria, meio que roubam a cena. Levam o leitor para um cotidiano de ninharias raramente presentes em romances históricos mais canônicos e conferem verossimilhança à narrativa". E conclui: o leitor aprende a lição "de que um país não se faz apenas de História, mas sobretudo de histórias. Histórias como esta".[248]

Aldeia do silêncio é um romance de outra natureza. Nada de celebrações, epopeias, personagens históricos, movimento, ação. Frei Betto desloca agora o leitor para uma incursão grave e sensível pelos diferentes significados do silêncio. O enredo é simples: trata-se de um relato autobiográfico de um homem sem identidade que viveu 17 anos internado em um hospital. Logo em seguida à internação foi alfabetizado e depois disso nunca mais falou. Leu e escreveu o que pôde. Ao morrer, deixou como legado as memórias de sua vida.

O livro divide-se em cinco partes. Na primeira, o leitor é apresentado a um lugar ermo, distante de tudo e de todos. Na aldeia, habitada apenas pelo protagonista, pelo avô, pela mãe e por dois bichos, o silêncio predomina e o tempo parece não passar. Ali, relata o protagonista:

> prescindíamos de relógio e calendário; ali o tempo desconhecia marcadores de ciclos e velocidade. Apenas deixava marcas nas rugas a nos moldar as feições e, no avô e na mãe, lacunas nos escaninhos da memória. Eu carecia de lembranças. Ao contrário do avô e da mãe, minha vida não tinha passado antes daquele presente que vivia confinado. Minha memória copiava a do avô e da mãe. Guardava recordações apenas do que me contavam.[249]

As lembranças do avô cobrem a segunda parte do livro. Nela, o leitor é informado das razões que fizeram com que um próspero povoado fosse transformado em uma aldeia fantasma. A visita do irmão quebra a rotina e movimenta a terceira parte do romance. O irmão traz consigo a proposta para os parentes abandonarem aquele cafundó desesperançoso e irem em direção à cidade. Nem avô nem mãe aceitam a proposta.

"A palavra." Esse é título da quarta parte do romance, que tem como ponto de partida a alfabetização do protagonista no hospital. É a senha para um longo ensaio do autor sobre as palavras, a leitura, a escrita e a arte do silêncio. "Nunca me arrependi do que não disse", pontua o narrador. "Não basta travar a língua e fechar a boca para fazer silêncio. Isso induz as almas aturdidas ao desespero. A solidão é propícia ao silêncio desde que se saiba calar também as múltiplas vozes interiores. [...] Fazer silêncio é deixar o tempo esvair-se. E dessilenciar-se é exilar-se de si mesmo. É entregar-se à derrelição."[250]

A última parte do romance acompanha a partida do protagonista para a cidade. Há prisão, tortura, medo e desamparo. É no hospital que o protagonista – o qual passa a ser chamado de Nemo ("ninguém") – encontra conforto nas palavras. Diz Nemo: "Hoje, sou um homem casado. As palavras são a presença feminina na minha vida. Seduziram-me e trago-as nas entranhas e no coração. [...] Seduzido pelas palavras, enamorado por elas, entrego-me de corpo e alma à volúpia semântica [...] e gero filhos: estes textos."[251]

Frei Betto, em *Aldeia do silêncio*, produziu mais uma vez um texto compósito no qual estão presentes atributos do romance narrativo e do ensaio analítico. Adélia Bezerra de Meneses, em seus comentários sobre o livro, o considera um "extraordinário ensaio sobre o silêncio. Sobre o silêncio que não é falta de fala, ausência de ruídos exteriores, mas 'aquietação de si, mergulho imponderável que permite decifrar enigmas interiores'".[252]

Já Antonio Carlos Fester, escritor e leitor experimentado da obra de Frei Betto, tomando por base a tipologia apresentada por Alfredo Bosi no clássico *História concisa da literatura brasileira*, filia o livro à categoria do "romance de tensão transfigurada", ou seja, "aquele em que o personagem 'procura ultrapassar o conflito que o constitui existencialmente pela transmutação mítica ou metafísica da realidade', no qual 'o conflito assim 'resolvido' força os limites do gênero romance e toca a poesia e a tragédia'".[253]

Mara Kotscho e Sônia Pena são amigas de longa data de Frei Betto. Mara é socióloga e faz parte de um grupo de pessoas que o escritor convida para ler os originais dos seus livros. Ela aprecia a escrita memorialística de Betto, mas hoje em dia se mostra mais interessada na literatura ficcional do autor. "Acho mais interessante. Ele se solta mais na ficção", registra. Mara sublinha ainda o caráter eclético da obra de Betto: "Ao contrário de outros escritores, Betto não é um autor monotemático. Ele se propõe a inovar. É inventivo."

Sônia Pena é psicanalista e conhece o escritor desde os tempos da JEC em Belo Horizonte. Para ela, o Betto escritor se mistura com o pregador. "Eu acho o Betto muito doutrinador, ele usa os personagens meio de forma parabólica, para provar uma ideia. Ele não escreve um artigo, um editorial que não seja pregação. O Betto é, essencialmente, um pregador. Porque ele tem responsabilidade e precisa ser o fermento na massa", assinala.

Independentemente dessa observação crítica, Sônia Pena chama a atenção para dois livros que compõem a obra literária de Betto: *O dia de Ângelo* e *Um homem chamado Jesus*. Ela considera o primeiro muito interessante do ponto de vista psicológico. "Esse é um livro kafkiano, só que não é um delírio, como o do Kafka [em *Metamorfose*]; é a própria experiência do Betto numa cela solitária que só tem uma mosca. Então é a relação com o único bicho vivo que se tem. Eu acho esse livro muito bom." Vê também qualidades literárias no romance que Betto escreveu sobre a biografia de Jesus. Considera-o muito bem escrito. "É tarefa das mais difíceis escrever Bíblia em outras palavras. Ela já é tão bonita...", assevera.

Deonísio da Silva é um escritor e professor paranaense radicado no Rio de Janeiro que há décadas acompanha e estuda a obra de Frei Betto. O escritor afirma que o nome de Betto dividiu e divide o meio literário. "No Brasil, são sempre os mesmos com seus latifúndios. Ele começou com *Cartas da prisão* e *Batismo de sangue*, e aqueles que apoiavam o regime evidentemente não gostaram. Havia restrições a ele pelo fato ser traduzido em vários países e visto como aquele que denegria o Brasil no exterior", observa. Deonísio da Silva avalia também que o fato de Betto ser frade dominicano não se mostra favorável ao maior reconhecimento da sua obra literária. "Ele é conhecido como Frei Betto e não como escritor", afirma.

O escritor considera que Frei Betto produziu belos romances que deveriam ser vistos como referenciais para a literatura brasileira. Põe em destaque *O dia de Ângelo*, o qual vê como irrepreensível, e *Hotel Brasil*, no qual o autor teria conseguido conciliar extrema violência e ternura. Para ele, em primeiro lugar está o Betto romancista, e, em seguida, o cronista.

"Frei Betto é, antes de tudo, um narrador", afirma Deonísio da Silva. O escritor o vê influenciado pelos narradores bíblicos, como Isaías, e também pelos memorialistas, como Pedro Nava. Segundo ele, "se o Pedro Nava nas memórias parece um romancista, o Betto nos romances parece um memorialista". Por fim, filia a literatura de Betto à tradição dos grandes escritores do século XIX que sabem escrever uma história.

Fernando Paixão é importante figura do meio editorial paulista. Por muito tempo trabalhou como editor na Editora Ática, quando pôde acompanhar de perto a evolução da carreira literária de Frei Betto. Segundo ele, Betto o procurou na editora para levar adiante alguns projetos de livros de ficção. Desde o começo, relata, espantou-se com o grande escritor que ele era e é. "A frase certeira, o ritmo do texto, a fluência do texto, as metáforas que arma. Ele começou a escrever no jornal muito cedo e a militância política potencializou o talento original, porém acabou por resultar em certos vícios de estilo", avalia.

Para o editor, a militância política de Betto, em um primeiro momento, mais o atrapalhou do que o ajudou na construção do texto literário. Como relembra, "nós dois conversávamos muito sobre isso, sobre as relações entre política, ideologia e literatura. Eu dizia para ele: 'Betto se você quer fazer literatura tem de se despir dessa ideologia.' Ele me ouvia muito". Por isso mesmo, acredita ter contribuído de alguma maneira para o trânsito de Betto do jornalismo, do texto de intervenção, para a literatura.

Fernando Paixão acompanhou também o lançamento de *Alucinado tom de tuba* e considera a boa recepção do livro nos meios escolares como um momento-chave para o arranque da carreira de Betto como escritor de ficção. Vê *Um homem chamado Jesus* como um exercício e *Hotel Brasil* como um livro de transição para uma literatura mais sofisticada. Mostra clara preferência por dois livros: *Cartas da prisão*, ao qual atribui importância pela veracidade, pela força e pela coragem, e *Minas do ouro*, que valoriza pela literatura. Para ele, *Minas do ouro* é o melhor texto ficcional de Betto. "É um livro de raiz, de construção mais complexa. Relata a longa saga de uma família, mas não é um livro de desenvolvimento psicológico." Fernando Paixão faz votos para que Betto continue irrigando seu jardim literário. É o que seus leitores também esperam.

Frei Betto não revela aos amigos e a interlocutores o tema dos próximos romances. Trata-se de pura superstição. Mineiramente, discretamente, adiantou algo aos biógrafos para um futuro incerto: a participação de sua geração na resistência ao regime militar. Crê que há ainda muitos meandros a explorar. A conferir.

22

Intervenções na imprensa

Frei Betto sempre manteve vínculos estreitos com a imprensa, desde os tempos em que trabalhou na redação da revista *Realidade* e na *Folha da Tarde*. No começo dos anos 1980, em seguida ao seu retorno à capital paulista, Betto passou a colaborar regularmente ora em *O Estado de S. Paulo*, ora na *Folha de S.Paulo*. Paralelamente, tornou-se articulista de jornais mineiros e, mais recentemente, de órgãos de imprensa do Rio de Janeiro. Seus textos – artigos e crônicas – costumam ser reproduzidos em agências de notícias e em revistas eletrônicas. Diz-se formado na boa escola do jornalismo.

Uma variante importante da produção de Betto voltada para o debate público são os artigos que publica sobre temas ligados à política e ao poder. Não ficam de fora desse cardápio textos sobre campanhas e resultados eleitorais. O mesmo ocorre com os problemas e desafios enfrentados pelo governo federal, pelo Partido dos Trabalhadores e pela esquerda.

Frei Betto, em seus textos, tem abordado o fenômeno eleitoral de diferentes formas. Uma delas tem sido alertar o leitor/eleitor para não se deixar levar nem pelo desencanto estéril com a política, nem pelo entusiasmo fácil e superficial nutrido por belos programas televisivos. Costuma pregar a importância do voto consciente como instrumento de mudança, conforme o trecho a seguir: "A depender do teu voto, pode ser que, na próxima eleição, o Brasil esteja mais endividado, aviltado e colonizado. Mas pode ser que se aprimore o espaço democrático, robusteça-se a cidadania, ampliem-se a participação popular e o controle da sociedade sobre o poder público."[254]

O articulista aproveita também o ambiente eleitoral para colocar em pauta temas que ultrapassam o jogo dos partidos e dos candidatos, chamando a atenção do público leitor para alguns dos nossos seculares problemas sociais. Foi esse o caso, por exemplo, do artigo que publicou em 24 de novembro de 2006 na *Folha de S.Paulo*, logo em seguida à reeleição de

Lula para presidente. Sob o título "Mendigo da esquina", o articulista não faz rodeios para denunciar a iniquidade social e os limites da experiência democrática brasileira. Para ele, o Estado brasileiro possui braços largos para reprimir e para cobrar dos pobres, mas curtos para lhes assegurar direitos sociais.

> Esse Estado abstrato, divinizado, é o Estado de uma classe, e não de um povo. Por isso, em sua índole de Leviatã, de que detém o monopólio da violência, jamais perde de vista o mendigo da esquina. Se ele roubar ou matar, será punido com o rigor da lei. Rigor que não se aplica aos membros da classe que o Estado efetivamente representa e defende. Todos são iguais perante a lei, mas alguns são mais iguais do que outros...

Para Betto, mudar essa situação implicaria uma reforma nas estruturas políticas. Só que, para ele, qualquer reforma política se tornaria um engodo se não fosse capaz de "arrancar o Estado das alturas celestiais em que se encontra, incensado pela burguesia. É preciso trazê-lo ao chão da vida, de modo que os direitos virtuais da cidadania universal se façam reais, e o cidadão assuma o seu devido lugar de sujeito capaz de interagir com o poder público, através de vias institucionais que lhe permitam controlá-lo e dirigi-lo".[255]

Nos momentos eleitorais, Betto não deixa de tomar partido e tornar público o seu voto. Em 2006 apoiou a reeleição de Lula, e em 2010 e 2014 assinou artigos e manifestos em prol de Dilma Rousseff, candidata eleita – e reeleita – na legenda do Partido dos Trabalhadores. Independentemente disso, desde que saiu do governo tem se mantido devidamente afastado das lides internas do PT e de círculos de influência petista. Mais recentemente, ele e Lula têm ensaiado movimentos de reaproximação pessoal e política.

Intelectual com os olhos voltados para o movimento popular, Betto reserva para si o direito de opinar livremente sobre os projetos do governo federal. Vê avanços em determinadas áreas – como na política externa e em alguns programas sociais –, ao mesmo tempo que não deixa de interpelar seus antigos companheiros sobre a falta de iniciativa na condução das reformas política e agrária, a carência de políticas que assegurarem maior protagonismo à sociedade civil etc.

No ambiente eleitoral de 2014, Betto publicou dois artigos que bem expressam o que tem pensado sobre a conjuntura política nacional e sobre os problemas e impasses enfrentados pela legenda partidária que ajudou a construir. No primeiro deles, publicado em 9 de setembro na Agência Adital e amplamente replicado, arrolou 13 razões que o fizeram apoiar a reeleição de Dilma Rousseff para a presidência, entre elas a aposta no aprimoramento das políticas sociais que nos governos do PT tiraram da miséria 36 milhões de brasileiros; a defesa de uma política externa soberana, integrada e solidária com os países da América Latina e do Caribe; a garantia do direito de greve e a recusa à criminalização dos movimentos sociais; as propostas de ampliar os investimentos na educação, de efetuar a punição ao trabalho escravo nas fazendas do agronegócio e de confiscar essas propriedades para fins de reforma agrária. O articulista concluía o texto em tom crítico: "Votarei por um Brasil melhor, mesmo sabendo que o atual governo é contraditório e incapaz de promover reformas de estruturas e punir os responsáveis pelos crimes da ditadura militar. Porém, temo o retrocesso e, na atual conjuntura, não troco o conhecido pelo desconhecido."

"A fábula petista." Este é o título do texto que Frei Betto publicou na *Folha de S.Paulo* em 10 de novembro de 2014, logo em seguida à vitória eleitoral de Dilma Rousseff. Nele, o articulista mesclou a história do PT com a da conhecida fábula "A cigarra e a formiga" popularizada por La Fontaine. Segundo Betto, a trajetória do PT se divide em duas etapas: a da formação – que corresponde às décadas de 1980 e 1990 – e a da chegada ao poder – a partir de 2002. Na primeira dessas etapas, teria predominado, segundo o autor, o trabalho de base dos militantes/formigas nos núcleos do partido e nas CEBs. Recorda Betto: "No fundo dos quintais, havia núcleos de base. Incutia-se na militância formação política, princípios ideológicos e metas programáticas. O PT se destacava como o partido da ética, dos pobres e da opção pelo socialismo." Ao alcançar o poder, a história teria mudado inteiramente. O partido largou a militância, terminou com os núcleos de base e seus cofres passaram a ser abastecidos principalmente por recursos das empresas. Embalado pelo "canto presunçoso da cigarra", o PT se desfigurou, e o resultado dessa transfiguração não se fez esperar: "O projeto de Brasil cedeu lugar ao projeto de poder." Frei Betto finalizava o texto com um alerta grave:

> Se o PT pretende se refundar, terá que abandonar a postura altiva de cigarra e voltar a pisar no chão duro do povo brasileiro, esse imenso formigueiro que, hoje, tem mais acesso a bens materiais, como carro e telefone

celular, mas nem tanto a bens espirituais: consciência crítica, organização política e compromisso com a conquista de outros mundos possíveis.

Os grupos majoritários do PT, desde a publicação de *A mosca azul*, não costumavam se pronunciar publicamente a respeito das críticas desferidas pelo articulista nos órgãos de imprensa. Calculavam que pouco teriam a ganhar com isso. O mesmo não fez um dos líderes da esquerda petista, Valter Pomar, que aproveitou a ocasião para, dias depois da publicação de "A fábula petista", divulgar em seu site uma dura crítica a Betto e a setores hegemônicos do PT.[256] Para Pomar, Betto se equivocara, em primeiro lugar, ao se colocar como um elemento externo a todo esse processo de crise do partido: afinal de contas, tivera papel importante na formação do campo dominante do PT. Em segundo lugar, ao estabelecer conexões entre a "progressiva desagregação do partido" e a ênfase em um "projeto de poder".

Segundo Pomar, o que acontecera com o partido fora exatamente o oposto. Na década de 1990, segundo ele, "o partido progressivamente substituiu sua estratégia de 'conquistar o governo como parte do caminho para ser poder', por uma estratégia que supunha conquistar o governo e conviver com o poder dos grandes capitalistas. Em parte, por isto, grandes setores do PT passaram a preferir um péssimo acordo a uma boa briga. Em parte por isto, a organização do Partido [...] perdeu centralidade". Para Pomar, portanto, o problema do PT nunca fora e não era ter adotado um projeto de poder, conforme afirmava Betto. Mas sim ter enfraquecido seu projeto estratégico de poder rumo ao socialismo.

Frei Betto, em artigos e entrevistas, várias vezes se pronunciou contrário à opção do governo Lula de abandonar o Programa Fome Zero em prol do Programa Bolsa Família. Fazendo eco às críticas anteriormente expostas nos livros *A mosca azul* e *Calendário do poder*, costumava distinguir entre o que entendia como uma política social de Estado e emancipatória – no caso, o desenho original do Programa Fome Zero – e uma política de governo e de cunho compensatório – no caso, o Programa Bolsa Família.

Em março de 2008, Frei Betto voltou a abordar esse tema em entrevista concedida à imprensa quando da comemoração dos quatro anos do lançamento do Bolsa Família.[257] Na ocasião, o programa havia se transformado no carro-chefe do segundo mandato do presidente Lula. E não era para menos: os números davam clara mostra do impacto positivo do Bolsa Família – e da política de valorização real do salário mínimo – na redução da miséria. Entre 2003 e 2006, segundo dados apresentados pelo economista Marcelo Néri, o percentual de miseráveis no país havia caído de 28,17% para 19,31%, ainda perfazendo, no entanto, um total alarmante de 36 milhões de pessoas com renda *per capita* inferior a R$ 125 mensais.[258]

O Programa Bolsa Família, pelo seu significado simbólico e social, se tornou objeto de disputa política. Havia os que, ao lado do governo, defendiam sua continuidade e aprofundamento. Já outros, no campo oposicionista, acusavam o presidente Lula de transformar os beneficiários do programa em eleitores fiéis ao PT. Para segmentos da grande imprensa, em rota de colisão direta contra o governo, interessava dar ampla vazão às teses contrárias ao programa, daí buscando ouvir os que sabiam ter críticas ao Bolsa Família, como era o caso de Frei Betto.

O religioso, por sua vez, tratou de se colocar fora desse jogo de polarizações. Na entrevista, nem deu apoio integral ao programa, nem tratou de reduzi-lo a mero expediente eleitoral. Para Betto, o governo tinha motivos reais para comemorar, uma vez que, depois da Previdência Social, o Bolsa Família era o maior programa de distribuição de renda existente no Brasil. Por outro lado, considerou que, da forma como estava estruturado, o programa representava também "a maior usina de votos favoráveis ao governo". Segundo ele, para que houvesse avanços reais e sustentáveis, fazia-se necessário, no âmbito do Bolsa Família, que fossem adotadas políticas de cunho educativo e de promoção social, criando condições para que os beneficiários do programa pudessem produzir a própria renda, "sem depender do poder público e nem correr o risco de retornar à miséria".

As reiteradas críticas de Frei Betto ao Bolsa Família na imprensa não ficaram sem resposta. Luis Nassif, jornalista especializado em economia, em artigo publicado a 2 de julho de 2012 na revista *Carta Capital*, apresentou um quadro amplo do programa, colocando em xeque os principais argumentos levantados pelos que, como Betto, tendiam a caracterizá-lo como "compensatório" ou "assistencialista". Nassif destacou três aspectos importantes do Bolsa Família: seu amplo reconhecimento em fóruns internacionais; sua inédita abrangência, dado que, em nove anos, atendera um total de 13,5 milhões de famílias; e sua efetividade – ao contrário do que apregoavam seus opositores, os dados demonstravam que "os beneficiários trabalham, há o empoderamento das mulheres, melhor frequência e desempenho escolar das crianças". Em razão disso, alegava o jornalista, "hoje em dia, não há um técnico de renome que tenha ressalvas maiores ao Bolsa Família. As críticas estão concentradas em colunistas sem conhecimento maior de metodologia de políticas sociais, de estatísticas".

Para reforçar seu argumento, Nassif estabeleceu o contraste entre o Fome Zero e o Bolsa Família, só que em direção inversa à que Betto propunha. Para o jornalista, o primeiro programa, protagonizado por Frei Betto, fora marcado por ações improvisadas e inconsequentes. E seguiu no mesmo tom:

> Quando foi lançado, o Fome Zero nem podia ser tratado como programa. Era um amontoado de iniciativas caóticas cercado de slogans vazios. O objetivo seria mobilizar a sociedade para receber ajuda, sem nenhuma preocupação com logística de distribuição, com levantamentos estatísticos. Não havia a preocupação mínima de integrar o auxílio com educação, meio social. Não gerou sequer um documento expondo qualquer filosofia.

O Bolsa Família, por sua vez, teria inovado ao incorporar indicadores técnicos, "montar sistemas exemplares de acompanhamento e avaliação, e universalizar o atendimento a todos os miseráveis. É essa visão, amarrada a metodologias de primeiro nível, que a transformou em modelo universal de políticas sociais, perseguido por países africanos, asiáticos, por ONGs europeias e norte-americanas".

Frei Betto, seguindo recomendação expressa de Alceu Amoroso Lima, nunca se preocupou em alimentar maiores polêmicas na imprensa. Em lugar disso, quase sempre se manteve na ofensiva, tratando de ocupar todos os espaços que achava necessários para veicular suas ideias.

Na produção jornalística de Frei Betto também não ficaram de fora textos sobre temas políticos latino-americanos. Esse é o caso do artigo que publicou no *Le Monde Diplomatique Brasil* em outubro de 2014, no qual apresentou um conjunto de reflexões em torno dos impasses então vividos pelos governantes progressistas do continente.[259]

Segundo Betto, a América Latina, na segunda década do século XXI, vivia uma situação inédita na sua história: a presença predominante de governos democrático-populares eleitos pelo voto popular e oriundos da esquerda. Esses governos, malgrado suas diferenças, teriam como traço comum e como horizonte a construção de projetos de sociedade alternativos ao capitalismo. Para tanto, trataram de impulsionar a aplicação de políticas sociais tendo em vista a inclusão social e a incorporação de segmentos marginalizados nos marcos regulatórios da cidadania. Os resultados sociais se mostraram eloquentes, conforme dados do Unicef mostrados pelo autor: "Entre 2003 e 2011, mais de 70 milhões de pessoas saíram da pobreza no Continente; a taxa de mortalidade de crianças menores de 5 anos foi reduzida em 69% entre 1990 e 2013; [...] as matrículas no ensino fundamental subiram, de 87% em 1991, para 95,3% em 2011."

Esse ciclo político de governos de esquerda, por outro lado, não serviu de obstáculo para barrar ou mesmo interromper outro processo que veio a se consolidar no continente nas últimas décadas: o predomínio do capital financeiro, voltado, segundo o autor, "à reprodução e concentração do grande capital, que se apoia no poder de seus países de origem para promover, desde os países-hospedeiros, exportação de capital, mercadorias e tecnologias, e apropriar-se das riquezas naturais e da mais-valia". Em suma: estava criada uma situação híbrida – e certamente provisória – marcada pela coexistência de governos e projetos políticos de esquerda com o poder de expansão contínua do capital.

Para o articulista, os governos progressistas podem reagir a esse quadro de desafios de duas maneiras. Se o que pretendem fazer é enfrentar e reduzir o poder do grande capital, Betto apontava que não há outra via "senão a intensa mobilização dos movimentos sociais, uma vez que, na atual conjuntura, a via revolucionária está descartada e, aliás, só interessaria a dois setores: extrema direita e fabricantes de armas". Porém, se o que se pretende é assegurar o desempenho do grande capital, então, previu Betto, "os governos progressistas terão de se adequar para, cada vez mais, cooptar, controlar ou criminalizar e reprimir os movimentos sociais. Toda tentativa de equilíbrio entre os dois polos seria, de fato, contrair núpcias com o capital e, ao mesmo tempo, flertar com os movimentos sociais no intento de apenas seduzi-los e neutralizá-los".

O articulista concluía nos seguintes termos:

> Esse desafio não pode depender apenas dos governos. Ele se estende aos movimentos sociais e aos partidos progressistas, que, o quanto antes, precisam atuar como "intelectuais orgânicos", socializando o debate sobre avanços e contradições, dificuldades e propostas, de modo a alargar sempre mais o imaginário centrado na libertação do povo e na conquista de um modelo de sociedade pós-capitalista verdadeiramente emancipatório.

Frei Betto permanece atento e acompanha de perto os processos políticos no Brasil, na América Latina e no mundo. E o faz dividindo suas análises e opiniões com o público leitor. Por mais que, como articulista, tenha liberdade para tratar dos mais variados temas, é possível perceber, na sua larga produção jornalística voltada para as questões políticas, um traço recorrente: o interesse em debater com a sociedade em geral, e com segmentos das esquerdas em particular, as condições necessárias para a construção do que chama um "modelo de sociedade pós-capitalista e emancipatório", o que se pode traduzir como uma sociedade assentada em bases socialistas.

A Igreja de Francisco

Em 13 de março de 2013, a bimilenar Igreja Católica, bastante abalada por denúncias de corrupção e por escândalos de pedofilia, recebeu um sopro de ar fresco: o conclave dos cardeais eleitores, de forma inédita e para surpresa de muitos observadores, escolheu um religioso latino-americano para comandar a instituição. Na ocasião, foi eleito papa o cardeal argentino Jorge Mario Bergoglio, o qual, ato contínuo, tomou duas decisões de forte simbolismo: adotou o nome Francisco e apresentou-se aos fiéis que o saudavam na Praça São Pedro, no Vaticano, com um largo sorriso e sem as vestes pontificiais. A mensagem era clara: a Igreja, a partir daquele momento, inspirada em São Francisco de Assis, deveria pautar-se pelo despojamento e pela ação evangelizadora junto aos pobres.

Frei Betto, como articulista, escreveu inúmeros artigos em torno das mudanças na Igreja que tiveram como marco a renúncia de Bento XVI e a escolha de Francisco. Esses textos, em seu conjunto, são expressivos da forma como ele e outras figuras importantes da Teologia da Libertação no Brasil e na América Latina vêm acompanhando e dando suporte ao ministério de Francisco.

O articulista, em um primeiro momento, se manteve cauteloso quanto ao futuro da Igreja Católica nas mãos de Francisco. Foi o caso do artigo que publicou em *O Globo* no dia seguinte ao anúncio do nome do novo papa. Nele, vislumbrava três possibilidades para o ministério de Francisco. Caso o dirigente da Santa Sé assumisse as feições de "sacerdote", como o fizera João Paulo II, previa que "teremos uma Igreja voltada a seus próprios interesses como instituição clerical, com leigos tratados como ovelhas subservientes e desconfiança frente aos desafios da pós-modernidade". Caso preferisse ser um "doutor", como Bento XVI, "o novo pontífice reforçará uma Igreja mais mestra que mãe, na qual a preservação da doutrina tradicional importará mais do que encarnar a Igreja nos novos tempos em que vivemos, incapaz de ser, como São Paulo, grego com os gregos e judeu com os judeus". Por fim, ao tornar-se "profeta", tal como João XXIII, "o papa Francisco se empenhará numa profunda reforma da Igreja, para que nela transpareça a palavra e o testemunho de Jesus, no qual Deus se fez um de nós". Betto fechava o artigo com um reservado tom otimista: "*Habemus papam!* Já sabemos quem: Francisco. É a primeira vez na história que um papa adota o nome daquele que sonhou que a Igreja desabava e cabia a ele reconstruí-la. O tempo dirá a que veio."

Francisco não demorou muito tempo para dizer a que tinha vindo. Em novembro de 2013, divulgou o documento intitulado "*Evangelli Gaudium*" ("A alegria do Evangelho"), com as diretrizes gerais que passariam a reger seu pontificado. Em texto marcado pelo estilo simples direto, o novo papa exortava a Igreja a deixar a zona de conforto, a segurança burocrática e o confinamento doutrinal para sair em direção às ruas. Defendia uma Igreja menos centralizada, mais participativa e aberta para ouvir e compreender o outro. Exortava uma instituição evangelizadora e missionária e defendia o ecumenismo e o diálogo com os Estados, com a sociedade - que incluía o diálogo com as culturas e as ciências - e com os outros crentes que não faziam parte da Igreja Católica. O papa registrava ainda atenção especial às boas relações com o judaísmo e com os crentes do islamismo.

A respeito do diálogo com o Islã, Francisco assinalava na "*Evangelli Gaudium*":

> Não se deve jamais esquecer que eles "professam seguir a fé de Abraão, e conosco adoram o Deus único e misericordioso, que há de julgar os homens no último dia". Os escritos sagrados do Islã conservam parte dos ensinamentos cristãos; Jesus Cristo e Maria são objeto de profunda veneração e é admirável ver como jovens e idosos, mulheres e homens do Islã são capazes de dedicar diariamente tempo à oração e participar fielmente nos seus ritos religiosos. Ao mesmo tempo, muitos deles têm uma profunda convicção de que a própria vida, na sua totalidade, é de Deus e para Deus. Reconhecem também a necessidade de Lhe responder com um compromisso ético e com a misericórdia para com os mais pobres.

Ao abordar o tema dos desafios contemporâneos, Francisco desferia críticas frontais à economia de mercado, vista por ele como produtora de exclusão e desigualdade social. De modo enfático, alertava:

> Esta economia mata. Não é possível que a morte por enregelamento dum idoso sem abrigo não seja notícia, enquanto o é a descida de dois pontos na Bolsa. Isto é exclusão. [...] Hoje, tudo entra no jogo da competitividade e da lei do mais forte, onde o poderoso engole o mais fraco. Em consequência desta situação, grandes massas da população veem-se excluídas e marginalizadas: sem trabalho, sem perspectivas, num beco sem saída. O ser humano é considerado, em si mesmo, um bem de consumo que se pode usar e depois lançar fora.

Francisco atacava também um dos postulados básicos do liberalismo, que pressupõe que o crescimento econômico traz consigo maior equidade e maior inclusão. Segundo ele,

> esta opinião, que nunca foi confirmada pelos fatos, exprime uma confiança vaga e ingênua na bondade daqueles que detêm o poder econômico e nos mecanismos sacralizados do sistema econômico reinante. Entretanto, os excluídos continuam a esperar. Para se poder apoiar um estilo de vida que exclui os outros ou mesmo entusiasmar-se com este ideal egoísta, desenvolveu-se uma globalização da indiferença.

Em "Alegria do Evangelho", o papa também emitia sinais para os públicos externo e interno de que seu programa renovador não iria enfrentar determinados temas polêmicos e sensíveis, tais como o sacerdócio feminino e o aborto. Sobre a primeira questão, mostrava-se peremptório: "A reserva do sacerdócio aos homens, como um sinal de Cristo que se dá na Eucaristia, não é uma questão em aberto." Quanto ao aborto, além de combater a medida, reconhecia que a Igreja pouco tem feito "para acompanhar adequadamente as mulheres que estão em situações muito duras, nas quais o aborto lhes aparece como uma solução rápida para as suas profundas angústias, particularmente quando a vida que cresce nelas surgiu como resultado de uma violência ou num contexto de extrema pobreza". O papa terminava a seção com uma palavra de compaixão: "Quem pode deixar de compreender estas situações de tamanho sofrimento?"

Francisco, em sua exortação, propunha, portanto, uma Igreja "em saída", missionária e de "portas abertas" para o mundo. Coerentemente com esse princípio, o novo papa atuou também no sentido de descongelar as relações da Santa Sé com a Teologia da Libertação latino-americana, até então bastante marginalizada por seus antecessores que a viam como uma vertente desviante e de extração marxista. Prova disso foi o encontro privado que manteve na residência episcopal com o sacerdote peruano Gustavo Gutiérrez em setembro de 2013. Outra iniciativa de forte significado foi o reconhecimento do martírio e a beatificação de dom Óscar Romero, arcebispo salvadorenho assassinado em plena cerimônia religiosa em março de 1980. Para inúmeras comunidades cristãs do continente, o arcebispo salvadorenho, desde o seu assassinato, passara a ser considerado santo e era invocado como "São Romero da América Latina".

Leonardo Boff comentou desta maneira a beatificação de dom Óscar Romero:

> Morreu por causa da justiça, um dos bens maiores do Reino de Deus. Não morreu por razões da política local. Mas por causa de sua coragem de denunciar, no seu programa de rádio dominical, os torturadores e assassinos de tantos pobres e camponeses. O Papa Francisco, que vem do caldo cultural desta Igreja que se compromete com os invisíveis e com as vítimas da violência repressiva, entendeu o significado de sua vida. Abriu as portas para a sua beatificação e posterior canonização. Dom Romero é um exemplo de profunda santidade pessoal, santidade política (a que busca o bem de todos, especialmente dos deserdados), de um pastor que teve a coragem de dar a sua vida por seus irmãos e irmãs perseguidos.[260]

Frei Betto, em janeiro de 2014, solicitou em carta um encontro com o papa, que se realizou em abril daquele ano. A iniciativa contou com o apoio de jornalistas italianos e terminou por ser bem-sucedida: na manhã de 9 de abril, à porta da Basílica de São Pedro, no Vaticano, Betto pôde conversar alguns breves minutos com Francisco, logo em seguida à audiência geral que o Santo Padre concede às quartas-feiras.

"Foi rápido, mas consistente. Eu disse tudo o que precisava", relatou o religioso em entrevista à Agência Adital.[261] No encontro, Frei Betto agradeceu ao papa a atenção por ele dispensada ao 13º Encontro Nacional das Comunidades Eclesiais de Base, lembrando-o da importância das CEBS como base popular da Igreja. Ainda nessa linha, lembrou ao Santo Padre a necessidade de manter um diálogo aberto com a Teologia da Libertação. Pediu também atenção aos povos indígenas e colocou nas mãos do papa a reabilitação de dois frades dominicanos: Giordano Bruno e Mestre Eckhart. Ao fim do encontro, relata Betto, "terminei dizendo em latim: Fora dos pobres não há salvação. E Francisco falou: 'estou de acordo'".

Na entrevista, ao ser perguntado sobre outros possíveis temas que gostaria de tratar com o Santo Padre, Frei Betto assim respondeu: "Eu falaria da mudança do Estatuto da Mulher na Igreja, pois a mulher até hoje é considerada um ser inferior, por isso não pode ser sacerdote; falaria de Cuba, pediria para ele interferir pela libertação dos cinco cubanos, e falaria da importância dele valorizar os movimentos sociais."

A iniciativa de Frei Betto não foi bem recebida por setores conservadores católicos interessados em causar embaraços ao papa. Logo começaram a ser divulgadas notícias sobre a "audiência" que Francisco havia concedido ao "teólogo rebelde" brasileiro. De pronto, alguns porta-vozes do Vaticano trataram de desmentir a informação.

Para além desses encontros e desencontros, é fato que o programa e os primeiros movimentos de Francisco à frente da Igreja contribuíram para conter as alas mais conservadoras da instituição, ao mesmo tempo que deram novo fôlego a segmentos reformadores católicos em todo o mundo, particularmente na América Latina e no Brasil. Estava criada, portanto, uma atmosfera favorável ao debate e à discussão de temas amplos relativos ao papel que a Igreja deveria cumprir no novo milênio.

Frei Betto tratou de não perder essa oportunidade, haja vista o amplo espaço que conquistara na grande imprensa no contexto da eleição e das primeiras iniciativas de Francisco. Para ele, o caminho estava aberto para intensificar o debate e a divulgação de um programa de mudanças mais profundas nas estruturas eclesiásticas, conforme os princípios defendidos pela Teologia da Libertação. O religioso, por outro lado, tinha noção das resistências dos meios católicos mais conservadores que enfrentava e continuaria a enfrentar.

No dia 14 de agosto de 2014, Frei Betto publicou no jornal carioca *O Globo* um artigo intitulado "Profissão de fé". A modo de poesia, o texto explorava o contraste entre o universo religioso e a vida mundana com o intuito de registrar a presença de Deus em tudo e em todos. Questionava Betto: "E se em vez de canto gregoriano, eu disser pelo pubiano, aqui está Deus? [...] E se em vez de batina, eu disser vagina, aqui está Deus? [...] E se em vez de Pio, eu disser cio, aqui está Deus? E se em vez de consagrar, eu disser lupanar, aqui está Deus? [...] Está. (Deus só nega o desamor, jamais o que criou)."

A pregação de Frei Betto enfrentou severa reação por parte de dom Karl Josef Romer, então bispo emérito da arquidiocese do Rio de Janeiro e ex-bispo auxiliar e assessor teológico de dom Eugênio Sales. Em texto divulgado em 25 de agosto de 2014 no sítio eletrônico da arquidiocese do Rio de Janeiro sob o título "A 'religião' de Frei Betto", dom Romer partiu para o ataque direto. Chamou as estrofes de Betto de "meias-verdades" e citou, a título de exemplo, algumas delas, entre as quais aquela em que o articulista mencionava o lupanar (prostíbulo) como lugar da presença divina. Dom Romer declarou: "Que insânia: Deus seria o criador do lupanar?"

Em tom grave, o teólogo relembrou ainda que "o Senhor não deixará impune aquele que pronunciar em vão o seu nome (Ex 20,7; Dt 5,11)" e sublinhou que "Deus não nega o que Ele criou, mas maldiz o falso uso pelo qual o homem se corrompe e degrada o próximo e o mundo". Recordou trecho de São Paulo – "Receio que [...] eu tenha de chorar por muitos daqueles que pecaram e não fizeram penitência da impureza, fornicação e dissolução que cometeram (2 Cor 12,21)" – e questionou Frei Betto por esquecer que a "real bondade das criaturas que Deus nos oferece, só no uso correto é conservada e está em plenitude".

O curto e duro recado do bispo emérito se mostra consoante com uma das faces mais conhecidas do programa pastoral dos dois antecessores de Francisco – João Paulo II e Bento XVI. Nele, transparece a palavra disciplinadora da Igreja/autoridade, apressada em advertir, corrigir, controlar, vigiar e punir e ciosa em assegurar a salvação do seu rebanho.

Frei Betto, animado pela pregação do papa, tem se mantido na linha de frente da imprensa, ora dando suporte, ora apontando caminhos para a Igreja que surge pelas mãos de Francisco. Em 23 de janeiro de 2014, publicou artigo no jornal *O Dia* que tratava do polêmico tema do sexo e do celibato na Igreja Católica. "Há tempos", relembra o articulista, "a Teologia da Libertação e as teologias feministas defendem o fim do celibato obrigatório para sacerdotes católicos, o que não se justifica à luz da Bíblia. Pedro, escolhido primeiro papa, era casado (Marcos 1, 30), e na Igreja primitiva homens casados eram ordenados sacerdotes".

Betto também refutou o conhecido argumento em prol do celibato como uma forma de manter íntegro o patrimônio da Igreja. Respondeu: "Ora, se assim fosse, sacerdotes das Igrejas ortodoxa e anglicana e pastores protestantes, que se casam, já teriam levado suas comunidades à falência."

Para o articulista, o celibato deve ser visto "como uma opção de vida, sem a qualidade do matrimônio, que a Igreja enaltece como um dos sete sacramentos". E, se não é um dogma, "pode ser removido, facultando aos atuais e futuros sacerdotes optar ou não por ele. O que abriria aos cinco mil padres casados que vivem no Brasil a possibilidade se serem reintegrados ao ministério sacerdotal". A medida, conclui, poderia servir de estímulo para que, no futuro, "a Igreja Católica exclua a mulher do estatuto de segunda categoria, e permita a ela o acesso ao sacerdócio, assim como Jesus fez da samaritana e de Maria Madalena as primeiras apóstolas".

Os temas do aborto e da relação da Igreja Católica com os homossexuais também têm sido objeto das reflexões de Frei Betto. No tocante ao aborto, o religioso partilha da opinião de que, desde a fecundação, "já há vida com destino humano e, portanto, histórico. Sob a ótica cristã a dignidade de um ser não deriva daquilo que ele é e sim do que pode vir a ser. Por isso, o cristianismo defende os direitos inalienáveis dos que se situam no último degrau da escala humana e social". Para ele, porém, o debate sobre se o ser embrionário merece ou não reconhecimento de sua dignidade "não deve induzir ao moralismo intolerante, que ignora o drama de mulheres que optam pelo aborto por razões que não são de mero egoísmo ou conveniência social".[262]

O religioso vê com bons olhos a maneira como o Estado francês vem atuando a respeito dessa questão. Segundo ele, tudo deve ser feito pelo Estado para convencer a mulher a não abortar, mas a decisão final é dela. "Esse modelo, em primeiro lugar, fez com que acabasse o aborto clandestino e, portanto, diminuísse o índice de mortes. Em segundo lugar, o fato de o médico e o ministro da confissão religiosa da mulher induzirem-na a não abortar aumentou o índice de mulheres que foram à procura do aborto, mas decidiram assumir o filho", asseverou Betto.[263]

Frei Betto registrou que ele mesmo já tivera experiências nesse sentido. "Já recebi várias adolescentes nessa situação e sempre disse o seguinte: 'Tenha o filho e deixe aqui que eu crio, pode deixar na porta do convento.'. Nunca ninguém trouxe e hoje tenho uma porção de apadrinhados..." E concluiu: "Tenho uma posição aberta, acho que aborto em última instância é um direito da mulher e não pode ser criminalizado de jeito nenhum."[264]

Esse posicionamento de Frei Betto, particularmente no tocante à descriminalização, encontra pouco eco no Vaticano e na alta hierarquia católica brasileira. A CNBB, por exemplo, desde o começo dos anos 2000 tem intensificado campanhas contrárias a qualquer mudança na legislação favorável a dispositivos que propiciem a liberalização ou mesmo a descriminalização da interrupção da gravidez. Nesse sentido, entre outras iniciativas, promoveu a criação do Dia do Nascituro (8 de outubro) e da Semana Nacional da Vida – ocasiões para que "toda a Igreja continue afirmando sua posição favorável à vida desde o seio materno até o seu fim natural, bem como a dignidade da mulher e a proteção das crianças", afirmou dom Leonardo Steiner, bispo auxiliar de Brasília e então secretário-geral da CNBB.[265]

A CNBB, seguindo essa mesma tendência, tem sido uma das principais defensoras do Estatuto do Nascituro – um projeto de lei que está em discussão no Congresso Nacional e que, sob a ótica de amplos setores do movimento feminista, poderá representar um grave obstáculo a quaisquer iniciativas futuras que propugnam pela liberalização e pela descriminalização do aborto.

O grupo Católicas pelo Direito de Decidir, do qual fazem parte teólogas, sociólogas, professoras universitárias e militantes dos direitos humanos, reconhece a complexidade do tema em seus aspectos éticos, morais e religiosos, mas tem defendido que a questão do aborto não deve ser vista sob a ótica da disciplina moral, e sim no âmbito da esfera privada. Maria José Rosado, presidente do grupo, assim se pronunciou acerca da posição da Igreja contrária ao aborto para casos de microcefalia: "Uma mulher grávida contaminada pelo zika vírus pode gestar uma criança com microcefalia ou outras possibilidades de má-formação. Será justo obrigar essa mulher a levar sua gravidez adiante? Isso é ser cristão? Será que temos o direito de decidir pela vida de outras pessoas dessa maneira?"[266] E continuou: "Como é possível que os bispos não percebam que a proibição do aborto é seletiva e injusta socialmente, porque recai sobre as mulheres pobres e negras que vivem na periferia, sem as condições de saúde básicas, as mais sujeitas à epidemia do vírus zika?" Por fim, concluiu: "Se é impossível à Igreja reconhecer que é direito das mulheres o controle sobre sua capacidade de gerar novos seres humanos, seja, ao menos, capaz de compaixão, virtude tão cara ao Cristianismo."

Quanto ao tema da homossexualidade, Frei Betto se apresentou igualmente direto e assertivo em artigo publicado em *O Globo* a 23 de outubro de 2014. Segundo ele, é necessário que haja uma

> releitura do Evangelho pela ótica dos gays, como já se fez pela ótica feminina, já que a presença de Jesus entre nós foi lida pela ótica aramaica

> (Marcos); judaica (Mateus); pagã (Lucas); gnóstica (João); platônica (Agostinho) e aristotélica (Tomás de Aquino). A unidade na diversidade é uma característica da Igreja. Basta lembrar que são quatro os evangelhos, e não um só: quatro enfoques distintos sobre o mesmo Jesus.

Da mesma forma que Jesus, relembrou o articulista, "a Igreja não pode discriminar ninguém em razão de tendência sexual, cor da pele ou condição social." O que está em jogo, asseverou, "é a dignidade da pessoa humana, o direito dos casais gays serem protegidos pela lei civil e educarem seus filhos na fé cristã, o combate e a criminalização da homofobia, um grave pecado. A Igreja não pode continuar cúmplice e, por isso, acaba de superar oficialmente a postura de considerar a homossexualidade um 'desvio' e 'intrinsecamente desordenada'".

"Deus é gay"?, perguntou Frei Betto. Respondeu: "'Deus é amor', diz a Primeira Carta do apóstolo João, e acrescenta 'o amor é de Deus e todo aquele que ama nasceu de Deus e conhece a Deus.' E se somos capazes de nos amar uns aos outros 'Deus permanece em nós'."

Frei Betto, em janeiro de 2016, publicou um artigo em que descreveu e examinou as linhas-mestras da presença dos frades dominicanos na América Latina.[267] O texto, elaborado em meio às comemorações dos oitocentos anos da fundação da Ordem dos Pregadores, pode também ser visto como um balanço do percurso evangélico do próprio autor e de sua geração.

Para Betto, a teologia dominicana no continente assumiu feições próprias e teve como ponto de partida "os valores evangélicos e a realidade marcada pela pobreza e a opressão". No contexto da América Latina, sublinhou, há que se levar em conta que

> todos nós, cristãos, somos discípulos de um prisioneiro político. Jesus não morreu doente na cama. Como tantos mártires latino-americanos, foi preso, torturado, julgado por dois poderes políticos e condenado à morte na cruz. Em uma realidade de injustiças e desigualdades como a nossa, a "perseguição por causa da justiça" se evidencia como bem-aventurança, pois define de que lado os discípulos de Jesus se situam no conflito social.

Para a família dominicana latino-americana, propôs Frei Betto, o desafio consiste em "ter a fé de Jesus, e não apenas fé em Jesus. A fé de Jesus se centrou na fidelidade ao projeto do Reino de Deus, que é assegurar 'que todos tenham vida e vida em abundância' (João 10,10), cujos protagonistas são, por excelência, os pobres e excluídos, com quem Jesus se identificou (Mateus 25,31-46), como tanto insiste o papa Francisco".

Segundo o articulista, a presença dominicana do Brasil advém de meados do século XIX e se voltou, em um primeiro momento, para o trabalho missioneiro junto aos povos indígenas de regiões do Centro-Oeste e Norte do país. Mais tarde, já na segunda metade do século XX, "o apostolado dominicano priorizou o meio estudantil, através dos movimentos da Ação Católica (JEC e JUC). Se a paz virá como fruto da justiça, urgia investir nas novas gerações que, desprovidas de bens patrimoniais e responsabilidades familiares, seriam capazes de se engajar no projeto de implantação da justiça". Nessa nova fase, acrescentou Betto, "a ótica da teologia do pecado se deslocou do pessoal para o social".

Com o advento do regime militar, sublinhou o articulista, os dominicanos brasileiros se empenharam na "defesa dos direitos dos mais pobres e pela conquista da liberdade democrática", dividindo-se entre os que "se engajaram na resistência direta à ditadura [...] [e os que] se inseriram no meio popular, na linha da 'opção pelos pobres', de modo a fazer das classes populares protagonistas na implantação do direito à justiça e das condições de paz". Coube especialmente à geração de Frei Betto levar adiante o enfrentamento direto do regime, como também cumprir um papel importante na travessia dos dominicanos em direção ao "mundo popular".

Frei Betto registrou, por fim, a presença no Brasil da Comissão Dominicana de Justiça e Paz, que vê como uma "expressão 'sacramental' das prioridades definidas pela Ordem, pelas congregações femininas, e do compromisso de frades, religiosas e leigos dominicanos com os movimentos populares comprometidos com a busca de 'outros mundos possíveis'".

Stella, estrela-mãe

Betto também se apraz em escrever crônicas na imprensa. Por meio desse gênero, gosta de contar casos, inventar pequenas histórias, produzir perfis e dividir com o leitor algumas lembranças e sentimentos pessoais. Reuniu um conjunto variado dessa produção no livro *Típicos tipos: coletânea de perfis literários*, com o qual obteve o prêmio Jabuti na categoria Crônicas e Contos (2005). No livro, o autor transita por figuras marcantes da sua vida, dedicando uma pequena crônica ao pai, Antonio Carlos Vieira Christo, morto em setembro de 2002.

Betto fez o mesmo por ocasião do falecimento da mãe, em junho de 2011. Em crônica intitulada "Stella, estrela-mãe", o autor registra aspectos da personalidade marcante de dona Stella, assim como episódios da sua trajetória como militante da Ação Católica e como escritora consagrada de livros de culinária mineira. Segundo Betto, a mãe, falecida aos 93 anos, "transvivenciou como viveu: em casa, cercada pelos filhos e parentes, na suavidade de um voo de um pássaro exaurido em seu canto. [...] Casada durante 63 anos, deixou 7 filhos, 16 netos e 15 bisnetos".[268]

O corpo de Maria Stella Libanio Christo foi cremado no Parque Renascer, em Contagem, região metropolitana de Belo Horizonte, no dia 20 de junho, às 16 horas. Poucos dias depois, no início de uma manhã, às 5 horas, Frei Betto pegou a caixa que continha metade das cinzas de sua mãe e jogou sobre as ondas do mar de Copacabana, no Rio de Janeiro, junto com um ramo de flores. A outra metade havia sido dividida entre os sete irmãos vivos. A mãe de Betto queria que suas cinzas fossem jogadas no mar de Copacabana, bem em frente ao hotel Copacabana Palace, onde ela viveu momentos felizes com o marido Antonio Carlos e com os dois primeiros filhos, Luiz Fernando e Carlos Alberto.

No dia em que a doença de Stella foi detectada, Frei Betto chamou a amiga Christina Fonseca, que conhecera na adolescência, e o primo Arthur Vianna, para ir à casa da mãe. Queria desabafar: "O tempo dela é muito curto." Os três, juntos, beberam, choraram e ele desabou de sofrimento. Os quatro meses que se seguiram após a notícia de que Betto perderia a mãe foram muito sofridos para ele. No exato momento em que Stella faleceu estavam com ela Betto e vários familiares.

Dias depois da cremação, Frei Betto concelebrou missa na Igreja do Carmo, em Belo Horizonte, que a mãe frequentava. Depois disso, desapareceu por um tempo. Saiu em busca da solidão que tanto preza para digerir a dor da perda de seu amor maior. Ela era a confessora dele, sabia de tudo o que acontecia em sua vida. Mas ele jamais aceitou a afirmação de que sofria com o complexo de Édipo: "Não tenho complexo. Sou o próprio."

23
Linha de frente

Paulo Vannuchi, amigo de Betto desde o fim da década de 1960, foi ministro-chefe da Secretaria dos Direitos Humanos da Presidência da República entre 2005 e 2010. Em 2013, já fora do governo, publicou um texto em que, ao lado de detalhar aspectos da sua gestão à frente da pasta, apresentou um painel histórico da maneira pela qual o tema dos direitos humanos começou a ganhar projeção no Brasil. Esse fenômeno teria se dado, segundo ele, em pleno regime militar quando a violação sistemática de direitos promovida pelos agentes do Estado fez brotar "um novo impulso mobilizador e uma nova consciência duradoura sobre o tema".

A partir daí, registrou Vannuchi:

> segmentos de esquerda, que haviam se mantido afastados e desconfiados de um ideário que incorporava tantos preceitos do liberalismo político, passaram a mudar de atitude, romper dogmas ideológicos e mergulhar no esforço de afirmação dos direitos humanos, reconhecendo, finalmente, que essa construção política assimila e até ultrapassa muitos dos horizontes utópicos vislumbrados pelo pensamento socialista de todas as épocas.[269]

Dois outros vetores contribuíram para colocar a luta pelos direitos humanos na agenda pública brasileira nas décadas de 1970 e 1980. Um deles foi o crescente envolvimento de importantes segmentos da Igreja Católica com o tema, o qual passou a ser associado à defesa dos direitos fundamentais dos presos políticos e perseguidos pelo regime militar. Foi nesse contexto que figuras-chaves da instituição colocaram a funcionar órgãos que se mostrariam estratégicos para a afirmação de uma cultura de direitos no país: a Comissão de Justiça e Paz do Brasil e as Comissões Regionais de Justiça e Paz. A mais ativa dessas comissões foi a de São Paulo, impulsionada pela liderança do cardeal dom Paulo Evaristo Arns.[270]

No plano externo, os ventos também eram favoráveis, haja vista, entre outros fatores, a eleição de Jimmy Carter para o governo dos Estados Unidos. O novo presidente, ao contrário dos seus antecessores, era liberal e favorável à adoção de uma política externa pautada pela defesa dos direitos humanos. O mesmo a dizer de vários governos europeus que, naquela conjuntura, intensificaram a pressão junto ao governo ditatorial contra as violações dos direitos humanos no Brasil.

Frei Betto, fiel ao seu estilo inquieto, atuou em várias frentes na luta pelos direitos humanos. Uma delas foi sua participação na fase final do projeto "Brasil Nunca Mais". Durante seis anos, em 1979 e 1985, uma equipe formada por advogados, militantes de direitos humanos, historiadores, ex-presos políticos, jornalistas, sociólogos e técnicos de informática, coordenada por dom Paulo Evaristo Arns e pelo reverendo Jaime Wright, em total sigilo, trabalhou na produção de um perfil detalhado da repressão policial-militar no país entre a derrubada do presidente João Goulart e a posse do último general-presidente, João Figueiredo, em 1979, tomando por base um amplo levantamento de fontes originárias da Justiça Militar.

Assegurado o apoio financeiro para o projeto, obtido junto ao Conselho Mundial de Igrejas (CMI), a estratégia adotada foi a de acessar e copiar o maior número possível de processos, dando-se prioridade àqueles que chegaram à esfera do Supremo Tribunal Militar (STM). No total, membros do projeto "lograram copiar secretamente 707 processos completos e dezenas de outros incompletos, [...] reunindo cerca de 1,2 milhão de páginas, com testemunhos e documentos produzidos pelo aparato repressivo ou por ele apropriado dos grupos dissidentes", registra a historiadora Janaína Teles.[271]

Compuseram a equipe a advogada Eny Moreira, idealizadora do projeto; os advogados Luiz Eduardo Greenhalgh, Mário Simas e Sigmaringa Seixas; a socióloga Vanya Santana e a historiadora Ana Maria Camargo; além dos ex-presos políticos Carlos Lichtsztejn e Sônia Hipólito, entre outros. Paulo Vannuchi, à época membro do Cepis, também cumpriu papel importante na coordenação e na finalização do *Brasil: nunca mais*, sempre sob a supervisão estrita de dom Paulo e de Jaime Wright.[272]

Todo o material levantado foi processado, coligido e transformado em um acervo organizado em seis tomos e doze volumes que versam sobre: as instituições do regime e a estrutura do aparato repressivo (tomo I); as linhas da pesquisa adotadas pelo projeto, a relação dos atingidos pela repressão e dos funcionários ligados ao aparato repressivo (tomo II); o perfil dos atingidos (tomo III); as leis repressivas (tomo IV); a tortura, com a transcrição de depoimentos de 1.843 pessoas com denúncias sobre torturas (tomo V); os mortos e desaparecidos políticos (tomo V); índices e inventários dos anexos (tomo VI).

Outro fruto do projeto foi a elaboração de um texto síntese publicado em livro para o grande público. Para dar conta dessa nova frente de trabalho, a coordenação do "Brasil Nunca Mais" convidou Frei Betto e o jornalista Ricardo Kotscho para a tarefa. Durante todo o ano de 1984, Betto e Koscho trabalharam nos capítulos do livro que foram cuidadosamente revisados pela coordenação geral do projeto.

O livro *Brasil: nunca mais* foi lançado a 15 de julho de 1985 e alcançou imediato sucesso. Com uma tiragem inicial de 25 mil exemplares e prefaciado por dom Paulo Evaristo Arns e Philip Potter (secretário-geral do CMI), o livro ocupou as manchetes dos principais jornais e revistas do país. Uma semana depois já figurava no primeiro lugar dos mais vendidos, mantendo essa posição durante 25 semanas. Em novembro daquele mesmo ano, a coordenação do projeto divulgou à imprensa a lista de 444 pessoas denunciadas como torturadores nos processos oficiais da Justiça Militar apurados pela pesquisa, no período de 1964 a 1979. Uma vez mais, o tema tomou conta do debate público.[273]

Não foram poucas as consequências do lançamento do projeto. Uma delas foi a de preservar uma ampla documentação relativa à repressão policial militar no país que poderia ter sido incinerada pelas autoridades do regime militar, repetindo a prática feita pela ditadura de Getúlio Vargas ao fim do Estado Novo (1945). Desde 1987, o acervo produzido pelo projeto encontra-se disponível para pesquisa no Arquivo Edgard Leuenrouth da Universidade de Campinas, configurando-se em um manancial de fontes fundamental para o conhecimento da história da ditadura brasileira.

Seu enorme sucesso editorial "só foi superado pela contribuição que a publicação oferece", avaliaram Evanize Sydow e Marilda Ferri. Para as autoras,

> embora não tenha sido o único elemento – outras forças se juntaram para pressionar o presidente José Sarney a assinar, em 1985, a Convenção das Nações Unidas contra a Tortura –, o livro certamente tem mérito por oferecer informações fidedignas sobre a violência durante os anos do governo militar. A Convenção foi aprovada pela Câmara dos Deputados

em junho de 1986. [...] Em 1988 [a prática de tortura] foi incluída na Constituição brasileira como crime.[274]

Frei Betto, a par do trabalho de redação no projeto Brasil Nunca Mais, atuaria ainda como articulista e educador no campo dos direitos humanos. Presença frequente nos espaços nobres dos principais jornais de São Paulo, o religioso não perdeu a oportunidade de denunciar a sistemática violação dos direitos humanos perpetrada por agentes públicos e privados no Brasil e no exterior. Paralelamente, escreveu e divulgou textos em torno do eixo educação e direitos humanos.

"Temporada de caça a brasileiros." Frei Betto partiu para o ataque ao dar esse título ao artigo que publicou no jornal *O Estado de S. Paulo* em 15 de maio de 1992. Trata-se de um texto em que expôs com todas as letras o cotidiano de extrema violência que grassava pela sociedade brasileira naquela quadra histórica. O tom apresentado era bastante duro, como mostra o trecho a seguir: "Para quem prefere matar crianças, a temporada é excelente, pois elas se multiplicam como moscas pelas ruas. Há métodos cansativos, como torcer-lhes o braço e apertar-lhes o pescoço com o pé, utilizado com êxito por um juiz de São Paulo." E continua: "Para quem prefere não sujar as mãos, basta contratar um pistoleiro, como fazem os latifundiários e grileiros que, nos últimos anos, mataram milhares de posseiros, líderes sindicais e até padres."

O articulista também assestou suas baterias para denunciar os desmandos e a violência da Polícia Militar (PM) de São Paulo, em especial da Rota – a tropa de elite da corporação. Na PM paulista, registrou Betto,

> aprende-se a odiar negros e a desprezar pobres, veste-se uma farda, ganha-se uma arma, monta-se numa possante viatura, e é só caçar o alvo. Dois rapazes conversando numa esquina na Zona Leste podem ser uma boa escolha. Ora, não importa que sejam bandidos. Se estiverem estragando a paisagem metropolitana, como sair de um casebre a bordo de um Santana último modelo, não vacile. Já se viu sair fusca enferrujado de mansão no Morumbi? Portanto, atire. Depois, pergunte...

A resposta da Polícia Militar não tardou. Frei Betto foi processado por crime de difamação. Para defendê-lo da acusação, o religioso contou com uma equipe de peso: o advogado Belisário dos Santos Jr., membro da Comissão de Justiça e Paz da arquidiocese de São Paulo e da Comissão de

Direitos Humanos do Conselho Federal da Ordem dos Advogados do Brasil; e como testemunhas de defesa, dom Paulo Evaristo Arns, Antônio Cândido, professor emérito da USP, Alfredo Bosi, professor titular da USP, Paulo Sérgio Pinheiro, diretor do Núcleo de Estudos de Violência da USP, além de Clóvis Rossi, jornalista da *Folha de S.Paulo.*

A abertura de processo contra Frei Betto também fez com que vários segmentos religiosos e da sociedade civil se mobilizassem contra uma eventual condenação do religioso. Centenas de manifestos, cartas e abaixo-assinados em defesa do réu foram encaminhados diretamente ao governador do estado de São Paulo, Luiz Antônio Fleury Filho, assim como ao então ministro da Justiça, Maurício Corrêa.[275]

Frei Betto prestou depoimento ao juiz Carlos Eduardo Morandini, da 3ª Vara Criminal de Santana, na capital paulista, no dia 2 de julho de 1993. Estava acompanhado do advogado de defesa; do frei Luis Sapiano, provincial dos dominicanos no Brasil; do frei Márcio Couto, prior do Convento de São Paulo; da mãe e da irmã Cecília. Na oportunidade, Frei Betto confirmou ao juiz a autoria do artigo "Temporada de caça a brasileiros", registrando a intenção de destacar a impunidade diante das várias formas de violência que ocorriam no Brasil. O religioso esclareceu que não tivera a intenção de ofender ou difamar a corporação militar, mas que, como "jornalista, cristão e contribuinte", se viu no dever de chamar atenção para uma pequena parcela da corporação que pratica a violência.

O juiz Carlos Eduardo Morandini, a 14 de julho, pronunciou sentença favorável ao religioso, absolvendo-o da acusação de crime contra a honra dos membros da PM. Na sentença, o juiz alegou que Frei Betto exercera apenas o direito de crítica. Duas semanas depois, Betto escreveu uma carta de agradecimento aos amigos e a todos que o apoiaram naquela situação. Nela, fez um relato do depoimento prestado à justiça, ao mesmo tempo que fez questão de manifestar gratidão ao advogado, às testemunhas de defesa e ao apoio recebido em todo o país. Registrou ainda o suporte que recebeu dos confrades dominicanos e do geral da Ordem, frei Timothy Radcliffe.

Frei Betto concluiu a carta registrando que não havia o que comemorar. E alertou: "As violências policiais prosseguem, agravadas agora pela chacina da Candelária, no Rio, quando 8 menores foram assassinados a sangue-frio, enquanto dormiam à porta da catedral, na madrugada de 23 de julho último. Só no Rio de Janeiro, já somam 424 os menores mortos por violência este ano."[276]

O religioso, nas décadas seguintes, se manteve na linha de frente no combate à violência policial e à omissão das autoridades judiciais e políticas. Em artigo publicado no jornal *O Globo*, a 25 de agosto de 2015, sob o título "Chacinas em série. Até quando?", apresentou ao leitor alguns aspectos da tragédia cotidiana brasileira. O tom de indignação do articulista é o mesmo do que fora adotado 23 anos antes. Registrou: "Arvorados na arrogância de um gigante deitado em berço esplêndido, colecionamos, como troféus de alta criminalidade, as chacinas de Carandiru (1992), Vigário Geral (1993), Ianomâmis (1993), Candelária (1993), Corumbiara (1995) e Eldorado de Carajás (1996). Tantos mortos, poucos acusados, raros indiciados."

E seguiu: "Os 50 mil assassinatos registrados por ano no Brasil (mais do que o dobro de mortos nas guerras da Síria, do Iraque e do Afeganistão) nos colocam na triste condição de campeões mundiais do crime, segundo a ONU. De cada 100 assassinatos no mundo, 13 são no Brasil, secundado pela Índia, México, Colômbia, Rússia, África do Sul, Venezuela e EUA."

No artigo, Betto abordou, novamente, a questão sensível da formação dos policiais.

> Como se faz a boa formação de um policial? É ensinado a ele o que são direitos humanos ou os veteranos incutem no novato que "bandido bom é bandido morto"? [...] Recebe aulas de ética ou se vale da função para extorquir comerciantes? Culmina a sua formação consciente da importância de denunciar colegas corruptos e assassinos, ou considera a corporação acima do bem e do mal?

O articulista concluiu cobrando providências das autoridades e uma nova atitude por parte do leitor/eleitor. Questionou: "E nós, quando vamos refletir antes de eleger autoridades cúmplices e omissas?" Não deixou ainda de advertir a própria Igreja Católica, ao assim fechar o artigo: "Sequer cuidamos de fazer com que os sinos dobrem pelas vítimas de chacinas nas áreas do país em que predominam a pobreza e o descaso do Estado."

Frei Betto também não tem se furtado a participar do debate público que, nos últimos anos, vem ocorrendo no país em torno da redução da menoridade penal, de 18 para 16 anos. Amplos segmentos políticos, da mídia e do aparato judicial têm se mostrado favoráveis à medida como resposta ao aumento da criminalidade. Consideram a legislação pertinente sobre o assunto – em particular o Estatuto da Criança e do Adolescente – permissiva e incapaz de enfrentar o problema e propõem a redução como medida de cunho dissuasivo que deverá contribuir para intimidar os adolescentes infratores.

O religioso enfrenta a questão por outro lado, conforme registrou no artigo "Aumento da penalidade adulta", publicado a 23 de julho de 2015 no site da Adital. Para o articulista, a proposta de redução da menoridade penal significava "lavar as mãos, como Pilatos, diante do descaso para com as crianças e adolescentes". Defendeu maiores investimentos para ampliar a oferta de educação pública gratuita em tempo integral e uma política mais efetiva por parte do governo na erradicação do trabalho infantil. Registrou, fiel ao seu estilo: "O projeto para mudar tal anomalia [exploração do trabalho infantil] trafega lentamente no Congresso. Há parlamentares que defendem, abertamente, ser preferível uma criança 'trabalhando que roubando'. Ou seja, o adulto pode, impunemente, explorar mão de obra infantil. Mas se a criança furtar, dá-lhe cadeia e penalidade severa." E finalizou:

> Enquanto adultos tentam se eximir de suas responsabilidades e propõem reduzir a menoridade penal, sem enfrentar as causas da criminalidade infantil e da miséria, em Itaguaí (RJ) crianças de 9 a 13 anos chegam a ganhar R$ 1 mil por semana do narcotráfico para serem olheiros em bocas de fumo, vapores (vender pequenas quantidades de drogas) e monitorar o acesso aos pontos de venda.

Nos últimos tempos, o frade tem dado atenção redobrada às questões ecológicas e ao drama dos refugiados políticos no mundo. Quanto ao primeiro tema, ele e o sociólogo Michael Löwy, entre outros, têm colocado em pauta a necessidade de se construírem as bases do que chamam de "ecossocialismo", ou seja, uma "corrente de pensamento e de ação que preconiza ao mesmo tempo a defesa ecológica do meio ambiente e a luta por uma sociedade socialista, inspirada nos valores da liberdade, igualdade e solidariedade".[277]

Este projeto, segundo Betto e Löwy, é o de uma sociedade ecossocialista capaz de "incorporar conceito e práticas *de* igualdade social e desenvolvimento sustentável, a partir das experiências dos movimentos sociais e ecológicos, assim como da Revolução Cubana, do levante zapatista do Chiapas, dos assentamentos do MST... Temos que incluir em nossa utopia nosso projeto e nosso programa os paradigmas ora emergentes, como ecologia, indigenismo, ética comunitária, formação de subjetividades solidárias, espiritualidade, feminismo, holística".[278]

Paralelamente, o religioso tem publicado artigos de intervenção em que chama atenção do leitor para a gravidade dos problemas ecológicos no país e no mundo. Em um deles, publicado na *Folha de S.Paulo*, a 26 de fevereiro de 2016, ele traçou um quadro das enormes repercussões que se seguiram ao rompimento da Barragem do Fundão, em Mariana (MG), o qual se constituiu no maior desastre ambiental da história do Brasil. A tragédia, ocorrida em novembro de 2015, resultou em 19 mortos; 300 mil habitantes sem água limpa para beber; 11 toneladas de peixes mortos e 120 nascentes e mangues soterrados. Os 55 milhões de metros cúbicos de lama despejados no rio Doce e adjacências transformaram um dos mais importantes cursos de água do país em um verdadeiro "mar de lama".

No artigo, Frei Betto disparou a metralhadora giratória. Um dos alvos foi a Samarco – a empresa responsável pela barragem –, que teria, segundo ele, privilegiado o aumento da produção e dos lucros à segurança das populações dos arredores da barragem. Outro alvo de crítica foi o governo federal, que se apresenta sem "visão estratégica" para construir uma política de largo alcance para o problema das centenas de barragens em Minas Gerais e em outros estados brasileiros.

Ao lado disso, registrou o articulista, há falta de empenho real das autoridades governamentais (federal, estaduais e municipais) na adoção de um programa efetivo de preservação ambiental. Em Minas Gerais, por exemplo, "o Sisema (Sistema Estadual de Meio Ambiente e Recursos Hídricos) recebe apenas 0,5% do orçamento público. Depois da Secretaria de Fazenda, quem mais arrecada é a do Meio Ambiente e Desenvolvimento Sustentável (Semad). Mas todo o dinheiro, recolhido pela Secretaria de Planejamento, vai para outros gastos do estado, resta no final uma ninharia para a Semad". "Enquanto economia e política não forem ecologizadas", alertou Betto, "outras tragédias semelhantes poderão ocorrer".

Betto também radicalizou quando abordou na imprensa o tema do enorme fluxo de refugiados sírios, iraquianos e africanos que, nos últimos anos, tem se deslocado para a Turquia, Grécia, Itália e outros países da Europa Ocidental. Em artigo sob o título "Europa colhe o que plantou", o articulista apresentou alguns números da tragédia: "Em 2015, 332 mil imigrantes indocumentados já aportaram no Velho Continente. As águas do Mediterrâneo sepultaram, de janeiro a agosto deste ano, 2.500 fugitivos da miséria e da violência, em busca de um pouco de pão e paz."

E continuou: "Um dos casos mais dramáticos é o dos 71 imigrantes encontrados mortos em um caminhão frigorífero nas proximidades de Viena, asfixiados pela falta de ventilação. O que fizeram os nazistas nas décadas de 1930 e 40 agora se repete em escala menor, contudo de modo não menos trágico."[279]

Para Betto, a raiz do problema deveria ser buscada nos séculos de colonialismo europeu na África e no apoio político a regimes ditatoriais no Oriente. "Após extorquir riquezas naturais e sustentar ditadores sanguinários", asseverou o articulista,

> os europeus deixaram um lastro de miséria e violência. [...] A União Europeia apoiou a brutal intervenção dos EUA em países árabes. Após sustentar Saddam Hussein, Kadafi e Bashar al-Assad, as potências ocidentais, de olho no petróleo daqueles países, apelaram ao pretexto de terrorismo para derrubar suas antigas marionetes e deixar no lugar o caos.

O religioso concluiu o artigo em tom incisivo:

> Por que a Europa Ocidental não fechou suas fronteiras após a queda do muro de Berlim, quando se intensificou o movimento migratório do leste rumo ao oeste? Ora, os povos do leste têm traços eslavos, pele branca como a neve, olhos claros. Nada melhor do que ter como empregados - em hotéis, restaurantes, lojas e residências - gente de "boa aparência". O preconceito mata - suas vítimas e os valores humanos que teoricamente defendemos. E a discriminação releva a nossa verdadeira face.

Direitos e cidadania

A par da crítica frequente na imprensa às violações aos direitos individuais e coletivos, Frei Betto tem também publicado artigos em que apresenta reflexões e proposições em torno da construção de um plano educativo que tenha como principal foco a defesa e a divulgação dos direitos humanos no país.

Em "Educação em Direitos Humanos", por exemplo, o religioso defende que as iniciativas educativas nesse campo devam visar, em primeiro lugar, a qualificação dos agentes educadores, isto é, das pessoas, instituições e entidades envolvidas nos processos de formação. Propõe ainda que seja adotada uma noção de direitos humanos que não se esgote no reconhecimento formal dos direitos individuais, conforme presente em declarações e em textos constitucionais de vários países. Para ele,

> há direitos de natureza social, econômica e cultural – como ao trabalho, à greve, à saúde, à educação gratuita, à estabilidade do emprego, à moradia digna [...] etc. – que dependem, para sua viabilização, da ação política e administrativa do Estado. Nesse sentido, o direito pessoal e coletivo à organização e atuação política torna-se, hoje, a condição de possibilidade de um Estado verdadeiramente democrático.[280]

É com base nesse pressuposto que Frei Betto propõe um programa de ação educativa que deva necessariamente englobar

> os direitos da liberdade (proclamados pelas revoluções burguesas do século XVIII), os direitos da igualdade (exigidas pelas conquistas sociais do século XIX) e pelo direito da solidariedade (reconhecidos no século XX após a Segunda Guerra). Entre os direitos de solidariedade destacam-se o direito à paz, ao desenvolvimento, à autodeterminação, ao ambiente natural ecologicamente equilibrado, à paridade nas relações comerciais entre países e à utilização do patrimônio comum da humanidade.

Para ele, um programa educativo em direitos humanos precisa suscitar a capacidade de reflexão e crítica dos alunos, bem como a aquisição do saber, o acolhimento ao próximo, a sensibilidade estética etc. Sugere ao educador o uso de metodologias ativas que induzam os educandos à participação social; à contradição; à visão universal que supere etnias, classes, nações etc.; estimulando a criatividade, fortalecendo os vínculos com a comunidade e tendo como referência a realidade na qual se vive hoje."

Frei Betto defende que a ação educativa no campo dos direitos humanos seja voltada para a justiça e para a paz. Prega o religioso: "Uma pessoa só pode dimensionar bem seus próprios direitos na medida em que reconhecer os direitos alheios, sobretudo aqueles que são fundamentais para a sobrevivência. Assim, no centro do processo pedagógico deve estar, como eixo, aqueles que têm os direitos essenciais negados: os pobres e as vítimas da injustiça estrutural."

Betto, por fim, defende o uso do método Paulo Freire no trabalho educativo em direitos humanos. Segundo ele, por meio dessa metodologia, "o educador não educa; ajuda a educar e, ao fazê-lo, se predispõe à reeducação. E todo processo educativo tem como ponto de partida e chegada a ação dos sujeitos educados (educandos e educadores) na transformação da realidade em que se inserem".

Em seu trabalho como educador popular, ele sempre teve em mente criar e adaptar técnicas didáticas com o objetivo de atingir, sensibilizar e mobilizar os educandos. O mesmo a dizer quanto à elaboração de materiais de cunho educativo com linguagem atraente e adequada à realidade social e ao nível cognitivo dos alunos. Frei Betto repetiu essa mesma estratégia no campo dos direitos humanos quando trouxe a público o que chamou de a versão popular da Declaração Universal dos Direitos Humanos - uma adaptação livre do texto aprovado na Organização das Nações Unidas em 1948. Nela, o religioso, em estilo simples e direto, apresenta um conjunto de vinte preceitos em que condensa direitos individuais, coletivos e sociais.

A iniciativa de Betto foi bem-sucedida - basta ver a republicação e a disseminação da versão popular em vários meios impressos, como cartilhas, folhetos e planos; e eletrônicos, sites governamentais e de entidades vinculadas aos direitos humanos. A versão popular para a Declaração Universal dos Direitos Humanos na íntegra é a seguinte:

> Todos nascemos livres e somos iguais em dignidade e direitos.
>
> Todos temos direito à vida, à liberdade e à segurança pessoal e social.
>
> Todos temos direito de resguardar a casa, a família e a honra.
>
> Todos temos direito ao trabalho digno e bem remunerado.
>
> Todos temos o direito a descanso, lazer e férias.
>
> Todos temos direito à saúde e à assistência médica e hospitalar.
>
> Todos temos direito à instrução, à escola, à arte e à cultura.
>
> Todos temos direito ao amparo social na infância e na velhice.
>
> Todos temos direito à organização popular, sindical e política.
>
> Todos temos direito de eleger e ser eleitos às funções de governo.
>
> Todos temos direito à informação verdadeira e correta.
>
> Todos temos direito de ir e vir, mudar de cidade, de estado ou país.
>
> Todos temos direito de não sofrer nenhum tipo de discriminação.
>
> Ninguém pode ser torturado ou linchado, pois somos todos iguais perante a lei.
>
> Ninguém pode ser arbitrariamente preso ou privado do direito de defesa.
>
> Toda pessoa é inocente até que a Justiça, baseada na lei, prove o contrário.

> Todos temos liberdade de pensar, de nos manifestar, de nos reunir e de crer.
>
> Todos temos direito ao amor e aos frutos do amor.
>
> Todos temos o dever de respeitar e proteger os direitos da comunidade.
>
> Todos temos o dever de lutar pela conquista e ampliação desses direitos.[281]

Esse texto de Frei Betto, entre outros usos, tem servido de ponto de partida para a realização de eventos que têm cumprido o objetivo de divulgar para o público em geral o ideário dos direitos humanos. Foi esse o caso, por exemplo, da realização da II Mostra Itinerante de Fotografias em Direitos Humanos Edição Nacional - 2011, realizada pelo Observatório de Educação em Direitos Humanos da Universidade Estadual de São Paulo (Unesp), em agosto de 2011. Pelo regulamento da mostra, as fotografias deveriam aludir a um dos direitos especificados na versão popular de Frei Betto, caracterizando uma situação que demonstrasse o esforço para a efetivação de um dos direitos humanos ou uma situação de violação de um destes direitos.[282]

O mesmo a dizer da exposição *A arte dos direitos humanos*, também organizada pela Unesp. O evento reuniu trabalhos de 25 artistas plásticos que foram convidados pela curadoria da exposição a produzir obras em torno de questões relativas à cidadania e seus desafios. Cada artista deveria se inspirar em um direito expresso na versão popular de Frei Betto. A exposição foi exibida no hall da reitoria da Unesp entre 9 e 23 de janeiro de 2012.[283]

Desde 1987, Betto tem recebido inúmeros prêmios nacionais e internacionais em reconhecimento pelo trabalho que, há décadas, vem desenvolvendo em prol dos direitos humanos.[284] Tem também sido convidado a participar de conselhos de entidades de direitos humanos, tais como a Fundação Sueca de Direitos Humanos, da qual esteve envolvido entre 1991 e 1996, e a Comissão de Justiça e Paz de São Paulo, da qual compõe o conselho consultivo desde 2007. É membro do Conselho Mundial do Projeto José Martí de Solidariedade Internacional e, ao início do governo Flavio Pinto, foi considerado embaixador do estado do Maranhão na luta pela melhoria dos indicadores sociais.

O cardeal e o frade dominicano

Dom Paulo Evaristo Arns e Frei Betto, nas décadas finais do último século, ocuparam um espaço de relevo no campo dos direitos humanos no

Brasil. À frente da arquidiocese de São Paulo, dom Paulo espalhou a presença da Igreja Católica pela enorme periferia da capital, daí propiciando a criação de centenas de núcleos que contribuíram para a organização popular e para a propagação de uma cultura de direitos. Coube também ao cardeal de São Paulo uma ação incisiva contra as arbitrariedades do regime militar, ao mesmo tempo que avalizou, liderou e tornou público o projeto Brasil Nunca Mais.

Frei Betto, sem as mesmas responsabilidades institucionais de dom Paulo, reuniu condições para exercer com desenvoltura seu papel de articulador político no campo dos direitos humanos, ora participando de eventos como pregador, ora atuando como educador popular na periferia, ora ocupando os espaços da grande imprensa como defensor intransigente dos direitos das populações marginalizadas. Contando com o respaldo de dom Paulo e da Ordem dos Dominicanos, Betto, uma vez mais, colocou as vestes do homem-ponte, do mediador, daquele que se expunha e se mostrava capaz de promover a conexão e a inter-relação das diferentes frentes que compunham o campo dos direitos humanos, contribuindo para organizar e dar sentido à ação política desse campo.

Os nomes de dom Paulo e de Frei Betto, na última década, permaneceram como referência no campo dos direitos humanos no país. Boa prova disso foi a iniciativa da prefeitura de São de Paulo de criar, em 2014, o prêmio anual Dom Paulo Evaristo Arns de Direitos Humanos. Frei Betto foi escolhido o primeiro a receber a láurea.

Rogério Sottili, à época à frente da Secretaria de Direitos Humanos e Cidadania da prefeitura de São Paulo, foi o idealizador do prêmio e o principal responsável pela indicação do nome de Frei Betto para receber a homenagem. Sottili faz parte da importante ala gaúcha do Partido dos Trabalhadores. Foi líder estudantil e militante de movimentos sociais em fins da década de 1970 e começo da década seguinte. Foi membro do Centro de Assessoria Multiprofissional (Camp) – entidade voltada para dar apoio aos movimentos populares e sindicais gaúchos – e participou da criação da CUT/RS. Nessa ocasião, travou os primeiros contatos com Frei Betto. Também esteve com o religioso nas campanhas de Lula à Presidência da República.

Ao criar e levar adiante a ideia de criar o prêmio Dom Paulo Evaristo Arns, Sottili tinha em mente a ideia de dedicá-lo primeiramente a Frei Betto. "Eu me espelhei muito na vida e no trabalho de Frei Betto – por tudo que ele representou para mim – para a criação do prêmio", registrou o secretário.[285]

Na ocasião, Frei Betto, malgrado apoiar a reeleição de Dilma Rousseff à presidência da República, continuava a desferir críticas contundentes à direção do PT. Sottili, independentemente disso, achava que aquele era o momento de homenageá-lo.

> A ideia original de homenagear Frei Betto diz respeito a tudo que ele representou e representa para os direitos humanos. Mas quando começamos a pensar nisso, nos demos conta de que era importante assumir e assegurar a premiação exatamente naquele momento em que ele se apresentava crítico ao partido e ao nosso projeto. Exatamente para mostrar à opinião pública que a luta dos direitos humanos é republicana; ela não tem, e não pode ter, um viés ideológico-partidário.

Coube ao próprio Sottili defender o nome do religioso na comissão da prefeitura formada por ativistas dos direitos humanos, como Margarida Genevois, Flavia Schilling, Marco Antônio Barbosa, Paulo Vannuchi e outros. A indicação foi aprovada na comissão e depois referendada pelo prefeito Fernando Haddad.

Ao fazer o contato com Frei Betto para comunicá-lo do prêmio, o secretário sentiu que Betto precisava ser abraçado por aquelas pessoas que estiveram com ele por muito tempo e sempre o tiveram como uma referência. Sentiu que se fazia mesmo necessário um gesto de grandeza do PT, dos governos petistas, por tudo aquilo que Betto significava para eles. Concluiu Sottili: "Ele tem todo o direito de escrever *A mosca azul* e o que quiser e eu tenho todo o direito de não gostar e de criticá-lo. Isso não apaga absolutamente a importância que ele teve e tem na luta que foi e é de todos nós."

Estiveram presentes na cerimônia de entrega do prêmio – realizada no dia 10 de dezembro, dia internacional dos direitos humanos – o homenageado, o prefeito Fernando Haddad, Rogério Sottili e Margarida Genevois, representante de dom Paulo Evaristo Arns.

Frei Betto, na ocasião, depois dos agradecimentos de praxe, aproveitou a oportunidade para apoiar as iniciativas conduzidas pela prefeitura no sentido de regular o uso dos carros particulares e dar maior atenção ao transporte público. Suas palavras foram as seguintes: "Estou muito feliz por receber esta homenagem das mãos desta gestão, que tem como prioridade na administração da cidade de São Paulo a defesa dos direitos humanos. Isto é, infelizmente, ainda raro na administração pública. São os projetos e as metas pensadas em função da cidadania e não em função dos privilégios, dos carros, dos lucros e da especulação imobiliária."[286]

Margarida Genevois, em seu pronunciamento, fez questão de mencionar o trabalho dos dois homenageados – dom Paulo e Frei Betto. Segundo ela, "ambos foram sempre intransigentes defensores dos direitos humanos e têm muito em comum. Para os dois a religião é a comunhão que deve ser vivida na solidariedade dos pobres e injustiçados, no combate à miséria e na defesa da vida. E também no anúncio de que um outro mundo é possível, mas justo e livre, onde todos possam viver com dignidade e felicidade."[287]

24

Militante do Reino

Frei Betto comemorou 70 anos de idade em agosto de 2014. Na festa de aniversário realizada em Belo Horizonte, portando uma guayabera azul, traje típico cubano, o religioso recebeu dezenas de familiares e antigos e novos amigos. Por lá estiveram jornalistas, professores, empresários, dirigentes e ativistas de movimentos sociais, além de um bom número de membros dos grupos de oração e do Emaús, entre outros. O cardápio do almoço consistiu em uma "feijoada light" e um conjunto de sobremesas típicas mineiras. Antes dos comes e bebes, porém, os freis Osvaldo Rezende e João Xerri oficiaram uma missa dedicada ao homenageado, assistidos pelo monge Marcelo Barros, por Leonardo Boff e pelo próprio Betto. Ao final do ritual, houve rememorações, cantos, e coube a Betto a palavra final. Ele agradeceu aos presentes, dizendo-se afortunado por contar com inúmeros amigos por todo o Brasil e vários cantos do mundo.

Poucos dias antes, *O Globo* estampou, na seção livros, ampla reportagem sobre os 70 anos do seu articulista, que incluiu uma entrevista e uma ampla foto na qual Betto aparecia segurando um livro ao lado de uma mesa coberta de obras de sua autoria. O tema da entrevista foi a trajetória literária do frade e sua obsessão pela escrita. "Escrevo como quem respira; para sobreviver. Não suporto passar 48 horas sem redigir algo. Escrever e orar me fazem feliz", resumiu Frei Betto.[288] Como muitos de sua geração, Betto não pensa em parar de trabalhar. Continua na ativa, rodeado de amigos e livros. Em entrevista recente aos biógrafos, a modo de conversa, comentou aspectos do seu dia a dia e deu algumas indicações do que pretende fazer nos próximos anos.

A meditação tem sido um dos seus assuntos preferidos. Associa a prática da meditação à liberdade de ação e à redução do sofrimento. Tem estimulado os amigos a meditar e aos recalcitrantes recomenda a leitura do livro *10% mais feliz*, escrito pelo jornalista Dan Harris. Betto medita regularmente e diz que criou um método próprio de meditação, inspirado na leitura de São João da Cruz e Santa Teresa d'Ávila. "Os dois me ensinaram o caminho", resumiu.

Frei Betto continua morando no Convento das Perdizes, em São Paulo, e não interrompeu seu trabalho religioso e pastoral regular junto a grupos de oração no Brasil (São Paulo, Rio de Janeiro e Minas Gerais) e com comunidades religiosas na Itália. Prevê que, mais dia, menos dia, vai chegar uma hora em que irá deixar o trabalho pastoral na Itália. "Já fiz o que tinha de fazer", observou. Eventualmente, quando é convidado por alguma diocese ou ordem religiosa, desenvolve atividades de assessoria pastoral.

Mantém firmes seus vínculos afetivos e políticos com Cuba, embora projete também reduzir suas atividades naquele país no médio prazo. Considera que não terá o mesmo ímpeto, a mesma motivação para manter seu trabalho lá, e vê com enorme expectativa o futuro de Cuba. Nos eventos em que tem sido homenageado ou convidado, tem explicitado sua preocupação em defender concepções de cunho humanista que possam fazer frente às ameaças do neoliberalismo e do tecnicismo.

Betto dedica muito do seu tempo a preparar e proferir palestras e a escrever artigos para os jornais. Segundo ele, a maior parte da sua renda advém de palestras e não dos direitos autorais. "Nesse campo das palestras, há de tudo. Há desde aqueles que pagam qualquer preço, como também os que não querem pagar nada e eu sei que se trata de abuso – e aí não vou", relatou. Há também casos em que ele faz questão de ir, independentemente de qualquer pagamento, como nas ocasiões em que é convidado para participar de eventos promovidos pelo MST ou outros movimentos sociais.

Betto é articulista regular de jornais de Minas Gerais e do Rio e da revista *Caros Amigos*. Para dar contar dessa agenda, além de se manter informado com os últimos lançamentos dos livros que tratam de questões contemporâneas, costuma se valer de um banco de artigos que podem ser publicados a qualquer momento, independentemente da conjuntura. São os artigos que ele chama de "atemporais".

As manhãs de Betto costumam ser dedicadas à escrita. Inquieto, o escritor não se contenta em trabalhar em um único projeto. Está sempre a escrever muitas coisas ao mesmo tempo. Embora reitere o desejo de abandonar o ensaio e os livros de encomenda, não consegue – ou talvez mesmo não queira – se desvencilhar deles. Reconhece que lhe ocupam muito, ao mesmo tempo que considera que são os ensaios que o ajudam a obter recursos, a divulgar o restante da sua obra e a manter seu nome no mercado editorial.

Na entrevista, Betto não se afastou um milímetro das críticas que sistematicamente tem feito ao Partido dos Trabalhadores nos últimos anos. Registrou, em tom amargo, que não dá mais para dizer que o PT é de esquerda. O partido, segundo ele, continua a fazer de tudo para alcançar ou permanecer no poder. E mais: "O PT no governo matou o movimento popular. Não deu espaço, não deu forças, não quis dialogar..."

"Não acredito em democracia sem movimento popular." Essa é uma das máximas de Frei Betto que ele repetiu na entrevista. Registrou que, nos últimos anos, entidades como a CUT e a UNE viraram representantes do governo e não das suas bases. O MST, segundo ele, dá apoio ao governo petista com base no raciocínio de que com a oposição no poder poderia ser pior. E, mais uma vez, exigiu: "Cadê a reforma agrária? Os assentamentos rurais? Quando a Dilma Rousseff estava em apuros ela chamava as centrais sindicais, os movimentos sociais para dialogar. Mas na hora das 'vacas gordas', ninguém queria saber de nada." O religioso concluiu com uma constatação: os movimentos sociais se encontram em estado muito incipiente no Brasil.

A narrativa grave permanece quando Frei Betto trata da situação atual e das perspectivas futuras da Teologia da Libertação latino-americana e da Ordem dos Pregadores. Para ele, os papas João Paulo II e Bento XVI mataram as comunidades eclesiais de base e neutralizaram a Teologia da Libertação. O trabalho de base, segundo ele, precisa muito da presença dos bispos e de padres, e nos últimos tempos muito pouca gente está interessada nisso. E exemplifica: "Saí do ABC paulista em 2002 e, até hoje, não se nomeou um assessor para a PO da região."

O religioso aproveitou a ocasião para relembrar um episódio ocorrido com ele em Santo André em meados de abril de 2004, às vésperas da Missa do Trabalhador, e que bem expressa aquele momento da Igreja marcado pelo conservadorismo. Dom Nelson Westrup, novo bispo da diocese de Santo André, lhe comunicou diretamente que ele não teria mais lugar no altar durante a cerimônia da missa, como fizera desde 1980. Alegou que o altar era espaço apenas dos consagrados e que Betto era um simples religioso. Betto também recebeu do cerimoniário da diocese a mensagem de que não deveria vestir o hábito dominicano. Ele respondeu ao funcionário da igreja que o bispo poderia excluí-lo do altar, mas não iria impedi-lo de vestir o hábito, já que não possuía autoridade para tal. E recordou: "Na ocasião, o pessoal da PO fez um ato de desagravo a mim, o que criou um grande constrangimento durante a celebração."[289] Frei Betto não voltou mais a participar da missa e, nos últimos anos, tem evitado estar presente em atos públicos em razão do assédio da imprensa.

A respeito do futuro da ordem dominicana, Frei Betto mostrou-se enfático. Afirmou que não acreditava mais num modelo de vida religiosa que recebe um jovem de vinte anos e diz para ele: "Você vai ser padre a vida inteira; fazer voto de castidade, pobreza e obediência." Para Betto, qualquer jovem que quisesse viver a experiência dominicana por dois ou três anos seria muito bem-vindo. Passado esse período, ele poderia ir embora. Registrou ele: "Frei Carlos Mesters tem uma expressão que gosto muito – 'todos os religiosos são militantes do reino'. A Igreja burocratizou a vida religiosa de tal maneira que nós não vemos nos religiosos que aí estão esse ímpeto militante. Muitos têm medo de se comprometer com as causas dos pobres." E continuou: "Quando eu estava preso e encontrava com o pessoal do partidão eu dizia para eles – 'vocês são muito mais religiosos do que nós. Vocês têm família, filhos e uma história de dedicação e entrega'."

Frei Betto, por fim, fez rápida análise acerca do pontificado de Francisco e sobre o futuro da Igreja Católica. Nesse caso, o religioso se mostra otimista, bastante otimista. Considera Francisco um divisor de águas na história da instituição e crê que o papa argentino deixará um legado enorme que será muito difícil de ser solapado ou superado.

Preocupado com a hora, Betto partiu célere da entrevista para outro compromisso. Disciplinado e amante da pontualidade, procura manter a agenda bem controlada e, de preferência, sobrecarregada. Para qualquer observador, não demonstra, em seus gestos e atitudes, o menor indício de que está mesmo no caminho de reduzir o que vem fazendo nas últimas décadas.

Escrever uma vida: desafios e opções

Para os biógrafos, em movimento inverso, chegara a hora de dar cabo de um projeto que começara cerca de quatro anos antes. Desde o começo, sabíamos bem que um dos nossos maiores desafios seria o de colocar no papel o registro de uma vida em eterno trânsito. Frei Betto, à sua maneira, não deixou de nos estimular e nos ajudou a colocar a roda para andar, nos fornecendo dados preciosos da sua agenda eletrônica.

Quando compartilhamos a notícia com colegas e amigos historiadores e jornalistas, a reação em geral foi positiva, ainda que alguns deles, em particular historiadores, fizessem questão de nos alertar para possíveis problemas que poderíamos enfrentar numa empreitada dessa natureza. Uma questão se referiu exatamente ao fato de Frei Betto ainda permanecer em plena atividade profissional. Não seria prudente esperar um pouco mais para termos uma melhor noção do legado do religioso para a história contemporânea do Brasil? Outra ordem de questões, diretamente derivada da primeira, diz respeito a toda sorte de eventuais constrangimentos – éticos, políticos, legais etc. – que poderiam advir quando da escrita da biografia, daí havendo de resultar ou livros anódinos, sem maior vigor analítico, ou meras apologias do personagem em tela.

Não é de agora que historiadores e jornalistas têm lidado com esses problemas e desafios quando partem para a escrita biográfica ou quando optam por escrever sobre temas quentes e processos ainda em curso. Em vários países, no Brasil inclusive, é crescente a demanda social – e o interesse de pesquisadores e alunos – pelo estudo de temas contemporâneos sob a perspectiva histórica. Tem sido em meio a tudo isso que, no campo dos estudos históricos, vem se afirmando a vertente conhecida como História do Tempo Presente, cuja principal marca distintiva é "a circunstância de estarmos, sujeito e objeto, mergulhados em uma mesma temporalidade, que, por assim dizer, não terminou", registra o historiador Carlos Fico.[290] Segundo ele, o conhecimento histórico produzido nessas condições pode – e tem sido – "confrontado pelo testemunho dos que viveram os fenômenos que [o historiador] busca narrar e/ou explicar".[291]

Sabedores desses riscos, e apostando na importância e na viabilidade do projeto, estabelecemos de antemão algumas diretrizes que nos serviram de guia. A primeira delas: não iríamos escrever a biografia definitiva de Betto ou de qualquer outro personagem. Até porque não acreditamos nisso. Todo livro é circunstancial e histórico e responde às exigências de sua época. Também partimos do pressuposto de que, sob nenhuma hipótese, nossa empatia pelo biografado poderia dar fundamento a um relato unidimensional, heroico ou santificado da vida de Frei Betto, e muito menos haveria de servir de pretexto para o leitor ter em mão um livro recheado de elogios vazios e segredos de polichinelo. Era nosso objetivo, ao lançarmos mão do método biográfico, explorar em profundidade o singular – no caso a vida de um personagem – como porta de entrada para o estudo de temas e problemas mais amplos.

Optamos ainda por um fluxo narrativo em que a linha cronológica, por vezes, cederia lugar ao estudo de temas que atravessassem os marcos temporais. Tal abordagem, além de possibilitar ao leitor transitar por temporalidades diversas, também se apresentaria operacional para romper com perspectivas teleológicas ou unívocas em torno da vida e da obra de Frei Betto. Por fim, ao escrevermos o livro a quatro mãos, tratamos logo de optar por uma linguagem simples e voltada para um público amplo e que estivesse interessado em conhecer a história de Betto e do país. Todo esse programa foi transposto para o livro e está sob o escrutínio do leitor.

Escrita biográfica e construção identitária são irmãos siameses. Para o biógrafo, a pergunta-chave que o persegue poderia ser assim resumida: afinal de contas, quem é esse personagem? Essa questão, de pronto, pode se desdobrar em outras duas, igualmente importantes: como é possível defini-lo? E mais: qual foi, de fato, o seu papel para a História?

Há tempos, os biógrafos sabem que qualquer indivíduo é múltiplo e constrói e reconstrói sua identidade ao longo do tempo em um emaranhado de relações.[292] Em razão disso, eles têm evitado produzir respostas únicas e prontas sobre essas questões. No nosso caso, nunca tivemos qualquer pretensão nesse sentido. Ao contrário, em lugar de interpretações de cunho totalizante, propusemos ao leitor uma longa viagem pela trajetória de Frei Betto no tempo, quando muito chamando atenção para determinados momentos de inflexão na sua biografia que terminaram por se mostrar decisivos para o religioso afirmar uma marca própria no âmbito da Teologia da Libertação e no campo popular.

Independentemente desses cuidados, registramos no texto, em vários momentos, alguns aspectos da vida e da obra de Betto que, em tese, podem servir de subsídios para estudos futuros sobre o religioso e sobre o papel que ele desempenhou – e continua a desempenhar – na vida social e política brasileira e latino-americana contemporânea. No nosso modo de entender, Betto reuniu condições específicas para se colocar como um dos principais artífices do que se poderia designar como o "campo popular brasileiro", ora operando na formação de lideranças de base, ora articulando a construção de entidades de cunho nacional, ora agregando figuras-chave da Teologia da Libertação, ora dando sentido político a esse conjunto de movimentos por intermédio de seus livros e palestras. Contando com o apoio de lideranças da Igreja Católica e com o indispensável respaldo de dirigentes da Ordem dos Dominicanos, Frei Betto, por tudo isso, tornou-se a face mais conhecida da esquerda cristã brasileira que teve como horizonte construir um projeto que se fundamentou no conhecido axioma marxista: a emancipação dos trabalhadores deverá ser obra dos próprios trabalhadores.

Para muitos militantes do Reino, Betto inclusive, o Partido dos Trabalhadores foi visto como um instrumento que poderia dar sustentação política a esse projeto de construção do poder popular. Diante disso, Betto aceitou de bom grado o convite para compor o governo Lula. Em tese, ele iria para Brasília para realizar aquilo que sempre fizera: mobilizar os movimentos sociais em prol de projetos de transformação social, os quais, naquela ocasião, deveriam receber respaldo governamental. A meta-síntese do novo governo – a erradicação da fome, consubstanciada no programa Fome Zero – era a prova inconteste de que algo de novo estava por vir.

Durante quase dois anos, Betto enfrentou duros embates no governo, ora obtendo algumas vitórias, ora sofrendo derrotas. Passado algum tempo, tomou a decisão de sair de Brasília e retornar a São Paulo. Convencera-se de que o tempo da política formal e das instituições era muito diferente do seu. Selvino Heck, um dos seus auxiliares mais próximos durante os tempos do governo, comentou de forma perspicaz a decisão de Betto.

> Certa ocasião, ele nos disse que se via como alguém que deflagra, empurra os processos, mas não era aquele que faz as coisas andarem depois. E era verdade. Ele tem as ideias, formula a proposta, visualiza, enxerga, articula, faz os contatos, junta os pedaços, as pessoas, faz a coisa brotar, mas quando a coisas começam a se instalar, a crescer, ele não é mais o cara. Ele nos disse: "eu não sou isso". E eu concordo com ele.[293]

Sérgio Buarque de Holanda, em seu clássico *Raízes do Brasil*, ao estudar a colonização ibérica na América, estabeleceu a distinção entre a ação sistemática e ordenadora dos castelhanos, a quem designa como "ladrilhadores", e a presença mais flexível e menos apegada aos planos e normas dos portugueses, os chamados "semeadores".[294] Os primeiros erigiram centros urbanos cujo traçado "denuncia o esforço determinado de vencer e retificar a fantasia caprichosa da paisagem agreste: é um ato definido da vontade humana. As ruas não se deixam modelar pela sinuosidade e pelas asperezas do solo; impõem-lhes antes o acento voluntário da linha reta".[295] Já a cidade construída pelos portugueses, observa o historiador, "não é produto mental, não chega a contradizer o quadro da natureza, e sua silhueta se enlaça na linha da paisagem".[296]

Frei Betto, uma vez mais, pode ser visto como uma figura que transita entre dois mundos, no caso entre os dois tipos ideais propostos por Sergio Buarque. Trata-se de um militante dedicado que produz e defende suas proposições com vistas à construção do Reino, no aqui e agora. Ao mesmo tempo, não se anima nem lhe compraz o estabelecido, a permanência, a instituição. Prefere semear projetos, "fundar cidades", para logo depois seguir seu caminho.

Agradecimentos

Frei Betto: biografia conta muitas histórias e tem sua própria história. Escrito a quatro mãos, o livro é fruto de uma parceria que reúne uma jornalista e um historiador interessados em desenvolver e publicar pesquisas que têm como objeto o universo das esquerdas cristãs e suas conexões com os movimentos populares. Seja através de obras de cunho biográfico voltadas para um público amplo, seja por intermédio de artigos e livros de natureza acadêmica, nosso principal objetivo tem sido o de apresentar dados e de produzir análises e interpretações que levem o leitor a melhor compreender o significado histórico desses protagonistas e desses agentes coletivos em meio às transformações que têm marcado a vida brasileira e latino-americana nas últimas décadas.

Em 2012, convidamos Frei Betto a nos dar uma entrevista para compor o acervo de História Oral do Centro de Documentação e Pesquisa de História Contemporânea do Brasil (CPDOC) da Fundação Getulio Vargas (FGV), um dos mais importantes do país. Em cinco sessões, o frade dominicano nos relatou em detalhes sua trajetória como religioso, como militante político e social e como intelectual vinculado diretamente aos movimentos sociais. Durante o depoimento, sondamos Frei Betto quanto à possibilidade daquele depoimento servir de base para a elaboração de uma biografia. Aceita a proposta, tratamos de buscar meios para viabilizá-la o quanto antes. Para isso, tivemos a sorte de contar com o apoio determinante e decisivo de Alberto Salles, amigo de Frei Betto que se tornou também grande parceiro nosso.

Havia tempos, Alberto e seu filho, Bruno Salles, alimentavam a ideia de colocar no papel as inúmeras histórias que ouviram do frade dominicano em terras cubanas. A cada nova conversa, crescia em ambos o arrependimento por não ter em mãos um gravador para registrar todos os relatos. Quando falamos com Betto sobre a biografia, ele imediatamente nos deu o contato de Alberto para tocarmos o projeto em parceria. E foi o que se deu. Alberto abriu a agenda de contatos, buscou patrocinadores, marcou e participou de reuniões, enfim, saiu a campo para fazer com que a ideia se tornasse realidade. Por tudo isso, não poderíamos deixar de registar nosso agradecimento especial àquele que nos acompanhou e nos apoiou durante todas as etapas do projeto. Sua parceria foi essencial para que este livro se concretizasse.

Para viabilizar a elaboração do livro, obtivemos o indispensável apoio da Souza Cruz. Fernando Bomfliglio, Juliana Barreto – que também nos ajudou na pesquisa do jornal *Granma* – e Débora Muniz foram os responsáveis pela supervisão do projeto. Alexandre Carpenter, então à frente da Brascuba, abriu portas e garantiu respaldo para a finalização do livro, junto com Carlos Haddad e Daniella Kubler. Também agrademos a Edgar Esch, do Esch Café

Cleber Cardoso Nunes e Marilda Ferri foram fundamentais no exímio trabalho de administração e de acompanhamento técnico e financeiro do projeto, além da participação em pesquisas e no registro de depoimentos. Para dar conta do amazônico trabalho de transcrição das inúmeras entrevistas e de pesquisas, formamos um time atento e camarada constituído por Sérgio Fogaça, Cristiane Correia, Silvia Sydow e Andrea Collin. Para a primeira revisão geral do texto, tivemos o luxo de contar com Dora Rocha – amiga e profissional de primeira. Em Brasília, fomos permanentemente apoiados nas situações de dúvidas e de emergência quanto à execução do projeto junto ao Ministério da Cultura pelas atendentes e técnicas Carla Almeida e Adriana Alves, entre outros profissionais da Secretaria de Fomento e Incentivo à Cultura, que se mantiveram atenciosos conosco ao longo desses quatro anos. Liza Uema, Alberto Patrício Pereira e Maria José Gouvea foram parceiros na troca de impressões, na torcida e nos altos e baixos que envolvem um árduo trabalho como este.

Vários colegas nos ajudaram em diferentes fases do projeto. Trocamos ideias e impressões com Marco Morel, Paulo Fontes, Grimaldo Zachariaddes, Alexandre Fortes, Marcelo Thimóteo da Costa, Lucília de Almeida Neves Delgado, entre outros. Jorge Ferreira, caro amigo, fez a ponte necessária com a editora Civilização Brasileira. Celso Castro e Arbel Griner, da direção do CPDOC, nos garantiram o apoio necessário para a realização das entrevistas que deram origem à proposta da biografia. Italo Rocha foi responsável pelas gravações. Antonio Carlos Ribeiro Fester, escritor e jornalista, deu dicas valiosas sobre as redes de Frei Betto nos meios religiosos e culturais de São

Paulo. Aton Fon foi um interlocutor precioso durante todo o processo de elaboração do livro e nos abriu perspectivas riquíssimas de pesquisa.

Maria Helena Guimarães Pereira, agente literária de Frei Betto, nos proveu de preciosa seleção de artigos do religioso na imprensa nacional e internacional. Para os contatos em São Paulo, nós nos valemos da diligência e da atenção de Teca Carvalho, secretaria de Betto. Coube a ela nos acompanhar na visita que fizemos ao Convento das Perdizes, quando tivemos a oportunidade de, ao lado do prior frei Lino José Maria de Oliveira, conhecer de perto o dia a dia de Frei Betto e dos demais frades dominicanos. No Convento da Saúde, ainda em São Paulo, fomos recepcionados pelo frei Márcio Alexandre Couto e pelo frei Carlos Josaphat de Oliveira.

Na capital bandeirante, realizamos pesquisas documentais sobre as conexões de Frei Betto com os movimentos sociais no Centro de Documentação e Pesquisa Vergueiro, originalmente Centro Pastoral Vergueiro (CPV), e na Fundação Perseu Abramo (FPA). No CPV fomos atendidos com cuidado por Luiza Peixoto, que nos disponibilizou preciosa documentação sobre a história da Anampos e da Central de Movimentos Populares. Na FPA, a equipe do Centro Sérgio Buarque de Holanda (CSBH) nos ajudou na pesquisa sobre a história do movimento sindical e pastoral do ABC paulista.

Grande parte da pesquisa documental sobre a trajetória religiosa de Frei Betto foi realizada nos Arquivos da Província Dominicana Frei Bartolomeu de Las Casas, localizado em Belo Horizonte. Por lá estivemos várias vezes, podendo nos valer do suporte – e da boa conversa – de frei João Xerri, frei Oswaldo Rezende e frei Mário Taurinho. Jackson Augusto de Souza nos auxiliou a encontrar o caminho das pedras em meio a centenas de pastas que compõem aquele rico acervo. Ainda na capital mineira, tivemos a oportunidade de realizar pesquisas no Acervo dos Escritores Mineiros, sediado no campus da UFMG e coordenado e organizado por professores e funcionários da universidade.

Em Belo Horizonte, terra natal de Betto, fomos acolhidos pela família do religioso. Por lá estivemos algumas vezes, e desfrutamos a típica hospitalidade mineira, regada a café, doces e muita conversa. Nessas ocasiões, recolhemos detalhados depoimentos de Luís Fernando, Cecília e Dotte, Thereza e José Márcio, Leonardo, Breno e Eliane, e de Rodrigo e Michela. Júlia, sobrinha de Frei Betto, presenteou-nos com gravações que fez com a avó Stella em 2005 e 2006, quando contou histórias da origem da família Libanio Christo.

Em Vitória, fomos recepcionados pela saudosa Zezé Machado, por Victor Buaiz e membros da antiga equipe de Cáritas – Claudio Vereza, Tereza Cogo e Dante Pola. Recolhemos depoimentos, visitamos o barraco de Frei Betto e Fabiano ainda de pé no Morro de Santa Maria, e obtivemos inúmeros dados sobre a emergência dos movimentos populares no Espírito Santo. Essas pessoas tiveram a gentileza de nos enviar raras publicações desses movimentos assim como imagens da presença de Frei Betto em terras capixabas.

Nas inúmeras viagens, tivemos a sorte de encontrar bons parceiros. Na França, Marco Antonio Rodrigues Dias e Sonia Telles nos relembraram de forma preciosa os tempos da JEC e AP, e acabaram tornando-se nossos amigos para a vida toda. Em Havana, contamos com o apoio e o cuidado de Homero Acosta Álvarez, então secretário do Conselho de Estado, para a realização das entrevistas e obtenção de fontes documentais acerca da presença de Frei Betto em Cuba; do companheiro Juan Cabezas, que nos conduziu aos quatro cantos de Havana com muita atenção; e de Esther Perez, responsável pela tradução do livro para o espanhol. Na Nicarágua, Jeanne Laurent e Miguel D'Escoto; o saudoso Fernando Cardenal e Emilia Ruiz; Mónica Baltodano; Rafael Aragón; Ernesto Cardenal e Luz Marina Acosta; Uriel Molina e Manuel Aburto proporcionaram uma viagem aprofundada pela história da luta sandinista. Em Buenos Aires, Cláudia Korol nos colocou a par da criação da revista *América Libre*. Já no Rio de Janeiro, Mário Canivello nos ajudou nos contatos com Chico Buarque.

Compondo o livro, tivemos a honra de contar com textos de Fidel Castro e Fernando Morais, além de breves comentários sobre Frei Betto assinados por Adolfo Perez Esquivel, Chico Buarque, dom Paulo Evaristo Arns, Letícia Sabatella e Raduan Nassar. A todos, nossa palavra de gratidão.

Fomos muito bem recebidos e atendidos pela Civilização Brasileira. Nossos agradecimentos a Sergio Machado (*in memoriam*), Andreia Amaral, Leticia Feres, Ana Clara Werneck e Fábio Martins.

A cada um dos nossos entrevistados somos eternamente gratos. Ao rememorar suas trajetórias junto ao nosso biografado, vocês se tornaram parceiros fundamentais na construção desta obra.

Por fim, nossa palavra final de gratidão vai para Frei Betto, que nos municiou com tudo o que pôde para a realização do livro.

Notas

1. Carlos Fonseca Amador (1936–1976), fundador da Frente Sandinista de Libertação Nacional, morreu em combate nas montanhas da Nicarágua. A bandeira do país tem as cores preto e vermelho. (NOTA DOS AUTORES DESTA OBRA BIOGRÁFICA, COMO TODAS QUE SEGUEM.)
2. Esposa de Daniel Ortega, presidente da Nicarágua e dirigente da Revolução Sandinista.
3. Augusto César Sandino (1895–1934) liderou a rebelião nicaraguense contra a ocupação do país pelos Estados Unidos, entre 1927 e 1933. Foi assassinado em fevereiro de 1934.
4. Após o desaparecimento da União Soviética, em 1989, Cuba enfrentou um duro período de escassez, agravado pelo bloqueio imposto ao país pelo governo dos EUA. Àquela fase difícil, que durou de 1990 a 1995, os cubanos chamam de Período Especial.
5. O Voo da Solidariedade ocorreu em fevereiro de 1992 e foi organizado por Chico Buarque, Fernando Morais, Eric Nepomuceno, Leonardo Boff e Frei Betto. Levou 112 pessoas a Cuba, bem como medicamentos e outros materiais de primeira necessidade. (Vide Frei Betto, *Paraíso perdido – viagens ao mundo socialista*.)
6. Sobre os Cinco Heróis Cubanos, vide Fernando Morais, *Os últimos soldados da Guerra Fria – A história dos agentes secretos infiltrados por Cuba em organizações de extrema direita dos Estados Unidos*.
7. Sigla de União das Repúblicas Socialistas Soviéticas.
8. *Folha de S.Paulo*, 20/11/1985 e 21/11/1985.
9. Frei Betto, *Fidel e a religião*.
10. Frei Betto, *Recuerdos de Cuba: à luz dos 52 anos de Revolução*. Disponível em: <http://www.scielo.br/scielo.php?script=sci_arttext&pid=S0103-40142011000200017>.
11. Depoimento de Maria Stella Libanio Christo à neta Júlia Christo Brandão nos anos de 2005 e 2006.

12. Henrique Autran Dourado, "Comandante Juquinha, Indiana Jones e a Revolução de 32". Disponível em: <blogdohenriqueautran.blogspot.com.br/2013/06/comandante-juquinha-indiana-jones-e.html>.
13. Henrique Klenk, *A Ação Católica Brasileira e o personalismo: origens da abertura ao personalismo no Brasil.*
14. Texto de Frei Betto para o jornal *O Globo*, data desconhecida.
15. Clóvis Bulcão, *Os Guinle: a história de uma dinastia.*
16. *Ibid.*
17. Frei Betto, *Alfabetto, Autobiografia escolar.*
18. *Ibid.*, p. 78
19. *Ibid.*
20. Alicia Elizundia Ramírez, *Sueño y razón en Frei Betto. (Entrevista al fraile dominico, escritor y teólogo brasileño.)* Havana, inédito, 2012.
21. *Ibid.*, p. 121.
22. *Ibid.*, p. 105.
23. *Ibid.*, p. 167.
24. *Ibid.*, p. 167.
25. *Ibid.*, p. 167.
26. *Ibid.*, p. 168.
27. *Ibid.*, p. 169.
28. *Ibid.*, p. 170.
29. *Ibid.*, p. 133.
30. *Ibid.*, p. 136.
31. Depoimento de Carlos Alberto Libanio Christo ao Cedic. PUC-SP, São Paulo, 1997.
32. *Ibid.*
33. Jô de Araújo, *Recordações de um tempo sem memória*, p. 82.
34. Frei Betto, *O que a vida me ensinou*, p. 17.
35. Eliseu Lopes, "O itinerário de Frei Mateus", pp. 36–37.
36. Frei Betto, *Típicos tipos*, p. 192.
37. Herbert de Souza, Mateus: um frei com mania de absoluto, pp. 24–26.
38. Circular do Secretariado Nacional da Ação Católica, março de 1962. Fundo Juventude Estudantil Católica do Brasil (JECB). Cedic, PUC-SP, São Paulo.
39. Luiz Alberto Gomes de Souza, "A contraditória Igreja Católica nos anos de chumbo: apoio e profecia". *Carta Maior*, 19 de junho de 2014, disponível em: <http://cartamaior.com.br/?/Coluna/A-contraditoria-Igreja-Catolica-nos-anos-de-chumbo-apoio-e-profecia/31191>. Acesso em 19/4/2015.

40. Mais tarde, em novembro de 1969, o Convento das Perdizes foi invadido pelas forças policiais com o intuito de prender religiosos acusados de combater o regime ditatorial.
41. Frei Betto; Adélia Bezerra de Meneses e Thomaz Jensen (Orgs.). *Utopia urgente: escritos em homenagem ao frei Carlos Josaphat nos seus 80 anos*, p. 503.
42. Frei Mateus Rocha, "A Província Dominicana no Brasil: evocações", p. 9.
43. Darcy Ribeiro, *UnB: invenção e descaminho*, p. 27.
44. Conferir artigo em <http://www.freibetto.org/index.php/artigos/14-artigos/39-igreja-catolica-e-o-golpe-de-1964>. Acesso em 20/04/2015.
45. Frei Betto, *Alfabetto*, pp. 217–223.
46. Frei Betto, *O que a vida me ensinou*, pp. 162–165.
47. Frei Betto, *Alfabetto*, p. 236.
48. *Ibid.*, p. 236–237.
49. Narciso Kalili, "Revolução na Igreja". *Realidade*, n. 7, outubro, 1966.
50. Janio de Freitas Mota, "A greve do silêncio". *O Cruzeiro*, 22/7/1967.
51. Alicia Elizundia Ramírez, *Sueño y razón en Frei Betto. (Entrevista al fraile dominico, escritor y teólogo brasileño).* Havana, inédito, 2012.
52. Gisele Vitória, "As confissões do frade". *IstoÉ Gente*, 28/2/2000.
53. Cristiane Nova e Jorge Novoa (Orgs.). *Carlos Marighella: o homem por trás do mito*, 1999.
54. "Pronunciamentos do Agrupamento Comunista de São Paulo". In: *Escritos de Carlos Marighella.*
55. *Ibid.*
56. Jean Rodrigues Sales, *A luta armada contra a ditadura militar: a esquerda brasileira e a influência da Revolução Cubana.*
57. Jô de Araújo, *Recordações de um tempo sem memória.*
58. Enciclopédia Itaú Cultural e Mário Magalhães, *Marighella, o guerrilheiro que incendiou o mundo.*
59. Leneide Duarte-Plon e Clarisse Meireles, *Um homem torturado. Nos passos de frei Tito de Alencar.*
60. *Ibid.*
61. *Ibid.*
62. *Ibid.*
63. Jornal não mencionado. Arquivo dos Dominicanos, Belo Horizonte, Pasta C1A – Jornais.
64. Leneide Duarte-Plon e Clarisse Meireles, *Um homem torturado. Nos passos de frei Tito de Alencar.*

65. Frei Betto, *Batismo de sangue – Os dominicanos e a morte de Carlos Marighella.*
66. *Ibid.*
67. Entrevista de frei Fernando de Brito a Evanize Sydow. Conde, Bahia, 30/7/2015.
68. Roberto Romano, Frei Tito, D. Lucas e alguns paradoxos. In: Alípio Freire; Izaías Almada e J.A. de Granville Ponce (Orgs.). *Tiradentes, um presídio da ditadura.*
69. *Ibid.*
70. Entrevista de Rose Nogueira a Américo Freire e Evanize Sydow. São Paulo, 17/10/2013; Rose Nogueira, "Em corte seco". In: Alípio Freire; Izaías Almada e J.A. de Granville Ponce (Orgs.). *Tiradentes, um presídio da ditadura.*
71. Frei Betto, *Batismo de sangue – Os dominicanos e a morte de Carlos Marighella.*
72. Emiliano José, *Carlos Marighella, o inimigo número um da ditadura militar.*
73. *Ibid.*
74. Frei Betto, *Batismo de sangue – Os dominicanos e a morte de Carlos Marighella.*
75. *Ibid.*
76. *Ibid.*
77. Carta escrita por Antonio Carlos Vieira Christo, novembro/1969. Arquivo dos Dominicanos, Belo Horizonte.
78. Carta escrita por Antonio Carlos Vieira Christo, novembro/1969. Arquivo dos Dominicanos, Belo Horizonte.
79. Carta escrita por Antonio Carlos Vieira Christo, novembro/1969. Arquivo dos Dominicanos, Belo Horizonte.
80. Dominicanos defendem-se, *O Estado de S. Paulo*, 19/11/1969.
81. Frei Betto, *Batismo de sangue – Os dominicanos e a morte de Carlos Marighella.*
82. Frei Betto, *Das catacumbas.*
83. Mário Simas, *Gritos de justiça.*
84. *Ibid.*
85. Entrevista de Frei Betto aos autores.
86. Bispos já têm agendas. *O Estado de S. Paulo*, 17/5/1970.
87. Condenados 4 dominicanos que pertenciam ao grupo de Carlos Marighela, *Diário da Noite*, 15/9/1971.
88. Mário Simas, *Gritos de justiça.*
89. Frei Betto, *Das catacumbas.*

90. Evanize Sydow e Marilda Ferri, *Dom Paulo Evaristo Arns: um homem amado e perseguido.*

91. *Ibid.*

92. Programa Lugares da Memória. Presídio Tiradentes. Memorial da Resistência de São Paulo, São Paulo, 2014, p. 6.

93. Entrevista de Frei Betto aos autores.

94. Giorgio Callegari, "Holofotes sobre a repressão". In: Alípio Freire; Izaías Almada e J.A. de Granville Ponce (Orgs.). *Tiradentes, um presídio da ditadura.*

95. Maurice Politi, *Resistência atrás das grades.*

96. Frei Betto, *Diário de Fernando – Nos cárceres da ditadura militar brasileira.*

97. Maurice Politi, *Resistência atrás das grades.*

98. Entrevista de Frei Betto aos autores.

99. Maurice Politi, *Resistência atrás das grades.*

100. *Ibid.*

101. *Ibid*; Arquivo Nacional.

102. Evanize Sydow e Marilda Ferri, *Dom Paulo Evaristo Arns: um homem amado e perseguido.*

103. *Ibid.*

104. O livro *Resistência atrás das grades* (publicado em 2007 pela Editora Garamond) traz o diário escrito durante a greve de fome em Presidente Venceslau.

105. Frei Betto, *Diário de Fernando – Nos cárceres da ditadura militar brasileira.*

106. Mário Simas, *Gritos de justiça.*

107. José Ernanne Pinheiro, "O pensamento sociopolítico nos documentos da CNBB a partir do Vaticano II" (uma aproximação). In: José Ernanne Pinheiro e Antonio Aparecido Alves (Orgs.). *Os cristãos leigos no mundo da política à luz do Concílio Vaticano* II, pp. 81–82.

108. II *Conferência Geral do Episcopado Latino-Americano. Conclusões de Medellín.*

109. Luiz Alberto Gómez de Souza, "A caminhada de Medellín a Puebla." In: — . *Do Vaticano II a um novo concílio? O olhar de um cristão leigo sobre a Igreja*, p. 90.

110. Frei Betto, *Cartas da prisão, 1974*; – . *Das catacumbas, 1976*; – . *Oração na ação*, 1977; – . *Natal, a ameaça de um menino pobre*, 1978; – . *A semente e o fruto: a Igreja e a comunidade*, 1979; – . *A vida suspeita do subversivo Raul Parelo*, 1979. Obras em coautoria: Frei Betto *et alii*. *Experimentar Deus hoje*, 1974; Frei Fernando de Brito, frei Ivo Lesbaupin e Frei Betto. *O canto na*

fogueira. op. cit.; Frei Betto e Silvino Moreira. *Igreja, povo que se liberta*, 1978.

111. Evangelho de Lucas, capítulo 21, versículos 13 a 35.
112. Entrevista de Frei Betto citada em Antonio de Pádua Gurgel (Coord.). *Dom João Batista da Mota e Albuquerque*, p. 39.
113. Frei Betto, *A mosca azul: reflexão sobre o poder*, p. 45.
114. Conferir entrevista com Luis Fabiano e amplo estudo sobre seus trabalhos em Alfredo César da Veiga, *Teologia da Libertação: nascimento, expansão, recuo e sobrevivência da imagem dos anos 1970 à época atual.*
115. *Comunidades Eclesiais de Base: uma Igreja que nasce do povo.* (Encontro de Vitória, 1975.)
116. Frei Betto, CEBS*: rumo a uma nova sociedade. O 5º encontro das Comunidades Eclesiais de Base*, pp. 19–20.
117. *Ibid.*
118. Leonardo Boff, "O bispo que falava coisas". *Prêmio Dom Luis Gonzaga Fernandes*, p. 8.
119. Trecho de entrevista de Paulo Maldos citado em Bárbara Lopes, *Semeadores da utopia. A história do Cepis – Centro de Educação Popular do Instituto Sedes Sapientiae*, p. 59.
120. *Jornal do Brasil*, 26/3/1979, p. 15.
121. *Jornal do Brasil*, 31/3/1980, p. 21.
122. Éder Sader, *Quando novos personagens entraram em cena: experiências e lutas dos trabalhadores na Grande São Paulo*, p. 310.
123. Depoimento de Teresinha Toledo. *Pastoral Operária do* ABC *20 anos (1979–1999).* Diocese de Santo André, 1999, p. 73.
124. Frei Betto, *A mosca azul: reflexão sobre o poder*, p. 37.
125. Entrevista com Frei Betto. *O Pasquim*, 9 a 15 de janeiro de 1981, p. 19.
126. *Ibid.*, p. 66.
127. Entrevista de Frei Betto aos autores. Rio de Janeiro, 2012.
128. Paulo Freire e Frei Betto. *Essa escola chamada vida. Depoimentos ao repórter Ricardo Kotscho*, p. 82.
129. A expressão "fazedor de pontes" foi cunhada por Fernando Henrique Cardoso em discurso em homenagem a Frei Betto por ocasião da cerimônia da União Brasileira de Escritores na qual lhe foi entregue o prêmio Juca Pato. Disponível em: *O escritor.* Jornal da UBE (União Brasileira de Escritores), n. 42, set.out. 1986, p. 3.
130. Clarice Melamed Menezes e Ingrid Sarti, *Conclat 1981: a melhor expressão do movimento sindical brasileiro*, p. 54–56.

131. Sobre o papel da Anampos na criação da CUT, assinala Pedro Pontual: "Em 1983, quando faltava um mês e meio para a realização de um Congresso unificado, os companheiros da Conclat, hoje CGT, desistiram de sua realização. Acreditamos que a existência de uma articulação como a Anampos propiciou que, no prazo de 20 dias, pudéssemos [...] realizar o Congresso e fundar a Central Única dos Trabalhadores (CUT)." Ver Pedro Pontual, Rumo à Central de Movimentos Populares. *Movimento Popular.* São Paulo, Caderno Polis/CPV, 1989, p. 8. Betto registra que coube à Anampos levantar os recursos necessários à realização do congresso que deu origem à CUT. Para ele, a Anampos foi uma espécie de "mãe da CUT".
132. Dados citados em Maria da Glória Gohn, Conam, Anampos e Pró-Central dos Movimentos Populares: três formas de organização da Cidadania e da Cultura Política. In: *Movimentos populares urbanos: crise e perspectivas,* pp. 24–25.
133. *Ibid.*
134. Pedro Pontual, "Rumo à Central de Movimentos Populares". *Movimento Popular,* pp. 10–11.
135. Herbert de Souza, "A construção da sociedade democrática". *E Agora?,* 1990.
136. Carta de José de Souza Martins a Frei Betto, 28 de janeiro de 1993. CPV, Fundo Anampos.
137. Carta de Frei Betto a José de Souza Martins com cópia à Pró-Central do Movimento Popular, 6 de fevereiro de 1993.
138. Carta de José de Souza Martins a Frei Betto, 21 de fevereiro de 1993.
139. Frei Betto, "O que é a Anampos? ", *Jornal dos trabalhadores Sem Terra.* [s.d.].
140. Frei Betto, "Movimentos populares e cidadania". Fundo Anampos, CPV, 29 de janeiro de 1992.
141. Entrevista com Frei Betto.
142. Alicia Elizundia Ramírez, *Sueño y razón en Frei Betto.* (*Entrevista al fraile dominico, escritor y teólogo brasileño.*) Havana, inédito, 2012.
143. A respeito das reuniões do Grupo do Mé, o jornalista Ricardo Kotscho acrescenta o seguinte detalhe: "O Betto participou disso. Eram o Olívio Dutra, Jacó Bittar, uns poucos sindicalistas. Eles se reuniam de vez em quando para tomar conhaque. Naquela época era conhaque, era a turma do conhaque. Esse 'mé' aí era conhaque. Hoje é uísque, lá atrás era pinga, foi a evolução..." Entrevista de Ricardo Kotscho e Mara Kotscho aos autores. São Paulo, 2013.
144. V. artigo de Leonel Brizola em "Como a direita gosta". *Folha de S.Paulo,* 27/2/1994, p. A3.

145. Frei Betto, "Os ataques de Brizola à Igreja". *Folha de S.Paulo*, p. A3.

146. A expressão "Brasil profundo" foi utilizada pelo teólogo Leonardo Boff em seu relato sobre a Sétima Caravana da Cidadania (4 a 12 de julho de 1994). Leonardo Boff, "Encontro com o Brasil profundo". In: Ricardo Kotscho *et alii*. *Viagem ao coração do Brasil*, pp. 157–188.

147. Ricardo Kotscho, *Uma vida de repórter. Do golpe ao planalto*, pp. 186–187.

148. Frei Betto, Nordeste adentro. In: Ricardo Kotscho *et alii*. *Viagem ao coração do Brasil*. São Paulo, Scritta, 1994, pp. 110–131.

149. Entrevista de Betto ao jornal *O Pasquim*, 9 a 15 de janeiro de 1981, p. 19.

150. Frei Betto, *Paraíso perdido – viagens ao mundo socialista*.

151. Evanize Sydow e Marilda Ferri, *Dom Paulo Evaristo Arns: um homem amado e perseguido*.

152. Frei Betto, *Nicarágua livre: o primeiro passo*.

153. Clóvis Rossi, "Comunidade de base julga PT confiável, declara Frei Betto". *Folha de S.Paulo*, 23/2/1980.

154. "Guerrilheira acha que cristãos devem lutar". *Jornal do Brasil*, 21/2/1980.

155. "Sandinista adverte contra ingerência". *Folha de S.Paulo*, 27/2/1980.

156. Plínio Corrêa de Oliveira, "Na 'Noite Sandinista': o incitamento à guerrilha dirigido por sandinistas 'cristãos' à esquerda católica no Brasil e na América Espanhola". *Catolicismo*, julho-agosto de 1980.

157. *Ibid*.

158. *O São Paulo*, 7 a 13 de março de 1980.

159. Mónica Baltodano, *Memorias de la lucha sandinista – De la forja de la vanguardia a la montaña*. Manágua, 2011.

160. Alicia Elizundia Ramírez, *Sueño y razón en Frei Betto*. (*Entrevista al fraile dominico, escritor y teólogo brasileño*.) Havana, inédito, 2012.

161. Frei Betto, *Paraíso perdido – viagens ao mundo socialista*.

162. *Ibid*.

163. Referência ao livro *Fidel e a religião*.

164. "Un memorable tributo musical al Che Guevara", *La Nacion*, 10/10/1997.

165. Entrevista de Chico Buarque a Evanize Sydow, Rio de Janeiro, maio/2016.

166. *O Globo*, 14/10/2015, Coluna do Ancelmo Gois.

167. Idania Trujillo de La Paz, "Igreja da Libertação em Cuba. A fé não é um assunto privado". *Adital*, 31/5/2010.

168. Alicia Elizundia Ramírez, *Sueño y razón en Frei Betto*. (*Entrevista al fraile dominico, escritor y teólogo brasileño*.) Havana, inédito, 2012.

169. Frei Betto, "Preliminares do reatamento EUA-Cuba". *Comércio do Jahu*, 27/12/2014.

170. Lucía López Coll, "Un grano de chícharo perdido en una olla". *Inter Press Service en Cuba*, 3/1/2014.
171. Eugenio Bucci e Paulo de Venceslau, "Quando o Vaticano golpeia". *Teoria e Debate*, nº 4, 1/9/1988.
172. Alicia Elizundia Ramírez, *Sueño y razón en Frei Betto.* (*Entrevista al fraile dominico, escritor y teólogo brasileño*) Havana, inédito, 2012.
173. Frei Betto, *Paraíso perdido – viagens ao mundo socialista.*
174. *Ibid.*
175. Eugenio Bucci e Paulo de Venceslau, "Quando o Vaticano golpeia". *Teoria e Debate*, no. 4, 1/9/1988.
176. *Ibid.*
177. Frei Betto, *Paraíso perdido – viagens ao mundo socialista.*
178. *Ibid.*
179. *Ibid.*
180. *Ibid.*
181. *Ibid.*
182. Frei Betto, *O que a vida me ensinou.*
183. *Ibid.*
184. *Ibid.*
185. *Correio da Cidadania*, 6/7/2009.
186. Entrevista de Chico Buarque a Evanize Sydow, Rio de Janeiro, maio de 2016.
187. Frei Betto, Frei. "Morrer é transvivenciar". *O dia*, 15/10/2011.
188. Entrevista de Milú Villela a Evanize Sydow, julho de 2015.
189. Entrevista de Maria Clara Jorge a Evanize Sydow, agosto de 2013.
190. Marisa Marega, *Mulheres ousadas para além do seu tempo.* São Paulo, Paulinas, 2015.
191. Fundo JEC – CEDIC, PUC-SP.
192. Trechos de depoimentos retirados da matéria "A vocação literária de Frei Betto", de Manuel da Costa Pinto. *Revista Cult*, maio de 2015.
193. Frei Betto, *O que a vida me ensinou.*
194. Entrevista de Lúcia Ribeiro aos autores e texto "O primogênito", de Lúcia Ribeiro, com colaboração de Ângela Dias e Chico Alencar.
195. Entrevista a Cleidi Pereira, Jornal *Zero Hora*, 24/11/2013.
196. Entrevista a Cleidi Pereira, *Zero Hora*, 24/11/2013.
197. Disponível em: <http://jornalggn.com.br/noticia/martirio-vivido-por-frei-tito-faz-40-anos>.
198. Pedro A. Ribeiro de Oliveira (Org.). *Fé e Política: fundamentos*, p. 13.

199. Frei Betto, "Os 10 mandamentos da relação Fé e Política". In: Pedro A. Ribeiro de Oliveira (Org.), *op. cit.*, p. 17.
200. Frei Betto, "Da mística e da política". In: Pedro A. Ribeiro de Oliveira (Org.), *op. cit.*, pp. 19–28.
201. *Idem*, "O fracasso do socialismo alemão e os desafios à esquerda". *Cadernos Fé e Política*, n. 4, 1990, pp. 27–40.
202. *Idem*, Entrevista. *Cadernos de Mística e Revolução*, p. 7.
203. *Ibid.*, p. 9.
204. *Cadernos de Mística e Revolução*, p. 43.
205. *Ibid.*, pp. 43–44.
206. Conferir esses dados em <http://datafolha.folha.uol.com.br/opiniaopublica/2002/12/1222326-fhc-encerra-mandato-com-reprovacao-maior-do-que-aprovacao.shtml>. Acesso em 3 de setembro de 2015.
207. *O Globo*, 7/7/2002, p. 10.
208. *O Globo*, 6/10/2002, Prosa & Verso, p. 3.
209. *O Globo*, 28/10/2002, Caderno especial, p. 3.
210. *O Dia*, 28/10/2002, p. 1.
211. *O Globo*, 29/10/2002, p. 3.
212. Walter Belik, "A medida da pobreza". In: Frei Betto (Org.) *Fome Zero: textos fundamentais*, p. 33.
213. Frei Betto, "Um homem de bem". In: – . *Típicos tipos: coletânea de perfis literários*, p. 254.
214. *Idem*, *A mosca azul: reflexão sobre o poder*, pp. 23–27.
215. Entrevista de Selvino Heck aos autores.
216. *Idem*, *Calendário do poder*, pp. 158–159.
217. *Ibid.*, pp. 206–207.
218. Entrevista de Patrus Ananias a Américo Freire. Belo Horizonte, 19/3/2014.
219. Frei Betto, *Calendário do poder*, op. cit., pp. 445–446.
220. *Ibid.*, p. 431.
221. *Ibid.*, pp. 459–464.
222. *Ibid.*, p. 497.
223. *Revista IstoÉ*, 15/2/2006.
224. Bernardo Kucinski, *Cartas a Lula: o jornal particular do presidente e sua influência no governo do Brasil*, p. 22.
225. Alicia Elizundia Ramírez, *Sueño y razón en Frei Betto. (Entrevista al fraile dominico, escritor y teólogo brasileño.)* Havana, inédito, 2012.
226. Frei Betto, "O autor por ele mesmo". In: *Fome de pão e beleza*, p. 329.

227. Depoimento de Ignácio de Loyola Brandão publicado em Frei Betto, "A vocação literária de Frei Betto". *Revista Cult*, n. 201, maio de 2015.
228. Frei Betto, *op. cit.*
229. Alceu Amoroso Lima, "Um conto de fados". In: Frei Betto, *Cartas da prisão*, pp. 7–15.
230. Ênio Silveira, Texto extraído da orelha do livro *Cartas da prisão (1969–1973)*.
231. "Luz na catacumba". *Veja*, 9/7/1982.
232. Alfredo Bosi, "Memória e memorial: Frei Betto, Batismo de sangue". *Folha de S.Paulo*, 17/7/1982. Artigo publicado também em Alfredo Bosi, *Entre a literatura e a história*, pp. 335–38.
233. Rogério Silva Pereira, "Fronteiras da literatura brasileira contemporânea: mistura de gêneros em *Batismo de sangue* de Frei Betto". *Remate de males*. Campinas-SP, (30.2), jul.-dez. 2010, p. 349.
234. *Ibid.*
235. Conferir relato de Antonio Carlos Fester e os discursos de Fernando Henrique Cardoso e Frei Betto na cerimônia em *O escritor*. Jornal da UBE – União Brasileira de Escritores. n. 42, set./out., 1986.
236. Edward Said, *Representações do intelectual: as conferências Reith 1993*.
237. Frei Betto, *Calendário do poder*, p. 11.
238. Entrevista de Frei Betto ao *Jornal do Brasil*, 13/7/2009, p. 8.
239. Pia Paganelli, *P(r)o(f)etas del reino: literatura y Teología de la Liberación em Brasil*, pp. 253–54. [Tradução livre do trecho da autora.]
240. Frei Betto, *Cristianismo e marxismo*, p. 42.
241. Adélia Bezerra de Meneses e Thomaz Ferreira Jensen, "A mosca azul na obra de Frei Betto". In: *Rede de educação cidadã*. 2/5/2006. Disponível em: <http://recid.redelivre.org.br/2006/05/02/a-mosca-azul-na-obra-de-frei-betto>. Acesso em 10 de novembro de 2015.
242. Frei Betto, "Teilhard de Chardin, meu guru". *O Globo*, 9/4/2015.
243. *Idem*. Entrevista ao jornal *A Gazeta*, em 30 de abril de 1979.
244. *Idem*. *O que a vida me ensinou*, p. 39.
245. Alicia E. Ramirez.
246. "Frei Betto garimpa a alma mineira", entrevista de Frei Betto à *Folha de S.Paulo*, 3/9/2011, Ilustrada, E4.
247. Elias Fajardo, *Minas do Ouro, Frei Betto*. Disponível em: <http://www.memoriasindical.com.br/lermais_materias.php?cd_materias=587&friurl=_-Minas-do-ouro-Frei-Betto-_#.VowCpfkrKUk>. Consulta em 10 de dezembro de 2015.

248. Marisa Lajolo, "A História desconstruída em histórias". *Estado de S. Paulo* 17/9/2011.

249. Frei Betto, *Aldeia do silêncio*, p. 17.

250. *Ibid*., p. 130–131.

251. *Ibid*., p. 190.

252. Adélia Bezerra de Meneses, "Silêncio e palavra". Publicado em 16/7/213 no site Adital. Disponível em: <http://site.adital.com.br/site/noticia.php?lang=PT&cod=76387&langref=PT&cat=>. Acesso em 8 de dezembro de 2015.

253. Antonio Carlos Fester, "O silêncio de Betto". *Jornal da* UBE, 2013.

254. *Folha de S.Paulo*, 24/9/2006, p. A3.

255. *Folha de S.Paulo*, 23/11/2006, p. A3.

256. Sobre Frei Betto. 13/11/2014. Disponível em: <http://valterpomar.blogspot.com.br/search?q=frei+betto>. Acesso em 16 de janeiro de 2016.

257. "Frei Betto critica assistencialismo e pede reformas por 'democracia econômica'". Site UOL, 15/8/2008. Disponível em: <http://noticias.uol.com.br/ultnot/2008/03/15/ult23u1484.jhtm>. Acesso 10 de janeiro de 2016.

258. Marcelo Neri, "O real do Lula". *Conjuntura econômica*, pp. 42–45.

259. Frei Betto, "Impasse dos governos progressistas". *Le Monde Diplomatique Brasil*. 2/10/2014. Disponível em: <http://www.diplomatique.org.br/artigo.php?id=1735>. Acesso em 15 de janeiro de 2016.

260. Leonardo Boff, Óscar Romero, mártir da América Latina: J.O. Beozzo. Disponível em: <https://leonardoboff.wordpress.com/2015/02/09/oscar-romero-martir-da-america-latina-j-o-beozzo/>. Acesso em 15 de fevereiro de 2016.

261. Conferir entrevista de Frei Betto em <http://site.adital.com.br/site/noticia.php?lang=PT&cod=80474>. Acesso em 14 de fevereiro de 2016.

262. "Aborto: por uma legislação em defesa da vida". Disponível em: <http://amaivos.uol.com.br/amaivos2015/?pg=noticias&cod_canal=53&cod_noticia=8617>. Acesso em 16 de abril de 2016.

263. "A vocação literária de Frei Betto". *Revista Cult*, n. 201, maio de 2015.

264. *Idem*.

265. "Celebra-se hoje o Dia do Nascituro". Disponível em: <http://www.cnbb.org.br/index.php?option=com_content&view=article&id=15125:hoje-e-celebrado-o-dia-do-nas-cituro&catid=196&Itemid=179>. Acesso em 10 de abril de 2016.

266. "Se não por direitos, ao menos por compaixão", *Carta Capital*, 17/2/2016. Disponível em: <http://www.cartacapital.com.br/sociedade/se-nao-por-direito-ao-menos-por-compaixao>. Acesso em 15 de abril de 2016.

267. "Frades dominicanos na América Latina", *O Globo*, 28/1/2016. Disponível em: <http://oglobo.globo.com/sociedade/frades-dominicanos-na-america--latina-18559503>. Acesso em 16 de fevereiro de 2016.

268. "Stella, estrela-mãe", *Brasil de fato*, 27/6/2011. Disponível em: <http://www.brasildefato.com.br/node/6669>. Acesso em 19 de fevereiro de 2016.

269. Paulo Vannuchi, "Direitos humanos e o fim do esquecimento". In: Emir Sader, *10 anos de governos pós-liberais no Brasil: Lula e Dilma*, pp. 341–342.

270. Antonio Carlos Ribeiro Fester, *Justiça e Paz: Memórias da Comissão de São Paulo*.

271. Janaína de Almeida Teles, "A constituição das memórias sobre a repressão da ditadura: o projeto *Brasil Nunca Mais* e a abertura da vala de Perus". *Anos 90*, Porto Alegre, vol. 19, n. 35, jul. 2012, p. 266.

272. Conferir depoimentos de dom Paulo Evaristo Arns, Eny Moreira, Paulo Vannuchi, Sigmarina Seixas e Luiz Eduardo Greenhalg, disponível em: <http://www.dhnet.org.br/memoria/nuncamais/videos.htm>. Acesso em 19 de março de 2016.

273. Mais detalhes sobre o lançamento do livro e da listagem dos denunciados como torturadores. Vide, Evanize Sydow e Marilda Ferri, *Dom Paulo Evaristo Arns: um homem amado e perseguido*, pp. 326–330.

274. *Ibid.*, p. 330.

275. A documentação relativa à campanha em prol da inocência de Frei Betto encontra-se no Arquivo dos dominicanos, em Belo Horizonte. Pasta Frei Betto.

276. Carta de Frei Betto, 29 de julho de 1993. Arquivo dos dominicanos, Belo Horizonte. Pasta Frei Betto.

277. Michael Löwy e Frei Betto, "Ecossocialismo: espiritualidade e sustentabilidade III". Disponível em: <http://blogdaboitempo.com.br/2011/08/26/ecossocialismo-espiritualidade-e-sustentabilidade-iii/>. Acesso em 15 de março de 2016.

278. *Ibid.*

279. "Europa colhe o que plantou". *O Globo*, 7/9/2015, disponível em: <http://oglobo.globo.com/mundo/europa-colhe-que-plantou-17425182>. Acesso em 18 de março de 2016.

280. Frei Betto, "Educação em Direitos Humanos". In: Chico Alencar (Org.). *Direitos mais humanos*, p. 47.

281. "Declaração Universal dos Direitos Humanos – versão popular", In: Frei Betto, *Fome de pão e beleza*, p. 324.

282. Para mais detalhes sobre a II Mostra Itinerante de Fotografias em Direitos Humanos Edição Nacional – 2011, confira: <http://unesp.br/portal#!/observatorio_ses/organizacoes/boletim-do-oedh/>. Acesso em 21 de março de 2016.

283. Conferir detalhes nas obras da exposição A arte dos Direitos Humanos, disponível em: <http://www.unesp.br/aci_ses/aartedosdireitoshumanos/index.php>. Acesso em 22 de março de 2016.

284. Premiações entre 1987 e 2015: Prêmio de Direitos Humanos da Fundação Bruno Kreisky, em Viena (1987); Prêmio Dom Oscar Romero da Fundação Georg Fritze, concedido por Igrejas protestantes da Alemanha (1990); Prêmio The Right Livelihood, conhecido como Prêmio Nobel Alternativo, compartilhado com o MST (1992); Troféu Sucesso Mineiro, da Prefeitura Municipal de Belo Horizonte (1996); Prêmio Paolo E. Borsellino, Itália (1998); Prêmio Crea/RJ de Meio Ambiente (1998); Medalha Chico Mendes de Resistência, concedida pelo Grupo Tortura Nunca Mais do Rio de Janeiro (1998); Prêmio Jabuti, pela obra coletiva *Mysterium Creationes – Um olhar interdisciplinar sobre o Universo* (2000); Medalha da Solidariedade, governo de Cuba (2000); Troféu Paulo Freire, Conselhos de Psicologia do Brasil (2000); Ordem do Mérito Ministério Público do Distrito Federal e Territórios, Brasília (2004); Personalidades Cidadania, Unesco/Associação Brasileira de Imprensa (ABI)/*Folha Dirigida*, 2005; Medalha do Mérito Dom Helder Câmara, Instituto Cidadão (2006); Medalha Tiradentes, Assembleia Legislativa do Rio de Janeiro (2007); Cidadão Honorário de Brasília (2007); Prêmio Ones – Reconocimiento Internacional Foca Mediterrània (2008); Comenda Irmãos em Pátria, Associação dos Servidores da Justiça do Trabalho do Rio de Janeiro (2009); Prêmio Alba, Fundação Cultural da Aliança Bolivariana para os Povos de Nossa América (Alba) (2009); Prêmio La utilidad de la virtud, Sociedad Cultural José Martí, Cuba (2010); Prêmio CUT – Democracia e Liberdade Sempre, Destaque na Luta por Democracia, Cidadania e Direitos Humanos (2011); Prêmio Internacional Unesco José Martí (2012); Personalidade Cidadania Academia Brasileira de Filosofia/Associação Brasileira de Imprensa (ABI)/*Folha Dirigida* (2013); Medalha do Mérito Legislativo da Câmara dos Deputados, Brasília (2014); Prêmio Dom Paulo Evaristo Arns, Secretaria Municipal de Direitos de São Paulo (2014); Troféu Chico Xavier (2015) e Medalha Darcy Ribeiro, Associação dos Economistas de Minas Gerais (2015).

285. Entrevista de Rogério Sottili a Evanize Sydow. São Paulo, 5/4/2016.

286. Disponível em: <http://www.capital.sp.gov.br/portal/noticia/5129#ad-image-8>. Acesso em 30 de março de 2016.

287. *Ibid.*

288. "Frei Betto chega aos 70 anos somando 60 livros escritos, de infantis a religiosos", *O Globo*, 22/8/2014. Repórter Maurício Meireles e fotógrafo

Marcos Alves. Disponível em: <http://oglobo.globo.com/cultura/livros/frei-betto-chega-aos-70-anos-somando-60-livros-escritos-de-infantis-religiosos-13688775>. Acesso em 9 de abril de 2016.

289. Conferir detalhes do episódio em Frei Betto, *Calendário do poder*, pp. 373–374 e 379.

290. Carlos Fico, "História do Tempo Presente, eventos traumáticos e documentos sensíveis: o caso brasileiro". *Varia História*. Belo Horizonte, vol. 28, nº 47, 2012, p. 45.

291. *Idem*, p. 44.

292. Sobre o tema, ver Sabina Loriga, "La biographie comme problème". In: Jacques Revel (Dir.), *Jeux d'echelles*. Hautes-Études, pp. 230–231. Da mesma autora, ver *O pequeno X: da biografia à história*, 2011. Para uma abordagem ampla da escrita biográfica, conferir François Dosse, *O desafio biográfico. Escrever uma vida*, 2010.

293. Entrevista aos autores. Brasília, 29/1/2014.

294. Sérgio Buarque de Holanda, *Raízes do Brasil*, pp. 61–100.

295. *Ibid*., p. 62.

296. *Ibid*., p. 76.

Bibliografia

Livros de Frei Betto

A obra do artista - uma visão holística do universo. São Paulo: Ática, 1995.

Aldeia do silêncio. Rio de Janeiro: Rocco, 2013.

Alfabetto, Autobiografia escolar. São Paulo: Ática, 2002.

A mosca azul: reflexão sobre o poder. Rio de Janeiro: Rocco, 2006.

A vida suspeita do subversivo Raul Parelo. Rio de Janeiro: Civilização Brasileira, 1979.

Batismo de sangue - Os dominicanos e a morte de Carlos Marighella. Rio de Janeiro: Rocco, 2006.

Calendário do poder. Rio de Janeiro: Rocco, 2007.

Cartas da prisão. Rio de Janeiro: Civilização Brasileira, 1974.

CEBs: rumo à uma nova sociedade. O 5º encontro das Comunidades Eclesiais de Base. São Paulo: Edições Paulinas, 1983.

Cristianismo e marxismo. Petrópolis: Vozes,1988.

Das catacumbas. Rio de Janeiro: Civilização Brasileira, 1976.

Diário de Fernando - Nos cárceres da ditadura militar brasileira. Rio de Janeiro: Rocco, 2009.

Diário de Puebla. Rio de Janeiro: Civilização Brasileira, 1979.

Entre todos os homens. São Paulo: Ática, 1998

Essa escola chamada vida: São Paulo: Brasiliense, 1985 (coautoria com Paulo Freire e Ricardo Kotscho).

Fidel e a religião. Conversas com Frei Betto. São Paulo: Brasiliense, 1985.

Fome de pão e beleza. São Paulo: Siciliano, 1990

Fome Zero: textos fundamentais. Rio de Janeiro: Garamond, 2004 (org.)

Hotel Brasil. São Paulo: Ática, 1999.

Lula - Biografia política de um operário. São Paulo: Estação Liberdade, 1989.

Nicarágua livre: o primeiro passo. Rio de Janeiro: Civilização Brasileira, 1980.

O canto na fogueira. Petrópolis: Vozes, 1977 (coautoria com frei Fernando de Brito e Ivo Lesbaupin).

O dia de Ângelo. São Paulo: Brasiliense, 1987.
O que a vida me ensinou. São Paulo: Saraiva, 2013.
O que é Comunidade Eclesial de Base. São Paulo: Brasiliense, 1985.
Oração na ação. Rio de Janeiro: Civilização Brasileira, 1977.
Paraíso perdido – viagens ao mundo socialista. Rio de Janeiro: Rocco, 2015.
Típicos tipos. Coletânea de perfis literários. São Paulo: A Girafa Editora, 2004.
Treze contos diabólicos e um angélico. São Paulo: Planeta, 2005.
Um homem chamado Jesus. Rio de Janeiro; Rocco, 2009.
Utopia urgente: escritos em homenagem ao Frei Carlos Josaphat nos seus 80 anos. São Paulo: Casa Amarela/EDUC, 2002 (org. com Adélia Bezerra de Meneses e Thomaz Jensen).

ARTIGOS, CAPÍTULOS E TEXTOS DE FREI BETTO

"13 razões para reeleger Dilma". *Adital*. 9/09/2014. <http://site.adital.com.br/site/noticia.php?lang=PT&cod=82372>. Acesso em 10 de março de 2016.
"A educação nas classes populares". *Encontros com a Civilização Brasileira*. Rio de Janeiro, Civilização Brasileira, 1979, v. 13.
"A fábula petista". *Folha de S.Paulo*. 10/11/2014. <http://www1.folha.uol.com.br/fsp/opiniao/194844-a-fabula-petista.shtml>. Acesso em 12 de março de 2016.
"As esferas sociais e os novos paradigmas da Educação Popular". São Paulo: CEPIS/Instituto Sedes Sapientiae, 2000.
Da mística e da política". In: OLIVEIRA, Pedro A. Ribeiro de (org.). *Fé e Política: fundamentos*. Aparecida, São Paulo: Ideias e Letras, 2004, p. 19–28.
"Declaração Universal dos Direitos Humanos – versão popular". In: BETTO, Frei. *Fome de pão e beleza*. São Paulo: Siciliano, 1990.
"Deus é gay?". *O Globo*, 23/10/2014. <http://oglobo.globo.com/sociedade/deus-gay-14329562>. Acesso em 15 de fevereiro de 2016.
"Dilma e o Grupo Emaús". *O Globo*. 4/12/2014. <http://oglobo.globo.com/sociedade/dilma-o-grupo-emaus-14732865>. Acesso em 10 de abril de 2015.
"Educação em Direitos Humanos". In: ALENCAR, Chico (org.). *Direitos mais humanos*. Rio de Janeiro: Garamond, 1998.
"Europa colhe o que plantou". *O Globo*, 7/09/2015. <http://oglobo.globo.com/mundo/europa-colhe-que-plantou-17425182>. Acesso em 18 de março de 2016.
"Fome Zero: como participar. Vem que é nosso! Mobilização Social". Brasília: Ministério Extraordinário de Segurança Alimentar e Combate à Fome. 2004.
"Frades dominicanos na América Latina". *O Globo*, 28/1/2016. <http://oglobo.globo.com/sociedade/frades-dominicanos-na-america-latina-18559503>. Acesso em 16 de fevereiro de 2016.

"*Habemus papam*: Francisco". *O Globo*. 14/3/2013.
"Impasse dos governos progressistas". *Le Monde Diplomatique Brasil*. 2/10/2014. <http://www.diplomatique.org.br/artigo.php?id=1735>. Acesso em 15 de janeiro de 2016. "Mendigo da esquina". *Folha de S.Paulo*, 24/11/2006.
"Movimentos populares e cidadania". Fundo ANAMPOS, CPV, 29 de janeiro de 1992.
"Nordeste adentro". In: KOTSCHO, Ricardo *et alii*. *Viagem ao coração do Brasil*. São Paulo: Scritta, 1994.
"Profissão de fé". *O Globo*. 14/8/2014. <http://oglobo.globo.com/sociedade/religiao/profissao-de-fe-13595825>. Acesso em 8 de março de 2016.
"O autor por ele mesmo". In: *Fome de pão e beleza*. São Paulo: Siciliano, 1990.
"O fracasso do socialismo alemão e os desafios à esquerda". In: *Cadernos Fé e Política*, n. 4, 1990.
"O que é a ANAMPOS?". *Jornal dos Trabalhadores Sem Terra*, [s.d.].
"Os ataques de Brizola à Igreja". *Folha de S.Paulo*, 31/1/1989.
"Os 10 mandamentos da relação Fé e Política". In: OLIVEIRA, Pedro A. Ribeiro de (orgs.). *Fé e Política: fundamentos*. Aparecida, São Paulo: Ideias e Letras, 2004.
"Os cristãos na política". In: BOFF, Clodovis *et alii*. *Cristãos: como fazer política*. Petrópolis: Vozes, 1987.
"Recuerdos de Cuba: à luz dos 52 anos de Revolução". *Estudos Avançados*. 25 (1972), p.217–226. <http://www.scielo.br/scielo.php?script=sci_arttext&pid=S0103-40142011000200017>. Acesso em 16 de maio de 2016.
"Sexo e celibato na Igreja Católica". *O Dia*, 26/1/2014. <http://odia.ig.com.br/noticia/opiniao/2014-01-26/frei-betto-sexo-e-celibato-na-igreja-catolica.html>. Acesso em 15 de fevereiro de 2016.
"Teilhard de Chardin, meu guru". *O Globo*, 9/4/2015
"Um homem de bem". In: BETTO, Frei. *Típicos tipos: coletânea de perfis literários*. Rio de Janeiro: A Girafa, 2004.

Entrevistas de Frei Betto

Adital. <http://site.adital.com.br/site/noticia.php?lang=PT&cod=80474>. Acesso em 14 de fevereiro de 2016
A Gazeta (Espírito Santo), 30 de abril de 1979.
Cadernos de Mística e Revolução. 2004.
Folha de S.Paulo, 3 de setembro de 2011.
Jornal do Brasil, 13 de junho de 2009.
Jornal do Brasil, 22 de abril de 1980.

O Globo, 22 de agosto de 2014.
O Pasquim, 9 a 15 de janeiro de 1981.
Revista Cult, n. 201, maio de 2015. <http://revistacult.uol.com.br/home/2015/05/a-vocacao-literaria-de-frei-betto/>. Acesso em 21 de abril de 2016.
Revista IstoÉ, 15/2/2006.
Site UOL. 15/8/2008. <http://noticias.uol.com.br/ultnot/2008/03/15/ult23u1484.jhtm>. Acesso 10 de janeiro de 2016.
Teoria e Debate, n. 4, setembro de 1988.

Arquivos e centros de documentação

Acervo dos Escritores Mineiros do Centro de Estudos Literários e Culturais da UFMG – Belo Horizonte – Acervo Frei Betto; Arquivo Nacional – Rio de Janeiro e Brasília – Fundos SNI/CGI/CSN; Arquivo dos Dominicanos – Belo Horizonte – Pastas Frei Betto; Arquivo de *O Estado de São Paulo* – São Paulo – Fundo Deops; Arquivo Metropolitano de São Paulo; CEDIC – PUC-SP – Fundos Ação Católica e JEC; Centro Alceu Amoroso Lima para a Liberdade; Centro Cultural Vergueiro – São Paulo – Fundo Anampos e CMP; CPDOC/FGV – Rio de Janeiro – Entrevista Frei Betto (2012); Centro de Estudos e Ação Social – Salvador; *O Estado de São Paulo* – São Paulo; *Folha de S. Paulo* – São Paulo; Fundação Perseu Abramo – São Paulo – Fundo Movimentos Sociais; *O Globo* – Rio de Janeiro; *O São Paulo* – São Paulo.

Arquivos pessoais

Frei Betto – São Paulo; Dom Paulo Evaristo Arns – Arquivo Metropolitano de São Paulo.

Revistas, jornais, periódicos e rádios

ACI Prensa; Adital; A Gazeta; Agência Bom Dia; Brasil de Fato; Brasileiros; Caros Amigos; Carta Capital; Catolicismo; Correio Braziliense; Correio da Manhã; Diário da Noite; Diário da Tarde; Diário de S. Paulo; Diário do Litoral de Santos; Diário Mercantil; Diário Popular; Diário Regional; Enciclopédia Itaú Cultural; Essencial; Estado de Minas; Estudos Avançados; Exame; Folha da Tarde; Folha de S.Paulo; G1; Granma; Guia do Estudante; Hoje em Dia; IstoÉ; IstoÉ Gente; Jornal da Tarde; Jornal da União Brasileira de Escritores; Jornal do Brasil; Jornal dos Trabalhadores Sem Terra; La

Jiribilla; Le Monde; L'Osservatore Romano; Movimento; O Cruzeiro; O Escritor; O Estado de S. Paulo; O Globo; O Lutador; O Pasquim; O São Paulo; O Tempo; Paralellus; Pontifícias Obras Missionárias; Pragmatismo Político; Radio Cadena Agramonte; Radio Habana Cuba; Realidade; Repubblica; Revista Brasileira de História; Revista do Instituto de Estudios Políticos para América Latina y Africa; Santuário de Aparecida; Teoria e Debate; Ultima Hora; Veja.

Filmes/documentários

Ato de fé; Batismo de sangue; Esa invencible esperanza; *Movimento; Muito além do peso;* Nicarágua Hoje

Livros, artigos e textos – outros autores

ARAÚJO, Jô de. *Recordações de um tempo sem memória.* Manaus: Ziló, 2003.

BELIK, Walter. "A medida da pobreza". In: BETTO, Frei (org.). *Fome Zero: textos fundamentais.* Rio de Janeiro: Garamond, 2004.

BEOZZO, J. O. *A Igreja no Brasil: de João XXIII a João Paulo II: de Medellín a São Domingo.* Petrópolis: Vozes, 1993.

BOFF, Clodovis *et alii. Cristãos: como fazer política.* Petrópolis: Vozes, 1987.

BOFF, Leonardo. *Eclesiogênese: as comunidades eclesiais de base reinventam a Igreja.* Petrópolis: Vozes, 1977.

____. "Encontro com o Brasil profundo". In: KOTSCHO, Ricardo *et alii. Viagem ao coração do Brasil.* São Paulo: Scritta, 1994.

____. *Jesus Cristo Libertador.* Petrópolis: Vozes, 1972.

____. "O bispo que falava coisas". *Prêmio Dom Luis Gonzaga Fernandes.* Prefeitura de Vitória, 2012.

____. "Óscar Romero, mártir da América Latina: J. O. Beozzo". <https://leonardoboff.wordpress.com/2015/02/09/oscar-romero-martir-da-america-latina-j-o-beozzo/>. Acesso em 15 de fevereiro de 2016.

BOFF, Leonardo e BOFF, Clodovis. *Como fazer Teologia da Libertação.* 8ª ed. Petrópolis: Vozes, 2001.

BOSI, Alfredo. *Entre a literatura e a história.* São Paulo: Editora 34, 2013.

BRITO, frei Fernando de. *Cartas do Sítio.* Sítio do Conde, 2002.

BULCÃO, Clóvis. *Os Guinle: A história de uma dinastia.* Rio de Janeiro: Intrínseca, 2015.

CATÃO, Francisco. *O que é Teologia da Libertação.* São Paulo: Brasiliense, 1985.

CAVALCANTI, Tereza Maria Pompéia. “A leitura popular da Bíblica e a V Conferência do Celam”. *Atualidade Teológica.* Revista do Depto. de Teologia da PUC-Rio. Ano XI, nº 25, janeiro/abril de 2007.

CONCEPÇÃO de educação popular do Cepis. Centro de Educação Popular do Instituto Sedes Sapientiae, 2007.

COMUNIDADES Eclesiais de Base: uma Igreja que nasce do povo. (Encontro de Vitória, 1975). Petrópolis: Vozes, 1975.

CORRÊA, Hércules. *O ABC de 1980.* Rio de Janeiro: Civilização Brasileira, 1980.

COSTA, Marcelo Timótheo da. *Um itinerário no século: mudança, disciplina e ação em Alceu Amoroso Lima.* São Paulo: Loyola; Rio de Janeiro: Editora PUC-Rio, 2006.

CUBAS, Caroline Jaques. *Os hábitos da resistência: Freiras e ditaduras militares no Brasil e Argentina.* Tese de doutorado. Universidade Federal de Santa Catarina

DOSSE, François. *O desafio biográfico. Escrever uma vida.* São Paulo: Edusp, 2010.

DOURADO, Henrique Autran. “Comandante Juquinha, Indiana Jones e a Revolução de 32”. Disponível em: <blogdohenriqueautran.blogspot.com.br/2013/06/comandante-juquinha-indiana-jones-e.html>.

DUARTE-PLON, Leneide e MEIRELES, Clarisse. *Um homem torturado. Nos passos de frei Tito de Alencar.* Rio de Janeiro: Civilização Brasileira, 2014.

ELIZUNDIA, Ramírez, Alicia, 2012. *Sueño y razón en Frei Betto. (Entrevista al fraile dominico, escritor y teólogo brasileño).* Havana, inédito.

FAJARDO, Elias. *Minas do Ouro, Frei Betto.* <http://www.memoriasindical.com.br/lermais_materias.php?cd_materias=587&friurl=_-Minas-do-ouro-Frei--Betto-_#.VowCpfkrKUk>. Acesso em 10 de dezembro de 2015.

FESTER, Antonio Carlos Ribeiro. *Justiça e Paz: Memórias da Comissão de São Paulo.* São Paulo: Edições Loyola, 2005.

______. “O silêncio de Betto”. *Jornal da UBE*, 2013.

FICO, Carlos. História do Tempo Presente, eventos traumáticos e documentos sensíveis: o caso brasileiro. *Varia História.* Belo Horizonte, vol. 28, nº 47, 2012, p. 45.

FREIRE, Alípio; ALMADA, Izaías; PONCE, J. A. de Granville (Orgs.). *Tiradentes, um presídio da ditadura.* São Paulo: Scipione Cultural, 1997.

FREIRE, Américo. “Intelectuais, democratização e combate à pobreza no Brasil contemporâneo”. *Revista Brasileira de História.* São Paulo, vol. 33, nº 65, 2013, p. 111–133.

GOHN, Maria da Glória. Conam, Anampos e Pró-Central dos Movimentos Populares: três formas de organização da Cidadania e da Cultura Política. In: *Movimentos populares urbanos: crise e perspectivas.* Porto Alegre: FASE/Cidade, 1992.

GURGEL, Antonio de Pádua (Coord.). *Dom João Batista da Mota e Albuquerque.* Texto: Sandra Daniel. Vitória: Contexto, 2005, p. 39.

GUTIERREZ, Gustavo. *Teologia de la liberación: perspectivas.* Lima, 1971.

HOLANDA, Sérgio Buarque de. *Raízes do Brasil.* Rio de Janeiro: José Olympio, 1987.

JOSÉ, Emiliano. *Carlos Marighella, o inimigo número um da ditadura militar.* São Paulo: Sol e Chuva, 1997.

KEHL, Maria Rita e VANNUCHI, Paulo. *Rememórias: semeando ideias e exemplos de vida.* São Paulo, Perseu Abramo, 1998.

KLENK, Henrique. *A Ação Católica Brasileira e o personalismo: origens da abertura ao Personalismo no Brasil.* PUCPR/Fafipar. Texto apresentado na XI Jornada do HISTEDBR, 2013.

KOTSCHO, Ricardo. *Uma vida de repórter. Do golpe ao planalto.* São Paulo: Companhia das Letras, 2006.

____. *et alii. Viagem ao coração do Brasil.* São Paulo: Scritta, 1994.

KUCINSKI, Bernardo. *Cartas a Lula: o jornal particular do presidente e sua influência no governo do Brasil.* Rio de Janeiro: Edições de Janeiro, 2014.

LAJOLO, Marisa. "A História desconstruída em histórias". *Estado de S. Paulo* 17/9/2011.

LIBÂNIO, João Batista. "Panorama da Teologia da América Latina nos últimos vinte anos". In: LIBÂNIO, João Batista e ANTONIAZZI, Alberto. *20 anos de teologia na América Latina e no Brasil.* Petrópolis: Vozes, 1994.

____. "Prefácio". In: BETTO, Frei. *Oração na ação.* Rio de Janeiro: Civilização Brasileira, 1977.

LIMA, Alceu Amoroso. "Um conto de fados". In: BETTO, Frei. *Cartas da prisão.* Rio de Janeiro: Civilização Brasileira, 1977.

LOPES, Bárbara. *Semeadores da utopia. A história do Cepis – Centro de Educação Popular do Instituto Sedes Sapientiae.* São Paulo: Expressão Popular, 2013.

LOPES, Eliseu. O itinerário de frei Mateus. In: POLETTO, Ivo (Org.). *Frei Mateus Rocha: um homem apaixonado pelo absoluto.* São Paulo: Edições Loyola, 2003.

LORIGA, Sabina. "La biographie comme problème". In: REVEL, Jacques (dir.) *Jeux d'echelles.* Hautes-Études, Gallimard, Le Seuil, 1996.

____. *O pequeno X: da biografia à história.* Belo Horizonte: Autêntica, 2011.

LÖWY, Michael. *A guerra dos deuses: religião e política na América Latina.* Petrópolis: Vozes, 2000.

____. e BETTO, Frei. "Ecossocialismo: espiritualidade e sustentabilidade III. 26/8/2011. <http://blogdaboitempo.com.br/2011/8/26/ecossocialismo-espiritualidade-e-sustentabilidade-iii/>. Acesso em 15 de março de 2016.

———. *Marxismo e Teologia da Libertação.* São Paulo: Cortez/Autores Associados, 1991.

MAGALHÃES, Mário. *Marighella, o guerrilheiro que incendiou o mundo.* São Paulo: Companhia das Letras, 2012.

MARIGHELLA, Carlos. *Escritos de Carlos Marighella.* São Paulo: Editorial Livramento, 1979.

MENEZES, Clarice Melamed e SARTI, Ingrid. *Conclat 1981: a melhor expressão do movimento sindical brasiieiro.* Campinas: Cartgraf, 1981.

MENESES, Adélia Bezerra de e JENSEN, Thomaz Ferreira. "A mosca azul" na obra de Frei Betto. In: *Rede de educação cidadã.* 2/5/2006. <http://recid.redelivre.org.br/2006/05/02/a-mosca-azul-na-obra-de-frei-betto>. Acesso em 10 de novembro de 2015.

———. "Silêncio e palavra". Adital, 16/7/213 <http://site.adital.com.br/site/noticia.php?lang=PT&cod=76387&langref=PT&cat >. Acesso em 8 de dezembro de 2015.

MORAIS, Fernando. *Os últimos soldados da Guerra Fria – A história dos agentes secretos infiltrados por Cuba em organizações de extrema direita dos Estados Unidos.* São Paulo: Companhia das Letras, 2011.

NASSIF, Luis. "A vitória do Bolsa Família". 2/7/2012. <http://www.cartacapital.com.br/economia/a-vitoria-do-bolsa-familia>. Acesso em 12 de março de 2016.

NERI, Marcelo. "O real do Lula". *Conjuntura econômica.* Rio de Janeiro: FGV, outubro de 2007.

NOGUEIRA, Rose. "Em corte seco". In: FREIRE, Alípio; ALMADA, Izaías; PONCE, J. A. de Granville (Orgs.). *Tiradentes, um presídio da ditadura.* São Paulo: Scipione Cultural, 1997.

NOVA, Cristiane e NOVOA, Jorge (Orgs.). *Carlos Marighella – O homem por trás do mito.* São Paulo: Editora Unesp, 1999.

OLIVEIRA, Pedro A. Ribeiro de (Org.). *Fé e Política: fundamentos.* Aparecida, São Paulo: Ideias e Letras, 2004.

PAGANELLI, Pia. *P(r)o(f)etas del reino: literatura y Teología de la Liberación em Brasil.* Buenos Aires: Imago Mundi, 2015.

PASTORAL Operária do ABC 20 anos (1979–1999). Diocese de Santo André, 1999.

PEREIRA, Rogério Silva. "Fronteiras da literatura brasileira contemporânea: mistura de gêneros em *Batismo de sangue* de Frei Betto". *Remate de males.* Campinas-SP, (30.2), jul-dez. 2010.

PINHEIRO, José Ernanne. O pensamento sociopolítico nos documentos da CNBB a partir do Vaticano II (uma aproximação). In: PINHEIRO, José Ernanne e

ALVES, Antonio Aparecido (Orgs.). *Os cristãos leigos no mundo da política à luz do Concílio Vaticano II*. Petrópolis: Vozes, 2013.

POLETTO, Ivo. *Brasil: oportunidades perdidas. Meus dois anos no governo Lula*. Rio de Janeiro: Garamond, 2005.

____. (Org.) *Frei Mateus Rocha: um homem apaixonado pelo absoluto*. São Paulo: Edições Loyola, 2003.

____. (Org.) *Uma vida a serviço da humanidade: diálogos com dom Tomás Balduíno*. Goiás: Editora Rede; São Paulo: Edições Loyola, 2002.

POLITI, Maurice. *Resistência atrás das grades*. Rio de Janeiro: Garamond, 2014.

POMAR, Valter. "Sobre Frei Betto". 13/11/2014. <http://valterpomar.blogspot.com.br/search?q=frei+betto>. Acesso em 16 de janeiro de 2016.

PONTUAL, Pedro. Rumo à Central de Movimentos Populares. *Movimento Popular*. São Paulo: Caderno Polis/CPV, 1989.

POSSANI, Lourdes de Fátima P. e SANCHEZ, Wagner Lopes. *Formação ecumênica e popular feita em mutirão. Curso de verão 25 anos*. São Paulo: Paulus/CESEEP, 2011.

RIBEIRO, Darcy. *UnB: invenção e descaminho*. Rio de Janeiro: Avenir, 1978.

ROCHA, frei Mateus. A Província Dominicana no Brasil: evocações. *Cadernos Dominicanos*. São Paulo, 1981.

RODRIGUES, Leandro Garcia (Org.). *Cartas de esperança em tempos de ditadura*. Petrópolis: Vozes, 2015.

ROMANO, Roberto. "Frei Tito, d. Lucas e alguns paradoxos". In: FREIRE, Alípio; ALMADA, Izaías; PONCE, J. A. de Granville (Orgs.). *Tiradentes, um presídio da ditadura*. São Paulo: Scipione Cultural, 1997.

ROMER, dom Karl Josef. "A 'religião' de Frei Betto. 25/8/2014. <http://arqrio.org/formacao/detalhes/526/a-religiao-de-frei-betto>. Acesso em 5 de março de 2014.

SADER, Éder. *Quando novos personagens entraram em cena: experiências e lutas dos trabalhadores na Grande São Paulo*. Rio de Janeiro: Paz e Terra, 1988.

SAID, Edward. *Representações do intelectual: as conferências Reith 1993*. São Paulo: Companhia das Letras, 2005.

SALES, Jean Rodrigues. *A luta armada contra a ditadura militar: a esquerda brasileira e a influência da revolução cubana*. São Paulo: Perseu Abramo, 2007.

SERBIN, Kenneth. *Diálogos na sombra: bispos e militares, tortura e justiça social na ditadura*. São Paulo: Companhia das Letras, 2001.

SIMAS, Mário. *Gritos de justiça*. São Paulo: FTD, 1986.

SINGER, André. *Os sentidos do lulismo. Reforma gradual e pacto conservador*. São Paulo: Companhia das Letras, 2012.

SILVEIRA, Ênio. Texto extraído do texto de orelha de BETTO, Frei. *Cartas da prisão (1969-1973)*. Rio de Janeiro: Agir, 2008.

SOUZA, Herbert de. A construção da sociedade democrática. *E Agora?* nº 4, FASE-SP/CPV/SOF/POLIS, 1990.

____. "Mateus: um frei com mania de absoluto". POLETTO, Ivo (Org.). *Frei Mateus Rocha: um homem apaixonado pelo absoluto.* São Paulo: Edições Loyola, 2003.

SOUZA, Luiz Alberto Gómez de. "As várias faces da Igreja Católica". *Estudos Avançados*, vol. 18, número 52, setembro/dezembro de 2004.

____. "A caminhada de Medellín a Puebla". In: SOUZA, Luiz Alberto Goméz de. *Do Vaticano II a um novo concílio? O olhar de um cristão leigo sobre a Igreja.* São Paulo: Edições Loyola; Rio de Janeiro: Ceris, 2004.

____. *Do Vaticano II a um novo concílio?* São Paulo: Edições Loyola, 2004

SYDOW, Evanize e FERRI, Marilda. *Dom Paulo Evaristo Arns: um homem amado e perseguido.* Petrópolis: Vozes, 1999.

TEIXEIRA, Faustino Luiz Couto. *Comunidades eclesiais de base – bases teológicas.* Petrópolis: Vozes, 1999.

TELES, Janaína de Almeida. "A constituição das memórias sobre a repressão da ditadura: o projeto *Brasil Nunca Mais* e a abertura da vala de Perus." *Anos 90,* Porto Alegre, vol. 19, n. 35, jul. 2012.

VAMOS lá fazer o que será: mobilização social e educação cidadã. Rede de Educação Cidadã. Brasília: Talher Nacional, 2006.

VANNUCHI, Paulo. "Direitos humanos e fim do esquecimento". In: SADER, Emir. *10 anos de governos pós-liberais no Brasil: Lula e Dilma.* São Paulo: Boitempo/ Rio de Janeiro: Flacso Brasil, 2013.

VEIGA, Alfredo César da. *Teologia da Libertação: nascimento, expansão, recuo e sobrevivência da imagem dos anos 1970 à época atual.* São Paulo, USP, tese de doutorado em História, 2009.

Entrevistados

Alberto Salles, Ana de Hollanda, Ana Flora Anderson, André Spitz, Antonia Carrara, Antonio Carlos Ribeiro Fester, Antonio Cechin, Antonio Pedro Pellegrino, Antonio Ribeiro Pena, Antonio Vermigli, Armando Hart Dávalos, Arthur Vianna, Aton Fon Filho, Bia Braga, Breno Libanio Christo, Bruno Salles, Caridad Diego, Carlos Alberto Munhoz de Moura, Carlos Alberto Barreto, Carlos Alberto Libanio Christo, Carlos Josaphat, Carlos Lichtsztejn, Celeste Fon, Chico Alencar, Chico Buarque, Chico Caruso, Chico Pinheiro, Christina Fonseca, Claudia Korol, Claudio van Balen, Claudio Vereza, Clécima Márcia Campos, Cristina de Rezende Dante Pola, Davina Valentim da Silva, Deonísio da Silva, Dulce Freire, Dulce Maia, Edson Braga, Eduardo

Suplicy, Einardo Bingemer, Elena Maria Rezende, Eliane Azevedo Christo, Eliana Pintor, Eliete Martins de Oliveira, Elizabeth Paulon, Elvésio de Jesus Carrara, Eny Moreira, Ernesto Cardenal, Esther Perez, Eunice Wolff, Eusebio Leal, Fernando Cardenal, Fernando de Brito, Fernando Martínez Heredia, Fernando Paixão, Francisca Maria Holanda Ribeiro, Gabriel Coderch Díaz, Gilberto Carvalho, Guilherme Carvalho, Henrique Nelson Pereira de Castro, Hildebrando Pontes Neto, Hilton Japiassu, Homero Acosta Alvarez, Hugo Amaral, Irene Cecchin, Ittala Nandi, Ivan Vianna, Ivo Lesbaupin, Jesús Hortal, João Xerri, Joel Suárez, Jó Rezende, Jorge Miranda Jordão, José Albino de Melo, José Celso Martinez Corrêa, José Márcio Brandão, José Roberto Soeiro, José Viegas, Júlia Christo Brandão, Júlio Soares, Lana Novikow, Leda Alves, Leonardo Boff, Leonardo Libanio Christo, Lino José Maria de Oliveira, Luciana Savaget, Lúcia Ribeiro, Luiz Alberto Gómez de Souza, Luiz Fernando Libanio Christo, Luiz Roberto Clauset, Manuel Uñas, Mara Kotscho, Marcelo Auler, Marcelo Barros, Márcia Miranda, Márcio Alexandre Couto, Marco Antonio Rodrigues Dias, Marcos Arruda, Margarida Genevois, Maria Auxiliadora Ribeiro Pena, Maria Cecília Christo Castro, Maria Cecília Figueira de Melo, Maria Clara Bingemer, Maria Clara Jorge, Maria Thereza Christo Brandão, Mariaugusta Salvador, Marilu Le Brun, Mário Simas, Mario Taurinho, Marisa Marega, Matilde Cechin, Maurice Politi, Michael Löwy, Michela Van Doornic Christo, Miguel d'Escoto, Milú Villela, Monica Baltodano, Oded Grajew, Olívio Tavares de Araújo, Oscar Beozzo, Oswaldo Rezende, Patrus Ananias, Paulo de Tarso Venceslau, Paulo Maldos, Paulo Rocco, Paulo Thiago Ferreira Paes de Oliveira, Paulo Vannuchi, Paulo Vieira, Pedro Pontual, Pedro Ribeiro de Oliveira, Rafael Aragón, Raimundo Bonfim, Raúl Suárez, Rebeca Chávez, Ricardo Alarcón, Ricardo Gontijo, Ricardo Kotscho, Roberto Fernández Retamar, Rodrigo Libanio Christo, Rogério Sottilli, Rose Nogueira, Rubens Paolucci, Selvino Heck, Senel Paz, Sônia Monteiro de Barros, Sonia Pena, Sonia Telles Dias, Tania Quaresma, Tarcísio Secoli, Teca Carvalho, Teresa Cavalcanti, Tereza Cogo, Tereza Sartório, Terezinha Toledo, Thomaz Jensen, Trinidad Perez Valdés, Vicente Paulo da Silva, Vicente Wissenbach, Victor Buaiz, Zezé Machado, Waldemar Bastos.

Outros depoimentos

Stella Libanio Christo (gravados pela neta Júlia Christo Brandão em 2005 e 2006).

Carlos Alberto Libanio Christo ao Centro de Documentação e Informação Científica – CEDIC/PUC-SP.

ÍNDICE ONOMÁSTICO

C

D

E

F

G

H

I

J

K

L

M

N

O

P

T

U

V

W

X

Y

Z

*O texto deste livro foi composto em Sabon,
desenho tipográfico de Jan Tschichold de 1964,
baseado nos estudos de Claude Garamond e
Jacques Sabon no século XVI, em corpo 10/13.5.
Para títulos e destaques, foi utilizada a tipografia Frutiger,
desenhada por Adrian Frutiger em 1975.*

*A impressão se deu sobre papel off-white
pelo Sistema Cameron da Divisão Gráfica
da Distribuidora Record.*